U0583936

中国人民大学法律文化研究中心
北京市法学会中国法律文化研究会　主办

曾宪义法学教育与法律文化基金会　资助

总主编　马小红

法律文化研究

RESEARCH ON LEGAL CULTURE

第十辑

古代法律碑刻专题

Symposium on
Ancient Legal Inscription

主编　李雪梅

社会科学文献出版社
SOCIAL SCIENCES ACADEMIC PRESS (CHINA)

原序
从传统中寻找力量

出版发行《法律文化研究》（年刊）酝酿已久，我们办刊的宗旨当然与如今许多已经面世的学术刊物是一致的，这就是繁荣法学的教育和研究、为现实中的法治实践提供历史的借鉴和理论的依据。说到“宗旨”两字，我想借用晋人杜预《左氏春秋传序》中的一段话来说明：“其微显阐幽，裁成义类者，皆据旧例而发义，指行事以正褒贬。”即通过对历史上“旧例”、“行事”的考察，阐明社会发展的道理、端正人生的态度；记述历史、研究传统的宗旨就在于彰显复杂的历史表象背后所蕴含的深刻的“大义”。就法律文化研究而言，这个“大义”就是发掘、弘扬传统法的优秀精神，并代代相传。

然而，一部学术著作和学术刊物的生命力和影响力并不只取决于它的宗旨，在很大程度上，它是需要特色来立足的，需要用自身的特色力争最好地体现出宗旨。我们定名为《法律文化研究》（年刊）有这样几点考虑，第一，我们研究的对象是宽阔的，不只局限于“法律史”，从文化的角度，我们要探讨的甚至也不仅仅是“法”或“法律”。我们的研究对象包括法的本身与产生出不同模式的法的社会环境两个方面。因此，我们在考察法律的同时，要通过法律观察社会；在考察社会时，要体悟出不同国家和地区的法律特色之所在，以及这些特色形成的“所以然”。第二，在人类的历史长河中，传统文化的传承、不同文化间的交流与融合，构成了人类文明不断发展的主旋律。一个民族和国家的传统往往是文化的标志，“法律文化”研究的重点是研究不同民族和国家的不同法律传统及这些传统的传承；研究不同法律文化间的相同、相通、相异之处，以及法律文化的融合、发展规律。

因此，我们的特色在于发掘传统，利导传统，从传统中寻找力量。

在此，我们不能不对近代以来人们对中国传统法律文化的误解作一辩白。

与其他学科相比，法学界在传统文化方面的研究显得比较薄弱，其原因是复杂的。

首先，近代以来，学界在比较中西法律文化传统时对中国传统法律文化基本持否定的态度，“发明西人法律之学，以文明我中国”是当时学界的主流观点。对传统法律文化的反思、批判，一方面促进了中国法律的近代化进程，另一方面也造成了人们的误解，使许多人认为中国古代是“只有刑，没有法”的社会。

其次，近代以来人们习惯了以国力强弱为标准来评价文化的所谓“优劣”。有一些学者将西方的法律模式作为“文明”、“进步”的标尺，来评判不同国家和地区的法律。这种理论上的偏见，不仅阻碍了不同法律文化间的沟通与融合，而且造成了不同法律文化间的对抗和相互毁坏。在抛弃了中国古代法律制度体系后，人们对中国传统法律的理念也产生了史无前例的怀疑甚至予以否定。

最后，受社会思潮的影响，一些人过分注重法学研究的所谓“现实”性，而忽视研究的理论意义和学术价值，导致传统法律文化虚无主义的泛滥。

对一个民族和国家来说，历史和传统是不能抹掉的印记，更是不能被中断或被抛弃的标志。如果不带有偏见，我们可以发现中国传统法律文化中凝聚着人类共同的精神追求，凝聚着有利于人类发展的巨大智慧，因此在现实中我们不难寻找到传统法律文化与现代法律文明的契合点，也不难发现传统法律文化对我们的积极影响。

就法的理念而言，中西传统是不谋而合的。东西方法治文明都承认“正义”是法律的灵魂，“公正”是法律追求的目标。只不过古今中外不同的文化对正义、公正的理解以及实现正义和公正的途径不尽相同。法国启蒙思想家伏尔泰说：“在别的国家法律用以治罪，而在中国其作用更大，用以褒奖善行。”西方文化传统侧重于强调法律对人之“恶性”的遏制，强调通过完善的制度设计和运行来实现社会公正与和谐。中国传统法律文化的主流更侧重于强调人们“善性”的弘扬、自觉的修养和在团体中的谦让，通过自律达到和谐的境界。在和谐中，正义、公正不只是理想，而且成为可望也可即的现实。

就法律制度而言，中国古代法律制度所体现出的一些符合人类社会发展、符合现代法治原则的精华也应该引起我们的关注。比如，尊老恤弱精神是传统法律的一个优秀之处。历代法律强调官府对穷苦民众的冤屈要格外关心，为他们“做主”。自汉文帝时开始，中国古代“养老”（或敬老）制度逐渐完善，国家对达到一定岁数的老者给予税役减免，官衙还赐予米、布、肉以示敬重。竞争中以强凌弱、以众暴寡在中国传统文化中被视为大恶，也是法律严惩的对象。这种对困难群体的体恤和关怀，不仅有利于社会矛盾的缓和，而且体现了法律的公正精神，与现代法律文明完全一致。再比如，中国古代法律中对环境开发利用的限制也值得我们借鉴。《礼记》中记载，人们应顺应季节的变化从事不同的工作和劳动，春天不得入山狩猎，不得下湖捕捞，不得进山林砍伐，以免毁坏山林和影响动植物生长。这一思想在“秦简”和其他王朝的法律典籍中被制度化、法律化。这种保护自然、保护环境的法律法规，反映的是“天人合一”的观念、对自然“敬畏”的观念及保护和善待一切生命的理念等，而这些观念与现代法治中的环境保护、可持续发展精神也是吻合的。

在现代法治的形成过程中，从理念到制度，我们并不缺乏可利用的本土资源，我们理应对中国源远流长的传统法律文化充满信心。我们进行研究的目的，也是希望能够充分发掘传统法律文化的价值，从中找到发展现代法治文明的内在力量。

我们也应该切忌将研究和弘扬传统法律文化理解为固守传统。任何一种传统的更新都不可能在故步自封中完成。只有在与现实社会相联系的淘汰与吸收中，传统才能充满活力，完成转型。传统法律文化也是如此，古今中外，概莫能外。

就中国法律而言，现代社会已经大不同于古代社会，我们的政治、经济环境和生活方式已经发生了巨大的变化，古代的一些法律制度和理念在确立和形成的当时虽然有其合理性，但随着时代的变迁，这些制度和理念有些已经失去了效用，有些甚至走向发展的反面，成为制约社会进步的阻力。在对传统法律文化进行改造和更新时，我们要注意积极地、有意识地淘汰这样的制度和理念，注意学习和引进外国的一些先进的法律文化，并不断总结引进外国法律文化的经验教训。近代以来，我们在引进和学习西方法律文化方面有过成功，也有过失败。比如，罪刑法定主义的确立就值得肯定。1764 年，意大利法学家贝卡利亚出版了《论犯罪与刑罚》一书，对欧洲封建刑事法律制度的野蛮性和随意性提出了谴责，从理论上提出了一些进步的刑法学说，其中罪刑法定的原则影响最大。罪刑法定，即犯罪和刑罚应由法律明文规定，不能类推适用。近代以来，这一原则逐渐为各国刑法承认和贯彻。1948 年联合国大会通过的《世界人权宣言》和 1966 年的《公民权利和政治权利国际公约》都规定了罪刑法定原则。罪刑法定主义的学说在清末传入中国，此后，在颁行的一些刑法中也得到原则上的承认。但是，由于种种原因，这一原则在司法实践中或难以贯彻实行，或类推适用一直被允许。直到 1997 年修订《中华人民共和国刑法》，才明确规定了“法律明文规定为犯罪行为的，依照法律定罪处刑；法律没有明文规定为犯罪行为的，不得定罪处刑”。类推适用在立法上被彻底废止，司法实践则在努力的贯彻之中。罪刑法定原则的确立，对促进中国法律的发展和提升中国的国际形象有着重要的意义。

世界文明兴衰史雄辩地证明，一个民族、一种文明文化唯有在保持其文化的主体性的同时，以开放的胸襟吸收其他文明的优秀成果，不断吐故纳新，方能保持其旺盛的生命力，保持其永续发展的势头，并创造出更辉煌的文明成果。其实，近代西方法律传统转型时也经历过一个反思传统—淘汰旧制—融合东西—形成新的传统并加以弘扬的过程。在许多启蒙思想家的法学经典著作中，我们可以看到西方法学家对中国法律的赞扬和批判、分析和评价。孟德斯鸠《论法的精神》、伏尔泰《风俗论》、魁奈《中华帝国的专制制度》、梅因《古代法》、黑格尔《历史哲学》等都对中国的法律有着精湛的论述。即使现代，西方的法治传统仍然处在变化“扩容”之中，中国的一些理念不断地融入西方法治中。一些现代欧美法学家或研究者更是将中国法律制度作为专门的领域精心地进行研究。比如费正清《中国：传统与变迁》、C. 莫里斯等《中华帝国的法律》、高道蕴《中国早期的法治思想》以及欧中坦《千方百计上京城：清朝的京控》、史景迁《王氏之死》等。一些中国传统法律的理念，比如顺应而不是“征服”自然，弱者应该得到或享有社会公正，以和睦而不是对立为最终目标的调解，等等，在吸纳现代社会气息的基础上，在西方法治体系中被光大。如同历史上的佛教在印度本土式微而在中国的文化中被发扬一样，这些具有价值的思想和理念在中国却常常因为其是“传统”而受到漠视或批判。

因此，我们应该发扬兼容并蓄、与时俱进的精神，在融合中西、博采古今中改造和更新传统法律文化，完成传统法律文化的现代转型。

近代以来，中国传统法律文化的断裂是一个不争的事实，但是，另外一个不争的事实是，近年来，中国传统文化越来越受到社会的广泛重视，不仅政府致力于保护各种文化遗产，学术界也从哲学、史学、社会学等各个方面对传统文化进行研究。中国人民大学首创全国第一所具有教学、科研实体性质的“国学院”，招收了本科学生和硕士研究生、博士研究生，受到国人的广泛关注；此前，武汉大学在哲学院建立了“国学班”，其后，北京大学建立了“国学研究院”和“国学教室”，中山大学设立了“国学研修班”，国家图书馆开办了“部级干部历史文化讲座”。鉴于各国人民对中国传统文化的热爱和兴趣，我国在世界许多国家和地区设立了近百所“孔子学院”。2005 年年底，教育部哲学社会科学重大攻关项目“中国传统法律文化研究”（十卷）正式启动，这个项目也得到国家新闻出版总署的重视，批准该项目为国家重大图书出版项目，从而为传统法律文化的研究工作注入了新的推动力。我作为项目的首席专家深感责任重大。孔子曾言“人能弘道，非道弘人”，我们希望能从传统中寻找到力量，在异质文化中汲取到法治营养，并为“中国传统法律文化研究”（十卷）这个项目的顺利进行营造学术环境，努力将这一项目做成不负时代的学术精品。

《法律文化研究》是学术年刊，每年出版一辑，每辑约 50 万字，这是我们献给学人的一块学术园地，祈望得到方家与广大读者的关爱和赐教。

曾宪义

2005 年

改版前言

《法律文化研究》自 2005 年至 2010 年已经出版六辑。时隔三年，我们改版续发，原因是多方面的。

本刊停发最为直接的原因是主编曾宪义教授的不幸去世。此外，近年来我本人新增的“做事”迟疑与拖沓的毛病以及出版社方面的出版困难也都是这项工作停顿的原因。

2004 年我调入中国人民大学不久，曾老师告诉我他有一个计划，就是用文集的方式整合全国法史研究的资源，展示法史研究成果。不久曾老师就联系了中国人民大学出版社并签订了六辑出版合同。后来，作为教育部重大攻关项目“中国传统法律文化研究”（十卷）的首席专家，曾老师明确将年刊与《百年回眸——法律史研究在中国》定位为重大攻关项目的配套工程。

在确定文集的名称时，曾老师斟酌再三，名称由“中国传统法律文化研究”改为“传统法律文化研究”，再改为“法律文化研究”。对此，曾老师在卷首语《从传统中寻找力量》中解释道：“我们研究的对象是宽阔的，不只局限于‘法律史’，从文化的角度，我们要探讨的甚至也不仅仅是‘法’或‘法律’。我们的研究对象包括法的本身与产生出不同模式的法的社会环境两个方面。因此，我们在考察法律的同时，要通过法律观察社会；在考察社会时，要体悟出不同国家和地区的法律特色之所在，以及这些特色形成的‘所以然’。”

时光荏苒，转眼近十年过去了，当时我所感受到的只是曾老师对法史研究抱有的希望，而今天再读“卷首语”中的这段话，则更感到曾老师对法史研究方向或“出路”的深思熟虑。

感谢学界同人的支持与关注，《法律文化研究》自出版以来得到各位惠赐大作与坦诚赐教。近十年来“跨学科”、“多学科”研究方法的运用，已然使曾老师期冀的法律文化研究“不只局限于‘法律史’”的愿望正在逐步成为现实，而唯有如此，“法律史”才能与时俱进，在学术与现实中发挥它应有的作用。我本人在编辑《法律文化研究》的过程中，在跟随曾老师的学习中，也认识到“学科”应是我们进入学术殿堂的“方便门”，而不应是学术发展的桎梏，研究没有“领地”与“边界”的限制，因为研究的对象是“问题”，研究的目的是解决学术和实践中的问题而不只是为了在形式上完善学科。

为此，在本刊再续时，我与学界一些先进、后锐商议，用一个更为恰当的方式反映法律文化研究的以往与现实，于是便有了这次的改版。改版后的《法律文化研究》，不再设固定的主编，每辑结合学术前沿集中于一个专题的研究，由专题申报者负责选稿并任该辑主编，每一辑都力求能反映出当前该专题研究所具有的最高学术水准与最新研究动向。每辑前言由该辑主编撰写“导读”，后附该辑专题研究著作与论文的索引。这样的形式不仅可以使研究集中于目前的热点、难点问题，而且可以使更多的学者在《法律文化研究》这个平台上发挥作用，同时出版社也可以摆脱出版负担过重等困境。

编委会与编辑部的工作机构设于中国人民大学法律文化研究中心与曾宪义法律教育与文化研究基金会。希望改版后的《法律文化研究》能一如既往地得到学界的赐稿与指教。

马小红

初稿于2013年仲夏

再稿于2014年孟春

目　录

四 蒙元

五 明清

主编导读
法律碑刻研究趋势：学科交融与“法律”话语

李雪梅*

一　范式：对主体史料的“精耕细作”

中国古代法律碑刻历经2000余年的发展，既有迭经记载的传世之作，也有新近面世的古刻残篇，形式多样，内涵丰富，与国家行政运转、社会治理、秩序构建、权益保护等紧密关联，是了解中国古代治国理政及法律应用的珍贵原生史料，已引起中外学者的广泛关注。为提升古代法律碑刻整理研究的水准，特将不同学科的相关成果汇为一编。此次选录的15篇论文涉及规章禁约、公文圣旨、田产赋役记录及争讼等内容，展示了法律史、政治史、经济史、社会史、宗教史等领域的学者对碑刻进行多元研究的视角。

我们强调研究样本、观察视角的多样性。除考虑作者的不同学科背景、差异化的研究方法外，也关照文章体裁的多样性，既有长篇考据之作，也有精要的学术综述和跋文；同时碑刻史料本身的多样性也是题中之义，碑刻与墓志，传世碑石和新发现墓志，公藏和私藏碑石及拓片，碑刻实物和碑志文献，均兼而有之。

在有限的篇幅内，多角度选取有助于法律碑刻研究提升的论作，并不是件轻松的事情。在磨合斟酌中，我们陆续确定了两个兼顾、两个突出的原则。

* 李雪梅，中国政法大学法律古籍整理研究所教授。

一是兼顾时代均衡性与重点时段的关系。全书划分五个阶段性单元——汉代、唐代、宋金、蒙元、明清，每个阶段选刊3篇代表性文章。在时间段排列中，汉、唐、蒙元保持独立，中间段唐宋金元强化，明清段弱化，这是基于明清以前的石刻史料具有不可替代的独立性。而蒙元时段与汉、唐、明清等量齐观，欲借此引起法律史学界对此段碑刻史料的特别关注。

二是兼顾主体史料与其他史料的融通。当下，一些专题研究如墓志与断代研究如蒙元史，石刻文献的主体性特征较明显；在汉唐宋行政文书研究方面，石刻文献的重要性相对突出。但在整个史学研究领域（也包括法制史研究），石刻文献的独立性尚未得到广泛认同。这既与人们对史料的敏感、自觉有关，同时也受制于石刻文献的整理研究水准。我们力求改变这一现状，将碑刻视作研究的主体史料，并尽可能依据原碑原拓第一手资料，同时兼顾碑刻史料与其他史料的融通性，如汉碑与秦汉简牍、铭刻印章，唐代石刻告身与敦煌、吐鲁番文书及法帖、族谱等的互证互补。另同类史料的延展性也在我们的考虑之中，如对东汉《侍廷里父老僤约束石券》研究的深入，也将推动对汉代《白石神君碑》、《酸枣令刘熊碑》、《都乡正卫弹碑》、《鲁阳正卫弹碑》以及新出土的“党锢残碑”等碑石内容的认知。

在文章选择上，我们带有明显的倾向性，主要表现为以下两个突出。

一是突出法律碑刻的特性。以石载文的石刻史料是文本与实物的结合。法律碑刻除具有一般石刻的文献、文物属性外，还有制度属性。[①] 具体而言，文献属性偏重于内涵，指法律碑刻的内容能传递法律信息并具有客观性、真实性，此是其史料价值的体现；文物属性偏向于外观，指公开性和社会性等特征，此多指碑石刻立的场所和地点；制度属性强调碑石的刻立程式和功能。前两个属性是从内容和形式上对法律碑刻的界定，后一个属性突出了法律碑刻的社会管理功能和权利义务制约关系。

制度属性是法律碑刻独立性的一个重要标志。碑石文字是一种静态的史料记载，而立碑建规、示禁、确权却是一种动态的制度创设过程，“演

---

① 参见李雪梅《法律碑刻：一种独立的存在》，氏著《法制“镂之金石”传统与明清碑禁体系》，中华书局，2015，第319～320页。

戏立碑”、“奉官示禁”、“立碑为据”等仪式和程序，均赋予刻石载文以特别效力。在法律碑刻的公文、禁令、规约等类别中，制度属性表现得尤为明显。

与近年较受关注的碑刻的景观性研究相比，[①] 法律碑刻的景观意义并不占据主导地位。每个具有政治景观意义的纪功碑、神道碑都是独一无二的，但法律碑刻却以重复性见长，它既是制度运作的结果，也是行政管理的手段，以至实用功能强于象征性，这从法律碑的刻立地点、程序、样式、留存数量等方面均可得到验证。法律碑刻常见的累刻、复刻等现象，也成为一道值得探究的“景观”。

二是突出新成果新范式。本刊所选论文涉及的碑石多为学界长期关注，相关学术积累厚重。如汉代《乙瑛碑》，自宋代著录以来，题跋考述不断，观点层出不穷。但我们选录文章时，仍以近十余年的成果为主。这主要基于新成果更突出碑石的主体性，精细化研究的风格也较突出。精细化研究的基础是对碑刻史料的全面掌握，包括碑额、碑阳、碑阴、碑侧的文字，碑文行款布局，碑文形成时间和碑石刻立时间，以及格式复原，等等。

上述原则，蕴含着我们致力追求的研究范式：在学科交融和史料延展的基础上，对第一手碑刻（包括拓片）史料精耕细作，深入挖掘碑石的文献价值和制度功用。

当然，我们所选取的论文，也受主客观多重原因的制约。每一时段两三篇文章，远远不能覆盖该时段的整体面貌。以汉代为例，值得深究的汉

---

① 程章灿在《景物——石刻作为空间景观与文本景观》中认为：很多石刻在肇建之时，往往与某一事件甚至重大事件相联系，往往出现于某种礼仪的场景，因而难以摆脱礼仪的背景。无论是秦始皇东巡刻石，还是班固勒石燕然之类的纪功石刻，或是封禅祭祀一类的石刻，抑或道路开通桥梁落成等重大工程的纪念碑刻，都有特定的礼仪场景，发挥了纪念或者记忆的文化功能。这些石刻展示了景观，也展示了政治权力和文化意义。载《古典文献研究》第17辑下卷，第8~9页。另仇鹿鸣对碑刻的政治景观效应有进一步阐述：对于三五米高的巨碑人们往往难以尽读其文字，故在历史的现场，对于一般的庶民而言，他们更多地是石刻“观众”而非“读者”。他又认为：在古人的生活世界中，石碑作为一种重要而常见的景观，象征着秩序与权力，是一般民众观察政治变化的重要窗口，这构成了古人知识系统的一部分。于是，景观更易成为政治秩序变动的象征，古人重视碑铭，无疑是看重其不朽的纪念性。而一旦权力更迭，这些不朽的象征，往往首先会被重塑或废弃。参见仇鹿鸣《中古石刻研究如何超越传统金石学》，澎湃新闻私家历史专栏，2015年4月17日，http：//www. thepaper. cn/newsDetail_ forward_ 1316966。

碑有十余通，诸如界域刻石、分家析产碑、资簿碑等，但有的碑、拓俱不存，第一手资料欠缺；有的研究积累尚显单薄，或与法律碑刻的特定时代风貌偏离较大。当然，作者能否授权也是一个因素。一些原本拟收录的重要文章，终因版权限制等原因未能刊载。不过我们依然有信心，通过有限的篇幅，大体揭示法律碑刻的演进路径和时代风貌。

二 演进：古代法律碑刻之生长

（一）纪功碑时期（汉代）的私约公文

古代法律碑刻的一个鲜明特色是公文与私约并重。这一特色，在汉代碑石上已经呈现。东汉建初二年（77）《侍廷里父老僤约束石券》为早期私约的重要代表，永兴元年（153）《乙瑛碑》为早期公文碑样式的典型。

《侍廷里父老僤约束石券》1973 年在河南偃师出土，在 20 世纪 80 年代形成研究热潮，之后跟进研究未曾中断，海内外学者做了大量扎实的考证工作。日本学者籾山明《汉代结僤习俗考》（以下简称“籾文”，其他文章简称同此）一文，自 1986 年首次发表，到 2015 年修订，是这一碑石考证研究历程的参与者和见证者。

籾文的研究，着重于僤这一组织的构成原理，僤的词源演变，僤的管理者的称谓，最终落脚于汉代社会底层的“人际结合”。其内容从表面看似与法律无甚关联，实际却蕴含对法律规范生成路径的解释。

通过考证“僤”、“弹”、“墠”、“禅”字源之间的关系，作者指出僤是基于某种需要而形成的人际结合关系，它与举行祭礼、仪式的场所——墠，具有源流关系。墠本义为“广土”、“除地”，继而“扫地而盟”，“立单而盟”。从人群组织的僤，追溯人际关系结盟时的仪式场所，将僤与上古盟誓习俗串联在一起。而法律规范的原生路径，与盟誓和仪式密不可分。即便到了明清时期，乡规、行规依然注重诸如神前起誓、演戏立碑等仪式效力，而报官审批备案等行政流程，乃是法律规范的次生路径。

私约是规范的萌芽。基于早期石刻中私约的重要性，本书以两篇文章解读一碑（《侍廷里父老僤约束石券》）者只有一例。南玉泉《东汉侍廷里僤约束石券的发现与研究》一文是对以往研究的学术梳理，指明根据目的或活动范围，可以将僤划分为两类：一是以基层的里为范围，为入僤里人者提供救助，如侍廷里僤、宜事里僤等；另一是为某一专项事务成立的单，如酒单、正卫弹等。南文对僤的名称与规模、建僤人员的职务与人数、建僤费用与容（客）田的关系、建僤的目的与性质等关键问题的学术争论进行辨析，使此碑的史料价值、学术内涵，得到了更充分体现。

侯旭东《东汉〈乙瑛碑〉增置卒史事所见政务处理——以“请”、“须报”、“可许”与“书到言”为中心》一文，是本书中字数最多的一篇（2.6万字）。《乙瑛碑》是传世汉碑名作，历代金石学家的题跋考据连篇累牍，当代学者分析诏书形制与类型时亦多引注此碑。侯文的关注点是汉代的政务处理，即“政治过程”。

碑文记载的重点是对鲁相乙瑛提议增设基层行政编制——百石卒史一事的文书往来。百石卒史属于官府员额，尽管级别卑微，但因增设而涉及法令与财政，故需上奏皇帝。

《乙瑛碑》所载公文件数历来众说纷纭，代表性观点有3件说（洪适《隶释》卷一）、4件说（劳榦《孔庙百石卒史碑考》）、2件说（侯文，即壬寅诏书和鲁相平等给司空府的回复）。侯文的2件说，是基于对公文中“请”、“须报”、“可许”与“书到言”等关键词的精准分析。通过对这些常用字词的“考古”，分析其在不同语言环境中语意的变化、用例等，不仅有助于正确断句、理清行政程序，进而判定公文结构。

对于该碑的性质和功用，侯文认同碑文的主体是文书，但目的是歌颂为管理孔庙做出贡献的官员，实际属于颂德碑。这点也符合秦汉法律碑刻的特色。秦汉是法律碑刻的奠基期，在纪功碑的光环笼罩下，法律碑刻以“铭功纪法”的方式铭刻法律事项，自身特色尚不够鲜明，难与唐宋时期的法律碑刻的独立性比肩，故汉代铭赞体公文碑与唐宋格式体公文碑，在载录格式上判然有别。从这个角度看，《乙瑛碑》更具有汉代公文碑的标本价值。

（二）律令制时代（唐代）的公凭私据

墓志是石刻文献的重要类别，它与法律碑刻的公开性、真实性等特色有一定偏离，但数以千计的庞大体量，未来可预期的新发现，使墓志史料在法制史研究中愈显重要。唐代墓志中与法律相关的内容，体现为官凭和私据。官凭即告身，是官人任官授职的公文凭证，集身份识别和法定特权于一身，反复出现在《唐律疏议》和唐宋令文中。

仅以《唐律疏议》为例。《唐律疏议》计有 12 篇 30 卷，502 条律文，涉及告身的规定分布于《名例》、《职制》、《户婚》、《诈伪》、《断狱》等 5 篇，计 12 条，涉及面不可谓不广。[①]《名例》篇多规定具有通行意义的条款，能鲜明反映立法意图。而有关告身的法条，在《名例》篇中即占 7 条，表明告身是官员及其子孙享有议、请、减、赎、官当等法定特权的依据，并具体规定如何以官职品级折抵刑罚，折抵后是否追毁告身等内容。如第 15 条规定："诸以理去官，与见任同。（解虽非理，告身应留者，亦同。）"意即凡以正常原因解除官职，其身份权利与在职相同。（解职虽然因非正常，但官凭仍依法存留的，也同于在职者。）这一条明确了为官者的特权：一朝有官，终身受惠；生前为官，死后荫亲。第 16 条是对犯罪行为事发前后有官无官、有荫无荫如何区别对待的规定，立法要旨是官员本人特权与官员亲属特权的一体化。[②] 唐律的立法精神和具体规定，颇有助于我们对告身刻石意义的把握。

唐代最接近公文原式的碑刻，当属石刻告身。赵振华《谈武周苑嘉宾墓志与告身——以新见石刻材料为中心》一文以坊间流传的唐代军官苑嘉宾墓志和石刻告身为研究对象，结合敦煌文书已有的研究成果，解析告身内容并展现武周时期的告身样式，探讨公文形态与制度变化的互动。刘安志《跋江西兴国县所出〈唐钟绍京受赠诰文碑〉》采用传统体式，探讨文本生成这一敏感话题。作者通过对刻石、方志、族谱等所载同一内容公文的比证、分析，力求复原钟氏敕授告身的原貌。

纸制告身在吐鲁番文书（抄录于纸随葬）和敦煌文书（抄录于纸张背面）中多有发现，已经中外学者研究复原，为学界熟知。[③] 与敦煌、吐鲁

---

① 《唐律疏议》中涉及有告身的规定，分别在：卷 2《名例》第 15～18 条，计 4 条；卷 3《名例》第 20、21、35 条，计 3 条；卷 11《职制》第 143 条；卷 13《户婚》第 178 条；卷 25《诈伪》第 370 条；卷 30《断狱》第 488、494 条。总计 12 条。

② 钱大群：《唐律疏义新注》，南京师范大学出版社，2007，第 65～69 页。

③ 徐畅认为：告身是在赐与新的职事官、散官、勋官、封爵，或是在剥夺现有的官爵时，官方通过所规定的程序，采用《公式令》所定的公文格式交给本人的文书。一般制敕授官，由宰臣进拟某人"可某官"后，中书省宣奉行，由门下省署名审核，御画可，下尚书省，由左右丞相、吏部尚书、吏部侍郎、尚书左丞等人署名，然后由书令史抄写，以符文形式下发。文官、散、勋官告身由吏部发放，武官告身由兵部发放。详见徐畅《存世唐代告身及其相关研究述略》，《中国史研究动态》2012 年第 3 期。

番告身文书残缺状态不同，新出石刻告身字迹清晰，格式完整，对告身史料链条的构建具有重要意义。

当然对告身的研究还有不少需要拓展的地方。诸如告身抄件在后世流传过程中为何会出现不同的“版本”？版本差异是无意形成，还是有利益因素掺杂其间？另石质告身与墓志的关系，诰文与告身、制与敕、原件与抄件如何区分等，也值得进一步探讨。

在碑石上刻载田产的取得方式、坐落、四至、价格等，是汉代以来的传统，但像《唐许公墓志》载录如此详细者，却不多见。《唐许公墓志》镌刻许氏家族的不动产包括田庄、树木、房屋等。孙继民、张重艳的《唐许公墓志铭：晚唐河溯地区的田庄标本》一文通过对许公田庄所反映的城乡关系、村庄关系、庄地关系和庄庄关系的分析，为我们勾画了一幅大土地所有者居城、傍村、土地分布庄外、田庄地跨两村、田庄主次有别、庄主死葬庄地的生活场景，也展示了一条别开生面的研究路径。

对唐代的官凭、私据研究，都不能忽视石刻史料的价值。以学者熟知的敦煌吐鲁番文书为例。吐鲁番文书内容主要反映唐代前期，敦煌文书偏向于唐代后期，二者均局限于中国西北地区，而唐代墓志、碑石的广域性和时代贯通性，恰能弥补现有史料的欠缺。

（三）程式化时代（宋金）的规章公文

宋代是中国古代法律碑刻发展的一个重要时期，至今存留的数量庞大的宋代公文碑，也是值得特别关注的现象。公文碑占宋代法律碑刻总数的2/3强，[①] 并形成了札子（北宋为中书札子，南宋为尚书省札）、敕牒、公牒、公据等公文系列。

宋代公文应用广泛，涉及宗教管制、水利分配、家族救济等诸多方面，展示出行政管理的触角延伸至社会诸多领域，并呈现程序规范与实体规范并重的态势。

法律碑刻的独特性也是在宋朝开始全面显现，一个重要标志是多层级的法律规范体系初步形成，以至规章条约刻石激增。从由上而下推行的《御制八行八行条制》，到自下而上申请的《京兆府小学规》、《千仓渠水

---

① 截至目前，笔者已整理宋代法律碑目有530余种，其中公文碑约占70%。

利奏立科条碑》、《范文正公义庄规矩碑》等，无论是出自官方还是源自民间，都有一定的行政流程。而私约能通过行政审批流程，转化为有政府公权支撑的法律规范，也显示了法律规范的次生路径（注：通过仪式生成为原生路径）渐成常态。

宋代较典型的法律碑刻为规章碑和公文碑，两者都展示了实体性的权利义务规定与程序性的行政审批流程，互为因果，缺一不可。

唐代格式化的公文碑如官凭告身，主要是特权身份的标志。宋代以后，标志寺观存在合法性的敕牒碑被广泛刻立。而从唐代的埋于墓葬中的告身石刻，到刻立于寺观、学校用于公示永存的各式公文碑日渐增多，使法律碑刻的功能性特色开始彰显。

法律碑刻的“长文”化特色也自宋代开始显著。山东济南长清《敕赐十方灵岩寺碑》以公文格式完整、内容翔实而著称。胡孝忠《北宋山东〈敕赐十方灵岩寺碑〉研究》一文通过对碑文记载的甲乙制转变为十方制的过程分析，展示了国家对寺观全方位管控政策的落实。除敕差住持，寺产税赋、僧人犯罪等问题也纳入朝廷视野。高级僧官由朝廷任命，标志着宗教管理进入国家行政系统，故奉敕宣付主持的牒文与官员的告身，体式相若。

“行政许可”和“行政授权”，是宋代公文的另一重功用，据此而形成的敕牒碑开始批量出现。值得注意的是碑刻的命名。标准公文碑的命名有一定体式，从碑名，可以大致反映命名者对碑石功能的认知。宋代以敕牒、公据、札子、帖等公文文种命名的碑石比比皆是，而在唐以前，类似碑名并不多见。

敕牒碑存在的意义不仅在碑名、碑石内容及审批过程，敕牒公文被大量刊刻本身，也是一道特别值得重视的“景观”现象。这些“行政许可”性质的敕牒碑，既是国家控制寺院、将寺院纳入国家管理体制的明证，也是寺院宣示自身合法存在，从而避免了“被淫祠化”的可能。唐以后宗教发展迅速，可观的寺院经济，对于增补政府财政甚至筹集军费，都具有不可忽视的意义，金代官卖敕牒碑的流行，即是寺院经济弥补政府财政的真实记录。

李雪梅《行政授权：宋代法规之公文样态——基于碑刻史料的研究》在细解史料的基础上，探讨规章如何生成，展示出行政程序对规范效力生成的关键作用。作者指出，宋代碑石上的法规、条令往往不是独立的存在。受传统文献载录方式的影响，人们往往注重法规条款内容；即使在公文和规条并存的情况下，也往往忽视公文在行政授权方面的法律意义。宋代《千仓渠水利奏立科条碑》上的“奏立”程序和公文，《范文正公义庄规矩碑》上的公文体式和公文，与刻于一石的条规紧密关联，并呈现公文前置的样态。从法律的视角看，规条是具有约束力的法律规范，可以独立存在；从行政的角度分析，规章是公文的附属，记载规章生效过程和行政授权的公文更具有主体地位。这种理解的差异，是基于从管理者和被管理者的不同角度。故只有对史料进行多角度的全景性分析，才能得出相对客观的结论。

佛教清规既有自身发展的独立性，同时也受国家法令的左右。郭笃凌《泰山谷山寺敕牒碑碑阴文考论》一文在精细释读碑文的基础上，对内容条分缕析，归纳总括，指明：碑文的主要内容为山门清规而非禁约；清规的条目为 21 条而非 40 条；清规述及谷山寺经藏、梵林、庄田等常住管理以及住持承嗣体制、僧众破戒摈罚等重要内容，与宋代《禅苑清规》及元代《敕修百丈清规》相若，在宗教规约发展史上，具有传承性与独特性。

（四）功能化时代（蒙元）的圣旨公文

蒙元是古代法律碑刻发展史上的转型期。此时，白话圣旨碑的流行是值得特别关注的现象。对此，中外学者已有百年以上的研究积累（详见参考文献），研究的视角多元开放。语言、文体学研究方面以蔡美彪先生为代表。[①] 在官制与行政研究方面，李治安、张帆等的成果具有典范性。[②] 宗教方面，陈垣的《道家金石略》在原始碑文资料积累和释读方面做了大量基础工作，[③] 日本高桥文治的《元代道教文书研究》以元代圣旨、令旨碑文为中心，揭示围绕这些文献所发生的历史事件，勾勒出了蒙元政府对道教的态度与政策，以及道教的生存、发展情况。[④]

---

① 参见蔡美彪编《元代白话碑集录》，科学出版社，1955；《元代白话碑集录》（修订版），中国社会科学出版社，2017；《八思巴字碑刻文物集释》，中国社会科学出版社，2011。

② 参见李治安《元代行省制度》，中华书局，2011；张帆《元朝诏敕制度研究》，《国学研究》第 10 卷，北京大学出版社，2002。

③ 参见陈垣编纂，陈智超、曾庆瑛校补《道家金石略》，文物出版社，1988。

④ 〔日〕高桥文治：《モンゴル时代道教文书の研究》，东京：汲古书院，2011。

在古代史研究中，碑刻多作为辅助史料，然而在元代，碑刻史料群呈现少有的主体性特色，凸显了碑刻在蒙元史研究中以及在蒙元政治运行中的重要意义。诚如日本学者船田善之所述，已有的“研究成果表明，蒙元政权是以施行细致的公文制度（包括行政制度）来统治其辽阔版图的”，进而描述：

> 从公文制度史来看，蒙元时代可谓开辟了新的时代。一方面，蒙元帝国的版图辽阔，境内多民族共居，因此民族之间的交往活跃，各种语言接触频繁。在如此情况下蒙元政权为了便于统治创造了“蒙文直译体”。另一方面，可以说蒙元时代开始大规模地将公文刻在石碑之上。

这蕴含着两个问题：一是圣旨公文在版图广、民族多的政治统治中所具有的实用功能；二是如何将中央朝廷以国语（八思巴文）发布的圣旨官告，在汉人地区推行，故圣旨公文的翻译技法是无法回避的问题。船田善之《蒙元时代公文制度初探——以蒙文直译体的形成与石刻上的公文为中心》便围绕这两个重要问题展开讨论。

对于拗口的“蒙文直译体”（也称硬译文体、吏牍文体）之由来说法不一，船田善之认为采用“逐字逐句地翻译”的方式，可能蕴含的意思是：“可汗的圣旨是神圣不可侵犯的，翻译时应尽量保持原貌，将改动的部分降到最低限度。”尽管这种吏牍体被传统文人视为粗鄙，但却便于行用。从公文接收角度来看，这种不容易改变原意的翻译方式可以防止翻译者等的主观想法介入或渎职，防止了居间人的专横；从翻译者角度来看，逐字逐句“硬译”的规律性，比主观色彩强烈的文言雅句更方便掌握。接着，船田善之以《长清灵岩寺执照碑》为个案，研究了元代圣旨公文在翻译和传递过程中，寺庙与官府之间的关系，以及碑石作为资产依据的功用。

蒙元刻石新发现层出不穷。周郢《蒙古汗廷与全真道关系新证——新发现的蒙古国圣旨（懿旨、令旨）摩崖简述》一文涉及圣旨累刻现象。新发现的圣旨位于山东泰安徂徕山南山坳中，摩崖分为记、牒及题名，其中第二方为“皇帝圣旨里恩赐文牒”。牒文共征录蒙古皇帝圣旨 3 件，后妃懿旨 3 件、太子令旨 2 件，堪称一部蒙古皇室的崇道旨文汇编。而这些诏旨绝大部分不见于史籍载录，对考察蒙古汗廷的宗教政策及黄金家族与全真道的关系，提供了诸多新的认识路径。

法律碑刻的功能性在蒙元时期表现突出。碑石不仅记载了政府行使行政管理和司法裁定的过程，更重要的是，民间也积极申请护持圣旨，采用刻立圣旨公文碑的方式，保护自身权益并用以对抗政府滥用公权。

公文来自合法的公权力机构。刘晓《元代道教公文初探——以〈承天观公据〉与〈灵应观甲乙住持札付碑〉为中心》所探讨的是元代宗教机构的公文往来。道教公文刻立于石，是道教管理机构融入国家管理体制的证明。元代宗教管理机构设置，因行政级别、地域管辖、门派归属等的差异而错综复杂。行政管理的复杂，也决定了司法管辖的叠构，《承天观公据碑》成为观察元代道观管理权和产权归属争议的难得范例。

刘晓考证，承天观就其地理位置而言，虽位于长江南岸，属正一教主持下的江南诸路道教所管辖，但案件当事人黄天辅、项道远却是分别由玄教、正一教任命的住持。在争议解决过程中，黄天辅因系玄教任命，将诉状呈递玄教嗣师吴全节，希望吴全节能给他提供支持，而正一教任命的项道远，不仅分别向玄教、正一教提出呈状，还鼓动采石镇民户纪大有到太平路总管府告状，又由太平路总管府分别向玄教、正一教提出了申文。最后，作为管领江南道教事务，拥有最终裁决权的天师张嗣成，判项道远胜诉。

宋元的长篇公文碑往往与事项复杂和权益争执有关，且多涉及宗教领域。文中探讨的另一碑文《灵应观甲乙住持札付碑》，所录札付计有 7 个部分，每个部分都是先引用呈文、申文，然后是正一教主张嗣成的意见。碑文重点是甲乙住持和十方丛林之争，实质上是围绕寺观管理权与寺观产业的利益之争。

（五）常态化时期（明清）的公文私契

自宋元以来，著名寺观既被国家控制“收编”，又超脱于地方行政，这种矛盾性是由多元行政体制造成的。明代州县之外，还有卫所、王府、寺院等多种行政系统。而多元行政系统，也意味着多元司法解决路径，韩朝建的《明中叶赋税制度在五台山区的推行——以寺庙碑铭为中心》一文便聚焦于此。

五台山寺院宣称有免于向州县纳税的权利，其重要依据是寺院自有独立的行政体系。但宗教行政系统只能决定宗教内部事务，当关系国家利益的赋税改革在全国推进时，寺院经济很难超然独立。唐代少林寺、宋代灵岩寺、明代五台山寺庙等，都因为涉及寺产管理而成为碑石刻载的经典事例。嘉靖、万历年间，在"一条鞭法"税制改革的大背景下，通过土地清丈、山区垦荒、投献卫所、赋税告豁等一系列事件，在维持僧纲司掌握寺院土地登记的条件下，五台山寺院摆脱卫所，转向州县报税。五台山寺院在州县与卫所之间的取舍，以及将诉讼结果立碑公示，成为各种行政势力竞合博弈的见证。

明清时期，碑石的法律效用已被官民所共识。刘小萌《清代北京旗人舍地现象研究——根据碑刻进行的考察》一文特别注意将契约铭刻于碑石所具有的多重功用：

> 对于施主善举，寺观通常刻立石碑。这种做法，首先是基于对施主的表彰，同时也寓有奖劝善信慷慨解囊的目的。另外，舍地碑无异于永久性契书，对于证明土地来源合法性、防止施主子孙或亲属的无理纠缠乃至土地日久迷失，也具有重要作用。

碑石上的舍契等私约，是对纸质契约的原式摹刻，各种契约要素，如施主姓名、籍贯（是旗籍还是民籍），舍地来源、额数、坐落四至，施舍目的，立碑时间，舍契交付，写字人、说合人、中保人（中见人）姓名，以及"永为寺业，各无争竞"，"永不反悔"之类的担保语等，均是必备内容。另规避法律的字眼在碑石上也毫不隐晦地表达出来。

李雪梅《明清碑禁体系及其特征》一文从法律碑刻的数据演变出发，探讨宋元流行的公文圣旨碑向明清禁碑转化的动因。禁碑是中国古代法律的重要表现形式。形式完备的禁碑应具备两个要件：一是有明确的禁止性规定，二是有较明确的违禁罚则即处罚措施。明清时期的三类禁碑，即颁宣圣旨敕谕的敕禁碑、传布地方政令公文的官禁碑以及公示乡约行规的民禁碑，在地方法律秩序建构中各有特定的功用。敕禁碑象征皇权和国法在地方的存在；官禁碑体现"政府公权"在地方的实际运作；民禁碑反映"民间公权"在规范生成中的独立性和对"政府公权"的依附性特征。三类禁碑相辅相成，构成了一个较完整的体系。明清碑禁体系的形成促成了法律碑刻自成一类，也展示了国家治理手段的变化及碑石的实际效用。

纵观碑石在国家治理体制中地位的变化，从宋元公文碑展现的局部行政管理功用（主要针对官僚、士子、寺观），到明清禁碑成为法律认可的国家和社会综合治理手段，法律碑刻在国家行政管理及地方自治中的能动性，得到全面提升。

三　法律碑刻之特色与核心

（一）法律碑刻之特色

本书精选的15篇论文，其中5篇关注社会秩序与规范的构建，7篇涉及行政管理，3篇聚焦财产赋役。此结构布局，也呈现出古代法律碑刻的基本样貌与特色，具体表现为以下几点。

一是对秩序的追求、对规范性社会的构建，自秦汉至明清始终不绝，这个过程恰好与石刻和法律碑刻的发展同步。汉代涉及基层简单社会组织及其规范的《侍廷里父老僤约束石券》，已明确对集资购田的收益分配和继承原则，以及“他如约束”的规定。自宋代起，以碑石刻载官箴教条、御制学规、水利规章、义庄规矩、宗教规约等事例，层出不穷。至明清时，由敕禁碑、官禁碑、民禁碑等构成的碑禁体系，既展示了法律规范的多层级构造及相互间的密切关系，也体现了民间和官方遵从规范的共识。

二是“程序不可或缺”。无论是公文碑上的申奏批复等“过程性”内容，还是规范碑刻中的“行政授权”，都具有特殊的法律意义。

本书收录篇幅最多的是与行政管理有关的论文计8篇，而基于法令规定的公文运作又是其中的重中之重。公文具有申状和审批、发文和收文的双向性。对公文两端而言，发文和审批属于国家管理和社会治理功能，申状和收文是确权过程，两者同等重要。而连接公文两端的过程，是公文形成、落实、反馈的完整记录，里面包含着授权、制约和监督等程序。故公文碑所铭刻的，不仅是两个端点，更是律令制度落实、委事责成的监管等过程，这也是我们在研究中一再强调的“程序不可或缺”之关键所在。而一般文献载录公文多关注主体内容，首尾格式甚至程序往往被忽视。公文碑的史料完整性和特殊研究价值，也程序的重要性而得到进一步强化。

三是财产权益的多样性。碑石上的财产所有制内容丰富，本书仅选录了较具代表性的唐、明、清各一篇。《唐许公墓志铭》详载家庭财产却被埋在地下，与同样埋在地下的石刻告身“异曲同工”，是社会观念普及的结果。明代五台山寺产碑刻中的《卷案碑》、《免粮卷案碑记》、《太原府代州五台县为禁约事》、《各寺免粮碑》等铭刻的关键不是财产数额，而是寺庙田产能否超然于国家法律。法律碑刻中的重要类别——讼案碑，多关涉财产权益。刘小萌据以研究的30余通旗人舍地碑文，既可观清代土地权益构成之复杂，又可视严禁民人典买旗地法令在民间的变通，又可见施主与子孙或亲族之间的利益纠缠。

古代铭记财产的碑刻起步甚早，汉代建初元年（76）的《大吉买山地记》、汉安三年（144）的《宋伯望买田记》、熹平四年（175）的《郑子真宅舍残碑》、光和元年（178）的《金广延母徐氏纪产碑》等，已显示出财产铭刻的重要性。唐宋以后，涉及财产权益的碑石数以千百计，形式多样，但尚未引起学者的充分关注，故而成为法律碑刻研究相对薄弱的部分。

（二）法律碑刻之核心

综观法律碑刻的发展历程，公文碑一直具有发展轴心的地位。

汉代公文保留下来具有一定的偶然性。在秦汉纪功碑流行时期，刻石以铭功记事为重，格式不甚重要。在东汉《乙瑛碑》中，促使公文生效的官员及公文本身，均是被铭赞的对象。鲁相乙瑛为孔庙奏请增设百石卒史而“功成名就”，乙瑛之名连同“壬寅诏书”一并流传后世。

唐代律令体制完备，公文体式如平阙制度，以及告式、牒式等均载于律令。告身是官员本人及荫亲享有法定特权的凭证。告身中的宣奉行程序及署名签押，乃至告身的保存、追毁、造伪等，均能找到相关法律规定。而依式摹刻的告身、敕牒等，既是权益公示，也是一种妥善的保存方法，格式化公文碑开始流行。值得注意的是，大量敕牒、告身并不是在获取公文之后即时刊刻，而多在数年、数十年后甚至改朝换代后摹刻于石，展示出刊刻公文行为本身，带有很强的功利性。

宋金公文碑的程式化特色，因敕牒碑的流行而彰显。公文碑中常见的年款、官职、押署等，均是公文真实合法的标志。朝廷对寺观采用“行政许可”的方式进行管控，对法律规范的制定亦采用“审批”、“授权”等方式进行调控，形成公文与规章、公文与讼案裁定的互动。公文的双向功能在宋金元时期得到充分释放，诸多寺观将圣旨碑、公据碑所具有的“反行政管理”功能，也发挥到极致。

宋元长篇公文以内容细致、程序完备见长。宋代的《敕赐十方灵岩寺碑》，元代的《承天观公据碑》、《灵应观甲乙住持札付碑》等，均涉及多元政治体制下的权益保护问题。公文转呈制度涉及不同行政系统、不同级别，行政关系复杂，公文文种多样，这些既是程序的要求，亦是委事责成监管之依据。

蒙元圣旨碑的表现形式与宋金敕牒碑明显不同。圣旨具有至高性，责任单一，程序简单，双语、圣旨发布的时间和地点等要件，具有重要的象征意义，同时实质性内容较之程序更为重要。在这种情况下，累刻便具有特殊的用意。累刻主要有两种表现：一是累刻前朝皇帝尊号，以示圣旨内容具有传承性；二是将不同皇帝、太后、皇子等颁布的圣旨、懿旨、令旨，按顺序累刻，通过相似内容的重复，强化圣旨碑“护持”功能的长效性。

明清禁碑的普及，使公文碑呈现出常态化和包容性。在“碑以载政”特色鲜明的唐宋金元时期，法律碑刻的主要类别如公文碑、讼案碑、规章碑的独立性明显，相互之间容易区分。然而到明清时期，告示体公文与讼案、禁令的公文化趋势明显，以至公文与禁令、告示、讼案难解难分，甚至出现“须至碑者”公文体禁碑，公文碑与示禁碑、讼案碑的关系，愈加难解难分。

* * *

近百年是文献史料的大发现时期，也是史料整合和深化研究的时期。新史料和新方法对以研究铭刻文献为主的传统金石学造成重大冲击，同时创造了突破传统的可能。

审视被我们赋予独立性的法律碑刻，欲有所突破和超越，尚有许多工作要做。在个案研究方面，如《好太王碑》、《集安高句丽碑》、《北齐义慈惠石柱》等经典刻石，法律史研究尚严重缺位；在基础性研究方面，如法律碑刻的分类与定名研究，断代或专题法律碑文集释，研究论文索引等，可谓任重道远；重要专题研究如公文碑、讼案碑等虽已开始耕耘，但尚需更多的学术力量参与投入。

目前我们之所以特别强调对法律碑刻的“精耕细作”，重视在学科交融中取长补短，是为了我们以包容、多元的视角，整理、分析法律史料；亦为了在复兴金石学传统中，在铭刻史料的整理研究方面，增强“法律”话语权。

曾宪义先生在2005年为《法律文化研究》写的序言中强调，该书的特色是“在于发掘传统，利导传统，从传统中寻找力量”。“古代法律碑刻专题”也同样是为了这个目标：从传统中寻找力量。

一　汉代

汉代结僤习俗考*

〔日〕籾山明　撰文　赵　晶　改译**

一　前言

1973年于河南省偃师县出土的《侍廷里父老僤约束石券》（以下简称《约束石券》），清楚地告诉我们在东汉时代的乡里社会中存在着一种名为"僤"的人群组织。① 虽然于更早以前便已知晓汉碑中有名为"结单"的互助习惯，② 但如果没有《约束石券》的出土，一定无法对其实态进行研究。

自《约束石券》出土以来，学术界已发表了多篇关于僤（以下以此字来代表）的研究论文，积累了相当程度的研究成果。在此虽不能对这些研究成果一一详细介绍和讨论，但可将学者所关心的问题大致梳理为三个方面：①僤的起源与沿革，②僤与基层社会的关系，③僤与国家支配的关系。主张僤是"自古以来的公社组织的残留"之俞伟超的著作，即为①的研究代表。反驳俞伟超的论点并强调僤的"私人结社"性质之邢义田、杜正胜等人的论述，则是着力于②的分析。③ 山田胜芳、东晋次、渡边义浩、渡

---

* 本译文参考初版的中译文［收入邢义田、刘增贵主编的《古代庶民社会——第四届国际汉学会议论文集》，（台北）中研院历史语言研究所，2013］，由最新日文版（收入籾山明所著《秦漢出土文字史料の研究》）改译而成。

** 〔日〕籾山明，日本东洋文库研究员；赵晶，中国政法大学法律古籍整理研究所副教授。

① 黄士斌：《河南偃师县发现汉代买田约束石券》，《文物》1982年第12期；宁可：《关于〈汉侍廷里父老僤买田约束石券〉》，氏著《宁可史学论集》，中国社会科学出版社，1999。

② 王应麟《困学纪闻·考史》谓："中平二年，昆阳令愍繇役之害，结单言府，收其旧直，临时募顾，不烦居民。太守、丞为之立约。见于《都乡正街弹碑》。此募役之始也。"

③ 俞伟超：《中国古代公社组织的考察——论先秦两汉时代的单－僤－弹》，文物出版社，1988；邢义田：《汉代的父老、僤与聚族里居——汉侍廷里父老僤买田约束石券读记》、《汉侍廷里父老僤买田约束石券再议》，氏著《天下一家：皇帝、官僚与社会》，中华书局，2011；杜正胜：《汉"单"结社说》，氏著《古代社会与国家》，（台北）允晨文化实业公司，1992。

边信一郎等日本学者的研究，则着眼于③的方面，而林甘泉的论文则包括了①～③所有的论点。[①]

将关于僤的先行研究做如此整理，网罗、阅读相关观点之后便会发现，问题的核心部分仍存在着一个空白点，亦即对僤这一组织本身的分析并不充分。尽管已被指出，僤的成员具有“祭尊”或“尉”等称号，然而这种称号对组织而言具有何种意义，则完全没有涉及。又如，虽然已被指出，僤是可以处理各种问题的组织，但为何采用“僤”这种形式，迄今没有找到检讨这一最基本问题的论著。唯一的例外是俞伟超的著作，但如后文所述，其根本性的论证略显勉强，关于僤是“单”这种氏族共同体的遗存的结论也殊难赞同。汉代史料所呈现出来的僤，是因应各种需要而成立的结社，这是虚心阅读史料就能自明的事情。[②]

在我以前所执笔的关于《约束石券》的研究论文中，曾就僤的组织与起源论述过我个人的初步看法。[③] 目前基本的论点仍未改变，但旧稿中有考证不足之处，论点的展开也稍嫌草率，本章对此进行补订，聚焦于僤这一组织本身，再次对僤的构成原理及其来源进行考察。希望通过对此问题的考察，阐明存在于汉代社会底层中的“人际结合”之一端。

二 相关资料的提示

注释主要是指出语词释义的问题，更详细的分析则于下一节参考其他相关史料一并进行。本文关心的问题是，僤这种组织自身的结合原理和起源，因此所用史料以与僤的组成原因和内部构成相关者为中心。

---

① 〔日〕山田胜芳：《“父老僤约束石券”と秦汉时代の父老》，氏著《秦汉财政收入の研究》，东京：汲古书院，1993；〔日〕东晋次：《后汉时代の政治と社会》，名古屋：名古屋大学出版会，1995；〔日〕渡边义浩：《僤》，氏著《后汉国家の支配と儒教》，东京：雄山阁，1995；〔日〕渡边信一郎：《汉鲁阳正卫弹碑小考——正卫・更贱をめぐって》，氏著《中国古代の财政と国家》，东京：汲古书院，2010；林甘泉：《“侍廷里父老僤”与古代公社组织残余问题》，《文物》1991年第7期。

② 俞伟超：《中国古代公社组织的考察——论先秦两汉时代的单－僤－弹》，文物出版社，1988。对俞说的批评，参阅邢义田《汉侍廷里父老僤买田约束石券再议》、杜正胜《汉“单”结社说》；张金光《有关东汉侍廷里父老僤的几个问题》，《史学月刊》2003年第10期等。

③ 〔日〕籾山明：《汉代结僤习俗考——石刻资料と乡里の秩序（1）》，《岛根大学法文学部纪要文学科编》9－1，1986。

（一）侍廷里父老僤约束石券

石券高1.54米、宽0.80米、厚0.12米。根据发掘报告，石券的底部呈现出不规则的三角形，所以它可能本来是竖在地面上的。[①] 正面以隶书刻着12行共213个字。石券的原文如下：

（1）建初二年正月十五日，侍廷里父老僤祭尊

（2）于季、主疏左巨等廿五人，共为约束石劵里治中。

（3）乃以永平十五年六月中，造起僤，敛钱共有六万

（4）一千五百，买田八十二亩。僤中其有訾，次

（5）当给为里父老者，共以容田[②]借与，得收田

（6）上毛物谷实，自给。即訾下不中，还田，

（7）转与当为父老者，传后子孙，以为常。

（8）其有物故，得传后代户者一人。即僤

（9）中皆訾下不中父老，季、巨等共假赁

（10）田。它如约束。单候、单子阳、尹伯通、锜中都、周平、周兰、

（11）父老周伟、于中山、于中程、于季、于孝卿、于程、于伯先、于孝、

（12）左巨、单力、于稚、锜初卿、左中、文于、于思、锜季卿、尹太孙、于伯和、尹中功。[③]

关于此《约束石券》的解读，已在诸多相关论考和史料集成中言及，[④] 因此

① 黄士斌：《河南偃师县发现汉代买田约束石券》，《文物》1982年第12期。

② 这一文字一开始就被俞伟超释为“容田”。虽然释字被认为是正确的，但是“容田”即“颂田”、本义是“仪礼之田”的说法与“约束石券”的内容并不相符。参见俞伟超《中国古代公社组织的考察——论先秦两汉时代的单-僤-弹》，文物出版社，1988，第128页。由于没有类似的例子，所以容后再考是恰当的。不过，根据王念孙《读书杂志·余编下卷·楚辞》所言“公与容同”，将“容田”解释为“公田”的吕志峰说，可以作为一种方案加以介绍。参见吕志峰《东汉石刻砖陶等民俗性文字资料词汇研究》，上海人民出版社，2009，第100页。

③ 2015年9月笔者在访问河南省偃师市偃师商城博物馆时曾对校原石，对此前的录文有所改订，特此说明。

④ 收录这一石券的史料集，有用的是永田英正编《汉代石刻集成》（京都：同朋舍，1994）、张传玺主编《中国历代契约会编考释》（北京大学出版社，1995）、高文《汉碑集释》（河南大学出版社，1997）。

以下不再对语义解释逐一加以检讨，只是指出对于思考倬这一组织必须具备的四点。

第一，(1) ~ (2) 行所见“侍廷里父老倬祭尊于季”一句，不应释为“倬祭尊于季是侍廷里的父老”，而应解释为“于季是侍廷里之父老倬的祭尊”。由于该倬结成的契机是“买田”作为就任里父老时的配置之物，因此在倬结成时，应该还没有任何人担任父老。所以，此倬的名称应为“父老倬”，以其结成的目的来命名，在理解上较为贴切。[①] 此外，于季之后的“主疏左巨”的“主疏”，是“主簿”的别称。居延汉简的备品记录或称为“守御器簿”(506.1)，或称为“器疎”(220.18)，即是“簿”和“疎（疏）”通用的一个佐证。

第二，(2) 行所见“里治中”，是指“里之治的中庭”。“廷”字表示露天的空间，《说文解字》廴部解作“廷，朝中也”，“中”即是中庭之意。“治”通常指地方长官的衙署，所以如果存在“里之治”，那就是里正的役所。但是秦汉时代的里正并不是官吏，[②] 所以“里之治”的功能，与其说是行政、办公，还不如说更侧重于里民的管理和生活、生产活动的维持。[③] 由此来归纳“里之治”的特征的话，父老的候补者们将“约束石券”立于“治之中”，或许以五斗米道的教区被称为“治”[④] 来加以说明会较为容易。

第三，(4) ~ (5) 行中之“其有訾次当给为里父老者”一段，断句不应为“其有訾次，当给为里父老者”，而应是“其有訾，次当给为里父老者”。正如张传玺所指出，“次当给”是指“依次当充任”的意思，[⑤] 同样的语句亦可见于《史记·陈涉世家》：“陈胜、吴广皆次当行，为屯长。”

第四，石券末尾所列举的成员，有于、单、尹、锜、周、左等6个姓

① 附带提出，由于“约束”的内容是关于合资购买田地的使用和继承的规定，因此不应将本数据称为“买田约束石券”。

② 在尹湾汉简的集簿中，里正与卒、邮人、三老等一样，并不属于官吏。这一重要的事实已为刘欣宁指出。参考刘欣宁《秦汉时代の基层社会支配》，京都：京都大学学位请求论文（2013）。

③ 山田胜芳认为，“约束石券”提及的“里治”与江陵凤凰山一六八号墓出土的天平横杆上所刻“里家”相同。参见〔日〕山田胜芳《“父老倬约束石券”と秦汉时代の父老》，第392页。里家的实态并不清楚，两者所指为同一实体的可能性很高。

④ 〔日〕大渊忍尔：《初期の道教——道教史の研究 其の一》，东京：创文社，1991，第48页。

⑤ 张传玺主编《中国历代契约会编考释》，北京大学出版社，1995，第74页。

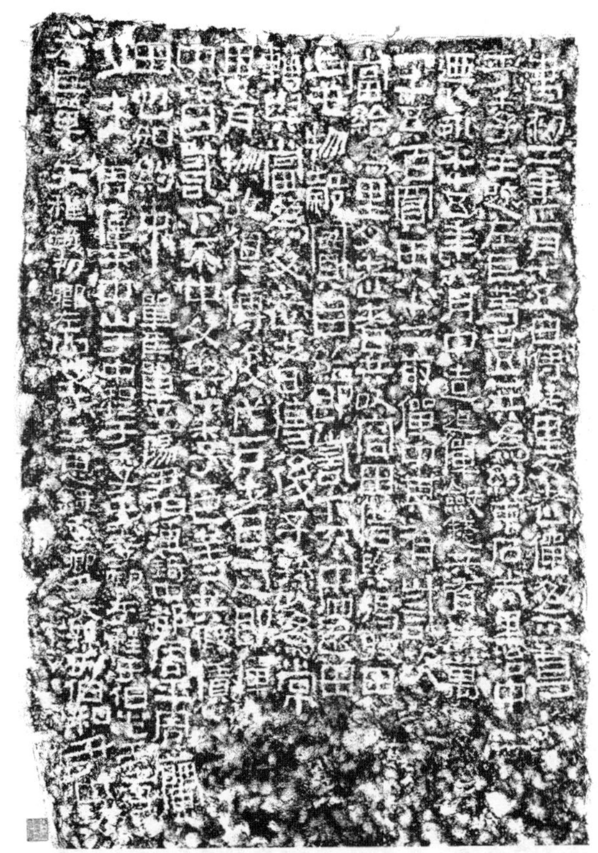

图 1　侍廷里父老僤约束石券（采自胡海帆、汤燕编《北京大学图书馆新藏金石拓本菁华》，北京大学出版社，2012）

氏，其中于氏多达 10 名，正如邢义田所指出："宗族聚居一里的情形，侍廷里的于氏作了十分有力的证明"。[①] 然而同时，父老僤形成了超越宗族亲戚的人际关系，这方面亦是必须留意的。

（二）汉印（附：砖文）

在陈介祺《十钟山房印举》、罗福颐《汉印文字征》及《秦汉南北朝官印征存》等著作中，收录了多种关于"单"或"弹"的印影。而且在俞伟超的著作中，亦引用了包含珍本印谱在内超过 60 件的印文。在性质

① 邢义田：《汉代的父老、僤与聚族里居——汉侍廷里父老僤买田约束石券读记》，氏著《天下一家：皇帝、官僚与社会》，中华书局，2011，第 462 页。

上，印章作为史料，虽然逐一篆刻上去的字数较少，但若配合其他史料，则可从中提取出有益的信息。

如印章的文面所刻“始乐单祭尊”、“万岁单三老”等，以“单”字为中心，其前后大多刻了两三个字。因此不难推测，“单”字前面的“始乐”、“万岁”等，是此单的特有名称，而后面的“祭尊”、“三老”等，则是此单成员的官名。清人桂馥于《札朴·单祭尊印》中云：“古铜印有‘始乐单祭尊’、‘万岁单祭尊’。按：始乐、万岁，皆里名。祭尊，乡官，犹祭酒。”此看法在原则上是正确的，但严格来说，“祭尊（祭酒）”并不是“乡官”（后述），且于单字之前所刻的也并非就总是“里名”，例如“酒单祭尊”（《秦汉南北朝官印征存》993）等，是以单的结成目的来命名的。

但是，将区分结成目的与里名则并非易事。例如四川宜宾出土的墓砖上阳刻了“宣化宜世弹休止藏永元六年始造”之字样（图2上）。此处所载“宜世弹”，乍看之下很像是因葬礼而结成的弹，可是正如俞伟超所指出，同墓出土的别的墓砖上刻有“永元六年宜世里宗墼利后安乐”等字（图2下），可见“宜世”应是里名。[①] 而在此处更应注意的是，见于砖上的“宗墼”和“宗单祭尊”（《秦汉南北朝官印征存》1011）的关系。吴

图2 四川宜宾出土墓砖（采自王镛、李淼：《中国古代砖文》，知识出版社，1990）

① 俞伟超：《中国古代公社组织的考察——论先秦两汉时代的单－僤－弹》，文物出版社，1988，第76～78页。

荣曾推测："'宗'疑为'冢'之假借，'宗墼'即塚墓之砖也。"[①] 如果此推论是正确的话，那么所谓的"宗单"即为"冢单"，也就是以造墓为目的而结成的单。

将相关的汉印依官名加以整理，则如表 1 所示。标有星号 * 的数字是俞伟超著作的页数，其余为罗福颐《秦汉南北朝官印征存》的编号。在罗福颐的著录中，官印被分为"前汉官印"与"后汉官印"，但如其本人也承认"前后汉官印标识明确性不大"，[②] 这样的分类不能说是完全妥当的。同时，若是从"平政"或"厨护"等不常见的官名，或者是未尽统一的印的规格来看，也很难判断这是中央政府或地方行政机构发行的公印。《史记·樊郦滕灌列传》载：

复常奉车从击赵贲军开封，杨熊军曲遇。婴从捕虏六十八人，降卒八百五十人，得印一匮。

正如《史记索隐》所注"谓得其时自相部署之印"，夏侯婴所获得的是在军中独立发行的印章。与僤相关的印也是一样，一定是僤中自行制作、颁行的。

（三）党锢列传

根据范晔《后汉书·党锢列传》的记载，党锢事件的起因是有一位名叫朱并的人作了如下举报：

又张俭乡人朱并，承望中常侍侯览意旨，上书告俭与同乡二十四人别相署号，共为部党，图危社稷。以俭及檀彬、褚凤、张肃、薛兰、冯禧、魏玄、徐乾为八俊，田林、张隐、刘表、薛郁、王访、刘祗、宣靖、公绪恭为八顾，朱楷、田槃、疎耽、薛敦、宋布、唐龙、嬴咨、宣褒为八及，刻石立墠，共为部党，而俭为之魁。

此一事件在《世说新语·品藻》刘孝标注引王粲《英雄记》中，则作如下叙述：

① 吴荣曾：《说瓴甓与墼》，氏著《先秦两汉史研究》，中华书局，1995，第 343 页。

② 罗福颐：《秦汉南北朝官印征存》，文物出版社，1987，第 119 页。

表 1 汉代单印一览表

1. 无号	
奉礼单印	407
白官单印	408
常乐单印	409
工里弹印	1058
同志弹印	1059
亭南单印	1060
長寿单印	1061
薪中治单	1062
新安平政单印	1067
单印	*72
徒单	*73
黄落筑单	*73
攻生单印	*73
长里单印	*73
成倬印信	*73
追沮弹印	*73
宗亲弹印	*74
众人社弹印信	*80
2. 祭尊·祭酒	
始乐单祭尊	398
长生安乐单祭尊之印	399
孝子单祭尊	400
酒单祭尊	993
宗单祭尊	1011
新宁单祭尊	1012
安民千岁单祭尊之印	1013
千秋乐平单祭尊印	1014
千秋乐平单祭尊之印	1015
万岁单祭尊印	1016
长生单祭尊印	1017
千岁单祭尊毋极印	1018
千岁单祭尊	*85
千岁单祭尊印	*85
广世无极奉亲单祭尊	*87
东倬祭尊	*87
倬祭尊（单人祭尊）	*87
弹祭尊印	*87
益寿单祭酒	*87
3. 尉	
万岁单尉	410
迹者单尉	411
单尉为百众刻千岁印	412
单尉	1063
反督单尉	1064
槀街千岁单尉之印	1065
都集单右尉印	1066
弹尉张宫	2461
常乐单尉	*98
益寿单尉印	*98
4. 平	
万岁单平印	404
孝仁单左平印	405
长寿万年单左平政	1068
奉亲无极单右平政	1069
始成单平政	*102
单司平印	*106
5. 史	
慈孝单左史	403
孝子新德单谷左史印	1070
孝弟单右史诩	2452
单长史印	*95
6. 老	
万岁单三老	402

续表

城北单父老印	1053
安久单敬老	1056
7. 卿	
长寿单卿	*97
曾寿单卿	*97
8. 监	
单监宗君	*107
9. 厨护	
长寿单右厨护	406
10. 集	
新成顺德单右集之印	*111
11. 从	
单从之印	*113

先是张俭等相与作衣冠纠弹，弹中人相调言："我弹中诚有八俊、八乂，犹古之八元、八凯也。"

《后汉书》中所谓的"刻石立墠"与《英雄记》中的"纠弹"所指的是同一个内容，都意味着僤的结成。而"刻石"一事，可证明在僤结成的同时，需将僤成员与其规约刻在像《约束石券》那样的石碑上。在山东省出土的被称为"党锢残碑"的石碑断片上，可见"弹子弟后世"、"在弹"、"罚斥遣"等文字（图3）。"斥遣"可能是除名的意思，若是如此，此石刻很可能就是记载党人"刻石立墠"之际所定约束的史料。

图3 党锢残碑（采自永田英正编《汉代石刻集成》，京都：同朋舍，1994）

同时，《后汉书》中的"别相署号"，即指结为僤的党人互相授予"八俊"、"八顾"、"八及"以及"八乂"等称号。《党锢列传》又可见到如下文字：

> 自是正直废放，邪枉炽结，海内希风之流，遂共相摽搒，指天下名士，为之称号。上曰三君，次曰八俊，次曰八顾，次曰八及，次曰八厨，犹古之八元、八凯也。

这里所谓的“古之八元、八凯”，是指高辛氏（帝喾）及高阳氏（帝颛顼）的八位才子的称呼（《春秋左氏传·文公十八年》）。东晋次将党人所组织的僤评价为“为即将到来的与宦官势力作激烈政治斗争而结成的同志联盟，将相互援助之盟约刻于石碑上而成立的政治性结社组织”。①

三 结僤的理念

东汉时代的人在需要共同达成某一目的时，为什么会选择“结僤”这样的方式？相较于其他各式各样的人群组织，僤具有什么样的特征？而且，为什么当时又会有“僤”这个名称？如前文所梳理的那样，僤的组织不只限于庶民阶层，“衣冠”即官僚阶层也同样组织僤。因此，阐明僤的特质，就与刘增贵所谓的探求“历史的下层”有紧密的关联。② 以下，本文就以僤中官位为线索来考察人们寄托于僤这一组织的理念，而在下一部分，对“僤”这一名称的由来做一溯源探究。

《约束石券》和刻有官名的印章都可以证明僤的组织内部存在着各种官位。但从印章上能获得的信息量有限，因此宁可感叹“每单不见得都有如此多的执事人员，其中必有或常有的是哪些，分工与统属关系如何，如何推选，等等，就不得而知了”，也是理所当然的。③ 然而即使是残片性的史料，也存在一个可以探讨的问题，即通过对称呼本身的分析，去阐明官职所蕴含的团体的指向性、人们选择该官名的理由。

---

① 〔日〕东晋次：《后汉时代の政治と社会》，名古屋：名古屋大学出版会，1995，第271页。

② 刘增贵：《下层の历史と历史の下层——台湾における「中国社会史」研究の回顾》，铃木直美译，〔日〕籾山明、佐藤信编《文献と遗物の境界——中国出土简牍史料の生态的研究》，东京：六一书房，2011。

③ 宁可：《关于〈汉侍廷里父老僤买田约束石券〉》，氏著《宁可史学论集》，中国社会科学出版社，1999，第477页。

有别于国家的官制，某集团自行设置官职的现象广泛见于两汉时代。例如《后汉书·桓帝纪》中就有较多关于反抗汉朝而举兵造反的叛乱集团的记录：

（建和二年）冬十月，长平陈景自号黄帝子，署置官属。又南顿管伯亦称真人，并图举兵，悉伏诛。

（延熹四年）南阳黄武与襄城惠得、昆阳乐季妖言相署，皆伏诛。

（延熹八年）渤海妖贼盖登等称太上皇帝，有玉印、珪、璧、铁券，相署置，皆伏诛。

由“署置”、“相署”可见，他们内部设置了独立的官职。其中关于盖登的“妖贼”，李贤注所引的《续汉书》有“时登等有玉印五，皆如白石，文曰‘皇帝信玺’、‘皇帝行玺’，其三无文字。璧二十二，珪五，铁券十一。开王庙，带王绶，衣绛衣，相署置也”的记述。由此可见，不只是帝号，各种制度也都模仿自汉朝。

另外，王莽时代末期在山东起兵的樊崇等赤眉集团，正如《后汉纪·光武帝纪》所载“崇等自相署置”那样，也都设置了独立的官职，详细的内容载于《后汉书·刘盆子传》：

初，崇等以困穷为寇，无攻城徇地之计。众既浸盛，乃相与为约：“杀人者死，伤人者偿创。”以言辞为约束，无文书、旌旗、部曲、号令。其中最尊者号三老，次从事，次卒史，泛相称曰巨人。

又《汉书·王莽传下》将赤眉集团的特征描述为“众虽万数，亶称巨人、从事、三老、祭酒，不敢略有城邑，转掠求食，日阕而已”。值得注意的是，即使是“转掠求食”的流民集团，也有了“三老”、“从事”等官名。

东汉末年被称为“米贼”的五斗米教团也由被称为“祭酒”的领导人率领。《三国志·魏书·张鲁传》中有一段著名的记述：

鲁遂据汉中，以鬼道教民，自号师君。其来学道者，初皆名鬼卒。受本道已信，号祭酒。各领部众，多者为治头大祭酒。

图4 《白石神君碑》碑阴局部（采自永田英正编《汉代石刻集成》，京都：同朋舍，1994）

刻有汉光和六年（183）纪年的《白石神君碑》的背面也可见到有“祭酒”、“主簿”等头衔的人。该碑阴的上半部刻着宗教团体敬奉之神的名称与募集到的醵金金额，下半部则分两段刻着主簿16名、祭酒6名、都督1名的姓名和字（图4）。正如清人凌扬藻在《蠡勺编》中指出的“非官府僚属也，乃巫觋所自相署之号耳。……盖当时习俗有此名目”那样，宗教团体设立独立的官位，是当时的社会习俗使然。

赤眉与“米贼”的领导人使用的官职限于三老、祭酒之类的地方官吏的称号，这是特色所在。胡三省解释了这个原因：“余谓三老、从事、卒史皆郡县史也。崇等起于民伍，所识止此耳”（《资治通鉴·汉纪三十》注）。只不过，在以盖登“妖贼”为首的造反集团中，其内部称号和制度都反映出取代汉王朝的愿望。如果是这样的话，赤眉与五斗米道的领导者使用的官职是不是也有更加积极的意义呢？为了解释他们不选皇帝与将军号、非要用“郡县史”称号的原因，就要将各个集团共同的思想倾向（ideology）作为一个问题加以阐明。

关于这个问题，法国的东洋学家斯坦（R. A. Stein）提出过一个重要的看法。根据斯坦的意见，之所以五斗米教团会选择祭酒这一官名，与以下社会阶层相关：“在共同体的生活中具有道德上和宗教上影响力的地方官吏、耆老、贤者、大公无私的人物”。

宗教运动（即五斗米道——引用者）从这一阶层中选择那些称号，其原因存在于跟民众造反有关的这一运动的本质中。一般认为，祭酒的称号不仅能拉近与他们的关系，而且不论“儒教的”还是“道教的”，贤者们可以借此表达像上古黄金时代那样的简朴的生活理想。①

在斯坦看来，五斗米教团在内部设置的官名反映出一个理想性共同体的样子。

斯坦的看法在理解僤设立官职的意义上极富启发性。“老”和“三老”无须赘言，即使是“祭酒”、“祭尊”的称号，也是因为指称“富有经验的长老”而被择定。《太平御览·职官部》三四所引韦昭《辩释名》曰：

> 祭酒者，谓祭六神，以酒醊之也。辩云，凡会同飨讌，必尊长先用酒以祭先，故曰祭酒。汉时，吴王年长，以为刘氏祭酒是也。

大渊忍尔考察五斗米道教团，认为之所以祭酒称号被采用，是因为他既是“应受尊敬的年长者”，还在鬼卒的升任仪式中实际负有“酹酒以祭先人”的职责。②

另一方面，有关“主簿（主疏）”的职掌，可以参考《后汉书·王堂传》中的记载。

> 迁汝南太守，搜才礼士，不苟自专，乃教掾史曰：“古人劳于求贤，逸于任使，故能化清于上，事缉于下。其宪章朝右，简核才职，委功曹陈蕃。匡政理务，拾遗补阙，任主簿应嗣。庶循名责实，察言观效焉。”

由于主簿要“匡政理务，拾遗补阙”，所以与功曹一样，都在太守的侧近，占据枢要地位。正是因为主簿具有这种性质，所以才适合于协助祭尊、运作管理僤。③

---

① R. A. Stein, Remarques sur les mouvements du taoïsme politico - religieux au IIe siècle ap. J. - C., *T' oung Pao*, vol. L, livr. 1 - 3, 1963, pp. 53 - 54。〔日〕川胜义雄译《纪元二世纪の政治 = 宗教的道教运动について》，〔日〕吉冈义丰、ミシェル·スワミエ编修《道教研究》第二册，东京：昭森社，1967，第68页。

② 〔日〕大渊忍尔：《初期の道教——道教史の研究 其の一》，东京：创文社，1991，第150~151页。

③ 若从仲山茂之说，功曹在东汉时代也是“从本地社会诽谤中伤的漩涡中抽身出来，作为长官优秀的辅佐，是公平的裁决者”。参见〔日〕仲山茂《两汉功曹考》，《名古屋大学东洋史研究报告》第27号（2003），第17页。

更加引人注意的是，散见于汉印中的“平政”称号。正如俞伟超所指出的那样，此名与《周礼》中的“平政”有密切的关联。《周礼·地官·遂人》有“以土均平政”，郑玄注为“政读为征，土均掌均平其税”，所谓“平政”即“平征”，表示人民负担均等化、公平化。[①] 但是，这并不是说平政这一官职就是用来“管理‘单’内成员的力役和地税”的。《后汉书·百官志五》刘昭注引《风俗通》解释“啬夫”这个乡官名称的由来：“啬者，省也；夫，赋也。言消息百姓，均其役赋。”它在词源上的解释是否准确姑且不论，但可以佐证以下思想的存在，乡官的职务在于实现人民的休息和负担的均等化。如《酸枣令刘熊碑》和昆阳、鲁阳各县的《正卫弹碑》所述，结成僤的目的之一就是调整徭役的负担，使其均等化。例如《酸枣令刘熊碑》（《隶释》卷五）中有“愍念烝民劳苦不均，为作正弹”的记述。“平政”这个官名正是反映了人民负担均等化的地方政治理想。[②]

在汉印中也可见“尉”这一官名。这是武官的名称，应该是用于指称理想的军事指挥官吧。“尉”这个称号，与其说是表示军事上的职能，倒不如说是与人民的负担相关。严耕望根据《汉书·昭帝纪》如淳注的“尉律，卒践更一月”，《史记·陈涉世家》中被征发到渔阳屯戍的陈胜、吴广杀死领队的“尉”而起兵的事例，以及《史记·游侠列传》中郭解对于对自己持不逊态度的男子，“阴属尉史”“至践更时脱之”等，主张“尉又主更卒番上也”。[③] 若是如此，“尉”应该也和“平政”一样，是为了运营以徭役负担的均等化为目的的僤，而选择的必不可缺的官职。虽然只是推测，但也可备一说。

反复阅读上述分析之后，就可领会到僤的官职具有明显的指向性，借用斯坦的话来说，这就是地方行政的理想的领导者的形象——“富于经验的长老、能干又公平的官吏”。即使只是出于名称上的考虑，而将自己比拟成拥有这样领导者的理想共同体，那也非常符合结僤的目的——克服依

① 俞伟超：《中国古代公社组织的考察——论先秦两汉时代的单－僤－弹》，文物出版社，1988，第102～104页。

② 如山田胜芳指出，“均”是《周礼》中最重要的统治理念。参见氏著《中国のユートピアと「均の理念」》，东京：汲古书院，2001。尤其是在《周礼·地官》中有很多与“正卫弹”相关的记载，关于这一问题，有必要另作一文进行讨论。

③ 严耕望：《中国地方行政制度史》上编，（台北）中研院历史语言研究所，1974，第220页。

靠日常行政和团体力量无法解决的困难。有关党人的僤，或许也可以作同样的解释。党人的“八俊”或“八顾”等，是为了对抗当时政权的官僚序列而制造的“名士”序列，借用川胜义雄的话说，具有“影子内阁(shadow cabinet)”的性质。[①] 他们所结成的僤，不单是政治性结社，也是可以比拟“古之八元、八凯”的才子、贤人所领导的“理想政府”。所以从政府角度来看，他们因为“图危社稷”而成为镇压的对象。

不过，这里尚留有一个问题。父老僤或正卫弹对应于制度上的负担而结成，与此相对，党人僤与赤眉或五斗米道一样，主要是为了反抗当时的政权。催生这种反抗的团结力量的，在赤眉和五斗米道，是宗教所具有的向心力，而在僤的情况下又是什么呢？下一节将以“僤”这一名称的由来为线索，尝试回答这一问题。

四　僤的起源

东汉时代的结社为何被称为“僤”？为了回答这个问题，就要阐明古代人和人结合在一起的“结合的核心”。如前所述，俞伟超认为“僤”、“弹”、“墠”起源于商代作为“氏族公社组织”的“单”。这是深入探究僤的源流的积极的研究成果，但他从甲骨文与金文残片的记载中提炼解释的做法存在牵强之处。至于商代金文所见“不带‘单’字的族徽，实质上也就是省掉‘单’字的公社徽号”的说法，[②] 正如杜正胜批评的那样，这不得不说是无视“商代聚落，不论大小，一般叫做‘邑’”的错误见解。[③] 其结果，对汉代僤本质的认识也不免产生误解，诸家皆已指出这一点。研究汉代的僤，其线索未必在于遥远的商周时代的史料，而应求诸更为准确的后代的文献。基于这一想法，我们需要注意的是与“僤”、“弹”、“墠”等一样，以“单”为偏旁的“禅”字。众所周知，接受天命的王者会在泰山举行封禅仪式。封禅是由在泰山举行的“封”的仪式和在梁父（梁甫）举行的

① 〔日〕川胜义雄：《魏晋南北朝》，东京：讲谈社，2003，第120页。

② 俞伟超：《中国古代公社组织的考察——论先秦两汉时代的单－僤－弹》，文物出版社，1988，第41页。

③ 杜正胜：《汉“单”结社说》，氏著《古代社会与国家》，（台北）允晨文化实业公司，1992，第955页。

“禅”的仪式所构成。“封”表示“祭天之坛”，诸家之说对此并无二致；[①]而关于“禅”这一称呼的由来，其解释则可区分为两大说法。

第一种是，禅的原意在于“禅代”或“袭传”。此一说法最早见于《白虎通·封禅》“言禅者，明以成功相传也”，晋人袁宏亦主张“明其代兴，则谓之禅”（《续汉书·祭祀志上》刘昭注所引）。而以“禅”字来表示“代”的意思的，确有其例，如《庄子·寓言》“万物皆种也，以不同形相禅，始卒若环，莫得其伦”。“不同形相禅”是“变化相代”（郭象注）的意思。下引章炳麟《文始》卷一中的一段，则可视为第一种说法的集大成者：

> 寻《诗》传云：“三单相袭也”，袭为[illegible]字本义，今作禅、嬗，皆借也。《方言》蝉训续，子云自言“有周氏之蝉嫣”，《吴都赋》“蝉联陵丘”，皆单字。《三代世表》“穷蝉”，《世本》作“穷系”，亦明单系同训。其字象蝉联相续，故作[illegible]于六书为指事，转变乃作[illegible][illegible]单。《诗》云“三单”，犹《史记》言“三嬗”，谓更番征调，前者退伍，后者承袭之也。[②]

相较于第一种说法，第二种说法从“广土”或“除地”来探求禅的原义。作为其代表，有东汉服虔的注释：“禅，阐广土地也”（《史记·秦始皇本纪》集解所引）。[③] 所谓“阐广”，指的是除去地表的草或小石子，整理出一定面积的平地。关于这样的平地和封禅仪式的关系，北周卢辩在《大戴礼记·保傅》的注释中有明快的叙述：

> 封谓负土石于泰山之阴，为坛而祭天也。禅谓除地于梁甫之阴，

---

① 〔日〕木村英一：《封禪思想の成立》，收入《中国的实在观の研究—その学问的立场の反省》，东京：弘文堂，1948；〔日〕福永光司：《封禪说の形成—封禪の祭祀と神仙思想》，收入《道教思想史研究》，东京：岩波书店，1987。但是栗原朋信认为，“封”的意思是“封缄玉牒书”。参〔日〕栗原朋信《秦汉史の研究》，东京：吉川弘文馆，1960，第37～43页。栗原所谓的“封缄”是指用印密封，但霍去病“封”狼居胥山（第19页注②）却不符合这一点。

② 这篇文章的存在，承蒙渡边信一郎先生的提示。

③ 东汉人项威也有类似的解释：“除地为墠，后改墠为禅，神之矣”（《续汉书·祭祀志上》刘昭注所引）。

为墠以祭地也。变墠为禅，神之也。

这里的“除地”，和服虔所说之“阐广土地”同义，是指清扫地表，形成一个平整的地面。根据卢辩的说法，这样的平地叫作“墠”，因为是在那里举行祭祀，所以加了表示神的偏旁“示”而成为“禅”。这个被称为“禅”的祭祀，和在堆积土石而成的坛上举行的“封”的祭祀组合在一起，就成为所谓的“封禅”仪式。同样的看法，也见于晋《太康地记》（《史记·秦始皇本纪》正义所引）：“为坛于太山以祭天，示增高也。为墠于梁父以祭地，示增广也”。

在上述两种学说之中，与作为结社的僤有关的，看似是第一种“禅代”、“袭传”的说法。根据父老僤的约定，从共同购入的土地上所得的收益，由成为父老的成员轮流享受。他们的结社之所以被称为僤，可以解释为，因为僤和禅一样，都表现出了“轮流”或者“交替”这一团体性特征。但是，如果读一遍《约束石券》，就会明白，结僤的目的在于共同购入土地，轮流享受使用与收益的“约束”要到五年之后才达成。[①]“轮流”、“交替”的特征，并不是僤原本就带有的。而且，从《党锢列传》可见，由“立墠”而形成的党人之间的相互关系，并不完全包含“轮流”或“交替”的要素。即使禅字是指“禅代”或“袭传”，将结社称为“僤”的理由也很难从第一种说法中得到证明。[②]

那么，第二种说法又如何呢？此处所要注意的是，在泰山封禅仪式确立以前，清扫出一块平地，用来举行祭礼、仪式的习惯是广泛存在的。以下就列举一些相关的史料。首先，《春秋左氏传·昭公十三年》记载了在“除”举行会盟之事：

甲戌，同盟于平丘，齐服也。令诸侯日中造于除。癸酉，退朝。子产命外仆速张于除，子大叔止之，使待明日。

① 邢义田推测：“在这五年中，可能他们发觉有必要将这块土地利用的方式明明白白的写下来。”此乃可从之说。参邢义田《汉代的父老、僤与聚族里居——汉侍廷里父老僤买田约束石券读记》，氏著《天下一家：皇帝、官僚与社会》，中华书局，2011，第445页。

② 汉武帝在称赞霍去病的战功时说：“封狼居胥山，禅于姑衍”（《史记·卫将军骠骑列传》）。这就表明，禅这一仪式的举行，有时也与“禅代”、“袭传”没有关系。

这里所谓的“除”指的是“除地”（杜注）的意思。参加会盟的诸侯的营帐并置于这个地方，所以这里应该具有与此相匹配的面积。其次是《春秋左氏传·昭公元年》的记载，墠作为郑、楚两国举行婚礼的场所，被安排来设营。

> 元年，春，楚公子围聘于郑，且娶于公孙段氏。伍举为介，将入馆。郑人恶之，使行人子羽与之言。乃馆于外。既聘，将以众逆。子产患之，使子羽辞曰：“以敝邑褊小，不足以容从者。请墠听命。”

不满于这一待遇的楚国提出了“若野赐之，是委君贶于草莽也”的抗议。由此可见，设墠的场所是城外的荒郊野地。再次，《春秋公羊传·宣公十八年》中也可见到作为哀悼之地的墠（《成公十五年》中也有基本相同的记载）：

> 归父使于晋。还自晋，至柽，闻君薨家遣。墠帷，哭君成踊，反命乎介，自是走之齐。

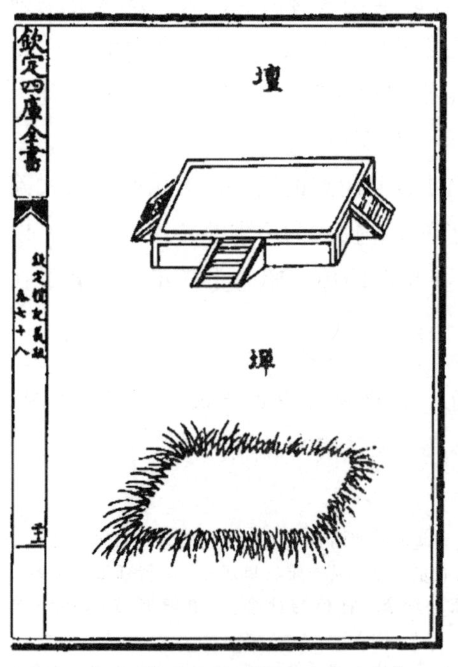

图5 坛、僤（采自《钦定礼记义疏》）

公孙归父在自晋国返回的途中得知鲁宣公去世的消息，于是设置一墠，为亡君哭踊。由于归父没有进入国都，因此此墠一定是临时设于郊外的举行丧礼的场所。《说文解字》十三篇下称“墠，野土也”，段玉裁注为“野者，郊外也”，这也是以墠被设于郊外为前提而做出的解释。《诗经·郑风·东门之墠》也有“东门之墠，茹藘在阪”之句，根据《诗经·郑风·出其东门》，如郑玄所注，此句之意为“城东门之外有墠，墠边有阪，茅蒐生焉”。

除草之后设置的“墠”，其形

状在《钦定礼记义疏》卷七八中有图示（图5）。同时，该书所附解说亦值得注意：

> 起土曰坛，除地曰墠。传记皆不言其所。《礼记图说》载之大庙之西，穆祧庙之北，墠又在坛之西北，于经无据。据《祭法》，坛墠有祷焉祭之。又据《金縢》，周公自以为功，为三坛同墠。此所谓祷也。祷而特为之坛墠，则平时无此，祷始为之。其地当去庙不远，但不敢以臆断，特别图之。

关于坛、墠的设置场所，经传并未明言，所以《义疏》认为它们未必是常置的设施。从前述各个例子可知，墠的确是根据需要才设置的一块场地。

如上所述，古代在祭礼或仪式举行之际存在着“清扫出平地”亦即设置墠的习惯。换言之，被称为墠的地方是人们聚集和交往的“场”。若是这样，那么可以说，第二种说法的“广土”、“除地”不仅是禅的原义，同时也是催生作为结社的“僤”的母体。在记载结僤的汉代史料中，既有“结单”（《都乡正卫弹碑》）、“纠弹”（《英雄记》）的说法，也有“造起僤”（《父老僤约束石券》）、“立墠”（《党锢列传》）的表达。这就是作为人际“结合”之僤、作为被设置的“构造物”之僤的由来。东汉时，人们在有必要进行共同活动时，就清扫地面、设置广场并在此集结。人们集结于广场，无论举行何种仪式，恐怕都会使人和人之间产生连带感。《三国志·魏书·田畴传》所载东汉末年人们结合的实例值得关注：

> 畴得北归，率举宗族他附从数百人，扫地而盟曰：“君仇不报，吾不可以立于世。”遂入徐无山中，营深险平敞地而居，躬耕以养父母。百姓归之，数年间至五千余家。

这里所谓的“扫地而盟”，也可以说是“立墠而盟”。为了让人与人之间的联结更为紧密，田畴设置了一座广场，并举行“盟”的仪式。从“宗族他附从”一句来看，这应是超越血缘关系的聚合。

由人们集合场所的名称转变为人群组织的名称，这是僤和社具有的共同点。众所周知，社原本是建筑物的名称，随后被转用成表示人群组织的用语。[①] 宁可注意到僤和社的共通性，“作一些推测”之论：“单一音阐（chan）、禅（shan），社音 she，古音可通。……单与社最早恐怕是一个”。[②] 但是，若是按照本文的分析，僤和社在本质上是迥然不同的。社是源自土地神祭祀的宗教建筑物，原本就与乡、里这种地缘集团具有紧密关系。而在另一方，僤和地缘集团没有任何关系。正如上文反复强调的那样，僤是基于需要而结成的人际结合关系，与举行祭礼、仪式的场所具有源流关系。具有这一特征的僤，与其说是社的派生物，还不如说是属于上古盟誓谱系的习俗。盟誓也是基于需要而缔结的、一种超越血缘、地缘关系的约定仪式。结僤之际伴随着怎样的仪式？目前并没有流传下来直接记载这一情形的史料。不过，1934 年河南省鲁山县琴台出土的《鲁阳正卫弹碑》的碑面可见“歃血誓之”的字句，因此结僤也需要进行与盟誓类似的供牲血祭。[③] 在这样的情况下，祭尊、祭酒正如其字面所示，扮演着仪式的主持者、誓约的倡导者的角色。[④] 上引《三国志·田畴传》的“扫地而盟”那一句，不正是应该好好玩味的吗？

五 小结

僤的人际结合的核心，是“清扫出来的平地”——墠。可以推测的是，像这样举行祭礼与仪式的场所，在很遥远的古代就已存在。俞伟超所

① 有关社的论文，可参阅劳榦《汉代社祀的源流》，氏著《劳干学术论文集》甲编，（台北）艺文印书馆，1976；〔日〕守屋美都雄：《社の研究》，《中国古代の家族と国家》，京都：东洋史研究会，1968；〔日〕小南一郎：《社の祭祀の诸形态とその起源》，《古史春秋》4（1987）；宁可：《汉代的社》，氏著《宁可史学论文集》，中国社会科学出版社，1999；汪桂海：《汉简所见社与社祭》，氏著《秦汉简牍探研》，（台北）文津出版社，2009；杨华：《战国秦汉时期的里社与私社》，氏著《新出简帛与礼制研究》，台湾古籍出版有限公司，2007；魏建震：《先秦社祀研究》，人民出版社，2008。1940 年代以前的研究，守屋的论文有整理与评论。

② 宁可：《关于〈汉侍廷里父老僤买田约束石券〉》，氏著《宁可史学论集》，中国社会科学出版社，1999，第 481 页。

③ 许敬参：《鲁山县新出二石记》，《考古社刊》第 4 期，1936；〔日〕渡边信一郎：《汉鲁阳正卫弹碑小考——正卫·更贱をめぐって》，氏著《中国古代の财政と国家》，东京：汲古书院，2010。

④ 〔日〕东晋次：《汉代の祭酒》，小南一郎编《中国の礼制と礼学》，京都：朋友书店，2001。

说的古代氏族公社的“顽强的生命力”,① 也可以从中领会出来。但是正如本文反复指出的那样，东汉时代僤的一个特征是，形成了超越宗族的结合关系。通过僤的研究可得到一个启示，就是必须关注古代“既非血缘、也非地缘”② 的人际结合关系。

增渊龙夫曾经把“对土地基本私有、已分家析产的当时之民加诸各种大大小小的社会性规制力，进而凭借对任何共同事项的共有而获得存续之力的组织”称为“共同体”，并呼吁我们有必要注意，这种自律性秩序是秦汉帝国的历史发展得以持续的主要因素。③ 增渊的古代史研究的特点是，用“自律性民间秩序”和“个人情绪性的结合”，给法制性的外部机构“增添了新鲜血肉”，这是应该给予积极评价的地方。④ 这种态度是在严厉批判1950年代日本中国史研究出现的两个倾向（奴隶制、农奴制这种普遍性概念的直接套用和以亚洲专制论为代表的类型化历史理解）时自觉产生的。⑤

作为本文分析对象的结僤习俗，就是增渊所谓的为法制性的外部机构“增添新鲜血肉”的很好的例子。在汉代，推选年高德昭者，称他们为“父老”，由他们承担补足最末端的国家统治的职责，以及“二十三岁以上的‘正’被征发兵役，成为卫士，名义上是卫士，实际上是实质性徭役的从事者”等,⑥ 这些都是众所周知的制度史上的事实。但这种制度在现实

---

① 俞伟超：《中国古代公社组织的考察——论先秦两汉时代的单－僤－弹》，第179页。

② 杜正胜：《汉“单”结社说》，氏著《古代社会与国家》，（台北）允晨文化实业公司，1992，第964页。

③ 〔日〕增渊龙夫：《所谓东洋的专制主义と共同体》，氏著《（新版）中国古代の社会と国家》，东京：岩波书店，1996，第59～60页。

④ 〔日〕增渊龙夫：《汉代民间秩序的构成和任侠习俗》，氏著《（新版）中国古代の社会と国家》，东京：岩波书店，1996，第77页。

⑤ 增渊龙夫大概知道存在着不同看法，如“真的能用由人们情绪性结合而产生的组织来界定共同体吗”。参〔日〕太田幸男《共同体と奴隶制・アジア》，氏著《中国古代史と历史认识》，东京：名著刊行会，2006，第36页。但他之所以非要使用“共同体”这一概念，恐怕是因为怀着一种战略性的意图，即从亚洲停滞论的手中夺回这个概念，从而重新定位推动历史的主要因素。增渊终生追求的课题是确立“一种内部视觉，由此获得从中国史内部出发的主体性理解”（增渊龙夫《所谓东洋的专制主义と共同体》，第49页），这从其《历史学家的同时代史的考察》（东京：岩波书店，1983）所收各篇论考便可窥知。

⑥ 〔日〕山田胜芳：《东汉时代的徭役与兵役》，氏著《秦汉财政收入の研究》，东京：汲古书院，1993，第324页。

中运作的时候，承担者与其周边之人缔结的“力的组织”给予了相应的支撑，这个事实由于《约束石券》的出现而开始得到明确的认识。父老僤与正卫弹的出现，是乡里社会产生等级差别的东汉时代特有的现象，这种理解或许抓住了关键之处。[①] 只不过，即使如此，探究制度外衣之下的固有习俗（Sitte），定位推动历史的主要因素，这种研究取向的重要性也不会有丝毫减损。从这种视角来进行研究的话，竖立于人际交往之地的碑文和石刻就具有不可忽视的价值。《约束石券》的出现，促使我们重新思考碑文、石刻的分析视角。

附　记

本文的中文版首发于邢义田、刘增贵主编的《古代庶民社会》（第四届国际汉学会议论文集，台北：中研院历史语言研究所，2013）。

该文原本是为台北中研院于2012年6月主办的第四届国际汉学会议而准备的报告。日文版收入籾山明所著《秦漢出土文字史料の研究》（东京：创文社，2015）时，除增加所引史料的日译文、数种日语的参考文献外，还在文末增补了与增渊龙夫之说相关的部分。

“僤”这种人群组织是从除地之“墠”发展而来，这一拙见早在上述国际会议召开的26年前已在所撰的同名论文中予以阐述。[②] 为了契合“古代庶民社会”这一会议的共同主题，本文将着力点置于“僤”作为人际结合关系的那一面，对旧作予以改编。本文基本沿袭了旧作的论旨，如有不同解释之处，以本文作为笔者的最终意见。

本文完成以后，笔者获得了阅读岳麓书院藏秦简《为狱等状四种》的机会，从中发现了东汉之僤的先踪。在被整理者命名为“识劫㛍案”的案例中，男子沛在正妻死后，决定将妾（婢）㛍纳为后妻。以下省略前后文，仅引用关键之处：[③]

---

① 〔日〕渡边信一郎：《汉鲁阳正卫弹碑小考——正卫・更贱をめぐって》，氏著《中国古代の财政と国家》，东京：汲古书院，2010；〔日〕东晋次：《父老僤石券について》。

② 〔日〕籾山明：《汉代结僤习俗考——石刻资料と乡里の秩序（1）》，《岛根大学法文学部纪要文学科编》9－1，1986。

③ 朱汉民、陈松长主编《岳麓书院藏秦简》（叁），上海辞书出版社，2013。

居可二岁，沛免婉为庶人，妻婉。婉有（又）产男必、女若。居二岁，沛告宗人、里人大夫快、臣、走马拳、上造嘉、颉曰：沛有子婉所四人，不取（娶）妻矣。欲令婉入宗，出里单赋，与里人通歓（饮）食。快等曰：可。婉即入宗，里人不幸死者出单赋，如它人妻。（112～115 简）

文中所见“出单赋”就是醵金之意，而且与“通饮食”一样，无疑都是作为里人才享有的资格。从所附“里人不幸死者”的条件来看，每当举行葬礼之时就结成“单”，来征集所需资金。根据整理者的注释，正是因为向每个人征收一定的金额，所以它才被称为“赋”吧。这个“单”无疑与东汉时期的僤存在前后相续的关系。

所谓“如它人妻”，究竟是说单赋仅是“人妻”的义务，还是说丈夫当然也要出资，这一点还是不甚明了。“入宗”是成为里人的条件、婚姻成立需要社会认可的实态等，也都可以作为讨论的对象。此处仅限于介绍“单赋”，关于其他问题则留待合适的专家予以分析。

此外，作为科学研究费资助的共同研究“从文字文化来看东亚社会的比较研究”（主持人：奈良大学教授角谷常子）之一环，笔者在 2015 年 9 月访问河南省偃师市偃师商城博物馆时对校了原石，确定了本文所引《侍廷里父老僤约束石券》的释文。

东汉侍廷里僤约束石券的发现与研究

南玉泉*

东汉《侍廷里僤约束石券》是1977年12月在河南偃师县城南20公里处的缑氏公社（镇）发现的。石券高154厘米、宽80厘米、厚12厘米。正面阴刻隶书12行，共213个单字。① 为方便检阅，现将全文按原碑（图1）款式横排誊录如下：

（01）建初二年正月十五日，侍廷里父老、僤祭尊

（02）于季、主疏左巨等廿五人，共为约束石券里治中。

（03）乃以永平十五年六月中，造起僤，敛钱共有六万

（04）一千五百，买田八十二亩。僤中其有訾次

（05）当给为里父老者，共以客田借与，得收田

（06）上毛物谷实自给。即訾下不中，还田，

（07）转与当为父老者。传后子孙以为常。

（08）其有物故，得传后代户者一人。即僤

（09）中皆訾下不中父老，季、巨等共假赁

（10）田。它如约束。单侯、单子阳、伊伯通、锜中都、周平、周兰、

（11）□□、周伟、于中山、于中程、于季、于孝卿、于程、于伯先、于孝、

（12）左巨、单力、于稚、锜初卿、左中孝（?）、尹思、锜季卿、尹太孙、于伯和、尹明功。

---

* 南玉泉，中国政法大学法律古籍整理研究所教授。

① 黄士斌：《河南偃师县发现汉代买田约束石券》，《文物》1982年第12期。

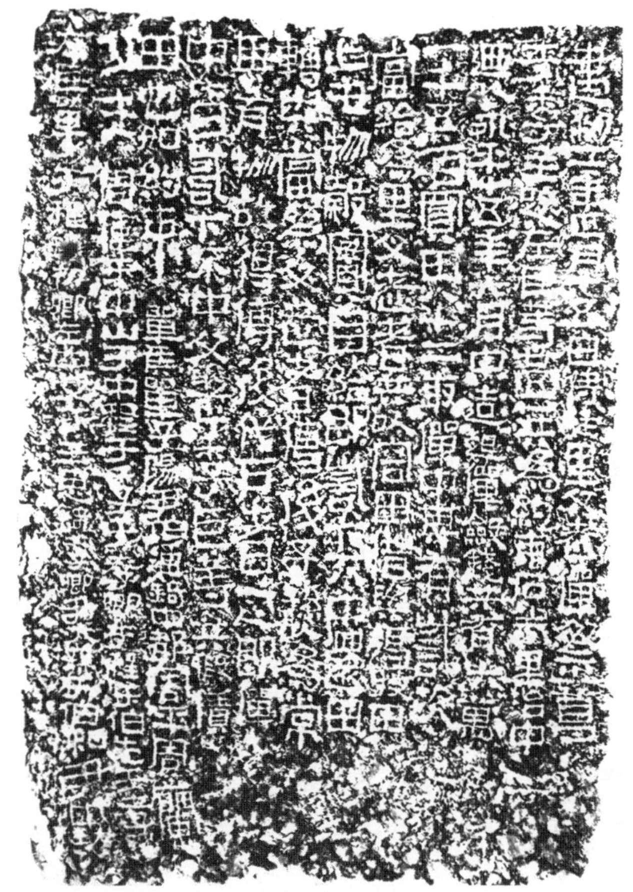

图1 《侍廷里僤约束石券》拓本

该石券的发现引起了海内外学者的关注，各地学者对石券相关问题相继发表了颇有见地的论文。讨论的问题除对文字的释读勘误外，主要集中在“僤”的名称、性质与历史延脉等方面。

一 关于僤的名称与规模

“僤”作为一种组织先秦就存在，从铜器铭文、秦代简牍、两汉印章以及碑刻资料看，或名单，或名僤、墠、弹，也有写作蕇的，商周铜器铭文与汉印大多写作“单”、“僤”。但是，商周铭文之单与秦汉之单在性质上是不是一脉相承的组织，学界颇有争议。单的本义是什么，秦汉时构建一种组织为何名单（僤、墠、弹），尚没有一个较有说服力的观点。根据建单的目的或活动范围，可以将单划分为两类：一类是以里为范围，为里人入单者提供救助，如侍廷里僤，宜世里僤等，我们暂且称之为里单；另一类则是为某一专项事务成立的单，如酒单（《秦汉南北朝官印征存》第993号）、正卫弹等。这里主要据侍廷里僤材料说明一下里单的问题。[①]

所谓里单，就是以居民生活的行政单位里为构建基础，其组建成员不超出里的范围。从侍廷里单看，其成员应为侍廷里内的居民，包括侍廷里的父老等。《岳麓书院藏秦简》（叁）案例七记载秦国末年一案例，涉及单这种组织：

> 十八年八月丙戌，大女子婏自告曰：（略）婏有市布肆一、舍客室一。公士识劫婏曰：以肆室鼠（予）识。不鼠（予）识，识且告婏匿訾。婏恐，即以肆室鼠（予）识。（略）
>
> 婏曰：与羛（義）同居，故大夫沛妾。沛御婏，婏产羛（義）、女姎。沛妻危以十岁时死，沛不娶妻。居可二岁，沛免婏为庶人，妻婏。婏又产男必、女若。居二岁，沛告宗人、里人大夫快、臣、走马拳、上造嘉、颉曰：沛有子婏所四人，不娶妻矣。欲令婏入宗，出里单赋，与里人通饮食。快等曰：可。婏即入宗，里人不幸死者出单赋，如它人妻。[②]

本案的秦大夫沛，有妻名危，并与一位名婏的妾同居，先后生了4个子女：羛（義）、姎、必、若。沛的妻子于10年前死去，沛没有再娶妻。沛先后给妾婏办理了免婢为庶人、立婏为妻及让婏在乡里办理了入宗等手续。沛与婏同居六年后，沛死，其子羛（義）代为户、爵其后，并继承了沛生前的店铺和客栈。“沛（生前）告宗人、里人大夫快、臣、走马拳、上造嘉、颉”，“欲令婏入宗，出里单赋，与里人通饮食”，宗人、里人同意后，婏才能入宗成为里的一名正式成员，由此取得同里人一样的各种权益。通过此案可知，该单是由里组建的，入宗、出里单赋是一回事。所以

① 林甘泉先生认为，汉代单的定名大致可以区分为三种情况：一种是冠有吉语的，一种是以所在之里为名的，还有一种是以结单者的身份和结单的目的为名的。林文区分的这三种也可以说是单的三个种类。冠有吉语之单有可能是为某一项事务而建，具体情况不是十分清楚。参见林甘泉《“侍廷里父老僤”与古代公社组织残余问题》，《文物》1991年第7期。

② 朱汉民、陈松长主编《岳麓书院藏秦简》（叁），上海辞书出版社，2013，第153～156页。

入单、入宗要经宗人、里人同意。这个宗人应是族长、里父老一类人物，而里人应当为里的行政首领。

1955 年四川宜宾市翠屏村发掘出土有汉墓砖，其中两方砖铭："宜化宜世弹休之藏，永元六年始造"、"永元六年宜世里宗墼，利后安乐"，[①] 此宜世弹当然是宜世里所建之弹。汉印中还见有"良里弹印"、"工里弹印"[②]，因此秦汉在里一级行政组织建立单（弹）是较为普遍的。这类单是为解决里中成员困难，救济单内成员而建立的自助组织。基于这样的认识，对于侍廷里所建之单的名称问题就容易解决了。

石券铭文"建初二年正月十五日，侍廷里父老僤祭尊于季主疏左巨等廿五人共为约束石券里治中"，此句有不同的标逗法。宁可先生标逗为："建初二年正月十五日，侍廷里父老僤祭尊于季主疏，左巨等廿五人，共为约束石券里治中"，并称此僤为"父老僤"、"侍廷里父老僤"。[③] 林甘泉先生认为，单与里并非一致，还是"称为侍廷里父老僤要更恰当一些"。[④] 张金光先生也认为，"此僤名应定为'侍廷里父老僤'"，"此僤是一个以一定地缘为本的民间组织，其成员局限于侍廷里的范围，又其组建之目的，在于为解决侍廷里父老一职的费用补偿问题"。[⑤] 如果认为此僤依托里的基层组织而建，其成员不超出侍廷里的范围，称为"侍廷里僤"为宜，于季既是侍廷里的父老，又是新建僤的祭尊，故"祭尊"非僤名。我们认为俞伟超先生的断句可从，但"主疏"二字应属下断。台湾学者杜正胜认同俞文称为"侍廷里僤"及侍廷里的父老亦是新建僤祭尊的观点。[⑥]

二 建僤人员的职务与人数

确定了侍廷里僤的名称，对于僤内各职务的认定具有帮助。侍廷里僤

① 匡远滢：《四川宜宾市翠屏村汉墓清理简报》，《考古通讯》1957 年第 3 期。

② 俞伟超：《中国古代公社组织的考察——论先秦两汉时代的单 - 僤 - 弹》，文物出版社，1988，第 74 页，图 9、12。以下正文引用径称"俞文"。

③ 宁可：《关于〈汉侍廷里父老僤买田约束石券〉》，《文物》1982 年第 12 期。以下正文中皆注为"宁文"。

④ 林甘泉：《"侍廷里父老僤"与古代公社组织残余问题》，《文物》1991 年第 7 期。

⑤ 张金光：《论汉代的乡村社会组织——弹》，《史学月刊》2006 年第 3 期。

⑥ 杜正胜：《"单"是公社还是结社?》，《新史学》（创刊号）1990 年 3 月。

碑文首句，俞文断句为："建初二年正月十五日，侍廷里父老、僤祭尊于季主疏，左巨等廿五人，共为约束石券。"（俞文114页）王子今释文："侍廷里父老、僤祭尊于季、主疏左巨等廿五人，共为约束石券。"① 张金光先生断句为："侍廷里父老僤祭尊于季、主疏左巨等廿五人共为约束石券里治中。"并认为，主疏是僤中掌理文书者，为侍廷里中主要管理者。② 俞文、王文认为于季是侍廷里父老，同时也是僤祭尊，即这个僤是侍廷里组建，因此单名也是侍廷里僤。二者的区别是俞文认为"主疏"为动谓，王文认为应属下读为"主疏左巨"，这一点与张金光先生一致。籾山明认为主疏是职务，"主疏"就是"主簿"；并考证道，居延汉简的备品记录或称为"守御器簿"（506.1），或称为"器疎"（220.18），即是"簿"与"疎（疏）"可通的证据。③ 综合岳麓简分析，于季应当是侍廷里的父老，同时担任侍廷里僤的祭尊。"主疏"属下读，即左巨为单的书记员。这里涉及的职务有里父老、单祭尊和单的主疏，这些职务都属于民间组织系统的职务，包括里父老也不属于官方的职务。

"侍廷里父老、僤祭尊于季、主疏左巨等廿五人，共为约束石券里治中"之"治中"也有不同的解读。《周礼·春官·天府》："凡官府乡州及都鄙之治中，受而藏之，以诏王察群吏之治。"郑玄注引郑司农曰："治中，谓其治职簿书之要。"《通典》卷三十二"职官"载汉有"治中从事"，俞文据此认为"治中"是里内的一种少吏之职，故"治中"属下读："治中乃以永平十五年六月中，造起僤，敛钱共有六万一千五百，买田八十二亩"，若此，则治中成为建单立约的实际操办者（俞文119页）。宁可先生在"里治中"前后未加标点，但从其所释文义看是属上断的，他认为"农村公社有共同集会议事的场所，此后的里治就是这种场所的沿袭。正因为如此，僤的聚会、议事也就可以在里治中，而里治也可以被称为'街弹之室'了"（宁文25页）。张金光则明确将"治中"断上，认为"里治"即里之治所，亦即里之办公处所。④ 张文所释从整个券文文义来讲

① 王子今：《汉代"客田"及相关问题》，《出土文献研究》（第7辑），上海古籍出版社，2005，第103页。

② 张金光：《战国秦社会经济形态新探》，商务印书馆，2013，第414、416页。

③ 〔日〕籾山明：《汉代结僤习俗考》，《岛根大学法文学部纪要文学科编》9-1，1986，第3页。

④ 张金光：《战国秦社会经济形态新探》，商务印书馆，2013，第416页。

更通畅，因为“共为约束石券”的主体是于季、左巨等廿五人，若“里治中”属下读，则治中成了造单、敛钱的主体了。石券所载单内职务皆缀名姓，而里治中突兀降临不合情理。

侍廷里建僤人员的数额，石券自铭为25人。从石券后部所列人名看，记载无误。计有于氏9人、周氏3人、锜氏3人、尹氏3人、单氏3人、左氏2、伊氏1人，又风化漫漶一氏，从排列位置推测当属周氏。券铭前部缀列职务的于季、左巨也在后部集中所列名单中。从名单人数与石券铭文前面所列单内职务分析，侍廷里父老与单祭尊只能是一人，即于季，若将里父老与单祭尊拆分为二人，那么在后部所列名单中就缺少了里父老的名字。从这一点也可证明“侍廷里父老、僤祭尊于季、主疏左巨等廿五人”的标逗是正确的。但邢义田先生认为券文第二行“于季、主疏左巨等廿五人”，应标逗为“于季、主疏、左巨等廿五人”，并认为汉有主氏，如主父偃。[①] 我们认同籾山明“主疏”就是“主簿”的观点。

对于僤父老一职的起源与职能，邢义田做了精彩的分析。他认为，古代的农村聚落大抵是因婚姻而建立起血缘关系。居民聚居一处“祭礼同福，死丧同恤”（《国语·齐语》），族中的长者就是聚落的领袖。后来的乡三老、里父老一类的人物应渊源于此。以后新起的乡里行政建制并没有破坏原有的血缘性联系，使他们仍然保有传统的威望。这些传统的首领与代表国家征兵、抽税、执法的有秩、啬夫、里正，成为乡里间的领袖的两种类型。[②] 张金光更一步区分了“父老”与“三老”的异同，二者虽然皆为传统的民间共同体领袖之职，但三老为更高层次之职（乡级以上），父老则只在闾里中。三老可与“吏比者”比，父老则在闾里活动，里无三老之职。而东汉充任父老的条件，除年高有德外，还要有“訾财”，“訾下不中”者自然不能充任。[③] 但是，汉印“万岁单三老”却是需要解答的，此万岁单或是乡级所建亦未可知。[④]

---

① 邢义田：《汉代的父老、僤与聚族里居——“汉侍廷里父老僤买田约束石券”读记》，《汉学研究》第1卷第2期，1983年12月，第358页。

② 邢义田：《汉代的父老、僤与聚族里居——“汉侍廷里父老僤买田约束石券”读记》，《汉学研究》第1卷第2期，1983年12月，第368页。

③ 张金光：《战国秦社会经济形态新探》，商务印书馆，2013，第421页。

④ 陈直：《汉书新证》，天津人民出版社，1979，第174页。

三 建僤的费用与容（客）田的定名

“里单”是集体所有制性质，也可以说是一种集约化了的私有组织。东汉侍廷里僤亦应如是。东汉明帝永平十五年（72）侍廷里的父老于季等25人共敛61500钱买田82亩作为建单的訾财，于章帝建初二年（77）立石束约。建僤的原则是共同出资，共同受益。敛訾所买之田亦应属于集体所有，如何利用所买之田，石券明言有二：一为“借与”，即“僤中其有訾次当给为里父老者，共以客田借与，得收田上毛物谷实自给”。宁可先生解释说，“《石券》中所规定的僤中以訾次当给为里父老者，即以僤所买的田借与经营，得收田上毛物谷实以自给，当即指此田上的收获供充里父老的使费而言”。二为“假赁”，即“僤中皆訾下不中父老，季、巨等共假赁田”。宁可先生认为“借与”是无偿，“假赁”就需交租。“究竟是由二十五人共同假赁还是僤中一部分人共同假赁；假赁之田是集体经营还是分散经营；假赁租额多少，交与僤作为基金和用度，还是另有安排（如分给各人）等，都不清楚。”（宁文22页）

石券言“共以客田借与”，这个“客”字也有争议。宁可先生据居延汉简有“客田”二字，认为客田是私田的一种，“但究竟系指与一般私有土地不同的一种特殊性质的田，还是指此田因非僤的成员所私有，只是借与当为里父老暂时使用，与其私人所有的土地相对而被称为‘客田’，还不清楚。也许‘客田’并没有形成一个有确定含义的辞，亦未可知。”（宁文23页）王子今也认为应释为“客田”，并且原则上认同宁可的观点，“其性质与‘借与’、‘假赁’的经济关系有某种联系。看来称作‘客田’者，应是由外来的‘客’从事耕作的田地”①。俞伟超认为应释为“容田”，即为礼仪活动提供经费来源之田（俞文121页）。林甘泉先生同意俞文释为“容田”，“容”即“颂”，或“仪”，但容田不是供应社祭的经济来源，而是对里父老从事单中活动的一种报酬。因里父老没有奉禄，所以

① 王子今：《汉代“客田”及相关问题》，《出土文献研究》（第7辑），上海古籍出版社，2005，第105页。

共訾出钱买田使父老“得收田上毛物谷实自给”。这是对担任里父老者的一种酬礼，故而所买之田也就称为“容田”。[①] 张金光也认为应读为“容”，不过，所谓容田并不是礼仪活动经费之田，而是用于对单内德高望重以及率教导民活动给予奖颂，对单内德政活动破费补偿之用。[②] 由于“容田”（客田）是孤证，目前并没有取得一致看法。俞文所发拓片（俞文图五一，116 页）是黄士斌拓片中最清楚的一幅，拓片右起第 5 行第 9 字看似“容”字，原报告所发此字亦应是“容”字。[③] 对于“容田”含义的解释，林、张二先生所释近是。

四 建僤的目的与性质

历史上的里单应是闾里居民在生产、生活中的自助组织，尽管其性质与古代农村公社有千丝万缕的联系，但是，里人自愿加入组建的里单是需要履行手续的，并非生而便是该组织的成员，这就决定了单这种组织与古代村社的区别。古代村社有地缘与血缘的双重性，而单组织成员内部虽然有血缘关系，但其组建却依地缘或为达到某事项之目的。古代农村公社存在的形式与名称是学术界长期争论的课题，至今也没有哪怕是大体一致的意见。宁可先生认为，“春秋战国以后，农村公社解体，里也基本上丧失了村社组织的性质，成为封建政权的基层行政机构，但村社组织生产的职能看来还部分地残存着。”当时实行的里社合一制度，由里承担着某些传统职能。汉时普遍出现了里社，私社也已出现，里与社出现了分离的趋向，农村公村的残存职能逐渐被排除在里之外。出于生产和生活上互相救助的需要，新出现的单就承担着这种职能。换言之，单是受传统的农村公社影响并承担着与其相近的职能只是名称不同的新兴组织。[④] 从岳麓简案婉入单需里人、宗人同意，入单后需尽“里人不幸死者出单赋”之义务，里单的主要作用也是互济互惠。王彦辉认为，“这个‘单’是以宗族血缘为基础，以里为单位组织起来的一种民间组织，所以才称为‘里单’”。

① 林甘泉：《“侍廷里父老僤”与古代公社组织残余问题》，《文物》1991 年第 7 期。

② 张金光：《战国秦社会经济形态新探》，商务印书馆，2013，第 418 页。

③ 黄士斌：《河南偃师县发现汉代买田约束石券》，《文物》1982 年第 12 期。

④ 宁可：《关于〈汉侍廷里父老僤买田约束石券〉》，《文物》1982 年第 12 期。

“这类‘单’只是一种以社祭为信仰、以互助为目的的民间组织，没有摆脱国家的行政管理而达到自治的程度。”[①] 如果因为单的组织者及其活动都有里的行政首领如里魁（里正）的参与，所以说还“没有摆脱国家的行政管理而达到自治的程度”是可以这样讲的，但实际上单的活动及其费用与国家行政系统基本上摆脱了干系，这从岳麓简的“里单赋”及东汉侍廷里集资建弹之事都得到证明。俞伟超先生更强调两汉单与古代农村公社的关系，并将里单与东汉的正卫单看作是古代农村公社在同一道路上演化的孑遗。他认为，中国古代从公有制向私有制转化过程中普遍存在的公社组织本名为“单”。两汉时期单内还有细密分职。东汉时，类似于侍廷里单的“容田”是单内的公有财产，但当时的单普遍建立在土地私有制基础之上，是一种以私有制为主体的村社组织（俞文 117～119 页）。杜正胜则从根本上不同意俞伟超先生的观点，认为两汉的单是“结社”而非“公社”。至迟从战国开始已出现一种既非血缘，也非地缘的人群组织——“合同”，反映的是为一定目的而合作的组织。因此，这种组织有商业性的，有宗教性的，有政治性的，也有黑社会的组织。[②] 张金光认为，先秦公社组织是普遍存在的，这种村社组织名字就叫“社”，如春秋时期的“书社”。当时社邑合一，社邑一体，只是自不同角度称谓不同而已。[③] 侍廷里父老单完全是一种闾里民间自为组织，带有民间自助性质。其背景是官社不存之后，由于政府行政和闾里社会民事双方的需要，传统父老的活动仍然是不可或缺的。[④]

日本学者籾山明也认为单是民间自治组织，至于单印中的各种“职官”是各单的组织自行设置制造的，组织集团独自设立官位在当时是一个社会习惯。“父老僤或正卫弹是为了补救行政制度的缺陷而结成的互助组织，于此相对，党人所结成的僤则和赤眉或五斗米一样，是为了反抗当时的政治体制而组织的”，而东汉之正卫弹其建弹目的之一就是调整徭役的负担使其均等化。[⑤]

---

① 王彦辉：《秦汉户籍管理与赋役制度研究》，中华书局，2016，第 117 页。

② 杜正胜：《“单”是公社还是结社?》，《新史学》（创刊号）1990 年 3 月。

③ 张金光：《战国秦社会经济形态新探》，商务印书馆，2013，第 297～299 页。

④ 张金光：《论汉代的乡村社会组织——弹》，《史学月刊》2006 年第 3 期。

⑤ 〔日〕籾山明：《汉代结僤习俗考》，《岛根大学法文学部纪要文学科编》9－1，1986，第 6、8 页。

此外，对于单这种组织的起源学界也多有论及。单是一种组织诸家皆认同，俞伟超先生是从古代村社组织发展的纵向脉络上探讨单的起源。也有一些学者是从不同类型上探索单，如邢义田认为，侍廷里父老单、宗单、酒单、孝子单等大概是为特定目的组织起来的团体；正卫弹应是关系到均平百姓更赋的组织；《周礼·地官》“司徒”郑玄注“街弹之室”、《逸周书》“大聚解”中的“兴弹相庸，耦耕□耘”的弹显示有以耕作互助为目的。东汉还有士大夫为政治目的而设立的单。[①] 籾山明并对单的本义及后代建单与其内在的联系做了探讨，他对单的原始含义的探讨也很新颖，认为墠才是其原始意义。墠本义为“广土”、“除地”，继而“扫地而盟”，“立单而盟”，这是封禅的原型，也是催生僤的母体。僤不仅是人群组织，同时也是一个设置的场所。人们集结之处的称呼转变为人群组织的名称，僤是人们不拘里的范围依其目的而结合的人群组织。[②] 山田胜芳、东晋次、渡边义浩、渡边信一郎等日本学者还从单与国家支配的关系等方面做了探讨。[③] 总之，自侍廷里僤石券发现以来，海内外的学者做了扎实的研究并取得了较为丰硕的成果，这些对进一步探讨与单相关的问题奠定了坚实基础。

---

① 邢义田：《汉代的父老、僤与聚族里居——“汉侍廷里父老僤买田约束石券”读记》，《汉学研究》第1卷第2期，1983年12月，第361页。

② 〔日〕籾山明：《汉代结僤习俗考》，《岛根大学法文学部纪要文学科编》9-1，1986。

③ 〔日〕山田胜芳：《“父老僤约束石券”と秦汉时代の父老》，氏著《秦汉财政收入の研究》，东京：汲古书院，1993；〔日〕东晋次：《后汉时代の政治と社会》，名古屋：名古屋大学出版会，1995；〔日〕渡边义浩：《僤》，氏著《后汉国家の支配と儒教》，东京：雄山阁，1995；〔日〕渡边信一郎：《汉鲁阳正卫弹碑小考——正卫·更贱をめぐつて》，氏著《中国古代の财政と国家》，东京：汲古书院，2010。

东汉《乙瑛碑》增置卒史事所见政务处理

——以“请”、“须报”、“可许”与“书到言”为中心

侯旭东*

《乙瑛碑》，或称《孔子庙置卒史碑》、《百石卒史龢碑》等，立于东汉桓帝永兴元年（153），原碑位于山东曲阜孔庙大成殿东庑。① 此碑宋代便已著录，迄今一直受到学界重视，题跋考述不断，② 20世纪以来，各种角度的研究亦不少。③

《乙瑛碑》除末尾二行的赞之外，主体是文书，记录了增设孔庙官吏一事出现与处理的经过。元嘉三年（153）或更早，鲁相乙瑛向朝廷提议为孔子庙增设一名百石卒史来守庙并掌管礼器，司徒吴雄与司空赵戒接到乙瑛上书后经咨询太常祠曹掾、史，了解祭孔故事后，赞同增设，并上奏

---

* 侯旭东，清华大学历史系教授。本文是教育部人文社会科学研究规划基金项目“秦汉六朝国家日常统治机制研究”（11YJA770015）的前期成果。

① 一说原在孔庙同文门下。现移至孔庙汉魏碑刻博物馆北屋，西起第10石，参见骆承烈汇编《石头上的儒家文献——曲阜碑文录》（上册），齐鲁书社，2001，第12页。

② 杨殿珣：《石刻题跋所引》（增订本），商务印书馆，1990，第489页。宋代以来的跋语汇编，参见容媛编《秦汉石刻题跋辑录》（上册），上海古籍出版社，2009，第481～513页。

③ 劳榦：《孔庙百石卒史碑考》，（台北）中研院编《历史语言研究所集刊》第34本（上册），1962，第99～114页；丁念先：《汉鲁相乙瑛请置孔庙百石卒史碑考释》，《华冈学报》1969年第5期；秦公：《谈东汉〈乙瑛碑〉拓本及其它》，《文物》1981年第7期；〔日〕永田英正编《汉代石刻集成》，图版·释文篇，京都：同朋舍，1994，第114页；本文篇，第79～82页；高文：《汉碑集释》（修订本），河南大学出版社，1997，第166～174页。黄进兴：《权力与信仰：孔庙祭祀制度的形成》，氏著《圣贤与圣徒》，北京大学出版社，2005，第27页；〔日〕冨谷至：《木简竹简述说的古代中国》，刘恒武译，人民出版社，2007，第20～21页，亦有涉及。孙鸿燕在分析秦汉郡县属吏辟除权力的演变时亦分析了此碑，参见孙鸿燕《秦汉时期郡县属吏辟除问题研究》，雷依群、徐卫民主编《秦汉研究》（第1辑），三秦出版社，2007，第232页。分析诏书形制与类型的论著亦多注意到此碑，书法角度论及此碑的文章很多，不赘。

皇帝，得到批准。司徒与司空（以下简称“二府”）复下书鲁相提出了选任卒史的具体要求。鲁相平（时乙瑛已卸任）等接到诏书后按照要求，选定守文学掾孔龢补卒史，并写文书上报司空府。

碑文主体当是据鲁相收到的诏书以及回复的底本刊刻的，镌刻时为表彰二府，在碑第8、9行空白处末尾刻上两人籍贯、姓名与字，并加上尊称“公”；末尾书赞，歌颂首倡此事的乙瑛，与落实此事的县令鲍叠。碑文的主体是文书，但目的是歌颂为管理孔庙做出贡献的官员，实际属于颂德碑。[①]

尽管此碑早就引起注目，但对碑文内容的总体考察还不够，特别是增置百石卒史一事的处理过程。汉代的“政治过程”，近来开始有学者进行深入分析，[②] 不过，已有的分析乃利用各种零散资料归纳而成。《乙瑛碑》则集中记录了围绕一件事务的多件文书，透过解析文书，探讨此事产生、处理的经过，揭示参与者的作用，无疑会加深对东汉“政治过程”的认识。

分析之前，先依行款移录碑文，并标点如下。[③]

碑中所刻文书数量，意见不一。[④] 据大庭脩对西汉诏书的复原与研究，[⑤] 严格来说，只有两件：壬寅诏书（第1~11行）和鲁相平等给司空府的回

---

① 关于此点，参见〔日〕冨谷至《木简竹简述说的古代中国》，刘恒武译，人民出版社，2007，第21页。

② 探讨“政治过程”较早的是研究宋代的寺地遵与平田茂树，分别参见〔日〕寺地遵《南宋初期政治史研究》，刘静贞、李今芸译，稻禾出版社，1995；〔日〕平田茂树：《宋代政治结构研究》，林松涛、朱刚译，上海古籍出版社，2010。关于汉代，最集中的研究参见〔日〕渡边将智在过去一系列研究基础上形成的新著《後漢政治制度の研究》，东京：早稻田大学出版部，2014。

③ 据〔日〕永田英正编《汉代石刻集成》图版·释文篇，京都：同朋舍，1994，第114页，并参考《历代碑帖书法选》编辑组编《汉乙瑛碑》，文物出版社，2004年影印王氏拓本。“王氏拓本”缺字较少，但为割裱本。缺字据洪适《隶释》卷一“孔庙置守庙百石孔龢碑”录文补，影印洪氏晦木斋刻本，中华书局，1985，第18页，唯外加“□”。断句亦参考了丁念先《汉鲁相乙瑛请置孔庙百石卒史碑考释》（《华冈学报》1969年第5期）、高文《汉碑集释》，但有修订。

④ 洪适认为有三件，见《隶释》卷一“孔庙置守庙百石孔龢碑”跋，中华书局，1985，第19页；意见相同，见洪迈《容斋续笔》卷四“汉代文书式”，上海古籍出版社，1996，第261页，唯作者引此碑误作“常山相孔庙碑”；劳榦则分为四件，见氏著《孔庙百石卒史碑考》，（台北）中研院编《历史语言研究所集刊》第34本（上册），1962，第108页。

⑤ 〔日〕大庭脩：《秦汉法制史研究》，林剑鸣等译，上海人民出版社，1991，第193~212页。后来，他进一步指出：据文书结语可以判断前面文书的性质，若是“如诏书”，前面的文书就是诏书。参见〔日〕大庭脩《汉简の文書形態》、《肩水金関出土の“永始三年詔書”册》，《汉简研究》，京都：同朋舍，1992，第7、37页。

1 司徒臣雄、司空臣戒稽首言：魯前相瑛書言：「詔書崇聖道，勉□藝，孔子作春秋，制孝經，□□五經，演易繫
2 辭，經緯天地，幽讚神明，故特立廟，褒成侯四時來祠，事已即去。廟有禮器，無常人掌領，請置百石□□一
3 人，典主守廟，春秋饗禮，財出王家錢，給犬酒直。」須報。謹問大常，祠曹掾馮牟、史郭玄辭對：「故事：辟雍禮未
4 行，祠先聖師。侍祠者，孔子子孫，大宰、大祝令各一人，皆備爵。大常丞監祠，河南尹給牛羊豕雞□□各一，
5 大司農給米祠。」臣愚以為，如瑛言，孔子大聖，則象乾巛，為漢制作，先世所尊。祠用眾牲，長吏備□，今欲加
6 寵子孫，敬恭明祀，傳于罔極。可許。臣請魯相為孔子廟置百石卒史一人，掌領禮器，出王家錢，給犬酒直，
7 他如故事。臣雄、臣戒愚戇誠惶誠恐，頓首頓首，死罪死罪，臣稽首以聞。
8 制曰可。 司徒公河南□□□□字季高
9 元嘉三年三月廿七日壬寅奏雒陽宮 司空公蜀郡成都□戒字意伯
10 元嘉三年三月丙子朔廿七日壬寅，司徒雄，司空戒下魯相，承書從事下當用者，選其年卌以上，經通一
11 藝，雜試通利，能奉弘先聖之禮，為宗所歸者，如詔書。書到言。
12 永興元年六月甲辰朔十八日辛酉，魯相平，行長史事卞守長擅叩頭死罪敢言之，
13 司徒司空府壬寅詔書，為孔子廟置百石卒史一人，掌主禮器，選年卌以上，經通一藝，雜試能奉弘先聖
14 之禮，為宗所歸者，平叩頭叩頭，死罪死罪，謹案文書，守文學掾魯孔龢，師孔憲，戶曹史孔覽等雜試，龢脩
15 春秋嚴氏，經通高第，事親至孝，能奉先聖之禮，為宗所歸，除龢，補名狀如牒。平惶恐叩頭，死罪死罪，上
16 司空府
17 讚曰：巍巍大聖，赫赫彌章，相乙瑛字少卿，平原高唐人，令鮑疊字文公，上黨屯留人，政教稽古，若重規矩，
18 乙君察舉、守宅，除吏孔子十九世孫麟廉，請置百石卒史一人，鮑君造作百石吏舍，功垂無窮，於是始□。

复（第12～16行）。

壬寅诏书包含了二府的奏请文书（第1～7行）、① 皇帝的批复（第8行）与行下之辞（第9～11行）。② 奏请文书中转述了前任鲁相乙瑛上书的

① 丁念先认为是司徒、司空转奏乙瑛之表文，见《汉鲁相乙瑛请置孔庙百石卒史碑考释》，第125页；或称为"请诏书"或"请诏"，见李均明、刘军《简牍文书学》，广西教育出版社，1999，第217～222页；李均明：《秦汉简牍文书分类辑解》，文物出版社，2009，第32页。

② 祝总斌对诏书内容的划分不尽相同，其中云"第二部分为诏书本文，应为尚书手笔"，所指不明。参见祝总斌《两汉魏晋南北朝宰相制度研究》，中国社会科学出版社，1998，第171页。

梗概（第1～3行），行下之辞包含了二府对于卒史人选的具体要求。文书中嵌套相关文书，当时文书行政中常见。[①]

此事出现及处理的过程，及其间君臣各自如何发挥作用，发挥了何种作用，比较充分地展现在文书中“请”、“须报”、“可许”与“书到言”四词上，下文的讨论将围绕四词展开。作为背景，先对百石卒史及两汉官吏的编制（时称“吏员”）略做介绍。

一　背景：卒史与吏员

乙瑛提请增设孔庙中的守庙百石卒史应属鲁国的属吏。[②] 据“壬寅诏书”，卒史的职责是“典主守庙”和“掌领礼器”。“卒史”是官称，“百石”代表官秩等级。此官在桓帝永寿二年（156）的《礼器碑》与灵帝建宁二年（167）的《史晨后碑》题名中均作“守庙百石”，应是依据职掌与官秩来称呼。

秦代“卒史”便是郡府的重要属吏，[③] 汉以后都尉府、[④] 封国与朝廷的九卿均设，[⑤] 亦广泛见于各地工官。[⑥] 卒史作为郡国属吏的正式称谓一直到东汉都没有消失。《续汉书·百官志五》注引《汉官》罗列的东汉河南尹的员吏中有“百石卒吏二百五十人”，“吏”当是“史”之讹。《乙瑛碑》亦是一证。

百石卒史，无论官职、官秩，都相当低微，郡国守相本可自行任用，

---

① 大庭脩指出汉代文书的一个特点便是“文书往来时，在复信中重复来信内容”，《漢簡研究》，第11页。

② 劳榦：《从汉简中的啬夫、令史、候史和士吏论汉代郡县吏的职务和地位》，（台北）中研院编《历史语言研究所集刊》第55本第1分册，1984，第19页。

③ 相关研究参见〔日〕籾山明《里耶秦簡と移動する吏》，《秦漢出土文字史料の研究—形態・制度・社会—》第四章，东京：创文社，2015，第127～159页。

④ 西汉东海郡都尉府设有“卒史二人”，见“集簿”，连云港市博物馆、东海县博物馆、中国社会科学院简帛研究中心、中国文物研究所编《尹湾汉墓简牍》，中华书局，1997，图版，第13页；释文，第77页。

⑤ 杨天宇：《谈汉代的卒史》，《新乡师范高等专科学校学报》2003年第1期。

⑥ 传世和发掘的汉代漆器、铜器与兵器上的铭文中常见“护工卒史”，参见洪石《战国秦汉漆器研究》第四章表二“漆器纪年铭文一览表”，文物出版社，2006，第161～168页；相关讨论参见陆德富《西汉工官制度诸问题研究》，《文史》2009年第3辑（总88辑）；〔日〕纸屋正和：《漢時代における郡県制の展開》，京都：朋友书店，2009，第415～425页。

为何增设一人要通过司徒、司空，最后还要皇帝批准？这牵涉到当时官制中另一重要问题“吏员”，即今天所说的编制。乙瑛要求的，是增加一百石卒史的“编制”。

自秦建立官僚制帝国直至今天，官吏管理中始终都是存在“编制”①。朝廷对郡县的吏员管理也相当严格。尹湾汉简一号木牍“集簿”就包含东海郡及下属县级机构的吏员总数，各郡国每年都要向朝廷汇报此数据，可见朝廷对吏员变动的关注。

各级官府“吏员”的多少，应该是为律令所规定，西汉时如此，学者已有分析，② 东汉亦应如此，《汉官》中记载了很多东汉朝廷机构的员吏数量，恐出自律令。地方上则仅见河南尹与洛阳令的员吏数，其他郡国当亦如此，史书失载而已。

设置“吏员”，目的有多种，其一是财政上的考虑。官吏数量如果失控，意味着吏俸支出将大大增加，在收入增长相对有限的情况下，显然要冲击其他方面的开支。

尽管朝廷严格控制吏员，亦非无法变动。不过，因吏员数载于律令，增减势必要变更律令，因此要经过皇帝批准。

汉代的规定不详，唐代确实如此。《唐六典·中书省·中书令》记载的七种王言中，“发日敕”的用途就包含“增减官员”，即增减官府官吏的编制。③ 实例见《旧唐书·太宗纪下》贞观二十二年十二月增置殿中侍御史等官的员数。

增加吏员多是为解决实际工作中某方面人手不足，实现不易，只好由官府各显神通，自寻出路。尹湾汉简中五号木牍背面记录的东海郡太守府掾史人数大大超过“员”（编制）的规定，且任用途径各异，就是一例，④

---

① 参见阎步克《中国古代官阶制度引论》第三章，北京大学出版社，2010，第118～129页。

② 参见〔日〕纸屋正和《漢時代における郡県制の展開》，京都：朋友书店，2009，第419～425页。

③ 发日敕又称发敕，研究参见〔日〕中村裕一《隋唐王言の研究》，东京：汲古书院，2003，第87～104页。作者主要关注的是用发日敕授六品以下官问题。

④ 《尹湾汉墓简牍》图版第14、17页、释文第79、100页。五号木牍反面的合计与分项数字总和不符，不过图版字迹模糊，难以核查，原因待考。这一点不少学者已经注意到，但尚无满意的解释。关于五号木牍反面的分析，参见邹水杰《简牍所见秦汉县属吏设置及演变》，《中国史研究》2007年第3期；阎步克：《从爵本位到官本位：秦汉官僚品位结构研究》，三联书店，2009，第448页。

秦汉常见的“给事”亦是一招。[①]

乙瑛提议增置卒史事为何成功？一是与设置的目的有关。乙瑛提议为孔子庙守庙掌管礼器而设。孔子在东汉被奉为先圣师，地位尊崇，且打着诏书的旗号，理由难违。二是朝廷亦了解褒成侯的封地在瑕丘，四时来曲阜祭祀后便返回封国，难以时时照看孔子庙。[②] 三是乙瑛提出“财出王家钱，给犬酒直”，不但是祭祀用品，包括卒史的俸禄均由东海王承担，[③] 不增加朝廷负担，自然也打消了朝廷财政上的顾虑。

二 “请”与臣下的创议

此事发端于鲁相乙瑛上书请置，二府接到上书后经过调查，亦认为允当，复向皇帝建议批准。这两个举动落实在同一个文书用语：“请”上。

碑文第2行出现了“请置百石□□一人”，所缺当为“卒史”。第6行又有“臣请鲁相为孔子庙置百石卒史一人”云云，第18行又有“乙君……请置百石卒史一人”。三句的主语并不一致，一、三是鲁相乙瑛，二为司徒与司空，“请”字的含义却是相同的，均表示请求，对某种行为提出建议，通常是地位低者向地位高者提出。第三个“请”出现在碑赞中，可不论。

古人称“请”表示“求也”[④]，“乞也”[⑤]，“求请也”[⑥]，后代学者概括

---

① 关于汉代的“给事”，参见侯旭东《长沙走马楼三国吴简所见给吏与吏子弟——从汉代的给事说起》，《中国史研究》2011年第3期。

② 立于建宁二年（169）的《史晨碑》中史晨上奏云“虽有[褒成]世[享之]封，四时来祭，毕即[归]国”，据〔日〕永田英正编《汉代石刻集成》，图版·释文篇，京都：同朋舍，1994，第178页；另据《汉书》卷一八《外戚恩泽侯表》“褒成侯”条，可证当时褒成侯居住在其封地瑕丘，并非洛阳。劳榦的说法有误，参见《孔庙百石卒史碑考》，第110页；复参丁念先《汉鲁相乙瑛请置孔庙百石卒史碑考释》，第120页。

③ 关于鲁国与东海王的关系，近来研究见周振鹤《后汉的东海王与鲁国》，《历史地理》第3辑，上海人民出版社，1983，第248页；李晓杰：《东汉政区地理》，齐鲁书社，1999，第70~74页。

④ 《礼记·王制》“墓地不请”郑玄注，《礼记正义》卷一二，阮元《十三经注疏》（上），中华书局，1980，第1338页上；张辑撰，王念孙疏证：《广雅疏证·释诂三》，江苏古籍出版社，2000，第97页上。

⑤ 《广雅疏证·释言（上）》，第148页下。

⑥ 郭璞注，周祖谟校笺《尔雅校笺·释言》“告谒，请也”，江苏教育出版社，1984，第23页。

为“以卑承尊，有所启请”[①]。“请”所包含的乞求之意，不可理解过于拘泥，相当程度上近乎礼仪上通行的“自卑而尊人”。文献、简牍、石刻等出现的“请”不仅君臣之间常见，亦广泛用于人际间的书面与言谈往来。私人书信头尾多用“××伏地再拜请”[②]，“请”意为“谒”，整句表示对对方的尊重，两人间未见得存在尊卑关系，此处“请”已经发展成敬辞，乃至套话。

“请”字乃古今常用词，关于词性，语言学界尚有不同看法，[③] 这里不拟涉及。如语言学家所示，“请”字最常见的一义是“请求”，是言者对听者提出建议或要求，或提出自己某种行为的建议，体现了一种人际间的互动。各类史料中常常见到臣下，乃至民众以“请”的方式，对皇帝提出某种建议或意见。

不过，这类情况反复出现，次数之多，难以确计，多到令人习而不察，乃至熟视无睹的地步，几乎未见史家予以关注，[④] 尽管语言学界对“请”字，研究不少，讨论其语义，乃至句式的变化，与社会心理的关系等。[⑤]

“请”使用频繁，全部考察尚需时日，这里仅围绕君臣之间政务处理，包括官府文书中的“请”以及史书中出现的类似语汇略做讨论。

上述情境下的“请”均是提出某种行为的建议，后面均有表示具体动作或行为的动词或动宾结构。《乙瑛碑》中则是“请置百石卒史一人”，这种语句表达的是臣民对朝政的各种各样的建议。当时有一种文书称为“丞相御史请书”[⑥]，应该就是以提建议为主的文书。除了丞相御史请书，或还

① 刘淇：《助字辨略》卷三，商务印书馆，1936，第99页。

② 汉简中此类颇多，如《居延汉简》10.16A、10.25、34.7A、36.8A、45.6B、74.9、183.11B；悬泉简Ⅱ0114③：610、帛书《元致子方书》等。习字简中亦多见，可知为当时熟语。

③ 今天汉语中的“请”尚用作敬辞，用于希望对方做某事，单用或带动词宾语，见吕叔湘主编《现代汉语八百词》（修订本），商务印书馆，1999，第454页。

④ Enno Giele, *Imperial Decision - Making and Communication in Early China: a Study of Cai Yong's Duduan*. Wiesbaden: Harrassowitz Verlag, 2006。该书多处涉及“请”字，但全书对“请”字并无专门讨论。

⑤ 如李运富《〈左传〉谓语“请”字句的结构转换》，《湖北民族学院学报》1994年第12卷第3期，第49~54页。

⑥ 《史记》卷一一八《淮南王列传》，第3090页；《汉书》卷四五《伍被传》，第2174页。李均明、刘军认为存在“请诏书”，指“请求皇帝就有关问题作批复的报告书”，见氏著《简牍文书学》，第217~222页。两位所说的“请诏书”或许就是“请书”。

存在一般的请书。史家所说的“奏请”或“请”很可能是由此而来。

仔细分析，史书中向皇帝的“请”实分两类：一是奏疏或文书中实际使用了“请”字；二是史家或他人在转述中使用了“请”。后一类，文书中原先是否使用了“请”已不可考，既然史家概括为“奏请”或“请”，文书或言辞中一定包含了对皇帝的建议。

首先，陈请者下自平民，上到丞相、三公，普天之下的臣民均可。[①] 秦统一后，丞相绾等言：“诸侯初破，燕、齐、荆地远，不为置王，毋以填之。请立诸子，唯上幸许。”便是丞相领衔请求分封诸子为王。[②] 齐人徐市等上书，说“海中有三神山，名曰蓬莱、方丈、瀛洲，仙人居之。请得斋戒，与童男女求之”。于是遣徐市发童男女数千人，入海求仙人。[③] 这是百姓给始皇建议而获准的例子。

汉代亦是如此。《后汉书》卷一四《宗室·成武孝侯顺传》“（建武）八年，……因拜（刘顺）为六安太守。数年，帝欲征之，吏人上书请留”，则是皇帝因吏民陈请而令官员留任的例子。

其次，陈请的事由亦颇为多样，可谓事无巨细，均可陈请。大到建议皇帝立太子、立皇后。如《史记·孝文本纪》元年正月，有司言曰：“蚤建太子，所以尊宗庙。请立太子。”同年三月，“有司请立皇后”；二年三月，“有司请立皇子为诸侯王”。《史记·三王世家》详细记载了武帝时从议立皇子到最后庙立册封的诸文书，可见君臣间就此事的往复陈请、拒绝，最初的起意，则是大司马霍去病上疏的建议。[④]

甚至包括废立皇帝。《汉书·宣帝纪》：元平元年四月，昭帝崩，毋嗣。大将军霍光请皇后征昌邑王。后“（霍）光奏王贺淫乱，请废”。又议

---

① 大庭脩曾对给皇帝上书者的身份做过分析，可参见《秦汉法制史研究》，林剑鸣等译，上海人民出版社，1991，第244~245页。

② 《史记》卷六《秦始皇本纪》，第238~239页。《岳麓秦简肆》中所见秦代的“令”中就多次出现了“请”与“请许”，如简1918、0558、0358、0357与0465正的“内史郡二千石官共令”中有“丞相御史请”云云，简0698与0641正：“御史言，令覆狱，乘恒马者，日行八十里。请许。如/有所留迟，不从令，赀二甲”，参见朱汉民、陈松长主编《岳麓书院藏秦简》（肆），上海辞书出版社，2015，第197、198~199页。

③ 《史记》卷六《秦始皇本纪》，第247页。

④ 此一过程的具体分析可参廖伯源《秦汉朝廷之论议制度》，氏著《秦汉史论丛》，五南图书出版公司，2003，第198~200页。唯作者推测霍去病之建议当是受意于武帝，或是体会武帝之意而提出（第198页注43），史无明文，姑不论。

立宣帝。

设立、改变制度。此点在汉初《二年律令·置吏律》中就有明确规定：

> 县道官有请而当为律令者，各请属所二千石官，二千石官上相国、御史，相国、御史案致，当请，请之，毋得径请。径请者者，罚金四两。

此律规定县、道官员若请求制定某种律令，要逐级上报，到相国、御史处，再审查是否应当定为律令，最后由相国与御史请示皇帝定夺。而不能由县道官员直接向皇帝请示。规定这一程序性的要求，层层上报，增加了审查的次数，其间亦会否定一些提议。恐怕与减少皇帝的工作量不无关系。

《二年律令·津关令》中由于下级官员陈请建议，逐级上报，最终得到皇帝批准而成为“令”的规定在18条现存令文中占了9条。而由相国与御史（或御史个人）商议后奏请，或不经商议直接奏请，得到皇帝批准而成为令的，有6条。[①] 直接由皇帝下制诏形成的令只有2条。[②] 另外，湖北荆州纪南松柏一号汉墓出土的西汉木牍中有孝文帝十六年颁发的“令丙第九”，亦是丞相提议“请令……”，御史奏请“御史奏，请许”，皇帝批准之后出台的。[③]

文献中类似例子见《汉书·食货志下》：武帝时，桑弘羊因物价贵，运输成本高，“乃请置大农部丞数十人，分部主郡国，各往往置均输盐铁官，令远方各以其物如异时商贾所转”，影响深远的均输之策就是出自大臣的陈请。

制定政策。《史记·秦始皇本纪》：二世二年冬，陈涉部下兵锋西至戏，二世大惊，不知所措，“章邯曰：‘盗已至，众强，今发近县不及矣。郦山徒多，请赦之，授兵以击之。’二世乃大赦天下”，便是根据章邯的提

---

① 禁民毋得私买马出关条开始部分残缺，提议者身份不明，但从后面有“御史以闻，请许”及“制曰可”看，肯定不是皇帝颁发制诏而形成的。

② 参见杨建《西汉初期津关制度研究》，上海古籍出版社，2010，第18～23页。

③ 分析见彭浩《读松柏出土的四枚西汉木牍》，载武汉大学简帛研究中心主编《简帛》第4辑，上海古籍出版社，2009，第334～336页。

议赦刑徒为兵来迎战。《汉书·食货志下》："有司言三铢钱轻，轻钱易作奸诈，乃更请郡国铸五铢钱，周郭其质，令不可得摩取鋊。"亦是有司提出改铸钱的建议。

建议皇室的活动。《汉书·五行志中之下》：建昭四年三月，雨雪，燕多死。谷永对曰："皇后桑蚕以治祭服，共事天地宗庙，正以是日疾风自西北，大寒雨雪，坏败其功，以章不乡。宜齐戒辟寝，以深自责，请皇后就宫，鬲闭门户，毋得擅上。且令众妾人人更进，以时博施。皇天说喜，庶几可以得贤明之嗣。"谷永因天气异常，建议皇后如何应对。

兴建工程。《汉书·沟洫志》：自郑国渠起，至元鼎六年，百三十六岁，而兒宽为左内史，奏请穿凿六辅渠。

建议官员任免。《汉书·张释之传》：释之为郎多年不调，打算回家"中郎将爰盎知其贤，惜其去，乃请徙释之补谒者"。武帝时，公孙弘为丞相，对武帝说："右内史界部中多贵人宗室，难治，非素重臣不能任，请徙（汲）黯为右内史。"①

重要案件的处理意见。文帝时，对于淮南王谋反，丞相张仓等说："（刘）长有大死罪，陛下不忍致法，幸赦，废勿王。臣请处蜀郡严道邛邮，遣其子母从居，县为筑盖家室，皆廪食给薪菜盐豉炊食器席蓐。臣等昧死请，请布告天下。"文帝基本采纳了张仓等的建议。② 早在高祖七年，就规定了郎中有罪耐以上要"请"，此后这类要"请"的人群不断增加，最终形成所谓的"八议"③。

小到官员个人乞求田地。《汉书·张禹传》：禹年老，自治冢茔，起祠室，好平陵肥牛亭部处地，又近延陵，奏请求之，上以赐禹。

复次，按照陈请内容与臣民职责的关系，可分为制度要求的，与见机行事式的陈请两类。

某些情形下出现的"请"是出于制度或律令的规定，此时"请"乃是请示，并非基于个人的建议，与本节所关注的不同。此类事务包括：动用

① 《史记》卷一二〇《汲黯列传》，第3108页。

② 《史记》卷一一八《淮南王列传》，第3079页。

③ 《汉书》卷一《高祖纪下》，第63页。相关研究见程政举《汉代上请制度及其建立的理性基础》，《河南财经政法大学学报》2012年第1期。朱锦程则据披露的岳麓秦简，指出秦代实际已出现了对一定秩级以上官员犯罪，处理时要上请的规定，见氏著《岳麓秦简所见秦上请制度》，简帛网，http://www.bsm.org.cn/show_article.php?id=2693。

州郡仓储赈济灾民；[①] 朝廷军队，如北军的调动，哪怕是一二位秩次极低的军吏远赴西域，也要经过皇帝同意，为此，也要由长吏奏请；[②] 对死刑的判决，亦需要得到朝廷的批准，需要“上书请”；[③] 对于特定人群的犯罪的处理，也规定要“请”。[④]

更多的则是臣下根据自己的观察或考虑而提出的，这些往往越出自己的职分。

再次，陈请的背景。大致可以分为两类，一是完全由臣民自主提出，二是获得君主的明确授意，或某种暗示，由臣下秉承上意陈请。

《汉书·刑法志》载文帝下诏除肉刑，并要求“令罪人各以轻重，不亡逃，有年而免。具为令”，丞相张苍、御史大夫冯敬经过讨论提出具体律条，两人上奏言：“臣谨议，请定律曰”云云，最后复云“臣昧死请”，文帝则“制曰‘可’”，批准了改动后的律条。这便是典型的据皇帝旨意来提供具体措施，形式上亦采用陈请的方式。此外，审理各种诏狱毕，由臣下提出判决的具体建议亦是奉行明确的诏旨。

汉代皇帝常下诏天下上书言便宜，此时的应诏者很多便会提出许多建议。著名的贾让《治河三策》便是哀帝时应诏提出的上奏。

有些事情君主想做，又不便明说，自有善于察言观色的臣下替君主出面。《史记·吕太后本纪》载：“太后风（讽）大臣，大臣请立郦侯吕台为吕王，太后许之。”七国之乱初起，丞相等劾奏晁错，请求处以腰斩，亦是事先得到景帝的暗中同意。[⑤] 武帝时好兴利，张汤“丞上指，请造白

---

① 《后汉书·王望传》，望迁青州刺史，时州郡灾旱，望行部，“因以便宜出所在布粟，给其禀粮，为作褐衣，事毕上言。帝以望不先表请，章示百官，详议其罪”（中华书局，1965，第1297页）。类似的事例史书多见，未必均用“请”字，有时称需“待上诏”、“先表闻”等，如《后汉纪》卷一九《顺帝纪下》永和四年第五访事，张烈点校本，中华书局，2002，第368页；卷二四《灵帝纪中》光和二年桥玄事，第468页。

② 参见侯旭东《西北汉简所见“传信”与“传”——兼论汉代君臣日常政务的分工与诏书、律令的作用》，《文史》2008年第3辑（总84辑），中华书局，2008，第23~24页。

③ 参见《史记》卷一二二《酷吏列传》，第3148页。

④ 如《汉书》卷八《宣帝纪》，“夏四月，诏曰：‘……吏六百石位大夫，有罪先请，秩禄上通，足以效其贤材，自今以来毋得举’”，第274页。《汉书》卷一二《平帝纪》，“公、列侯嗣子有罪，耐以上先请”，第349页。《续汉书·百官志三》“宗正”本注曰：“（宗室）若有犯法当髡以上，先上诸宗正，宗正以闻，乃报决”，第3589页。

⑤ 《汉书》卷四九《晁错传》，第2302页。

金及五铢钱，笼天下盐铁，排富商大贾，出告缗令，钼豪强并兼之家”，[①]均是此类。

不过，尚有很多是臣民自主提出的。前引《二年律令·津关令》中由郡国陈请的均是此类。景帝时晁错“请诸侯之罪过，削其支郡”。结果，“奏上，上（令）公卿列侯宗室（杂议），莫敢难，独窦婴争之”，应亦是晁错个人根据当时朝廷与诸侯国的形势而自行提出的。朝臣之外的臣民的陈请很多当属此类。

最后，陈请的结果，有采纳与不采纳两种。有时，最终虽获准，但是经过几番文书往返，此种往往与皇帝个人或家庭事务有关，如前述立武帝子为王一事。《史记·五宗世家》：胶西王刘端“数犯上法，汉公卿数请诛端，天子为兄弟之故不忍”，显然，武帝并没有听从公卿的建议。处理宗室犯罪时，皇帝往往因私情而否决公卿根据律令提出的处理建议。

此外，国家事务上有时也会遇到此种情形。《后汉书·马援传》载其建议铸钱事则颇见臣下建议的毅力。“初，援在陇西上书，言宜如旧铸五铢钱。事下三府，三府奏以为未可许，事遂寝。及援还，从公府求得前奏，难十余条，乃随牒解释，更具表言。帝从之。”若非马援一再坚持，其建议也就不会获得皇帝同意并付诸实施。

上引晁错建议与马援上书事均表明，臣下陈请有时皇帝难以决断，还要经过公府集议，如果未获准许，则不会报请皇帝批准。但是否所有臣下的陈请均需要经过集议，恐怕与臣下上奏所采用的文书形式（章、奏、表，还是封事）、进呈渠道（通过公车司马还是尚书、谒者，或直达皇帝）、[②]上奏者的身份以及内容的重要性等有关。不过，因史载往往对此类信息省略过多，细节多已难考。

文献中还可以看到一种特殊的“请”：自请。一般的“请”是向皇帝提建议，建议的预期实行者是皇帝或朝廷，而“自请”则是自告奋勇，建议者自己向皇帝要求由自己来承担某项任务，或在自己辖区、权限内完成某种工作，这类“自请”往往出自史家的概括。如武帝元狩四年，卫青、

---

① 《史记》卷一二二《酷吏列传》，第 3140 页。

② 参见汪桂海《汉代官文书制度》，广西教育出版社，1999，第 37～45、161～183 页。除了作者所分析的途径之外，东汉《史晨碑》表明还有通过尚书上奏皇帝的同时，另将“副”（副本）上呈太傅、太尉、司徒、司空、大司农府治所部从事的做法。

霍去病出击匈奴，“（李）广数自请行。天子以为老，弗许；良久乃许之，以为前将军”①，便是一例。

以上只是扼要概括了秦汉时期臣民向皇帝陈请来提出建议的情况。因传世史料有限，无法系统了解不同皇帝统治下，这种建议出现的次数与影响。但无论如何，无法否认其广泛存在与影响。

《乙瑛碑》文书中的两个“请”字，亦要放在上述背景下去认识。文献所见，以直接向皇帝提出建议为主，此处则是首先向三公提出，经三公审查后再请求皇帝批准。郡国属吏员额由律令确定，鲁相乙瑛欲增置一卒史，等于变动律令，属于改变制度一类的建议。按前引《二年律令·置吏律》规定，此类事务要由“二千石上相国、御史，相国、御史案致，当请，请之”。

乙瑛的上书呈交给哪个机构，碑文无明示，但据第二件文书鲁相平等的回复是“上司空府”（第15～16行），最初很可能是司空府，② 而非二府或司徒府。恐与司空前身御史大夫的职掌有关。秦与西汉的御史大夫的基本职责是制定律令草案、保管律令，并监督律令的执行，③ 虽改名司空，旧有的职掌恐还保留。此事涉及律令，故先要经其审查。又因事涉祭祀孔子，职属太常，太常又归司徒所部，故上书经司徒、司空二府调查、审议后，连名上奏。

三 “须报”与“待报”

碑文第3行“壬寅诏书”中司徒雄与司空戒上奏中出现的“须报”一

① 《史记》卷一〇九《李将军列传》，第2874页。

② 祝总斌认为“汉代丞相、三公指挥全国政务都通过奏请皇帝下诏令来进行”（《两汉魏晋南北朝宰相制度研究》，第141页），不确。渡边将智认为乙瑛将上奏的副本呈交司徒、司空，正本通过尚书呈交皇帝，此说亦有可能，但无确证。其说见《政策形成と文書传達——後漢尚書台の機能をめぐって——》，《史觀》2008年第159期，第24、30页。作者虽然认为东汉和帝以前，吸取王莽篡汉的教训，皇帝侧近官集团的作用有意受到削弱，强化了皇帝的支配，三公与尚书的作用得到加强，和帝之后，外戚与宦官势力抬头，但在对三公政务处理上，只注意到其辅助皇帝的一面，如对上奏文的事前审查、对认为应该执行的提请皇帝许可（同上，第29～31页；《後漢洛陽城における皇帝・諸官の政治空間》，第27～29页），而没有意识到此外三公尚可独立处理一些政务，如上计。详论此问题需专文，兹从略。

③ 参侯旭东《西汉御史大夫寺位置的变迁：兼论御史大夫的职掌》，《中华文史论丛》2015年第1期。

句，各家考释与研究中均未及，值得探讨。

“报”是秦汉以来官文书与书信中常见的词汇，多年前，杨联陞曾撰文讨论社会关系中“报”的意义，[①] 传诵一时。其实在官文书处理上的日常意义亦值得分析。[②]

“报”的基本意思是“反”或“复”，[③] 引申为“答”或“答复”、“回复”。“报”多见于各种文书，亦见于书信中。司马迁的《报任安书》就是显例。秦汉行政、司法文书中反复出现各种“报”，或是上级对下级的要求，或是下级的答复，或是平行机构间的要求与答复。[④]

正因为文书往来中，常常需要收到方的回复，甚至有一类文书名为

---

① Lien - sheng Yang, “The Concept of *Pao* as a Basis for Social Relations in China,” in *Chinese Thought and Institutions*, ed. , by John King Fairbank. Chicago: University of Chicago Press, 1957, pp. 291 - 309.

② 关于“报”，〔日〕冨田健之有讨论，见《後漢後半期の政局と尚書体制—“省尚書事”をめぐって—》，《九州大学東洋史論集》2001 年第 29 号，第 5 ~ 6 页。不过作者将“报”限定为皇帝对上奏文的裁决，大大窄化了“报”的使用范围。

③ 参见郭璞注《穆天子传》卷六“报哭于大次”注，影印明正统道藏本，上海古籍出版社，1990，第 22 页；《广雅疏证·释言》，第 139 页上；刘安撰，高诱注、刘文典集解《淮南鸿烈集解·天文训》“东北为报德之维”，中华书局，1989，第96 页。

④ 如睡虎地秦简《秦律十八种·行书律》就规定“行传书、受书，必书其起及到日月夙莫（暮），以辄相报殹”；里耶秦简中亦多见各种“报”：简 8 - 63 是始皇廿六年文书，就有“问可（何）计付，署计年为报”之语。居延汉简诏书一类的下行文书中常见“别书相报，不报者重追之”之说，如 E. P. T48：56、E. P. T50：48、E. P. T52：16A，要求接到上级文书后，下级另草拟文书（别书）做出回答，没有回答则要再次追问。下级对上级的回答常常以“谒报，敢言之”结尾，如居延新简 E. P. T2：12、E. P. T51：100、E. P. T51：494、E. P. T51：722、E. P. T53：50、E. P. T59：126、E. P. T59：161。

平行机构间的文书如悬泉汉简Ⅱ0115③：96，是甘露二年二月丙戌鱼离置啬夫发给悬泉置的文书，说明派遣的佐光带有麇和茭的数量，文书末尾说“今写券墨移书到，受簿入三月，报，毋令缪（谬），如律令”，意思是说这些麇、茭要计入三月的簿书，要回复，不能有错误，按照律令办。这里的“报”应该是指悬泉置给同级的鱼离置的回复。

张家山汉简《奏谳书》中的不少案例都出现了“敢灋（谳）之，谒报”与“廷报”，前者是郡县上行文书中的用语，表示献上疑狱，请求答复，后者是廷尉对郡县上报的疑案的裁决，是上对下的“报”；参见张建国《汉简〈奏谳书〉和秦汉刑事诉讼程序初探》，氏著《帝制时代的中国法》，法律出版社，1999，第 313 页；蔡万进：《张家山汉简〈奏谳书〉研究》，广西师范大学出版社，2006，第 152 ~ 153 页；〔日〕池田雄一：《中国古代の律令と社会》Ⅱ之第八章《漢代の灋制》、第十章《「奏灋書」の構成》，东京：汲古书院，2008，第 630 ~ 631、653 ~ 654 页。

“报书”,[①] 如居延甲渠候官出土的 E. P. T52：284：

> ☐五月以来大守君（A 面）
> ☐塞举及部报书（B 面）

此简似为一残签牌。“举”应指“举书”，“部”或许指候官下属的“部”。官府中亦专设官吏负责此事。《续汉书·百官志一》“太尉”条，下属的记室令史“主上章表报书记”。司徒与司空的属吏记载简略，实际亦应有类似的小吏。[②]

无论朝廷还是郡县、内地还是边塞，不同部门的官府之间（包括上下级与平行的机构间）以“报”为手段之一形成文书往来，往来文书记录的是各种事务的处理经过。

此外，“报”亦反复见于皇帝与臣下的往来文书中。《续汉书·百官志三》“少府”条本注述尚书左右丞的职掌时说：

> 掌录文书期会。左丞主吏民章报及驺伯史。

所谓“主吏民章报”应指负责对吏民上给皇帝奏章的回复。这一职掌并非东汉才出现的，应是西汉以来一向负责收发文书的尚书固有的任务。[③]

皇帝的“报”有时见于制度或律令规定需要由皇帝批准的事务中，常见的有上文提到的州郡开仓赈济百姓，属于上文所说的制度上规定要“请”的行为，通常不是针对皇帝某一具体诏书的反应。还有一些诏书会要求执行的机构或官员“报”，这些均非本节关注的重点。

本节关注的是与皇帝对臣下（包括单于之类的外藩）上奏的答复有

---

① 李均明、刘军就区分出一类文书为“报书”，认为属于“对来文予以答复的文书称谓”，复文前往往用“●”做标志，以区别来函内容；作者在第五章“通行文种之体式”介绍正文时，又指出有“上行回报文”，这类应该多数属于“报书”，实际“回报文”并不限于上行，亦见于下行与平行文书中。参见李均明、刘军《简牍文书学》，广西教育出版社，1999，第 156 ~ 157、230 ~ 232 页。薛英群亦单列出“报书”一类，不过，他认为“报”“在某种意义上可以理解为判决书或裁决文书”，见氏著《居延汉简通论》，甘肃教育出版社，1991，第 190 页，失之过窄。

② 类似的又如谒者的职掌，见《续汉书·百官志二》，第 3578 页。

③ 卫宏撰，纪昀、孙星衍辑《汉官旧仪》中便有“（尚书）丞二人，主报上书者”，见周天游《汉官六种》，第 33、64 页。

关的“报”。理论上这类“报”均应由皇帝审阅奏章（省尚书事）后亲自做出，但亦可能是皇帝的近臣，如领尚书事的外戚或尚书，甚至小黄门一类宦官等替皇帝做出，但就受“报”的臣下而言，则视同皇帝本人的意见。

除了明确表示皇帝意见的“报可”与带有具体内容的“报曰……”外，[①] 见于记载的还有“待报”、“不报”、“未报”与“须报”等，表达了皇帝对臣下上书、上奏的不同处理方式，也区分出臣下期待皇帝处理意见时的不同感受。

“待报”表示臣下上奏后等待皇帝的答复，或是描述某一上奏正处在等待皇帝答复的过程中，常出于制度性的规定，或从史家或叙述者的角度，对呈交上奏到预计获得答复之间状态的一种不带有主观意愿或态度的概括。表达了上奏与报之间的时间差，亦暗示出上奏与报之间并非完全对等，皇帝处理上奏亦未必十分及时。《汉书·王莽传中》说王莽大权独揽，导致他要处理的文书极多，彻夜办公，还难以完成，“尚书因是为奸寝事，上书待报者连年不得去”，便是个极端的例子。

“未报”与“不报”均表示上奏没有获得皇帝的答复，但所描述的状态略有区别。“未报”应指“待报”中，对皇帝可能做出答复还抱希望，有时还会得到皇帝的答复。《汉书·赵充国传》记载平定羌人反叛的经过，云：

> （羌）豪靡忘使人来言：“愿得还复故地。”充国以闻，未报。靡忘来自归，充国赐饮食，遣还谕种人。护军以下皆争之，曰：“此反虏，不可擅遣。”充国曰：“诸君但欲便文自营，非为公家忠计也。”语未卒，玺书报，令靡忘以赎论。

---

① 如甘肃甘谷汉简第9简中有“其月辛亥诏书报可”之说（察图版，“報”字左边略残，但从轮廓看释为“報”不误。参见张学正《甘谷汉简考释》，甘肃省文物工作队、甘肃省博物馆编《汉简研究文集》，甘肃人民出版社，1984，第89页及书首的图版），此诏为东汉永和六年九月三十日（辛亥）所下，“诏书报可”正是时人的说法。文献所概括的“帝报”或“诏报”之类的记述当是袭此而来。文献中例子颇多，仅举一例。《汉书》卷二九《沟洫志》武帝时齐人延年上书建议开河水上游的山岭，使水流入胡中，再入海，以解决关东水灾和匈奴边患，“书奏，上壮之，报曰‘延年计议甚深。然河乃大禹之所道也，圣人作事，为万世功，通于神明，恐难改更’”，第1686页。

"语未卒，玺书报"不免夸张。这段叙述中，作为赵充国处置靡忘方案的衬托，便是充国上奏以闻，从"未报"到"报"的过程，以及"报"中与充国相近的处理，显示出充国的判断契合朝廷的决策。此例亦表明，"未报"时仍有"报"的希望。又如《后汉书·冯衍子豹传》："豹……拜尚书郎，忠勤不懈。每奏事未报，常俯伏省合，或从昏至明。肃宗闻而嘉之"。冯豹之所以在尚书省阁坚守，就是因有奏事"未报"，要等待皇帝的回复。

"不报"则是上奏为时已久，而未见答复，上奏者已经感到皇帝答复无望。《汉书·朱买臣传》载朱买臣随计吏到长安，"诣阙上书，书久不报，待诏公车，粮用乏"，便是一例。"不报"从制度或皇帝角度又称"寝"，或"留中"。[①]《后汉书·丁鸿传》：其父死后，鸿当袭封侯爵，但他"上书让封与（弟）盛"，结果"不报"。后丁鸿留书与盛而逃走，书中云"身被大病，不任茅土。前上疾状，愿辞爵仲公，章寝不报，迫且当袭封。谨自放弃，逐求良医。如遂不瘳，永归沟壑"，便是将前次上书的结果称为"章寝不报"。

三者之间如何区分，恐无一定之规，更多的是结合了上奏者主观的感受，可能与上奏者的地位及与皇帝的亲疏成正比。越是亲近、位高权重者，对"报"的期待越强烈，相应地对"不报"的反应越强烈。皇帝对上奏的反应成为上奏待报者揣测皇帝本人心思的风向标，进而成为考虑下一步举动的参考。[②]

文书往来中之所以存在各种"报"，成因复杂。各级官府之间文书往来存在"报"应与政务分工处理与监督，以及处理事务的官员之间存在空间上的距离或区隔，且通过文字为媒介来传达意见分不开。[③] 臣民渴望得到皇帝的"诏报"，则是因为许多事务需要以皇帝名义裁断才可执行，或是臣民的建议希望得到皇帝的批示。

空间距离有些是自然地理因素所致，如居延地区的都尉府与分布在

① 对此，汪桂海有讨论，参见《汉代官文书制度》，广西教育出版社，1999，第182～183页。

② 例子见《后汉书》卷四五《袁安传》，第1519页。

③ 这一问题最近引起不少学者的关注，渡边将智有分析，见氏著《後漢洛陽城における皇帝・諸官の政治空間》，《史学雜誌》2010年第119卷第12期。

漫长塞墙沿线的下属候官、部与隧之间，邮路上置与置之间；有些则出于人为，如臣下与皇帝之间，尤其是朝臣（甚至包括太子）与皇帝之间，实际的空间距离可能很近，但绝大多数臣下无法随时面见皇帝，处于“君臣不相接见，上下否隔”状态，[①] 因而，无法直接获得所需裁断，自己的意见、想法，乃至日常的问候无法当面表达，只能依靠落实于文字的文书来转达。空间上的区隔进而带来时间上的滞后，加上转呈文书过程中可能存在的筛选、搁置或羁留，以及皇帝对于文书的不同处理方式，造成上述各种“报”状态。在此背景下，进一步辨析《乙瑛碑》中“须报”的含义。

“须报”一词秦代官文书就已在使用（《里耶秦简（壹）》8-122），《后汉书》亦见，旧注将“须”释为“待”，[②] “须报”则等于“待报”，即等待皇帝回复。这种解释忽略了汉代以来“须”字含义的发展变化。

“须”字做动词，初义是“待”，表示等待，与“需”同源，意思相近，[③] 后来又衍生出“需要”义，最后则发展成为表示意愿的助动词、副词与连词，做助动词时意为“应当”。[④] “需要”义西汉后期已出现。

“须”最初表示“待”，用例极多，无须详举。通检《史记》正文中“须”字，除去用作人名、地名，表示胡须，组成复合名词（须臾、斯须）外，用作动词的9例中，含义均是“待”，多数无法释为“需要”。仅《滑稽列传》武帝幸臣郭舍人对武帝乳母言“陛下已壮矣，宁尚须汝乳而活邪?”释作“待”与“需要”两可。[⑤] 大体可知，到西汉武帝时，“须”字做动词主要作“待”。

---

① 王鸣盛：《十七史商榷》卷三七《后汉书·台阁》，上海书店出版社，2005，第259页。

② 如《后汉书》卷四三《何敞传》：何敞劝说太尉宋由：“刘畅宗室肺府，……上书须报”云云，李贤注：“须，待也”，第1483页；又见《后汉书》卷七六《循吏·第五访传》“若上须报，是弃民也”注，第2475~2476页。汉简中的“须”字解为“待”，〔日〕籾山明有所涉及，见氏著《中国古代诉讼制度研究》，京都：京都大学出版会，2006，第142~144页。

③ 王力：《同源字典》，商务印书馆，1982，第199页。

④ “须”字含义演变的简要概括，参见段业辉《中古汉语助动词研究》，南京师范大学出版社，2002，第59~60、156页；吴春生、马贝加：《须的语法化》，《温州大学学报》（社会科学版）2008年第21卷第3期。

⑤ 有汉语史学者将此例视为“须”字产生“需要”义的证据，见吴春生、马贝加《须的语法化》引例2c2，第112页，其实作“待”解亦通。

“须”发展出“需要”义，目前看，最早见于西汉后期，东汉以后渐流行，三国以后使用渐广。

最早的用例，见于甘肃金塔县肩水金关遗址出土的西汉甘露二年（前52）“丞相御史书”，文书末尾是张掖肩水司马行都尉事下发属下候、城尉的文书，最后写道：

1. 廋索界中毋有，以书言，会月十五日，须报府，毋□□，如律令/令史□（《肩水金关汉简（壹）》73EJT1：3）

这里的“须报府”是肩水都尉府对下属的要求，显然不是单纯的“等待”回复都尉府，而要下属在当月十五日前有所作为，作“需要”才讲得通。文献中的例子更多，但时间略晚，最早也是成帝时才出现：

2. 左右常荐光禄大夫刘向少子歆通达有异材。上召见歆，诵读诗赋，甚说之，欲以为中常侍，召取衣冠。临当拜，左右皆曰：“未晓大将军。”上曰：“此小事，何须关大将军?”左右叩头争之。（《汉书》卷九八《元后传》，第4018～4019页）

3. 王莽对增加封地表示谦让，说：“臣莽国邑足以共朝贡，不须复加益地之宠。愿归所益。”（《汉书》》卷九九《王莽传上》，第4052页）

4. 东汉章帝时尚书张林上言“又盐，食之急者，虽贵，人不得不须，官可自煮。”（《后汉书》卷四三《朱晖传》，第1460页）

5. 桓帝时刘陶上疏云“臣闻人非天地无以为生，天地非人无以为灵，是故帝非人不立，人非帝不宁。夫天之与帝，帝之与人，犹头之与足，相须而行也。”（《后汉书》卷五七《刘陶传》，第1843页）

6.（桓帝延熹九年）陈蕃上疏云“君为元首，臣为股肱，同体相须，共成美恶者也。”（《后汉书》卷六六《陈蕃传》，第2166页）

7. 魏王令曰：“老耄须待养者，年九十已上，复不事，家一人。”（《三国志》卷一《魏书·武帝纪》注引《魏书》，第51页）

8. 亮遗命葬汉中定军山，因山为坟，冢足容棺，敛以时服，不须器物。（《三国志》卷三五《蜀书·诸葛亮传》，第927页）

这些例子表明，西汉后期起，“须”字已逐渐发展出“需要”义。

正如汉语史研究者所揭示的，“须”含义在发展中主观色彩日益浓厚。表示“待”，突出的是句子的主语，其中很多情况下是“人”在听天由命式地坐等某种条件或人、事务、机会或状态的出现或到来，动作的主角并不需要主动作为。随着“需要”义的出现，“须”的主角的状态已经不仅是坐等，所须者已经成为主角主观上要求的对象，或被表述成主观上要求的对象。而做助动词表示“愿望”义中主观色彩就更浓。①

东汉大臣在给皇帝的上言中（例4、5、6）已在此种意义上使用“须”字。西汉末以降，包括刊刻《乙瑛碑》的桓帝朝，朝廷的文书与言语中所涉及的词汇库中“须”字并不单纯表示“待”，还有“需要”一义。“须”字的多义化，是认识“须报”的含义的背景与出发点。

《乙瑛碑》中“须报”一句正是出现在上述言语实践环境中。考虑到西汉后期不断丰富的“须”字义项，“须报”显然不只是“待报”。还要注意其包含的“需要回复”这一层含义。明白了“须报”的含义，自然清楚“须报”应出自二府之口，而非鲁相乙瑛。

大概正是注意到“须”的多重含义，二府在上奏时选用了“须报”，目的不止是提醒桓帝此上书等待批复，还暗示它需要答复，以此来对皇帝施加影响。桓帝在上奏当日即予批准，算是对此的积极回应吧。

“须报”二字，透露出二府在处理此事上的主动态势：是他们在引导桓帝如何处理，尽管表现方式是委婉的。这种委婉，应源自双方职分的不同。是否要“报”，毕竟当由皇帝（或代行皇帝职责的近臣）决定，二府只是建议，故须婉转表示。

这究竟是梁冀炙手可热下的特例，还是一般现象？《后汉书·梁冀传》：元嘉元年（151）有司奏冀“十日一入，平尚书事”，史称“机事大小，莫不谘决之”，“百官侧目，莫敢违命，天子恭己而不得有所亲豫”，但他不可能事无巨细，都要过问，况且他只是十日一入，并非常驻省中，平尚书事。

有一点不能不注意，东汉以来，三公的职责在减轻，尚书的职责在加大是个难以否定的现象，安帝时身为尚书仆射的陈忠因“三府任轻，机事专委尚书，而灾眚变咎，辄切免公台”，“非国旧体”，上疏进谏，其中说

① 段业辉：《中古汉语助动词研究》，南京师范大学出版社，2002，第69~71页。

到“汉典旧事，丞相所请，靡有不听”，[①] 西汉时是否如此，姑置不论，至少东汉中期人有此种观感，且不说“选举诛赏”之类大事上三公的权力已渐被尚书侵夺，就是此种小事上，对皇帝施加影响时也颇费心机。况且此时的二府中，赵戒自顺帝永和六年（141）以来已经做过十多年的三公，历侍四帝，吴雄虽任司徒不足两年，但也是久经官场。[②] 这一用语或许是二府自感“任轻”局面下无奈的选择。

尽管如此，二府的作用不仅限于提示皇帝需要回复，他们还做了充分的调查与论证，并提出方案。

四 “可许”与实施建议

且看“须报”后面的五行：

3. 谨问大常，祠曹掾冯牟、史郭玄辞对：‘故[事]：辟[雍]礼未

4. 行，祠先圣师。侍祠者，孔子子孙，大宰、大祝令各一人，皆备爵。大常丞监祠，河南尹[给]牛[羊]豕[鸡]□□各一，

5. 大司农给米祠。’臣愚以为，如瑛言，孔子大圣，则象乾巛，为汉制作，先世所尊。祠用众[牲]，长[吏备]□，[今欲]加

6. 宠子孙，[敬]恭明祀，传于罔极。可许。臣请鲁[相]为孔子庙置百石卒史一人，掌领礼器，[出王家钱]，[给犬]酒直，

7. 他如故事。臣雄、臣戒愚戆诚惶诚恐，顿[首]顿首，死罪死罪，臣稽首以闻。

其中第6行“可许”一句的断句，尚有分歧。丁念先、高文断做“可许臣请”；永田英正等的录文则将“臣请”下属。当从后说。

第3行“谨问大常”至“大司农给米祠”数句，是向具体掌管祭祀的太常属吏问询有关祭祀的故事，“臣愚以为”以下则是二府提出自己的

① 《后汉书》卷四六《陈忠传》，第1565页。

② 参《后汉书》卷六《顺帝纪》，第271页等，卷七《桓帝纪》，第294、297、298页，卷四六《郭躬传》，第1546页。

看法。

朝廷祠先圣师的地点，实际是在都城洛阳南郊的辟雍，并非曲阜。①十多年后立于曲阜的《史晨碑》所载史晨的上奏亦云："临辟雍日，祠孔子以太牢，长吏备爵，所以尊先师重教化也。"此为天子太学中祠先师之礼，源自先秦。二府调查此故事，并转述太常祠曹掾与史的辞对，是为处理鲁相上书提供礼仪上的参考或依据（比）。

调查之外，二府重复孔子在汉代地位崇高，并认为因此要优宠孔子后代，并恭敬祭祀，传之永远，这实际是东汉朝廷的指导思想之一。陈述这两点之后，二府云"可许"，简单明了地表达了他们的意见。"可许"中"可"应释为"宜"②；"许"，《说文·言部》"许，听也"，《广雅·释诂四》同。"可许"表示"应该允许"，建议皇帝接受乙瑛的陈请。

"可许"以下至"他如故事"前的四句，是两府对皇帝提出的具体安排建议，故使用了"臣请"云云的表述方式，方案则基本采自乙瑛的上书。

"谨问大常"到"可许"数句记述了二府的处理经过与意见，态度是鲜明而确切的。这种明确的态度是基于桓帝会对上奏答复（"报"）的假定，至于如何"报"属于二府的职责，所以用了"可许"这样明确的字眼。

概言之，二府先是暗示桓帝此上书需要回复，又事先精心准备，调查故事，并举出指导思想，理据充分，还有不增加朝廷财政负担的方案，桓帝收到上奏后，当天予以批准（第 8 行）。在此事处理上，桓帝可以说是在二府的步步诱导下裁可的。

文书中没有出现"尚书"，稍后的《无极山碑》则有"光和四年八月十七日丁丑尚书令忠奏洛阳宫"和"光和四年八月辛酉朔十七日丁丑尚书令忠下"两句，二府的上奏通过什么途径进呈给桓帝？汉代章奏文书的上行途径，一般认为最终均要经过尚书，③ 这里未提及，或许是一种久已存

---

① 东汉一朝皇帝或遣重臣去曲阜祭孔仅数次，最早是光武帝建武五年十月，见《后汉书》卷一《光武帝纪上》，第 40 页。此后，明、章与安帝各有一次亲祭，见徐天麟《东汉会要》卷五"礼·祠孔子"，中华书局，1955，第 42 页。

② 《后汉书》卷六五《皇甫规传》"今日立号虽尊可也"，李贤注，第 2132 页。

③ 参见汪桂海《汉代官文书制度》，广西教育出版社，1999，第 161～183 页；〔日〕渡边将智：《政策形成と文書伝達—後漢尚書台の機能をめぐって—》，广西教育出版社，1999，第 31～34 页。

在的习惯。《史记·三王世家》所录多份丞相上奏武帝的文书，便是如此，仅第一件大司马霍去病的上疏，注明经由尚书令，或可为比。若上奏经过尚书，尚书也只是起到了简单的“奏、下文书”的职能。

关于汉代的各种类型朝议活动上朝臣对国家大事，包括人事问题，提出各种书面或口头意见或建议，并对皇帝决策施加影响，以及尚书与西汉昭帝后开始出现的内朝官员对于皇帝决策的辅助作用，前人研究颇多。[①]三公在日常事务中如何发挥作用，了解得并不够。

以往的东汉政治制度研究中，多强调尚书台的作用，近来则开始重新估计三公的地位，但对三公的地位与作用，见解不一。传统看法是当时“虽置三公，事归台阁”；另一种则坚持认为三公依然拥有相当大的权力，仍然是宰相；[②] 第三种观点认为东汉时期，由于三公分工体制的建立、光武帝与明帝好吏事以及负责监察的大司徒司直的废止，导致三公统辖和指导地方行政的日常事务的职责受到削弱，出现了三公对于地方行政的“无责任体制”[③]。情况或许没有那么简单。

五 “书到言”与司空的监督

奏请得到皇帝裁可成为诏书，二府还对执行诏书提出要求并督促执行，具体表现在碑文第10～11行。

司徒、司空两人的上奏于元嘉三年（153）三月廿七日进呈皇帝，当日获准。同日，两人将诏书下发鲁相，在诏书行下之辞中不仅是“承书从事下当用者”之类的套话，还进一步对担任卒史者的条件提出若干具体要求：

> 选其年卌以上，经通一艺，杂试通利，能奉弘先圣之礼，为

① 关于汉代的朝议，系统集中的讨论见〔日〕永田英正《漢代の集議について》，《东方学报》1972年第43号，第97～136页；〔日〕大庭脩：《秦汉法制史研究》，第37～41页；〔日〕渡边信一郎：《朝政の構造——中国古代国家の会議と朝政》，氏著《天空の玉座》，东京：柏书房，1996，第30～34页；廖伯源：《秦汉朝廷之论议制度》，氏著《秦汉史论丛》，第155～200页，特别是第171页，关于议题，见第186～187页。

② 祝总斌：《两汉魏晋南北朝宰相制度研究》，第101～119页。类似看法见〔日〕渡边将智的《政策形成と文書传達—後漢尚書台の機能をめぐって—》，第29～34页。

③ 见〔日〕纸屋正和《漢時代における郡県制の展開》，第649～675页。

宗所归者。

涉及年龄，经学修养，课试成绩，礼仪上的表现，以及在孔氏宗人中的声望等。[①] 概括而言，是察举中所强调的“经明行修”的具体化；而将候选者的年龄设定在40以上，并要通过考试，应是顺帝阳嘉元年（132）开始的左雄新制的继承与延伸。[②] 这些对诏书的补充亦可视为二府追加的命令，[③] 后面附上“如诏书”一句，强调要像诏书一样对待。鲁相平在六月给司空的回复中称作“司徒司空府壬寅诏书”，显然是将两府的命令包括在壬寅诏书中。

行下之辞最后云“书到言”，要求鲁相接到诏书后需呈交答复，便是司徒、司空，在此处则是司空，监督诏书执行的具体体现。

已知最早的一例见《史记·三王世家》。针对霍去病三月乙亥的上奏，武帝制曰“下御史”，“六年三月戊申朔乙亥，御史臣光守尚书令、丞非：下御史，书到言”，随即丞相等集议后上言，附和霍去病的建议。[④] 这里的“书到言”乃是守尚书令等据武帝制书补充的命令，目的是要听取众大臣的意见。

比较完整的例子见甘肃敦煌悬泉置遗址出土的西汉元始五年（5）“诏书月令五十条”。王莽的上奏得到皇太后的制可后逐级下达，尽管行下之辞有残损，共3处出现了“到言”（94行）、“书到言”（96行）与“书到言”（99行），分别附在下达到三公、二千石与敦煌所部都尉一级的行下之辞的末尾。[⑤] 这些均为同一诏书在逐级抄写下行过程中由上级官员追加的文字，要求下级回答的，应是执行四时月令的情况。

不仅三公可以在下达的诏书后追加命令，进行监督，刺史、太守亦有

---

① 〔日〕大庭脩已经注意到此点，见《秦汉法制史研究》，第226页，不过，他认为碑文的这一部分“确实具有执行命令的特点”，不确。

② 关于阳嘉新制，参阅步克《察举制度变迁史稿》，辽宁大学出版社，1991，第61~79页。

③ 〔日〕大庭脩：《秦汉法制史研究》，第206页；〔日〕鹰取祐司《漢簡所見文書考》、〔日〕冨谷至编《邊境出土木簡の研究》，京都：朋友书店，2003，第141页。

④ 《史记》卷六〇《三王世家》，第2105~2106页。标点有改动，有关分析参〔日〕大庭脩《秦汉法制史研究》，第247~248页。

⑤ 括号中的字是整理者据残存的空间与文意补，见中国文物研究所、甘肃省文物考古研究所《敦煌悬泉月令诏条》释文，中华书局，2001，第8页。

此职责。甘肃甘谷出土的汉简诏书中第22简正面有：

> 延熹二年四月庚午朔十二日辛巳，凉州刺史陟使下郡国大守、都尉，承书从事下当用者，如诏书。各实核准，为州集簿☐如律☐，书到言。

简末有残缺，文意不太完整，“各实核准，为州集簿”云云与“书到言”便是凉州刺史陟提出的要求——应该是根据诏书追加的具体指示。前者大概是责令所属郡国核查境内的宗室的某种情况，后者是要求上报。而第23简则是次日[①]汉阳太守接到刺史转发诏书后下达的行下之辞：

> 延熹元年四月庚午朔十三日壬午，汉阳大守济、长史亿下冀中西部督邮☐掾术、亮、史叙，属县令长，承书从事下当用者，如诏书。各实所部，正处。书到言。如诏书律令。[②]

除了要求下属执行外，还有根据刺史的命令而提出的“各实所部，正处”，“实”指核实，“正处”是正确的裁断。结果亦要“书到言”。据此，诏书在逐级下达过程中下级官员还可追加命令，以及依靠逐级的反馈（“书到言”）来监督下级的执行。[③]

居延与敦煌汉简中含“书到言”的简亦不少，前人已有搜集，[④]不赘。因编绳朽烂，简册散乱，多数行下之辞中“书到言”具体所指已难明。不过，这种要求很常见，是可以肯定的。表明丞相或九卿等朝官乃至郡守等地方长吏对所下命令的监督，普遍存在。下级在接到文书后的回报，汉简中也有不少。

《乙瑛碑》第12~16行所录则是两个多月后，鲁相等上呈司空府的答复，汇报了选拔卒史的情况。书到言与鲁相的回复，具体展示了二府与郡

① “壬午”为“辛巳”次日，原释文疑有误。

② 释文据张学正《甘谷汉简考释》，载《汉简研究文集》，甘肃人民出版社，1984，第93~94页；何双全：《简牍》，敦煌文艺出版社，2004，第48页，并有校改。

③ 李均明注意到诏书行下之辞中的“书到言”，认为是诏书下发的程序，表示“每级机构收到诏书后亦须即时回报”，“诏书回报文通常也必须回报执行情况”，见《秦汉简牍文书分类辑解》，第35~36页。从上级角度看，要求回报则是体现了上对下的监督。

④ 参见李均明《秦汉简牍文书分类辑解》，第35~36页所引例34~38。

国长吏之间的监督与执行关系。

学者曾指出丞相权力之一就是监督百官执行，具体而言，主要是年底以律令和诏书为依据检查官吏执行情况，报告皇帝决定黜陟、赏罚；亦有官吏被告发，平时即加处理的情况。[①] 这里则是就特定诏令执行情况展开的监督，针对的是具体事务。事务则通过文字描述在文书——这里则是诏书——中，因此，监督也就转变成透过文书的书写与交流而实现，进而间接化，或可概括为“以文书为载体的事务型监督”。“书到言”乃是落实和体现监督的具体方式。[②]

监督的来源则根据事务下达的来源与层级，若是丞相、三公或九卿直接针对某个问题，对某地官员下达的命令，如《乙瑛碑》中的“司徒司空壬寅诏书”，负责执行的官员直接接受丞相或三公九卿的监督；如果是逐级下达的命令，则是逐级监督，直至最低一级的官吏，各级官吏对直接的上级负责。这种自上而下的命令—监督一体的管理方式或许就是“委事责成”的具体体现吧。是否可以说三公对地方行政形成“无责任体制”，也许还需斟酌吧。

这种监督的终点取决于事务的进展。具体到此事，到鲁相回报完卒史的选任情况，就应算处理结束了。最终落实到司空府的文书上，恐怕就是一事形成一组文书，附上一个如“建武三年十二月候粟君所责寇恩事”（EPF22：36）一类的签牌而宣告处理终结，便沉睡在档案中了。因为孔氏宗人认为此事意义重大，将他们获得的往来文书刻于碑上，为后人留下了宝贵的资料。

六　余论

以上分析大致明了《乙瑛碑》所记鲁相请求增置一名卒史事的整个处理过程。此事虽小，因涉及变更律令，要经过皇帝批准。简言之：鲁相创

---

① 祝总斌：《两汉魏晋南北朝宰相制度研究》，第35~38、100~101、109~113页。

② 王国维说“汉时行下公文必令报受书之日，或云‘书到言’，或云‘言到日’。其义一也”，见《流沙坠简》“考释·簿书六”，影印本，中华书局，1993，第106页；李均明、刘军亦从此说，见《简牍文书学》第九章“官府下行书”，第228页。两种说法实有别，此碑所载可证，“书到言”所要求的并不仅是“受书之日”，还包括了具体落实情况。

议，提出草案，司徒司空核查、极力促成，皇帝批准后，制定具体实施方案，并由司空监督执行，这种监督可称为“事务型监督”。上奏若经过尚书，尚书也只是承担了上奏、下达文书的职责。

分析处理过程，值得注意的有三点：

一是臣民陈请的作用。没有乙瑛最初的陈请，并提出草案，就不会产生后续的所有动作。这是件极小的事务，且出现在外戚梁冀掌权的时期，但考虑到臣民陈请十分常见，促使我们认真思考“陈请”在帝国治理中的作用。虽然相当多的陈请在层层上呈中被上级、乃至皇帝忽视或否决，但亦有不少得到皇帝认可（如“报可”之类），并转化为朝廷的制度、政策（中间往往会经过朝议之类的讨论）。陈请的存在，推动皇帝与朝廷吸纳献言献策的臣民智慧，促进统治者集思广益，使帝国统治不单是上对下单向度的命令，也包含了朝野的互动。对帝国统治的认识中亦应有这种互动的位置，简单地使用“皇帝支配体制”之类突出皇帝主导作用的全称概括可能会有意无意遮蔽掉这种互动。

二是东汉后期三公的作用。上奏文书中二府建议皇帝回复的委婉用语“须报”与调查、意见和明确的建议显示了二府的主动作用，尽管此事过于琐碎，无法据此推定三公在其他政务中的作用。“书到言”体现的司空对具体事务执行的监督，亦拓展了对三公监督职能的认识，“无责任体制”的说法也许过于绝对。

三是皇帝角色的多面性。由此事以及其他臣民陈请而终为皇帝采纳的事例看，皇帝不仅是帝国的支配者，同时也是臣民建议的倾听者。这一侧面文献中常见，但今人熟视无睹，似未纳入对皇帝的认识中。

关于皇帝统治，《乙瑛碑》显示出皇帝在处理政务上被动性与符号性，或曰象征性的一面。二府的主动衬托出皇帝的被动；另起一行，并高出一字的“制曰可”则是符号性的最好表达。以往关于中国皇帝的认识上，对此很少关注，往往将皇帝假定为处处主动表达个人意志的强力统治者，无疑片面夸大了皇帝的作用，忽视了其不同的侧面。

皇帝的符号性当时立碑的孔氏宗人亦很清楚：碑文第8~9行下端空白处特别刊刻了促成此事的二府的郡望、名讳，以示表彰，末尾的赞中则颂扬了发起者乙瑛和落实此事的鲍叠，而对批准此事的皇帝却未置一词，虽然碑面上“制曰可”三字单抬。时人的观感应成为今人认识的重要参考。

附图：乙瑛起请增置百石卒史事的处理过程

①～⑦表示处理此事的先后步骤

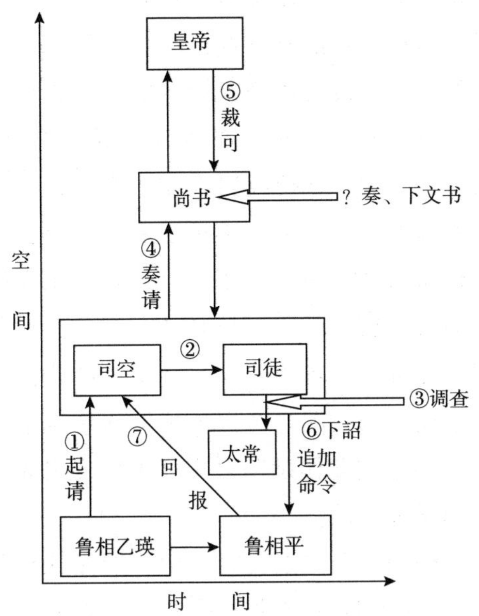

（本文原载《中国中古史研究：中国中古史青年学者联谊会会刊》第四卷，中华书局，2014，第43～69页。此为增改稿）

二　唐代

跋江西兴国县所出《唐钟绍京受赠诰文碑》

刘安志*

钟绍京乃唐代著名书法家，其事迹略见于新、旧《唐书》本传，[①] 曾官至中书令，唐德宗建中元年（780），被朝廷追赠为太子太傅。1966 年，江西省兴国县曾出土一方碑文，但直到 1991 年，陈柏泉先生才在其编著的《江西出土墓志选编》一书中，刊布了碑文的录文，并题名为“钟绍京受赠诰文（建中元年十一月）”。[②] 日本学者中村裕一先生曾据陈柏泉先生的录文，对此碑文进行了复原和研究，指出其是《唐建中元年钟绍京敕授告身》的抄件，[③] 实为卓见。2000 年出版吴钢先生主编的《全唐文补遗》第七辑，据江西兴国县革命历史博物馆藏钟绍京受赠诰文刻石，收有此碑文的录文。[④] 2001 年，张子明先生发表《钟绍京受赠诰文碑》一文，[⑤] 刊载了碑文的图版及录文，使我们得以了解此碑的实际情况。

需要特别指出的是，此碑文内容，与《赣州府志》、《兴国县志》所载《赠钟绍京太子太傅诰》文字内容大体相同，[⑥] 说明二者之间当存在某种关

---

* 刘安志，武汉大学历史学院暨中国三至九世纪研究所教授。

① 《旧唐书》卷九七《钟绍京传》，中华书局，1975，第 3041 ~ 3042 页；《新唐书》卷一二二《钟绍京传》，中华书局，1975，第 4329 页。

② 陈柏泉：《江西出土墓志选编》，江西教育出版社，1991，第 1 ~ 2 页。

③ 〔日〕中村裕一：《唐代公文书研究》，东京：汲古书院，1996，第 367 ~ 375 页。

④ 吴钢主编《全唐文补遗》第 7 辑，三秦出版社，2000，第 1 ~ 2 页。

⑤ 张子明：《钟绍京受赠诰文碑》，《南方文物》2001 年第 4 期。

⑥ 魏瀛、鲁琪光、钟音鸿纂修《同治赣州府志》卷六五《艺文·唐文》，《中国地方志集成·江西府县志辑》第 74 册，江苏古籍出版社、上海书店、巴蜀书社，1996，第 381 页。崔国榜、金益谦、蓝拔奇纂修《同治兴国县志》卷三五《艺文·诰敕》，《中国地方志集成·江西府县志辑》第 78 册，第 324 ~ 325 页。按碑文首行“唐德宗赠太子太傅诰曰”数字，不见于《赣州府志》、《兴国县志》所载制文，显为后人所加，详见正文说明。

联。1985 年，卞孝萱先生发表《〈赣州府志〉、〈兴国县志〉中的四篇唐代制书》一文,[①] 首次介绍了《赠钟绍京太子太傅诰》，并题为《赠钟绍京太子太傅制》。2005 年 4 月，在四川宜宾学院召开的“中华文学史料学国际学术研讨会”上，谢文学先生发表了《〈钟氏族谱〉中的五篇唐代制书》一文,[②] 介绍了他从兴国县《钟氏族谱》中发现的五篇唐代制书，指出其中一篇为大赦制文，其余四篇虽见于《赣州府志》、《兴国县志》，但内容不尽相同，是研究钟绍京和唐代典章制度的第一手难得的珍贵资料。谢先生此文还参照史籍，对五篇制书进行了考释，并与《赣州府志》、《兴国县志》所载制书进行了比较，揭出其异同，提出了不少有价值的观点和看法，为进一步研究提供了重要的参考。

据张子明先生所附碑文图版（图 1），碑文全存 14 行，兹据图版并参考诸家录文重录全文如下：

1 唐德宗赠太子诰曰：敕：古之将相，有功济于艰危，系于社稷，则身殁[③]之

2 后，其名益彰。唐隆功臣、故光禄大夫、中书令、户部尚书、上柱国、越国

3 公、食实封五百户钟绍京，昔以运偶云龙，心贞铁石，扶翊我

4 祖，戡乱定功，一挥妖氛，再清宫闱，成提剑之业，在缀旒之辰。固可以铭

5 勋鼎彝，书美青史，亦已秉钧西掖，曳履南宫。而旌其功烈，未有宠赠。储

6 傅[④]之位，次于三公，用以敦终，光乎幽穸。可赠太子太傅。建中元年庚申

① 卞孝萱：《〈赣州府志〉、〈兴国县志〉中的四篇唐代制书》，中国历史文献研究会秘书处编《古籍论丛》第二辑，福建人民出版社，1985，第 352 ~ 353 页。

② 谢文学：《〈钟氏族谱〉中的五篇唐代制书》。按此文最先刊于四川省宜宾学院四川思想家研究中心网页上，见 http://sxjzx.yibinu.cn/article_show.asp?articleID=474，后收入刘跃进主编《中华文学史料》第二辑，学苑出版社，2007，第 153 ~ 161 页。

③ 陈柏泉、张子明、《全唐文补遗》俱录作“身没”，《赣州府志》、《兴国县志》、《钟氏族谱》则作“身殁”，细审图版，当以“身殁”为是。

④ “傅”，陈柏泉、张子明俱录作“传”，误。

图 1 《唐钟绍京受赠诰文碑》（转自张子明《钟绍京受赠诰文碑》，《南方文物》2001 年第 4 期，第 129 页）

7 十一月五日。太尉、兼中书令、汾阳王假。中书侍郎阙①。司封郎中、知制诰

8 臣张蔇寅奉行。侍郎阙②。银青光禄大夫、门下侍郎、平章事炎。正议大夫、

9 行给事中审道。奉制书如右，请奉制付外宣行。建中元年庚

① “太尉、兼中书令、汾阳王假。中书侍郎阙”，《全唐文补遗》断句为“太尉、兼中书令、汾阳王，假中书侍郎阙”，误。实际上，此处“假”，乃指汾阳王郡王郭子仪休假。

② “司封郎中、知制诰臣张蔇寅奉行。侍郎阙”，《全唐文补遗》断句为“司封郎中、知制诰臣张蔇寅，奉行侍郎阙”，误。

申十一月

10 五日。制可。十一月六日寅时，都事丁固。右司郎中张縈。吏部尚书阙。朝

11 请大夫、权知吏部侍郎、轻车都尉说。吏部侍郎阙。尚书左丞阙。告赠太

12 傅钟绍京第，奉敕如右，符到奉行。郎中定国。主事思孔。令史刘光。书

13 令史赵仁。

14 建中元年十一月八日下

碑文首行“唐德宗赠太子诰曰”数字，《赣州府志》、《兴国县志》及谢文学先生所据之《钟氏族谱》无。按德宗乃死后的谥号，而此敕书（详后考证）乃建中元年十一月八日所发，时德宗仍在位，其统治时期的敕书，绝对不会出现有“唐德宗”之类的字眼，故此句当为钟氏后人所加。《全唐文补遗》编者云：“按刻石中文字与已见到的，如《全唐文补遗》一辑二页《封临川郡公主诏书刻石》格式有异，故疑为后人重刻，并加唐德宗等字。”① 其推测是非常正确的。《赣州府志》、《兴国县志》所载敕书，除无“唐德宗赠太子诰曰”外，余皆大体相同，说明二者存在渊源关系，出自同一个版本，而《钟氏族谱》所记则与此大异（详后），显然又是出自另外一个版本，为何会出现这样一种差异？是一个很有意思的问题，值得探讨。

上揭碑文内容有一些令人不解之处：其一，制、敕混用。唐代制、敕皆由皇帝所发，格式、用语都有严格的规定，不可能在“制”中使用“敕”，“敕”中使用“制”。而碑文却二者混用，如“制可”、“奉制如右”、“奉敕如右”等。从目前所见唐代制书、敕书内容看，这种制、敕混用的情况，是很难想见的。这说明碑文的刻写者对唐代典章制度已不甚了解，其刻写年代可能已是唐代以后的事了；其二，碑文刻写内容前后并不统一。如 6 ~ 7 行、9 ~ 10 行中的“建中元年庚申十一月五日”，最后一行却为“建中元年十一月八日下”，已无“庚申”二字；而且，

① 吴钢主编《全唐文补遗》第 7 辑，第 2 页。

在唐代皇帝所发的制书、敕书中，所记时间都是某年某月某日，还没有见到其中插有干支者，此处“庚申”二字，显然是后人所加。这些记载足可告诉我们，碑文内容绝非唐德宗建中元年所发的敕书原貌，而是后人增改过的东西。

碑文首行“敕”及12行“奉敕如右”的记载，其实业已表明了碑文的性质是敕书，而非制书。长期精研唐代各种文书制度的日本学者中村裕一先生，业已根据碑文所记内容，敏锐地指出其为《唐建中元年钟绍京追赠太子太傅敕授告身》抄件，[①] 并对其中的若干内容进行了增补和订正，如“太尉兼中书令汾阳王假”，增补为“太尉兼中书令汾阳（郡）王（臣）假”；“银青光禄大夫门下侍郎平章事炎”，补为“银青光禄大夫（守）门下侍郎（同）平章事炎”；又“司封郎中知制诰臣张蒇寅奉行”，订正为“司封郎中知制诰臣张蒇宣奉行”；又指出“侍郎阙”为“侍中阙”之误，“右司郎中”为“左司郎中”之误，“令史赵仁”为“书令史赵仁”之误；指出碑文中“道奉”、“制书如右请奉制付外施行”、“制可”等记载，实乃衍字，而“司封郎中知制诰臣张蒇宣奉行”之后，应该还有“奉敕如右牒到奉行”一句。中村先生的这些考订工作，都为我们进一步认识此碑文内容提供了重要的参考。而《钟氏族谱》所收的告身抄件，可以进一步证明中村先生的这一观点。兹据谢文学先生前揭文抄录告身内容如下：

敕：古之将相，有功济于艰危，系于社稷，则身殁之后，其名益彰。唐隆功臣、故光禄大夫、中书令、户部尚书、上柱国、越国公、食实封五百户钟绍京，昔以运偶云龙，心贞铁石，扶翼我祖，戡乱定功，一扫氛妖，再清宫闱，成提剑之业，在缀旒之辰。固可勋铭鼎钟，书美青史，亦已秉钧西掖，曳履南宫。而表旌其功烈，未有宠赠。储傅之位，次于三公，用以敕终，光乎幽穸。可赠太子太傅。建中元年十一月初五日。太尉、兼中书令、汾阳郡王假。中书侍郎阙。司封郎中、知制诰臣张蒇寅奉行。敕如右，牒到奉行。建中元年十一月初五日。侍中阙。银青光禄大夫、侍郎门下、平章事炎。正议大

① 〔日〕中村裕一：《唐代公文书研究》，东京：汲古书院，1996，第367~375页。

夫、行给事中审。十一月初五日时。都事。左司郎中。吏部尚书阙。朝议大夫、权知吏部侍郎、轻车都尉说。吏部侍郎阙。尚书左丞阙。诰赠太子太傅钟绍京第，奉敕如右，符到奉行。主事意。郎中定。令史刘光。建中元年十一月初八下

谢文学先生题此为《赠钟绍京太子太傅制》（德宗）。但据内容，其实为敕书，而非制书。以此与前揭碑文内容相比较，可以发现二者之间存在较大差异，此点谢文学先生文业已指出不少。由此可说明《钟氏族谱》所抄内容与碑文、《赣州府志》、《兴国县志》之间不存在直接的渊源关系，当属钟氏后人流传下来的另外一个版本。

根据日本学者大庭脩先生复原的唐代敕授告身式，[①] 我们认为，《钟氏族谱》所载告身抄件最为接近原貌，但亦有若干脱误及后人的添改，如“十一月初五日时”、“都事”等明显有脱漏；“侍郎门下”当为“门下侍郎”之误；又“初五”、“初八”等，实乃后人所添改，现存唐代告身中，我们没有见到此类用语。综合各种记载并参考中村裕一先生的研究成果，我们可以进一步复原此敕授告身内容如下：

敕：古之将相，有功济于艰危，系于社稷，则身殁之后，其名益彰。唐隆功臣、故光禄大夫、中书令、户部尚书、上柱国、越国公、食实封五百户钟绍京，昔以运偶云龙，心贞铁石，扶翊[②]我

祖，戡乱定功，一挥妖氛[③]，再清宫闱[④]，成提剑之业，在缀旒之辰。固可勋铭鼎彝[⑤]，书美青史，亦已[⑥]秉钧西掖，曳履南宫。而表[⑦]旌其功烈，未有宠赠。储傅之位，次于三公，用以敕终，光乎[⑧]幽穸。可赠太子太傅。

---

① 〔日〕大庭脩：《唐告身の古文书学的研究》，原载《西域文化研究》三，京都：法藏馆，1960。此据〔日〕大庭脩：《唐告身と日本古代の位阶制》，伊势市：学校法人皇学馆出版部，2003，第 52 ~ 53 页。

② 《钟氏族谱》为“翼”，《赣州府志》、《兴国县志》及碑文俱作“翊”。

③ 《钟氏族谱》为“一扫氛妖”，《赣州府志》、《兴国县志》及碑文俱作“一挥妖氛”。

④ 《钟氏族谱》为“壶”，《赣州府志》、《兴国县志》及碑文俱作“闱”。

⑤ 《钟氏族谱》为“钟”，《赣州府志》、《兴国县志》及碑文俱作“彝”。

⑥ 《钟氏族谱》为“尝”，《赣州府志》、《兴国县志》及碑文俱作“已”。

⑦ 《赣州府志》、《兴国县志》及碑文无“表”字。

⑧ 《钟氏族谱》为“乎”，《赣州府志》、《兴国县志》及碑文作“于”。

建中元年十一月五日①

太尉、兼中书令、汾阳郡王假②

中书侍郎阙

司封郎中、知制诰臣张蒇宣奉行③

奉④

勅如右，牒到奉行⑤。

建中元年十一月五日⑥

侍中阙⑦

银青光禄大夫、守门下侍郎、同平章事炎⑧

正议大夫、行给事中审⑨

十一月六日寅时⑩　都事丁固⑪

---

① 此句《赣州府志》、《兴国县志》及碑文作“建中元年庚申十一月五日”，《钟氏族谱》为“建中元年十一月初五日”，中村裕一先生复原为“建中元年庚申十一月五日”。根据唐代告身格式，“庚申”、“初五”有可能为钟氏后人添改，不足为据。此句复原为“建中元年十一月五日”，似较为妥当。

② 《赣州府志》、《兴国县志》及碑文作“太尉、兼中书令、汾阳王假”，《钟氏族谱》为“太尉、兼中书令、汾阳郡王假”，中村裕一复原为“太尉、兼中书令、汾阳（郡）王（臣）假”。此汾阳郡王即郭子仪，在唐大历九年（774）不空三藏追赠告身中，其署位亦有不称“臣”者（见〔日〕大庭脩《唐告身と日本古代の位阶制》，第114页）。因此，此句似可复原为“太尉、兼中书令、汾阳郡王假”。

③ 《赣州府志》、《兴国县志》及碑文、《钟氏族谱》俱作“司封郎中知制诰臣张蒇寅奉行”，中村裕一指出“寅”乃“宣”之误，并复原为“司封郎中知制诰臣张蒇宣奉行”，甚是。在唐大历十四年（779）张令晓告身中，亦有“司封郎中、知制诰臣张蒇奉行”之签署，见大庭脩《唐告身と日本古代の位阶制》，第119页。

④ “奉”字乃据敕授告身格式添加。

⑤ 《赣州府志》、《兴国县志》及碑文无此句。中村裕一先生业已正确指出，此处应有“奉敕如右，牒到奉行”数字。

⑥ 《赣州府志》、《兴国县志》及碑文无此句，《钟氏族谱》作“建中元年十一月初五日”。

⑦ 《赣州府志》、《兴国县志》及碑文作“侍郎阙”，似误。

⑧ 此句《赣州府志》、《兴国县志》及碑文作“银青光禄大夫、门下侍郎、平章事炎”，《钟氏族谱》作“银青光禄大夫、侍郎门下平章事炎”，中村裕一复原为“银青光禄大夫、（守）门下侍郎、（同）平章事炎”，诚是。

⑨ 《赣州府志》、《兴国县志》及碑文在此句之后，还有“道奉制书如右，请奉制付外施行。建中元年庚申十一月五日。制可”之类的文字，中村裕一先生已正确指出其为衍文。

⑩ 《赣州府志》、《兴国县志》及碑文作“十一月六日寅时”，《钟氏族谱》为“十一月初五日时”。

⑪ 《赣州府志》、《兴国县志》及碑文作“都事丁固”，《钟氏族谱》作“都事”。

左司郎中张蘩①

吏部尚书阙

朝议大夫②、权知吏部侍郎、轻车都尉说

吏部侍郎阙

尚书左丞阙

告③赠太子太傅钟绍京第，奉

敕如右，符到奉行。

主事思孔④

郎中定国⑤令史刘光

书令史赵仁⑥

建中元年十一月八日下⑦

以上依据各种相关记载，对《唐建中元年追赠钟绍京敕授告身》抄件内容进行了初步的复原。这一复原结果是否接近告身原貌，尚有待进一步证实和专家学者的认定。不管怎样，它毕竟为我们进一步认识和研究唐代告身制度和追赠制度，提供了一件值得珍视的新材料。这件告身抄件在后世流传过程中，何以会出现两种不同的记载？仍是值得我们思考的问题。

（本文原载西安碑林博物馆编《纪念西安碑林九百二十周年华诞国际学术研讨会论文集》，文物出版社，2008，第324～329页）

① 《赣州府志》、《兴国县志》及碑文作“右司郎中张蘩”，《钟氏族谱》作“左司郎中”。

② 《赣州府志》、《兴国县志》及碑文作“朝请大夫”，《钟氏族谱》作“朝议大夫”。

③ 《赣州府志》、《兴国县志》及碑文作“告”，《钟氏族谱》作“诰”。

④ 《赣州府志》、《兴国县志》及碑文作“主事思孔”，《钟氏族谱》作“主事意”。

⑤ 《赣州府志》、《兴国县志》及碑文作“郎中定国”，《钟氏族谱》作“郎中定”。

⑥ “书令史赵仁”，《钟氏族谱》无。

⑦ 《赣州府志》、《兴国县志》及碑文作“建中元年十一月八日下”，《钟氏族谱》作“建中元年十一月初八下”。

谈武周苑嘉宾墓志与告身

——以新见石刻材料为中心

赵振华*

近来流传于洛阳坊肆的唐代军官苑嘉宾的墓志和告身（制书）刻石拓片，可谓难遇。因为唐代文献中的苑姓人物不多，①目前已知国内发现的唐代墓志数量至夥，而苑姓人物墓志绝少，②多为军官世家。新出墓志提供了

---

* 赵振华，洛阳师范学院河洛文化研究中心研究员。

① 据《唐五代人物传记资料综合索引》所录，只有5人。参见傅璇琮、张忱石、许逸民编《唐五代人物传记资料综合索引》，中华书局，1982，第487页。

② 日本明治大学气贺泽保规教授据发表资料统计，清代末年以来截至2008年，不包括墓志盖，全中国出土唐代墓志8367种。参见〔日〕气贺泽保规编《新版唐代墓志所在总合目录》（增订版），明治大学东洋史资料丛刊（5），明治大学东亚西亚石刻文物研究所，2009。加上近年刊布的著录类图书若《洛阳新获墓志续编》（洛阳市第二文物工作队编《洛阳新获墓志续编》，科学出版社，2008）、《龙门区系石刻文萃》（张乃翥辑；《龙门区系石刻文萃》，国家图书馆出版社，2011）、《秦晋豫新出土墓志搜佚》（赵君平、赵文成编《秦晋豫新出土墓志搜佚》，国家图书馆出版社，2012）、《洛阳新获七朝墓志》（齐运通编《洛阳新获七朝墓志》，中华书局，2012）所载，总数已经超过9000，数目虽然庞大，然而苑姓人物墓志却仅有下表所列5方：

志主姓名	葬　年	里籍简历	身份	出　处
苑建达	久视元年	族望朝歌，从宦郑国，自□编贯，历代居焉	平民	洛阳卷7册P180
苑策及妻张氏	开元廿六年	其先武阳人也，因官宅此，遂为林虑人焉	处士	唐代墓志汇编P1484
苑玄亮	开元廿九年	其先南阳人也。夫人陇西李氏	军官	洛阳卷11册P21
苑湜	宝应二年	南阳人。曾祖苑本，左武卫中郎将。祖苑爽，蕲州别驾。父苑庭芳，邢州刺史。长子苑湜，左武卫大将军	世代军官	全唐文补编P1881
苑咸及妻邵氏	元和六年	其先帝喾之后武丁子，名文，封于苑叶间，因以得姓。今为马邑善阳人也。五代先人皆为军官。苑咸为中书舍人、集贤院学士、安陆郡太守	文官	洛阳新出土墓志释录P158

一位不见于史籍的军官苑嘉宾参与平息“营州之乱”和经年宿卫京城的文治武功。朝廷颁给他的两件制书为研究武周时期的封公爵、授武官公文提供了范样。据此可知武皇集中批阅高效处理朝廷公文的时间段，并可据以补苴敦煌、吐鲁番文书中的残缺制书。且石刻制书亦罕觏之文献，兹揭示于后。

一 墓志

方形有盖，边长59厘米，篆书“大唐故苑府君墓志铭”3行9字（图1）。墓志亦方形，与盖同大。楷书33行，满行32字（图2）。

（一）墓志原文

01 大周故右豹韬卫卢山府长上折冲都尉上柱国武威郡开国公苑府君墓志铭并序

02 公讳嘉宾，字愿德，其先魏郡武阳人也。天命玄鸟，降祉有娀，瑞应白狼，始功于亳。得

03 姓殷宗之胤，开基宛叶之间。因氏命封，列冠缨者鳞次；代功食菜，服轩冕者肩随。苑

04 康显誉于八龙，西豪罢称；何忌表名于四履，东夏流规。并详前史，可略言也。曾祖珍，

05 宇文朝骠骑大将军、右七军总管。位光金印，望隆绛服。去病之擒獯鬻，高践此班；张

06 意之讨闽瓯，聿登斯职。祖孚，隋左亲侍，唐监门直长。箕裘甫习，值晋马之南浮；笙管

07 变音，昧秦星之东聚。既失镃錤之运，终亏楚汉之功，居显晦以忘怀，坐丘园而没齿。

08 父大智，唐辽东、单于、洮河、永昌等军四大总管，皇朝武威监门玉钤三卫

09 将军、上柱国、武威郡开国公、检校三原宿卫所。声高管乐，气盖彭韩；减灶得孙子之奇，穹

10 弧擅楚臣之妙。兵机暗合，不资玄女之符；军法天然，讵待黄公之略。用能远摧十角，

11 遐殄三韩；南穷两越之郊，西平四镇之外。迈甘陈于绝域，驾辛李于往朝。鸠杖送年，

12 奉园陵于近县；兽珠巡蘱，侍仙跸于离宫。公庆复象贤，崇基克构。蕴黄中

13 通理之美，时誉攸归；骋一日千里之能，家声载绍。解褐授开方府果毅，化鹏毛羽，伫

14 见厉于云霄；翔鸿奋飞，且有渐于陵陆。俄而丁忧去职，服阕除龙光府左果毅都尉，

15 袭封武威郡开国公。既复其侯，还出其将。士燮为士季之子，李陵为李广之孙。虽命

16 职于千夫，凉均芳于三杰。尘警松漠，烽映甘泉；将除蚁聚之凶，必待鹰扬之任。以公

17 将门子弟，授幽州昌平府折冲。制曰："作捍疆垂，寔资雄勇，宜申朝命，俾统兵钤。"

18 又加清边军子总管，受脤寄隆，总戎任重。霍漂姚之北伐，辞第推诚；杜武库之南征，

19 沉碑显绩。俄殄凶丑，克清氛祲。制加四品，以畴庸也。改授右豹韬卫卢山

20 府折冲，仍留宿卫。警夜巡昼，植铩悬猷；陪玉扆而申仪，翊紫宸而展恪。方拟班条作牧，露

21 冕驰声，奉扬仁风，慰彼黎庶。而逝川不息，促晷难留，未兆庆于悬刀，掩罹灾于梦奠。

22 春秋五十有一，终于洛州毓财坊之私第。山阳士友，遽流闻笛之悲；荆州吏人，爰兴

23 罢市之叹。公跃马肉食卌余年，陈鼎击钟，再代于此。虽埋玉之恨，已叹于昔贤；而生

24 金之词，未勒于贞士。粤以长安三年岁次癸卯三月朔十一日葬于京兆

25 少陵之原，礼也。还茔八水，临杜县之樊川；植表三秦，接周

京之毕陌。嗣子亮，奉楹书

26 而增恸，仰风树以摧心。眇觌荀何，方今有愧；远瞻曾闵，况古无惭。虽负土成坟，有形

27 于哀毁；而勒铭刊石，来纪于德音。相质披文，乃为铭曰：

28 君侯宗烈，源于稷契；玄鸟降商，白狼应汤。克明克恕，为伯为王；梦□良弼，殷丁是昌。

29 其一。系子曰文，苑丘胙土；俾侯锡姓，宪章稽古。服冕乘轩，方周于鲁；戴蝉附鹖，惟文惟

30 武。其二。天地鼎革，朝市贸迁；南登不可，东陵遂田。聿生充国，材包武贤；元戎裨佐，绝后

31 光前。其三。运筹帷幄，折冲樽俎；榆塞克清，兰山即叙。倏忽人代，往来寒暑；甫擅妙于珠

32 韬，忽埋魂于金墅。其四。旋旌上国，归轸旧京；青乌卜兆，白鹤开茔。松门风急，荒陇烟生；

33 寄徽兰菊，永播芳声。其五。

图1 《苑嘉宾墓志》志盖

图2 《苑嘉宾墓志》志石

（二）先世武功

墓志说苑姓历史悠久，商王武丁为其始祖。《诗经·商颂·玄鸟》云：“天命玄鸟，降而生商。”说的是帝喾的次妃简狄（有戎氏的女儿），吞下

一枚鸟蛋，怀孕生下了契，成了商人的始祖。后来武丁在位时，封其子文为苑侯，即墓志铭的“殷丁是昌。系子曰文，苑丘胙土”，后代因以为姓。墓志还推出春秋时齐国大夫苑何忌、东汉名臣苑康为本姓闻人，以示代有名贤。

苑嘉宾的曾祖苑珍，北周骠骑大将军，掌右第七军兵权。祖苑昪，隋禁军左翊卫属员左亲侍，仕唐为卫官监门直长，这两位先人不见于史籍。父苑大智也是一代名将，其文韬武略，墓志着墨较多。唐高宗、武周朝为辽东、单于、洮河、永昌军大总管，国家边防有事，必驰其身影：率军北击突厥（远摧十角），东灭高句丽（遐殄三韩）；南镇广东广西（两越）之郊，西平龟兹、疏勒、于阗、焉耆（安西四镇）之外。考察其先后担任的三个卫官可知，职武威卫将军、监门卫将军在高宗朝，[①] 官玉钤卫将军在武周朝。[②] 将军多年禁卫宫城，年事已高，赐予闲职养老：“检校三原宿卫所。……鸠杖送年，奉园陵于近县；兽珠巡虆，侍仙跸于离宫”。三原为高祖李渊献陵所在，苑老驻戍陵园，侍奉天子祭祀。勋上柱国、爵武威郡开国公，皆正二品，级秩甚高。

苑大智文献有载：“调露初（679），单于府大酋温傅、奉职二部反，立阿史那泥孰匐为可汗，二十四州酋长皆叛应之。乃以鸿胪卿单于大都护府长史萧嗣业、左领军卫将军苑大智、右千牛卫将军李景嘉讨之。恃胜不设备，会雨雪，士皲寒，反为虏袭，大败，杀略万余人。大智等收余卒，行且战，乃免。于是嗣业流桂州，余坐免官。”[③] 叙苑将军等因初战取胜松弛戒备，遭敌突袭兵溃败退，一度免官。后来朝廷拜礼部尚书裴行俭为定襄道行军大总管，率军三十万，消灭了反叛者。

（三）志主生平

苑嘉宾出身世代将门，武艺韬略，嗣其家风。他自幼受到严格的军事训练，青年时期就成为开方府果毅（从五品下）。因父亲去世，解职服孝

---

① 《新唐书》卷四九《百官志四上》载：“龙朔二年，左右卫府、骁卫府、武卫府，皆省‘府’字，左右威卫曰左右武威卫，左右领军卫曰左右戎卫，左右候卫曰左右金吾卫，左右监门府曰左右监门卫。”参见《新唐书》，中华书局，1975，第1280页。

② 《旧唐书》卷四二《职官一》载：武则天最初执政的光宅元年九月，改“左右领军卫为左右玉钤卫。”参见《旧唐书》，中华书局，1975，第1788页。

③ 《新唐书》卷二一五《突厥上》，中华书局，1975，第6042页。

三年，出任龙光府左果毅都尉，袭封武威郡开国公。据《封苑嘉宾武威郡开国公食邑二千户制》，时在长寿三年（694）四月，四十二岁。之后，他参与平息了一场震撼国家东北的叛乱。万岁通天元年（696）“五月壬子，契丹首领松漠都督李尽忠、归诚州刺史孙万荣陷营州，杀都督赵文翙”，①铁蹄自河北道营州、安东都护府蹂躏至冀州，严重破坏了国家统治秩序，史称“营州之乱”。武皇为平息祸乱，确保东疆局势安定，委派皇侄武攸宜为清边道行军大总管、皇侄武懿宗为神兵道行军大总管，总兵东征，将士牺牲无算，于次年六月平息。② 墓志的“烽映甘泉”典出西汉，③“尘警松漠”喻叛乱惊动了朝廷，组织力量平叛。“将除蚁聚之凶，必待鹰扬之任”，叙苑嘉宾临危受命，任幽州昌平府折冲都尉（正四品上）。“又加清边军子总管”，体现行军道的军队建制和层级领导结构。战事来临，朝廷命将，实施行军总管统兵出征制度，称之为行军道。讨击契丹叛乱的各级统帅若“娄师德为清边道行军副大总管，右武卫将军沙吒忠义为清边中道前军总管，以击契丹”，④ 阎虔福为清边西道前军大总管，⑤ 高句丽人高质为清边东军总管等。⑥《唐六典》记载：“凡诸军、镇，五百人置押官一人，一千人置子总管一人，五千人置总管一人。”⑦ 苑嘉宾是本道子总管营的指挥官，随大军北伐南征，很快殄除凶寇，平息叛乱。即墓志铭所咏：“运筹帷幄，折冲樽俎；榆塞克清，兰山即叙。”

因功成绩著，苑嘉宾被朝廷升职，“改授右豹韬卫卢山府折冲，仍留宿卫”，长驻东都。据《授苑嘉宾定远将军守右豹韬卫卢山府折冲都尉仍旧长上制》，圣历元年（698）五月，苑嘉宾时年四十六，成熟干练，是一

① 《新唐书》卷四《则天顺圣武皇后纪》，中华书局，1975，第115页。

② 《旧唐书》卷六《则天皇后纪》，中华书局，1975，第125～126页。

③ 《史记》卷一一〇《匈奴列传》：“汉孝文帝十四年，匈奴单于十四万骑入朝那、萧关，杀北地都尉卬，虏人民畜产甚多，遂至彭阳。使奇兵入烧回中宫，候骑至雍甘泉。于是文帝以中尉周舍、郎中令张武为将军，发车千乘，骑十万，军长安旁以备胡寇……单于留塞内月余乃去，汉逐出塞即还，不能有所杀。”参见《史记》，中华书局，1959，第2901页。

④ 《新唐书》卷四《则天顺圣武皇后纪》，中华书局，1975，第97页。

⑤ 洛阳古代艺术馆编《隋唐五代墓志汇编·洛阳卷》第8册，天津古籍出版社，1991，第103页。

⑥ 赵振华、闵庚三：《唐高质、高慈父子墓志研究》，《东北史地》2009年第2期，第21页，封二图版。

⑦ 李林甫等撰《唐六典》卷五《兵部郎中》，陈仲夫点校，中华书局，1992，第159页。

位深受武皇倚重的禁卫军官。惜于长安三年（703）初，苑嘉宾病故于洛阳城毓财坊私宅，终年五十一。其子苑亮手捧遗书，悲从中来。因前辈生活、卒葬于长安，便迁亡父遗骸于西京，于当年三月十一日礼葬于京兆府少陵原先茔。

（四）折冲府问题

墓志前后揭示了武则天称帝时期的4个折冲府：开方府、龙光府、幽州昌平府、右豹韬卫卢山府。据《唐折冲府汇考》集中的成果，开方府在虢州，未详辖属于何卫，系唐承隋之旧续置。[①] 幽州昌平府未详由何卫统领，亦唐承隋之旧续置。[②] 折冲府的完整档案早已遗失，各府是不同时间分布在不同地区的，然而朝廷控制的地区，折冲府长期存在。

折冲府以其所在地命名，龙光府不见于书籍而载于《唐崔思忠墓志》。[③] 文献记载的陇右道卢山都督府是行政府而非军府，本太宗灭铁勒薛延陀后于其地所置六府七州之一，各以其部首领为都督、刺史。其中以突厥“思结为卢山府”。[④]《新唐书·地理志》亦云：“回纥州三、府一。蹛林州，以思结别部置。金水州、贺兰州。卢山都督府，以思结部置。右初隶燕然都护府。总章元年隶凉州都督府。”[⑤] 其地处偏远，州不辖县，户口稀疏，[⑥] 少数民族聚居，其壮骑为赤水军。[⑦] 而武周设军府之地在剑南道雅州卢山郡，为下都督府，领县五，卢山是其一。[⑧] 墓志载改授苑嘉宾为“右豹韬卫卢山府折冲，仍留宿卫”，明确了府的辖属，因路途遥远行期过长，府兵难来东京宿卫。前者类似遥领空名而只为定职取衔，后者方是其现职差遣。即授予苑嘉宾卢山折冲府都尉这个官衔而并不赴府任职，不掌管府事。“唐代前期折冲府官与折冲府职任开始

① 张沛编著《唐折冲府汇考》，三秦出版社，2003，第137、351、394页。
② 张沛编著《唐折冲府汇考》，第208、357、410页。
③ 客洪刚：《唐折冲府补考》，《中国历史地理论丛》第4期，2008，第144页。
④ 《旧唐书》卷一九五《回纥传》，中华书局，1975，第5196页。
⑤ 《新唐书》卷四三《地理志七下》，中华书局，1975，第1132页。
⑥ 《旧唐书》卷四〇《地理志三》：“吐浑部落兴昔部落阁门府皋兰府卢山府金水州蹛林州贺兰州已上八州府，并无县，皆吐浑、契苾、思结等部，寄在凉州界内，共有户五千四十八，口一万七千二百一十二。”中华书局，1975，第1641页。
⑦ 《新唐书》卷二一七《回鹘传上》，中华书局，1975，第6114页。
⑧ 《新唐书》卷四二《地理志六》，中华书局，1975，第1083页。

分离”，[1] 官号与职事相分离，是折冲府官阶官化的表现。此类情况还见于同时代的其他墓志。[2]

《苑嘉宾墓志》首题叙其为“右豹韬卫卢山府长上折冲都尉”，系中级武官。这里简略分析“长上”的意思。其一，唐代的“长上”是武官名。《旧唐书·职官志》记载，“诸卫羽林长上”为从第九品下阶，《新唐书·百官志》记载怀化执戟长上为正九品下阶，归德执戟长上为从九品下阶，是品级最低的武官，其职责为守边和宿卫宫禁，这里非其所指。其二，文献中的“长上”或为长值，若《唐忠武将军行右领军卫泾州纯德府折冲都尉邢贤墓志》所谓：“初任赵王府执仗，迁左卫长上，除归政府左果毅长上”。[3] 前者是官名，后者为长值。若河渠署辖有“长上渔师十人，短番渔师一百二十人”。[4]《资治通鉴》记载：“长上段速骨、宋赤眉等因众心之惮征役，遂作乱。”胡三省注：“凡卫兵皆更番迭上，长上者，不番代也。”[5] 此“长上”指长期从事，不须更番轮值。太宗朝，擢授薛仁贵“游击将军、云泉府果毅，仍令北门长上，并赐生口十人……寻迁右领军郎将，依旧北门长上”。[6] 可见制书授予苑嘉宾“定远将军、守右豹韬卫卢山府折冲都尉，仍□（旧）长上”的职衔，就是墓志的“仍留宿卫”之宫禁职。

二 制书

刻载于石的《苑嘉宾制书》拓片长 81 厘米、宽 36 厘米。楷书 60 行，

① 马春华：《唐代折冲府数目及分布问题研究》，中央民族大学硕士学位论文，2007，第19～20页。中国知网，中国硕士学位论文全文数据库。

② 若《唐代墓志汇编》永淳013《唐游击将军守左清道率频阳府长上果毅康留买墓志》、光宅003《唐定远将军守左鹰扬卫长上折冲李璿墓志》、圣历044《周壮武将军行左豹韬卫郎将高慈墓志》、久视016《周故冠军大将军马神威墓志》、大足003《周左武威卫永嘉府左果毅都尉长上直营缮监孙阿贵夫人君竹氏墓志》、长安031《周检校胜州都督左卫大将军王佺墓志》、长安044《周岷州刺史张仁楚墓志》、长安065《周壮武将军行右鹰杨卫翊府右郎将王君墓志》、景云018《唐右金吾卫中郎将裴昭墓志》，《唐代墓志汇编续集》开元098《唐冠军大将军左羽林军大将军臧怀亮墓志》等。

③ 周绍良主编《唐代墓志汇编》，上海古籍出版社，1992，第1160页。

④ 《旧唐书》卷四四《职官志》，中华书局，1975，第1897页。

⑤ 《资治通鉴》卷一一〇《晋隆安二年》，中华书局，1997，第889页。

⑥ 《旧唐书》卷八三《薛仁贵传》，中华书局，1975，第2780页。

上刻2件制书，每件30行（图3）。其行款格式在一定程度上体现了原纸质制书的面貌，若正文的字体较大，衙署官员职衔、名字的字体最小且排列紧密，使得制书石刻的行字大小、数量不一，个别地方不易分行。此依照刻石的行款格式抄录，不作句读以明眉目。

图3 苑嘉宾诰身刻石

（一）制书原文

01 故武威郡开国公苑大智嫡子嘉宾

02 右可袭父武威郡开国公食邑二千户

03 鸾台故南阳郡开国公王九功嫡子冲之等并庆绪

04 载传义方爰习箕裘之业既著美于承家带砺之荣

05 俾覃恩于嗣国聿膺徽命式尊彝典可依前件主者施行

06 长寿三年四月廿六日

07 银青光禄大夫守内史上柱国芮公臣豆卢钦望宣

08 朝请大夫守凤阁侍郎同凤阁鸾台平章事上柱国臣苏味道奉

09 朝议郎凤阁舍人内供奉臣 刘 穆 之 行

10 纳 言 阙

11 朝请大夫守鸾台侍郎同凤阁鸾台平章事臣元方

12 朝议大夫守给事中上柱国臣譒 等言

13 制书如右请奉

14 制付外施行谨言

15 长寿三年四月廿八日

16 制可

17 四月廿八日酉时都事下直

18 左司郎中珣付

19 文昌左相阙

20 文昌右相阙

21 天官尚书阙

22 中大夫守天官侍郎上轻车都尉颍川县开国公士 子儒

23 朝请大夫守凤阁 舍人兼知天官侍郎事 勮

24 朝议大夫检校文 昌左丞轻车都尉 彦高

24 告武威郡开国公苑嘉宾奉被

26 制书如右符到奉行

27 主事

28 司封郎中 元一 令史 张忠

29 书令史 慕容岩

30 长寿三年四月廿九日下

31 宁远将军守左卫昌平府折冲都尉苑嘉宾

32 右可定远将军守右豹韬卫卢山府折冲都尉仍□长上

33 鸾台冠军大将军行右武威卫翊府右郎将员外置同正

34 员上柱国常乐郡开国公康甚典等理怀沉毅志力强果

35 艺兼弧矢材任爪牙宜进戎班各申武用可依前件主者施行

36 圣历元年伍月十一日

37 光禄大夫知内史上柱国臣王及善 宣

38 银青光禄大夫行凤阁侍郎同凤阁鸾台平章事臣杜景俭奉

39 正议大夫行凤阁舍人臣韦承庆行

40 中大夫□言上柱国 使

41 银青光禄大夫行鸾台侍郎同凤阁鸾台平章事仁杰

42 朝议郎给事中内供奉宪等言

43 制书如右请奉

44 制付外施行谨言

45　　　　圣历元年伍月拾柒日
46　　制可　　　□伍月拾捌日酉时都事　下直
47 文　昌　右　相　阙　　　　左　司　员　外　郎　下直
48 文　昌　左　相　阙
49 夏　官　尚　书　阙
50 银青光禄大夫行夏官侍郎永乐县开国侯　知一
51 太中大夫判夏官侍郎　元崇
52 朝议大夫守文昌右丞　玄爽
53 告定远将军守右豹韬卫卢山府折冲都尉长上苑嘉宾奉被
54 制书如右符到奉行
55　　　　　　主事玄成
56 库部郎中判夏官伯业　　　令史冯全
57　　　　　　书令史郑元
58　　　　圣历元年伍月拾玖日下

（二）制书解析

唐前期的中央政治体制沿用隋代确立的三省制，制书刻石所叙武周朝三省衙署名称之改变，见之于正史："光宅元年九月，改尚书省为文昌台，左右仆射为文昌左右相，吏部为天官，户部为地官，礼部为春官，兵部为夏官，刑部为秋官，工部为冬官。门下省为鸾台，中书省为凤阁，侍中为纳言，中书令为内史……垂拱元年二月，改黄门侍郎为鸾台侍郎。"① 其官员亦载之于文献。

石刻所载制书为两份。

1.《封苑嘉宾武威郡开国公食邑二千户制》

此是文昌台下颁给苑嘉宾个人的。原本是朝廷封赐"王九功嫡子冲之"和"苑大智嫡子嘉宾"各自承袭亡父开国郡公爵位的制书，名为《封王冲之南阳郡开国公、苑嘉宾武威郡开国公制》。将拟封的两个和两个以上官员的爵位综括为一件制书，中书省和门下省可以少出存档和送付尚书

① 《旧唐书》卷四二《职官一》，中华书局，1975，第1788页。

省的制书，尚书省只须遵照一件制书的总述按官员人头节录相关内容分别下颁即可。朝廷以批次的方式做成制书，既减少了繁冗的文书数量，又减轻了有司的誊抄负担。后世若《封张说燕国公、褚无量舒国公制》、《封李林甫晋国公、牛仙客豳国公制》等,[①] 也是这个格式。

制书颁发于长寿三年（694）四月下旬，三省官员联署是法定的行政程序，其职爵勋阶范围都在这一时间段前后。首题两行是：“故武威郡开国公苑大智嫡子嘉宾，右可袭父武威郡开国公食邑二千户”，体现了皇帝的旨意，也就是后文所谓“前件”。唐代爵位的品阶都很高，从正一品到从五品上，分为九等，“四曰开国郡公，食邑二千户，正二品”。[②] 第三行开首“鸾台”之后至第五行“式尊彝典”云云，记述受封者德行庸勋，是告身的制辞，即圣旨，体现了本制书是凤阁取得皇帝的旨意草拟后传敕给鸾台审核的。王冲之家族，《新唐书·宰相世系表》载其三代片段云：“德玄，仓部郎中、唐州刺史。九功。冲之，度支郎中。”[③] 九功系京兆王氏后裔，亦非无功名者，以表格简约而失载。

“可依前件，主者施行。长寿三年四月廿六日。”首句是封授两人以上制书的常用语。所谓“前件”，在敦煌文书 P. 2819 号唐《开元公式令》残卷《制授告身式》[④] 中有说明，就是“若制授人数多者，并于制书之前，各历名件授”。[⑤] 第二句意为应当依照皇帝所定具体封爵，由主管人执行。所谓“主者”就是成立制书的三省官员群体。制书文辞不长却署了 4 个日期，看似繁琐而各有其意义。

第一个为“御画日”，是凤阁宣奉行制书者遵旨草成后由皇帝签署的日期，表示同意。其后为凤阁相关官员结衔与名字的联署，体现了公文在本省的运作程序。“银青光禄大夫、守内史、上柱国、芮公臣豆卢钦望宣。朝请大夫、守凤阁侍郎、同凤阁鸾台平章事、上柱国、臣苏味道奉。朝议

① 李希泌主编《唐大诏令集补编》，上海古籍出版社，2003，第 147、152 页。

② 《新唐书》卷四六《百官志一》，中华书局，1975，第 1188 页。

③ 《新唐书》卷七二《宰相世系二中》，中华书局，1975，第 2654 页。

④ 上海古籍出版社、法国国家图书馆编《法藏敦煌西域文献》第 18 册，上海古籍出版社，2001，第 363～368 页。

⑤ 〔日〕仁井田陞：《唐令拾遗》，栗劲、王占通、霍存福、郭延德编译，长春出版社，1989，第 492 页。楼劲：《伯 2819 号残卷所载公式令对于研究唐代政制的价值》，《敦煌学辑刊》第 2 期，1987，第 80 页。

郎、凤阁舍人、内供奉臣刘穆之行”。第一位两唐书有传，长寿二年九月“辛丑，司宾卿豆卢钦望为内史”，[①] 相当于宰相。第二位两唐书亦有传，长寿三年三月，“鸾台侍郎苏味道同凤阁鸾台平章事”，[②] 位居宰辅。所谓“守”，为散官品级较低而所任职事官官阶高者之称。第三位之名刻于唐尚书省郎官石柱，凡两见，一为户部员外郎，一为祠部郎中，清人检阅文献予以考订，[③]《全唐文》收文二篇。[④] 他是遵照圣意负责起草者。这三位官员草拟的制书以宣奉行“王言”的名义联署后发布鸾台，了其公事。[⑤]

之后是鸾台官员审核凤阁拟就的制书并署名确认。“纳言阙。朝请大夫、守鸾台侍郎、同凤阁鸾台平章事臣元方。朝议大夫、守给事中、上柱国臣譒等言”。纳言为宰臣，品高望重，不轻易授人而言阙。第二位正史有载，长寿二年九月辛丑，“秋官侍郎陆元方为鸾台侍郎、同凤阁鸾台平章事”，[⑥] 亦辅相。第三位即“给事中周譒”，[⑦] 分判本台日常事务，具体负责审议封驳诏敕，百司奏章，得驳正其违失，交由侍中审定，地位至为重要。“等言”谓鸾台诸官进呈言辞。

“制书如右，请奉制，付外施行，谨言。长寿三年四月廿八日。制可。四月廿八日酉时”。意为（鸾台审核通过的）制书如前，请接受皇帝的命令，交付于外廷执行，鸾台臣僚敬慎进言。廿八日是鸾台审核制书草稿后呈报皇帝审批签字（进画）的日子。武皇命令的体现就是在制书上亲笔画“可”，予以批准，这是朝廷授予五品以上官位的专利。[⑧] 时间是当日酉时（日入、傍晚），至此，鸾台的公事毕。凡有“制可”的公文，都是门下省遵循制书格式而抄的副本，御书原件用于存档。

“都事下直。……左司郎中珦付”。其时文昌台都事（从七品上）在衙署当值结束（下直），于是由其他官员代为接取制书，送左司郎中珦再交

---

① 《旧唐书》卷六《则天皇后纪》，中华书局，1975，第 123 页。

② 《旧唐书》卷六《则天皇后纪》，中华书局，1975，第 123 页。

③ 赵钺、劳格：《唐尚书省郎官石柱题名考》，中华书局，1992，第 608、873 页。

④ 《全唐文》卷二七〇，上海古籍出版社，1990，第 1213 页。

⑤ 对于诏书从起草到颁下过程中三省的作用，可参考李锦绣《唐“王言之制”初探》，载《季羡林教授八十华诞纪念论文集》，江西人民出版社，1991，第 273 页。

⑥ 《旧唐书》卷六《则天皇后纪》，中华书局，1975，第 123 页。

⑦ 《新唐书》卷四《则天顺圣武皇后纪》，中华书局，1975，第 97 页。

⑧ 《唐律疏议》卷十载：“依令：‘授五品以上画“可”，六品以下画“闻”。’”参见长孙无忌《唐律疏议》，中华书局，1983，第 203 页。

付天官实施。苏珦，两唐书有传："垂拱初，拜右台监察御史……五迁右司郎中。"[①] 而左司郎中亦是其历官。封爵制书经皇帝批准后发下至文昌台，由左丞[②]副手左司郎中（从五品）下付给天官，下颁于个人。"文昌左相阙。文昌右相阙。天官尚书阙"。是无人任职而言阙。当时的情况是：载初元年（689）春一月，"武承嗣为文昌左相，岑长倩为文昌右相……并依旧同凤阁鸾台三品"。天授二年（691）冬十月，"杀文昌左相岑长倩"。而长寿元年八月，武承嗣也罢为特进。[③] 则长寿三年四月颁制时两相皆阙员。

"中大夫、守天官侍郎、上轻车都尉、颖川县开国公、士子儒。朝请大夫、守凤阁舍人兼知天官侍郎事勮。朝议大夫、检校文昌左丞、轻车都尉彦高"。墓志以颖为颍，是同音字。第一位即许子儒，两唐书有传，经学家许叔牙之子："长寿中，官至天官侍郎、弘文馆学士"，[④] 所谓"士"即学士。第二位即王勮，两唐书亦有传，大诗人王勃之兄："长寿中，擢为凤阁舍人……寻加弘文馆学士，兼知天官侍郎"，[⑤] "知"，执掌。第三位即孙彦高，《元和姓纂》述吴郡富春孙氏片段云："唐尚书左丞孙彦高"，[⑥] 为三国孙权后裔。《资治通鉴》卷二〇六记述默啜于圣历元年八月"乙卯，陷定州，杀刺史孙彦高及吏民数千人"。司马光《考异》引《朝野佥载》曰："文昌左丞孙彦高，无他识用，性惟顽愚，出为定州刺史。"[⑦] 乃从其原称，是逝于签署制书之后不久。这三位文昌大员是实施制书的批准者和见证人。

"告武威郡开国公苑嘉宾，奉被制书如右，符到奉行。"意为告谕苑嘉宾：（你将要）领受制书如右。台符（文昌台下达的命令）到达施行。之后的署名是："司封郎中元一。主事，令史张忠，书令史慕容岩。长寿三年四月廿九日下"。《旧唐书·职官志》叙这几位吏部属员的品阶职掌简况

① 《旧唐书》卷一〇〇《苏珦传》，中华书局，1975，第3115页。

② 《旧唐书》卷四三《职官二》："左丞掌管辖诸司，纠正省内，勾吏部、户部、礼部十二司，通判都省事。"中华书局，1975，第1816页。

③ 《旧唐书》卷六《则天皇后纪》，中华书局，1975，第120、122页。

④ 《旧唐书》卷一八九《儒学传上·许叔牙传附子子儒传》，中华书局，1975，第4953页。

⑤ 《旧唐书》卷一九〇《文苑传上·王勃传附兄勮传》，中华书局，1975，第5005页。

⑥ 林宝：《元和姓纂》卷四，岑仲勉校记，中华书局，1994，第466页。

⑦ 《资治通鉴》卷二〇六《唐纪二十二·则天顺圣皇后·圣历元年》，中华书局，1997，第1661页。

云："司封郎中一员，从五品上……司封员外郎一员，从六品上。主事二人，从九品上。令史四人，书令史九人，掌固四人。司封郎中、员外郎之职，掌国之封爵，凡有九等。"① 正由其管理爵位承袭之事。以上四人，首位即张元一，武周朝任"舍人"②、"司勋郎中"③ 等。主事（从第九品上阶）阙名，余若令史、书令史之辈，人数较多，为京师官署吏员中的流外官，位卑秩下，掌案文簿，分抄文书。

制书于廿八日傍晚获得批准，尚书省于次日收到后签注日期，立即于当天送达相应部司颁下。因法律对下达制书具有严格的时限，必须"即日行下"，④ 不得稽迟延误。皇帝任命三品以下、五品以上的官职称为"制授"，⑤《唐律疏议》卷九云："制则承旨宣用。"即有司接受制书当面宣授后交付其本人收存保管。

2.《授苑嘉宾定远将军守右豹韬卫卢山府折冲都尉仍□长上制》

朝廷将苑嘉宾由宁远将军（正五品下）升阶为定远将军（正五品上）。上中下府折冲都尉的官品不同，最低级别也在正五品下阶。⑥ 制书将苑嘉宾列置于康甚典之后，可知原颁制书是授予他俩以至更多人的，阶高官大者置前，可名曰《授康甚典、苑嘉宾等官制》。文昌台在抄作下颁苑嘉宾的制书时主要保留与其本人相关的内容，削删了其他信息。看康甚典的姓名和职事可以判定这位"冠军大将军行右武威卫翊府右郎将"是业已汉化的中亚康国贵族后裔，为武皇所倚重的众多蕃将中的一员而戎秩再晋。其名字容易令人联想起敦煌写本 S. 367《沙州伊州地志》所记贞观中康国大首领康艳典率部东来居石城镇的故事，也就是文献所叙鄯善镇守使。⑦

---

① 《旧唐书》卷四三《职官二》，中华书局，1975，第 1820 页。

② 《旧唐书》卷一八六《酷吏传上·郭霸传》，中华书局，1975，第 4848 页。

③ 《新唐书》卷二〇九《酷吏传·郭弘霸传》，中华书局，1975，第 5911 页。

④ 《唐律疏议》卷九："诸稽缓制书者，一日笞五十……制书，在令无有程限，成案皆云'即日行下'，称即日者，谓百刻内也。"中华书局，1983，第 196 页。

⑤ 《唐六典》卷二云："五品已上以名闻，送中书门下听制授焉。"李林甫等撰《唐六典》，陈仲夫点校，中华书局，1992，第 27 页。

⑥ 《新唐书》卷四九《百官志四上》："诸卫折冲都尉府每府折冲都尉一人，上府正四品上，中府从四品下，下府正五品下。"中华书局，1975，第 1287 页。

⑦ 《新唐书》卷四三《地理七下》："安西……自蒲昌海南岸，西经七屯城，汉伊修城也。又西八十里至石城镇，汉楼兰国也，亦名鄯善，在蒲昌海南三百里，康艳典为镇使以通西域者。"中华书局，1975，第 1151 页。

制书颁布于圣历元年（698）五月中旬，署名官员亦见于文献。“光禄大夫知内史上柱国臣王及善宣。银青光禄大夫行凤阁侍郎同凤阁鸾台平章事臣杜景俭奉。正议大夫行凤阁舍人臣韦承庆行。”王及善，两唐书有传：万岁通天二年四月，“前益州大都督府长史王及善为内史”①。《旧唐书》有杜景俭之记载：神功元年（697）十月，“前幽州都督狄仁杰为鸾台侍郎，司刑卿杜景俭为凤阁侍郎，并同凤阁鸾台平章事”。② 所谓“行”，散官官阶高而所任之职事官官阶低者之称。两唐书亦有韦承庆传略：“长寿中，累迁凤阁舍人，兼掌天官选事”。③ 当代西安和洛阳出土的《周纳言韦思谦夫人王婉墓志》（万岁通天二年）④、《周行洛州陆浑县令韦慉墓志》（圣历元年）⑤ 和前引《周镇军大将军行左金吾卫大将军高质墓志》（圣历三年），就是其职凤阁舍人时所撰。

“中大夫、□言、上柱国，使。银青光禄大夫、行鸾台侍郎、同凤阁鸾台平章事仁杰。朝议郎、给事中、内供奉宪等言”。第一位未署名，第二位狄仁杰。制书格式固定，官员无人任职书“阙”。那么“使”为何意呢？先看当时有关官员的活动：《新唐书·宰相表》载，神功元年九月“庚戌，师德守纳言”，圣历元年“四月辛丑，师德为陇右诸军大使，仍检校河西营田事。……八月庚子，仁杰兼纳言”。⑥ 那么五月签署制书时，娄师德（字宗仁）方出师镇戍西疆，不在朝廷，“使”者因公外使不能署名。句中的“□言”字有残泐，即纳言。《旧唐书·则天皇后纪》亦云：万岁通天二年九月，改元为神功，“娄师德为纳言。冬十月，前幽州都督狄仁杰为鸾台侍郎”，圣历元年八月庚子，“狄仁杰为纳言”。⑦《旧唐书》狄仁杰本传云：“神功元年，入为鸾台侍郎、同凤阁鸾台平章事，加银青光禄大夫，兼纳言。”⑧ 对应了制书头衔。第三位即刘宪，两唐书有传。近年巩义市出土《唐正议大夫、守太子詹事兼修国史崇文馆学士刘宪墓志》（景

---

① 《旧唐书》卷六《则天皇后纪》，中华书局，1975，第126页。
② 《旧唐书》卷六《则天皇后纪》，中华书局，1975，第126页。
③ 《旧唐书》卷九二《韦思谦子承庆传》，中华书局，1975，第2864页。
④ 王仁波主编《隋唐五代墓志汇编·陕西卷》第三册，天津古籍出版社，1991，第117页。
⑤ 王仁波主编《隋唐五代墓志汇编·陕西卷》第三册，天津古籍出版社，1991，第118页。
⑥ 《新唐书》卷六一《宰相表》，中华书局，1975，第1661～1662页。
⑦ 《旧唐书》卷六《则天皇后纪》，中华书局，1975，第126页。
⑧ 《旧唐书》卷八九《狄仁杰传》，中华书局，1975，第2889页。

云二年)，叙其于天授元年“迁殿中侍御史，累除侍御史”。万岁通天元年(696)东北地区发生“营州之乱”，二年五月，武皇诏左金吾大将军、河内王武懿宗为大总管，率大军征讨。刘宪入幕府任判官，九月，战乱平定，因功受勋获赏，“寻迁给事中、内供奉，又加朝散大夫、中书舍人”。[①]这也和正史记载的万岁通天二年六月来俊臣以罪伏诛后，“擢宪为给事中，寻转凤阁舍人”[②] 契合。

制书于圣历元年五月十一日草成，由狄仁杰、刘宪等审核后于十七日覆奏。次日酉时，武皇亲笔画“可”批准。而其时文昌台都事当值结束，左司员外郎也不在班上。于是由其他当值者代为接取制书。本来有关兵部的武官告身，由右司郎中（右司员外郎为其下级）下付夏官。右司官员有事，左司代理。

“文昌右相阙。文昌左相阙。夏官尚书阙”。看来圣历元年五月前后，没有臣宰在位。神功元年八月庚子，“钦望自太子宫尹为文昌右相、同凤阁鸾台三品”。然而好景只有半年，圣历元年“二月乙未，钦望罢为太子宾客”[③]。于是会签制书时右相空阙，左相也是一时空缺。[④] 夏官尚书武皇亦未予安排。

“银青光禄大夫、行夏官侍郎、永乐县开国侯知一。太中大夫、判夏官侍郎元崇。朝议大夫、守文昌右丞玄爽”。第一位即侯知一，大理寺卿侯善业之子。“长寿二年，增置夏官侍郎三员，时选昭德与娄师德、侯知一为之”。[⑤]《朝野佥载》也有“周夏官侍郎侯知一年老，敕放致仕”[⑥] 的记载。第二位即姚元崇，两唐书有传。圣历元年“冬十月，夏官侍郎姚元崇、麟台少监李峤并同凤阁鸾台平章事”。[⑦] 所谓“判”，即以高官兼较低职位的官，得言判某官事。第三位即宋玄爽。《新唐书·突厥传》云：圣历元年八月，突厥默啜南下屠戮定州，入赵州杀刺史高睿，进攻相州。武

① 齐运通编《洛阳新获七朝墓志》，中华书局，2012，第152页。

② 《旧唐书》卷一九〇《文苑传中·刘宪传》，中华书局，1975，第5016页。

③ 《新唐书》卷六一《宰相表》，中华书局，1975，第1660、1661页。

④ 《旧唐书》卷六《则天皇后纪》：圣历二年“八月，王及善为文昌左相，豆卢钦望为文昌右相，仍并同凤阁鸾台三品”。中华书局，1975，第128页。

⑤ 《旧唐书》卷八七《李昭德传》，第2854页。

⑥ 张鷟：《朝野佥载》卷四，中华书局，1979，第93页。

⑦ 《旧唐书》卷六《则天皇后纪》，中华书局，1975，第128页。

则天大怒，以庐陵王李显为皇太子，“拜行军大元帅，以纳言狄仁杰为副，文昌右丞宋玄爽为长史，左肃政台御史中丞霍献可为司马，右肃政台御史中丞吉顼为监军使，将军扶余文宣等六人为子总管”，① 率师讨伐。尚未出征，默啜劫掠后退回。则是年五月姚元崇升职宰相前为夏官侍郎，宋玄爽临时出征前为文昌右丞。

“告定远将军、守右豹韬卫卢山府折冲都尉、长上苑嘉宾，奉被制书如右，符到奉行”。文如前制，是有司告谕苑嘉宾领受新的升职任命书。其他的兵部职官若“库部郎中、判夏官伯业，主事玄成，令史冯全，书令史郑元”等，除了判夏官郎中外，余为署覆文案的低秩文官，或同于《武周圣历二年氾承俨制授告身》（片段）② 的签署官员。尚书省于次日（十九日）收到制书后当天下颁。和前制比较，此制运作了 8 天，历时较久。

（三）唐前期的制书格式与变化

隋文帝创设三省六部，为中央最高政府机构。唐太宗划分三省职权，中书省负责草拟皇帝诏令，门下省审核封驳，尚书省颁布执行。尚书省下设六部，分掌具体行政事务，为三权分立而统一在皇帝掌握中的运作模式。朝廷以制书任命中高级官员，从一个方面体现了国家的日常政务裁决机制。

封授苑嘉宾的两件制书的行文与签署格式完全一致，对于考察其对前朝制书的继承改革，比较已知武周时期的其他制书，以及对后来制书的影响等，具有重要价值。

除却墓志碑刻所引大量的制书片段，目前已知的唐开国至武周时期的制授告身数量不多。若石刻太宗《贞观十五年封临川郡公主诏书》（641）和高宗《永徽元年封临川郡公主为长公主诏书》（650）以时间较早、保存完整而凸显其重要性。这两件诏书出土于太宗第十二女李孟姜墓，③ 现藏

① 《新唐书》卷二一五《突厥传上》，中华书局，1975，第 6043 页。

② 上海古籍出版社、法国国家图书馆编《法藏敦煌西域文献》第 27 册，P. 3749V，上海古籍出版社，2003，第 240 ~ 241 页。

③ 陕西省文管会昭陵文管所：《唐临川公主墓出土的墓志和诏书》，《文物》1977 年第 10 期。

昭陵博物馆。图录刊出的拓片十分清晰并附录文,[①]《全唐文补遗》予以收录,[②] 也有相关研究成果。[③] 比较这几件石刻,可见太宗、高宗、武周时期制书基本格式的一致性及其微调:《贞观十五年封临川郡公主诏书》无首题,以“门下”一词开篇;《永徽元年封临川郡公主为长公主诏书》增益首题,以醒眉目。武周时期的制书,承用高宗朝的格式,并将“诏书如右,请奉诏,付外施行”和“奉被诏书如右,符到奉行”中的“诏”改为“制”。乃因载初元年(689),“神皇自以‘曌’字为名,遂改诏书为制书”,[④] 名异而实同。临川公主的两件诏书由左司郎中付主爵(司封),武周制书取消了“付”后的主管府司名称,因在交付给文昌台以后的程序中都写明了归属而予以简化。

纸制告身如为吐鲁番文书(抄录于纸随葬)和敦煌文书(抄录于纸张背面),已经中日多位学者研究复原,为学界熟知。[⑤] 高宗朝《唐乾封二年三月郭毡丑告身》(667)[⑥] 和《唐乾封二年四月氾文开诏授告身》(片段)[⑦],时间紧连,签署官员全同,在“制可”后,前者写“右成务行功付”,后者添足为“右成务行功付司勋”,格式同于封临川郡公主诏书。1968 年新疆吐鲁番阿斯塔那唐代氾德达墓出土了两件制书的纸质抄本,一件是《唐永淳元年氾德达飞骑尉告身》(682),[⑧] 一件是《武周延载元年氾德达轻车都尉告身》(694),[⑨] 有学者依据 P. 2819 号文书格式予以复原。[⑩] 高宗永淳元年四月起,皇太子(后来的中宗)李哲(显)监国,以东宫系统行文格式向外所发“令书”。《氾德达飞骑尉告身》是皇太子授与

① 张沛编著《昭陵碑石》,三秦出版社,1993,第 72、199~200 页。

② 陕西省古籍整理办公室编《全唐文补遗》第 1 辑,三秦出版社,1994,第 1~2 页。

③ 张沛:《唐临川长公主墓出土的两通诏书刻石——兼谈唐代前期的诏书形成过程》,《文博》1994 年第 5 期。

④ 《旧唐书》卷六《则天皇后本纪》,中华书局,1975,第 120 页。

⑤ 徐畅:《存世唐代告身及其相关研究述略》,《中国史研究动态》2012 年第 3 期。

⑥ 国家文物局古文献研究室、新疆维吾尔自治区博物馆、武汉大学历史系编《吐鲁番出土文书》(录文本)第 6 册,文物出版社,1985,第 504~507 页。

⑦ 上海古籍出版社、法国国家图书馆编《法藏敦煌西域文献》第 27 册,P. 3714V,上海古籍出版社,2003,第 51~52 页。

⑧ 《吐鲁番出土文书》(录文本)第 7 册,文物出版社,1985,第 221~223 页。

⑨ 《吐鲁番出土文书》(录文本)第 7 册,文物出版社,1985,第 224~227 页。

⑩ 王永兴、李志生:《吐鲁番出土“氾德达告身”校释》,载《敦煌吐鲁番文献研究论集》第 2 辑,北京大学出版社,1983,第 503~508 页。

的“令授告身”，是皇太子监国（代行国政）处理国事的公文样式。除用语不同外，其格式与“制授告身式”基本相同。[①] 而《封苑嘉宾武威郡开国公食邑二千户制》早于《授氾德达轻车都尉制》5个月，其行文与签署格式完全一致，甚至签署制书的个别官员也是同一人。若前者的“银青光禄大夫、守内史、上柱国、芮公臣豆卢钦望宣”、“中大夫守天官侍郎上轻车都尉颍川县开国公士子儒”，就是后者的“银青光禄大夫、守内史、上柱国臣豆卢被推”和“中大夫、守天官侍郎、颍川县开国男”，利用前者能够恢复后者的阙遗。只是后者的第27、28两行，都是“朝议郎知天官侍郎事”，因为吏部尚书定编为侍郎二员，[②] P.2819号文书亦如此，而前者减少了一位签署官。

现藏法国吉美博物馆的敦煌文书《令狐怀寂告身》（武后载初元年以前），系割裂残缺的原件，可识者仅为勋告的8行残文。[③] 与之类似的是敦煌莫高窟北区石窟B48窟出土和汉文残文书《武周万岁通天□年残勋告》，从刊布的图片和录文看，残缺太甚，只余6行不连贯的残句。[④] 虽然可以套用制书格式予以复原而意义不是很大。《武周长寿二年张怀寂告身》（长寿二年腊月）是个残件，[⑤] 已经研究，[⑥] 早于《封苑嘉宾武威郡开国公食邑二千户制》4个月，格式相同，其正确定名为《授张怀寂中散大夫行茂州都督府司马制》，倘据以补苴，则严密可靠。而将其与日本德富苏峰纪念馆的4张照片合成的《授李慈艺上护军制》（开元四年）[⑦] 比照可知，二者的格式几乎完全一致，而后者在“等言”前缺失了2行，

---

① 赖亮郡：《六朝隋唐的皇太子监国》，《台东师院学报》第13期（下），2002，第308页。

② （武则天于垂拱元年）“十月，增置天官侍郎二员”，参见《旧唐书》卷四二《职官一》，中华书局，1975，第1789页。

③ 唐星：《释令狐怀寂告身》，载《敦煌吐鲁番研究》第12卷，上海古籍出版社，2011，第413页。

④ 彭金章、王建军：《敦煌莫高窟北区石窟》第1卷，文物出版社，2000，第152页，彩版九。

⑤ 〔日〕小田义久编《大谷文书集成》第1卷，京都：法藏馆，1984，第13、104页。

⑥ 〔日〕中村裕一：《唐代公文书研究》，东京：汲古书院，1996，第225页。〔日〕小田义久：《唐代告身的一个考察——以大谷探险队所获李慈艺及张怀寂告身为中心》，李济沧译，载《魏晋南北朝隋唐史资料》第21辑，武汉大学文科学报编辑部编辑出版，2004，第173～174页。

⑦ 〔日〕小田义久：《关于德富苏峰纪念馆藏“李慈艺告身”的照片》，乜小红译，《西域研究》第2期，2003，第31～32页。《唐代告身的一个考察——以大谷探险队所获李慈艺及张怀寂告身为中心》，第165～170页。

“制可”后尚缺失了8行，照片未能体现制书的完整面貌，也有学者做了补阙研究。[①]

睿宗时期的制书以兴国县《钟氏族谱》所录钟绍京的4通制书最为有名，或以P.2819号文书为据予以复原，成绩显著而偶有遗漏：《唐隆元年六月钟绍京户部尚书告身》的御画日作“唐隆元年六月二十七日下”，末字为衍文忘删。[②] 将《授苑嘉宾定远将军守右豹韬卫卢山府折冲都尉仍旧长上制》与吐鲁番阿斯塔那五〇六号墓出土的《授张无价游击将军守左威卫同谷郡夏集府折冲都尉制》（唐天宝十载）[③] 比较，可知后者也是授予许光景、张无价两位将军的制书。其不同之处仅在于前者若“苑嘉宾奉被制书如右，符到奉行”，后者改为“张无价奉被旨如右，符到奉行”；后者在“制可”之后缺少一行“右相”云云。另外，后者22行“制可”须移至20行“二月十二日时都事”[④] 之前，因为那是“画可”后所署的时间。发生这个问题是当时抄写用于随葬的制书时没有认真校对行距所致。总的说来，敦煌文书P.2819号《开元公式令》残卷《制授告身式》基本沿袭武周制书格式，文词改变甚微。

朝廷颁布的政令，有关衙署须及时推行，不得滞缓。《封王冲之南阳郡开国公、苑嘉宾武威郡开国公制》，由凤阁于长寿三年（694）四月廿六日拟稿，由武皇画日后送交鸾台。鸾台于廿八日审核毕上呈，武皇于当日酉时批准后，送交文昌台。文昌依据制书上的受封赐官员人数，在钤有文昌台天官印的专用纸上制作分别授予的新制书（《封苑嘉宾武威郡开国公食邑二千户制》即据以析出），吏部于廿九日下颁官员。自起草至颁下，前后4天履行行政程序，效率较高。《授苑嘉宾定远将军守右豹韬卫卢山府折冲都尉仍旧长上制》，由凤阁于圣历元年五月十一日草拟，在鸾台延宕了6天，于十七日审核后上呈武皇，于次日酉时批准后送交文昌台，由夏官于十九日下颁，经历了9天。亦可见一天中的日入酉时（旧式记时法

① 陈国灿：《“唐李慈艺告身”及其补阙》，《西域研究》第2期，2003，第41～42页。

② 刘安志：《关于唐代钟绍京五通告身的初步研究》，《唐代国家与地域社会研究：中国唐史学会第十届年会论文集》，上海古籍出版社，2008，第114页。

③ 孙继民：《唐西州张无价及其相关文书》，《敦煌吐鲁番所出唐代军事文书初探》，中国社会科学出版社，2000，第276～277页。

④ 国家文物局古文献研究室、新疆维吾尔自治区博物馆、武汉大学历史系编《吐鲁番出土文书》第10册，文物出版社，1991，图一、图二和第3页录文。

指 17 时到 19 时）是武皇集中批阅、高效处理朝廷公文的时间段。

苑嘉宾出身累世尚武习兵之家，跃马食肉四十余年，建功积勋职务频升，捧受朝廷的敕书（授六品以下官）和制书多卷，以证明个人身份，荣耀家庭门第。生前怀恩保藏，殁后不但在墓志里援引了授其为幽州昌平府折冲都尉的制书片段，而且将两件体现本人最高品爵的制书刻石祔葬，以佐事彰德，光显幽壤，从而存留千古，成为范本。

（本文原载《唐史论丛》2013 年第 2 期）

唐许公墓志铭

——晚唐河溯地区的田庄标本

孙继民　张重艳*

一

河北美术出版社2003年4月出版的侯璐主编《保定市出土墓志选注》第87页刊有一幅《唐许公墓志》的图版，并有编者对墓志的简介和录文。《文物春秋》2003年第4期也发表了侯璐撰写的《几方特殊的唐代墓志》一文，有关墓志的简介和录文与《保定市出土墓志选注》一书所刊略同。该墓志提供了唐代大土地所有者财产结构和田庄内部不动产结构的具体实证材料，反映了唐代后期大土地所有制背景下的庄园经济诸关系，为研究唐代后期的华北特别是河朔藩镇地区的大土地所有制提供了一个比较完整意义上的田庄标本。为了研究的方便，现将编者的释文加行号转录如下：

01. 唐故义武军定州曲阳县归政乡齐村许公墓志铭并序

02. 许公，颍川郡人也。性嗜云利，浮名不钓。字人，一摄匡成，移风易俗，有主□之□。

03. 长息少□，次曰少□，次曰少□、少直、少端。有女三人，识于良士。长女十三娘、十五娘、

04. 十六娘，已适。妻袁氏。许公洎咸通八年丁亥岁十月十二日在庄而身不禄，则已十二

05. 月十九日卜其宅兆，安厝于庄西南，去庄一里半，平原之礼

---

*　孙继民，河北省社会科学院研究员；张重艳，河北省社会科学院助理研究员。

也。雕锥门为记。

06. 曲阳城内院子一所：东至刘士庆中隔墙（其墙两家用），西至李清（其墙两家用），南至皆

07. □□刘士庆，东西廿一步，南北长廿步。去县卌里，庄一所：东至河，西至坎，南至柳隔，其

08. 隔赎北次，北取两古桑树中，正南皆隔桑树，赎东分次，北取破杜桑树，正西取正面房西山墙，南

09. 北为隔。庄西南大墓前地一段：约八□□，东至许贞，隔上桑树一十二根，全赎西分，西至许贞，

10. 南至河，北至坎。新墓地一段卌五亩：东至许约，西至许雅，南至河，北至涧。□□地一段卅五

11. 亩：东至许贞，西至许约，南至河，北自至。次西地一段，东西畛：东至许初，西自至，南至河，北自至。大峪水

12. 西地六亩：东至河，西至山，南至山，北至河。峪西桑子地廿亩：东至许约，西至山，南至山，北至河。次北地

13. 一段七亩：东至许响，西至山，南至山，北至河。由□□新墓已西山峪取大峪水已东□□分：东至岭，西至

14. 河，南自至，北至小岭，古路为隔。□□□□廿一亩，地并随山收管。次下山一分：东自至，西自至，南至涧，

15. 北至□□。破墓西地一段□□亩：东至许约，西自至，南至许贞，北至许约。庄西北荒桑地

16. 一段：东自至，西自至，南至许卯，北至河曹。庄西坎上地一段：东自至，西至涧，南至

17. 许雅，北至河曹。庄西南坎上寄地桑一十八根，在许雅地内。石家院东寄地桑树二根，

18. 余有十六根在许雅场边寄地。庄前地一段：东至董清桑隔，全赎□□，西至河，南至

19. 许初桑隔，全赎北，北至董清。庄东南山一所：东至许初桑地，西至岭，南至□□□□，

20. 北岭子为隔，北至许□桑地。次北地一段并山：东至涧子□，西至河曹，南至河，北至董清。

21. 去庄卌里武棠村小庄子一所，□庄并山同至：东至菜子峪，中岭子为隔，西至道，南

22. 至许初，庄北至大岭次，西取白柞树西下，其树全赎当分。庄前桑树九根，在许初地

23. 内。庄西一里荒桑沙地一段：东至河，西至许初，南至张士政，北至河曹。次北地一段六十

24. 亩：东至□□诚，西自至，南至许初桑隔。□□北月城坎上地一段廿五亩：东至许初，西至

25. 许初，南自至，北自至。月城西□地一段五十亩：东至许初，西至河，南至许初，北至河。林

26. 西地一□：东至许初，西至耿晟，南至道，北至山。大峪西山一分：东自至，西至岭，南至孤石。

27. 横岭峪东一分：东至岭，西至峪，南至月城地北头古窑，北至都隔，一切取长岭下直到井子

28. 西，直南石平子，上寻都岭子，下到古窑。

29. 友谅友德，流传取则。孝行坤仪，明神鉴知。

30. 垅上松风，悄悄□悲。昊天兮何惜寿，日无晶兮兮为?

据《保定市出土墓志选注》编者介绍，该志一合1999年出土于河北省曲阳县齐村乡齐村，正方；志盖边长55厘米，厚4.5厘米，有阴刻楷书“唐故义武军许公墓志”3行9字；志石边长53厘米，厚8厘米，有文字30行，满行32字，共942字。该志现存曲阳县文物管理所。

关于该志的特点，编者概括了四点：一是“不记墓主大名”，二是“不提先人的声望”，三是“不提墓主的生平”，四是“别出机杼地开列家产”。该志之所以呈现以上特点，编者认为是因为志主“性嗜云利，浮名不钓”。从墓志铭可见，许氏死于“咸通八年丁亥岁十月十二日”，十二月十九日下葬“庄西南”。对于志主经历和享年，侯璐推测许氏“曾经为官‘字人’，有‘一摄匡成，移风易俗’的政绩”，“从他三个女儿已经出嫁而五个儿子皆未完婚的情况看，他死时为40多岁”。

志主许氏的情况，志盖称“唐故义武军许公墓志”，志题称“唐故义武军定州曲阳县归政乡齐村许公墓志铭并序”，可见许氏是唐义武军曲阳

县归政乡齐村人。所谓义武军，侯璐原有注释称：“义武军：唐置，治定州，即今河北定州市。李惟岳率成德军（治正定）叛，其将张孝忠以易州降唐，授易定沧节度使，寻名其军为义武。”实际上，义武军节度使长期所领州是易、定、祁三州，[①] 沧州后来与景州等独立建镇为沧景节度使，亦称沧景镇，横海军。义武军下辖的定州，据《旧唐书·地理志》，长期领安喜、义丰、北平、唐昌、新乐、唐、望都、曲阳等县，其中的曲阳，“汉上曲阳县，属常山郡。隋改为恒阳。大历三年，属洹州。九年，复来属。元和十五年，改为曲阳”。许氏是唐代定州曲阳县归政乡齐村人，而这里现称齐村乡齐村，属今河北省曲阳县，古今地名没有变化，这对于我们了解墓志涉及的地名非常便利。

总之，墓主许氏的大致情况是：唐义武军定州曲阳县归政乡齐村人，妻袁氏，有五子三女，可能有“字人”即任官为吏的经历，但不显要（为吏的可能性更大一些，否则墓志铭不至于一点都不显示），据说还“一摄匡成，移风易俗”，[②] 但其本人“性嗜云利，浮名不钓”，热衷于殖货营利，死于唐懿宗咸通八年（867）十月十二日，享年40多岁。

二

从图版可见，该志书法狞劣，布局凌乱，字迹潦草，且锲刻较浅，不易识读，因此，编者能够将文字移录并加标点，实属不易，而且独具慧眼，指出该志的特点和价值所在，非常值得肯定。但是，也需要实事求是地指出，编者的录文、标点也有值得榷之处，例如如下几处：

第一处是5行“安厝于庄西南，去庄一里半，平原之礼也”。应作“安厝于庄西南去庄一里半平原之礼也”或“安厝于庄西南去庄一里半平原，之礼也”。

第二处是9行“庄西南大墓前地一段：约八□□”。据以后各段地亩的叙述法，此句“一段”后的冒号应去掉，且所缺两字应为“十亩”，全句应作“庄西南大墓前地一段约八□□［十亩］”。

---

① 《旧唐书》卷38《地理志》即称义武军“治定州，领易、祁二州”。

② 据两《唐书·地理志》，滑州有匡城县。许氏“一摄匡成”，是否“匡城”，难以断定。

第三处是10行“地一段卅五”之前两空格所缺字。从图版看，此两空格应为“墓西”二字。

第四处是13行“一段七亩：东至许响，西至山，南至山，北至河。由□□新墓已西山峪取大峪水已东□□分”。其中“东至许响”应为“东至许约”，“北至河”应为“北至河曹”，“由”应为“从”，“已东□□分”应为“已东赎当分”。

第五处是14行“廿一亩”。应为“廿六亩”。

第六处是15行“破墓西地一段□□亩”，应为“破墓西地一段卅八亩”。

第七处是22行“南至许初，庄北至大岭次，西取白柞树西下”等句。按“庄北至大岭次”一句，其中的“庄”应属上句，“大岭次”疑有误，“大岭”应是地名，“次”应属下句。此正确的标点应是“南至许初庄，北至大岭，次西取白柞树西下”。

第八处是24行“□□北月城坎上地一段廿五亩”一句。从其他所写地段的四至的句式看，疑“北月城”之前所缺两字应为“北至”，而“坎上地一段廿五亩”应为下一句。此正确的标点应是“□□北月城。坎上地一段廿五亩”。

该志有30行文字，而其中有关许氏家产的内容就占了23行，其他内容总共只有7行文字，可见该志与其他墓志相区别的最大特点和价值是披露了许氏的不动产。在许氏23行有关家产的内容中，实际上包括了多个复杂的项目，现在我们在编者录文、标点的基础上，对可以确信有误者加以修正，并列出各个财产项目以及相关内容，以便下一步进行分析。

01. 曲阳城内院子一所：东至刘士庆，中隔墙（其墙两家用），西至李清（其墙两家用），南至皆□□刘士庆。东西廿一步，南北长廿步。

02. 去县卌里，庄一所：东至河，西至坎，南至柳隔，其隔赎北次，北取两古桑树中。正南皆隔桑树，赎东分次，北取破杜桑树，正西取正面房西山墙，南北为隔。

03. 庄西南大墓前地一段约八十亩，东至许贞，隔上桑树一十二根，全赎西分，西至许贞，南至河，北至坎。

04. 新墓地一段卌五亩：东至许约，西至许雅，南至河，北至涧。

05. [墓西]地一段卅五亩：东至许贞，西至许约，南至河，北自至。

06. 次西地一段，东西畛：东至许初，西自至，南至河，北自至。

07. 大峪水西地六亩：东至河，西至山，南至山，北至河。

08. 峪西桑子地廿亩：东至许约，西至山，南至山，北至河。

09. 次北地一段七亩：东至许约，西至山，南至山，北至河曹。

10. 从□□新墓已西山峪取大峪水已东赎当分：东至岭，西至河，南自至，北至小岭，古路为隔。

11. □□□□廿六亩，地并随山收管。

12. 次下山一分：东自至，西自至，南至涧，北至□□。

13. 破墓西地一段[卅八]亩：东至许约，西自至，南至许贞，北至许约。

14. 庄西北荒桑地一段：东自至，西自至，南至许卯，北至河曹。

15. 庄西坎上地一段：东自至，西至涧，南至许雅，北至河曹。

16. 庄西南坎上寄地桑一十八根，在许雅地内。石家院东寄地桑树二根，馀有十六根在许雅场边寄地。

17. 庄前地一段：东至董清桑隔，全赎□□，西至河，南至许初桑隔，全赎北，北至董清。

18. 庄东南山一所：东至许初桑地，西至岭，南至□□□□，北岭子为隔，北至许□桑地。

19. 次北地一段并山：东至涧子□，西至河曹，南至河，北至董清。

20. 去庄卌里武棠村小庄子一所，□庄并山同至：东至菜子峪，中岭子为隔，西至道，南至许初庄，北至大岭。

21. 次西取白柞树西下，其树全赎当分。庄前桑树九根，在许初地内。

22. 庄西一里荒桑沙地一段：东至河，西至许初，南至张士政，北至河曹。

23. 次北地一段六十亩：东至□□诚，西自至，南至许初桑隔。

□□北月城。

24. 坎上地一段廿五亩：东至许初，西至许初，南自至，北自至。

25. 月城西□地一段五十亩：东至许初，西至河，南至许初，北至河。

26. 林西地一□：东至许初，西至耿晟，南至道，北至山。

27. 大峪西山一分：东自至，西至岭，南至孤石。

28. 横岭峪东一分：东至岭，西至峪，南至月城地北头古窑，北至都隔，一切取长岭下直到井子西，直南石平子，上寻都岭子，下到古窑。

三

唐代墓志现在已经刊布者不下六七千通，[①] 其中涉及家产地亩者虽间或有之，然而也只是与墓田、坟地有关。例如《唐代墓志汇编续集》收录《唐故扶风郡马氏夫人墓铭并序》：“其墓地夫主王弘达去中和五年十月十三日于马氏堂弟马弁边买得当湖山北保内荒废桑园，永为墓田。东至湖，南至旧屋基塴，西至横古路及马甲冢科泥涂，东西直出至湖，北至湖及三叔冢。右四至内王自买得，并不关上下门户六亲之事。”《唐故敦煌郡令狐府君墓志并序》：“以大中十二年十二月卅日安厝于博州武水县移风乡西翟村之原也。其墓□南至金堤北一十里，北至尧堤三里，西至尧堤一里，东至黄河五里。”《大唐故乡贡进士段府君墓志铭并序》称墓地：“东至昌乐县，西至王莽坟，南至娄家庄，北至梁村。”[②] 以上记载墓地四至的资料在唐志中已经比较少见，而类似许公墓志全部罗列、详细镌刻除墓田之外的不动产，甚至具体到方位、地段、四至、面积，等等，实在堪称绝无仅有。因此，许公墓志既奇特罕见，又意义不凡，颇值得探讨。

许公墓志的意义和价值，笔者以为可以从三个方面加以说明。

---

① 周绍良主编《唐代墓志汇编》约收近 3700 通，周绍良、赵超主编《唐代墓志汇编续集》约收近 1600 通，其他如《新中国出土墓志》以及各类书刊零星刊布者估计也在一两千通之间。

② 周绍良、赵超主编《唐代墓志汇编续集》，上海古籍出版社，2001，第 1165、1020、1098 页。

第一，提供了唐代大土地所有者财产结构和田庄内部不动产结构的具体实证材料。

从上列各个财产项目可见，许氏28个各类地产均属不动产，包括宅院、庄子、田地、山地和树木等5类。其数量构成如下：

宅院1所，即“曲阳城内院子一所”。宅院只写四至和长度，四至分别是“东至刘士庆中隔墙（其墙两家用），西至李清（其墙两家用），南至皆□□刘士庆”，长度则是“东西廿一步，南北长廿步”。

庄子2处，一是“去县卌里庄一所”，二是“去庄卌里武棠村小庄子一所”。“去县卌里庄一所”，应即是墓志所云“曲阳县归政乡齐村”所在。现在齐村之名仍旧，这里位于今曲阳县城西北方向，现距曲阳县城的地图直线距离不到20公里，[①] 考虑到道路曲折和起伏，实际距县城的里程应在20公里以上，“去县卌里庄一所”在今曲阳县齐村乡齐村似无疑问。“去庄卌里武棠村小庄子一所”，这里的“庄”应是齐村所在之“庄”，武棠村小庄子一所看来距齐村之庄有一段距离，达40里，其规模可能较齐村之庄为小，故号“小庄子”。可见许公有2处庄子，一是齐村之庄，“东至河，西至坎，南至柳隔，其隔赎北次，北取两古桑树中。正南皆隔桑树，赎东分次，北取破杜桑树，正西取正面房西山墙，南北为隔”；二是武棠村之庄，“□庄并山同至：东至菜子峪，中岭子为隔，西至道，南至许初庄，北至大岭”。

田地18处。一是“庄西南大墓前地一段约八□［十亩］”，其范围为“东至许贞，隔上桑树一十二根，全赎西分，西至许贞，南至河，北至坎”；二是“新墓地一段卌五亩”，其范围为“东至许约，西至许雅，南至河，北至涧”；三是“墓西地一段卅五亩”，其范围为“东至许贞，西至许约，南至河，北自至”；四是“次西地一段”，其范围为“东西畛：东至许初，西自至，南至河，北自至”；五是“大峪水西地六亩”，其范围为“东至河，西至山，南至山，北至河”；六是“峪西桑子地廿亩”，其范围为“东至许约，西至山，南至山，北至河”；七是“次北地一段七亩”，其范围为“东至许约，西至山，南至山，北至河曹”；八是“□□□□廿六亩”，其范围为“地并随山收管”；九是“破墓西地一段卅八亩”，其范

① 据河北省测绘局编印《河北省地图集》，1981，第112～113页。

围为“东至许约，西自至，南至许贞，北至许约”；十是“庄西北荒桑地一段”，其范围为“东自至，西自至，南至许卯，北至河曹”；十一是“庄西坎上地一段”，其范围为“东自至，西至涧，南至许雅，北至河曹”；十二是“庄前地一段”，其范围为“东至董清桑隔，全賧□□，西至河，南至许初桑隔，全賧北，北至董清”；十三是“次北地一段并山”（这里还包括山），其范围为“东至涧子□，西至河曹，南至河，北至董清”；十四是“庄西一里荒桑沙地一段”，其范围为“东至河，西至许初，南至张士政，北至河曹”；十五是“次北地一段六十亩”，其范围为“东至□□诚，西自至，南至许初桑隔。□□北月城”；十六是“坎上地一段廿五亩”，其范围为“东至许初，西至许初，南自至，北自至”；十七是“月城西□地一段五十亩”，其范围为“东至许初，西至河，南至许初，北至河”；十八是“林西地一□”，其范围为“东至许初，西至耿晟，南至道，北至山”。

以上所列田地分属两种情况，一类记载既有四至也有面积，如第一处田地面积可能是 80 亩，第二处是 45 亩，第三处是 35 亩，第五处是 6 亩，第六处是 20 亩，第七处是 7 亩，第八处是 26 亩，第九处是 38 亩，第十五处是 60 亩，第十六处是 25 亩，第十七处是 50 亩。另一类只记四至而无面积，如第四处、第十处、第十一处、第十二处、第十三处、第十四处、第十八处，均不记面积数。为何不记面积数，从第十处“庄西北荒桑地一段”、第十四处“庄西一里荒桑沙地一段”等语看，似是荒地不记面积。由此推测，记载面积数的可能是现耕地，不记面积数的可能是荒地，或称之为待耕地。①

山地 6 处。其中有两类，一类属于纯粹的山场，有 5 处：一处是“从□□新墓已西山峪取大峪水已东賧当分”。这里有缺文，从本句未使用描述地亩的“段”和“亩”等字，而使用描述山场的“分”字来看，该处应指山场，其范围是“东至岭，西至河，南自至，北至小岭，古路为隔”。二处是“庄东南山一所”，范围是“东至许初桑地，西至岭，南至□□□□，北岭子为隔，北至许□桑地”。三处是“次下山一分”，其范围是“东自至，西自至，南至涧，北至□□”。四处是“大峪西山一分”，其

① 本文曾提交 2009 年 10 月中旬在重庆北碚西南大学召开的唐史学会研讨会，郑学檬和杨际平先生曾提醒笔者，不记面积数的地段有可能是不纳税的田地。有一定道理，可备一说。

范围是“东自至，西至岭，南至孤石”。五处是“横岭峪东一分”，其范围是“东至岭，西至峪，南至月城地北头古窑，北至都隔，一切取长岭下直到井子西，直南石平子，上寻都岭子，下到古窑”。另一类属于山场兼有田地，有1处，即“次北地一段并山”，其范围是“东至涧子□，西至河曹，南至河，北至董清”。这里是既有山也有地，山地均不记面积，只记四至或起迄。

树木3处。一是“隔上桑树一十二根”。二是“庄西南坎上寄地桑一十八根，在许雅地内。石家院东寄地桑树二根，余有十六根在许雅场边寄地”。这段话有些费解，需要做些解释。前一句话“庄西南坎上寄地桑18根，在许雅地内”，应是说“寄地桑”的总数是18根。后一句话“石家院东寄地桑树二根，余有十六根在许雅场边寄地”是对前一句话的解释，即在寄地桑的总数18根中，有“石家院东寄地桑树二根”，“（其）余有十六根在许雅场边寄地”。三是“庄前桑树九根，在许初地内”。这里所记桑树3处39根分为两种情况，第一处志主许氏所有的“隔上桑树一十二根”是在两家相邻地带上的“隔上”，而第二处和第三处的桑树全属“寄地”所栽，也就是说地属他人而树归许氏，这反映了田地与树木所有权分离的情况，也说明许氏的树木所记仅仅限于两家相邻地带上的“隔上”和“寄地”，不包括自己宅地、庄子、田地和山地的植树。

如上所见，志主许氏的不动产构成分别是曲阳县城的宅院1所，齐村和武棠村的田庄2处，各类田产18处，山地6处，寄地桑和界地桑39根。这样详细、具体、完整地反映唐代某个大土地所有者的财产结构和田庄内部的不动产结构的资料，不仅在目前的唐代墓志中绝无仅有，即使在整个唐代现存史料，包括近代以来所发现的新材料中也极其罕见。许公墓志为研究唐代大土地所有制和庄园经济所具有的新资料意义于此可见一斑。

第二，反映了唐代后期大土地所有制背景下的庄园经济诸关系。

本文所说的许公墓志蕴含的庄园经济诸关系是指与田庄有关的城乡关系、村庄关系、庄地关系和庄庄关系。先看城乡关系。如上所述，许公的不动产包括宅院、庄子、田地、山地和树木5类。其中宅院一所，即“曲阳城内院子一所”。这说明许公在曲阳城内有宅院。考虑到他曾经“一摄匡成，移风易俗”，有过“字人”任官为吏的经历，他应该是一个城居地主。但是他在城外的乡村拥有田庄两处，一处是“去县卌里庄一所”，另外一处是“去庄卌里武棠村小庄子一所”。“去县卌里庄一所”，应即是墓志所云“曲阳县归政乡齐村”所在。“去庄卌里武棠村小庄子一所”，这里的“去庄卌里”，应是指武棠村小庄子距离齐村附近之庄 40 里。墓志中“武棠村”，现在曲阳县无此村名，从地图看距离现在齐村之西大约 40 里处有“武庄”一名，现属行唐县，此处“武庄”是否与许氏的武棠村小庄子有关，不敢肯定，至少有一定的可能性。无论如何，武棠村小庄子距齐村附近之庄有 40 里的距离，也是位于城外的乡村，且两庄不在一地，相距 40 里。可见许氏是一个城内拥有宅院、城外拥有两座田庄，两座田庄相距 40 里，田庄距城数十里的大地主。这与唐代许多地主特别是官僚地主、商人地主居住城中而田庄、别业远在乡村、山谷具有一致性。[①] 体现了唐代庄园经济中地主本宅与别墅、城宅与乡庄的关系。

再看村庄关系。许氏是一个城居地主，但在乡村拥有两座田庄。墓志还间接透露了这两座田庄与当时具有行政村性质“村”的关系。许氏的齐村之庄，距离齐村有多远，墓志本身没有涉及，墓志具体出土地点也不详，因此无法确知。但从墓志称志主是归政乡齐村人，而墓志又出土于今齐村，就足以断定此庄离齐村很近，这就是我们称为“齐村附近之庄”或“齐村之庄”的原因所在。至于许氏的另一田庄称为“武棠村小庄子”，虽然也没有武棠村与小庄子在空间距离上的关系，但明显无误地揭示了“小庄子”对“武棠村”的隶属关系，即“小庄子”名隶于“武棠村”之下。我们知道，庄虽然早在唐以前出现，但大量涌现于唐前期，唐后期已经很普遍。庄与村的最大不同之处，在于庄是一个农业生产经营单位，诚如范文澜先生等著《中国通史》第三编第二章第四节所言：“庄有各种别名，如庄田、田庄、庄园、庄宅、庄院、山庄、园、田园、田业、墅、别墅、别业等名称，实际都是一个地主所有的一个农业生产单位。”而村是一个行政单位，如《通典》卷三《食货·乡党》引唐令称：“在邑居者为坊，别置正一人，掌坊门管钥，督察奸非，并免其课役。在田野者为村，别置村正一人。其村满百家，增置一人，掌同坊正。其村居如［不］满十家者，隶入大村，不须别置村正。”《唐六典》卷三“户部郎中”条：“两京及州县之郭内分为坊，郊外为村。里

① 例如唐王维辋川别业在蓝田辋谷，李德裕平泉庄在洛阳城南 30 里处，均属此类。

及村、坊皆有正，以司督察。”可见唐代的“村”类似现在的行政村。在村与庄的关系上，村是行政管理单位，庄是农业经营单位，庄系于村体现的是属地关系。许氏墓志志题所称“定州曲阳县归政乡齐村许公”体现的正是行政隶属关系下的许氏籍贯所在，而许氏齐村之庄和“武棠村小庄子”体现的是齐村之庄和小庄子作为农业经营单位分别隶属于行政村齐村、武棠村的属地原则，而许氏详列齐村之庄和武棠村小庄子不动产，体现的是许氏对这两处田庄的私人所有关系。①

接着看庄地关系。庄本指郊野的住宅、别墅，以后内涵逐渐丰富，有时综指田地与园宅，而“田庄”、“庄田”连称则往往兼指田地与园宅。传世史籍有关唐代田庄的资料不少，但反映田庄内部庄与地关系的资料极少，许氏墓志则提供了难得的材料。从墓志看，齐村之庄内部的庄与地关系明显不同于武棠村小庄子。齐村之庄是以园宅为中心，周围分布诸段田地，属于集中型的田庄。墓志称齐村之庄“东至河，西至坎，南至柳隔”，“正西取正面房西山墙，南北为隔”。这里有房子，显然是田庄的园宅，根据墓志的记述，园宅周围的诸段田地分别是庄西南大墓前地一段、新墓地一段、墓西地一段、次西地一段、大峪水西地一段、次北地一段、名称不详的田地两段、次下山一分、破墓西地一段、庄西北荒桑地一段、庄西坎上地一段、庄前地一段、庄东南山一所、次北地一段。以上诸段田地中，大峪水西地及其次北地和名称不详的田地两段的位置不详，其余庄西南大墓前地、新墓地、墓西地及次西地、破墓西地，应该都是许氏坟地，都应位于庄的西南一带。而庄西北荒桑地、庄西坎上地，都应该位于庄之西和庄之西北，庄前地按照北方地区习惯以南为前以北为后看，应该是位于庄之南方向的田地。庄东南山一所及其次北地，应该位于庄之东南方向。这样看来，许氏的齐村之庄与田地的分布，是以园宅为中心而分布于田庄的西北、正西、西南、正南和东南，除了东北方向外，其他各方向均有分布。属于集中型田庄。武棠村

① 比许公墓志稍晚的五代后周的一方洺州永年县的墓志也能说明这种庄与村的关系。《大周秦君墓志》志主为“大周安国军洺州永年县太平乡依仁里秦村”人，9 行有“西庄沙河县仁义乡普通村，去东庄一十五里”等语，这里表明“西庄”从属于“仁义乡普通村”，而距离“西庄”15 里的“东庄”也应属于普通村，体现了西庄、东庄与普通村的关系。详见孙继民主编《河北新发现石刻题记与隋唐史研究》，河北人民出版社，2006，第 195 页。

小庄子则属于散布型的田庄。田地的分布是庄西一里荒桑沙地一段、次北地一段、坎上地一段、月城西□地一段、林西地一段、大峪西山一分、横岭峪东一分。墓志记述这些田地和山地时，均未涉及相对于小庄子的方位，应该是其中大多互不相连，散布于小庄子周围。许氏的两个田庄就庄地关系而言分别属于两个不同的类型。

最后看庄庄关系。许氏有齐村之庄和武棠村小庄子两个田庄，但两庄之中有主有次。志主“安厝于庄西南，去庄一里半”之处，显然是在齐村之庄的范围之内。志文 9 行称齐村之庄有“庄西南大墓”，10 行称还有“新墓地”，15 行称还有“破墓”。许氏籍贯在齐村，志主本人又葬在齐村之庄，那么这里的“庄西南大墓”、“新墓地”和“破墓”应是许氏的家族墓地。许氏两处田庄，有具体面积的现耕地近 400 亩中，位于齐村之庄的近 260 亩，占全部现耕地约 2/3。可见齐村之庄是其主要田庄，而武棠村小庄子只能算是附属之庄。许氏死后葬于齐村之庄，家族也位于齐村之庄，齐村之庄拥有许氏的主要田产，这都说明许氏田庄有主庄和附庄之别，齐村之庄是主庄，武棠村小庄子应该是附庄。当然，当时不一定有主庄、附庄之名，但地主田庄构成中有居于主要地位和次要地位的田庄之别，应该没有问题。

通过对许公田庄有关的城乡关系、村庄关系、庄地关系和庄庄关系的分析，可以看到墓志为我们勾画了一幅大土地所有者居城、傍村、土地分布庄外、田庄地跨两村、田庄主次有别、庄主死葬庄地的生活场景。许公墓志所反映唐代后期庄园经济诸关系较之于其他多数材料的优越性和典型性洵非虚语。

第三，为研究唐代后期的华北特别是河朔藩镇地区的大土地所有制和庄园经济提供了一个比较完整意义上的田庄标本。

我们已经知道，曲阳许氏是当地归政乡齐村人，可能有前官的经历，家庭情况除了妻子袁氏之外，尚有 5 子 3 女，3 女已经出嫁，则许氏亡前家庭实有人口 7 人。这样一个家庭，其财产仅不动产就有 28 处，其中宅院 1 所，庄子 2 处，田地 18 处，山地 6 处，寄地桑和界地桑 3 处。这些不动产，全部数目不详，但有两项可以精确计算或大致计算出来：一是寄地桑和界地桑 3 处可以精确计算出来，共有桑树 39 根；二是田地中除了荒地之外的现耕地可以大致计算出来。如前所述，我们推测许氏的现耕地有第一处田地面积可能是 80 亩，第二处是 45 亩，第三处是 35 亩，第五处是 6 亩，第六处是 20 亩，第七处是 7 亩，第八处是 26 亩，第九处是 38 亩，第十五处是 60 亩，第十六处是 25 亩，第十七处是 50 亩。这样计算起来，现耕地共有 11 处，总数是 392 亩。如果再加上可能属于荒地（或不负担税收的税外耕地）的 7 处耕地，其田地总数一定更可观。而且许氏除了田产之外还有山地，从其山地仅一处“东至岭，西至峪，南至月城地北头古窑，北至都隔，一切取长岭下直到井子西，直南石平子，上寻都岭子，下到古窑”看，面积相当大。毫无疑问，墓志所见的曲阳许氏是一个地地道道的大土地所有者。

许氏墓志对唐后期河朔地区大土地所有制发展和庄园经济形态的反映，相当程度上弥补了传世史籍和其他新出考古新材料有关唐后期河朔地区土地制度史方面资料极度匮乏的缺憾。人所共知，传世史籍虽然留下了大量有关封建土地所有制的资料，但这些资料有一个最大的缺陷，就是失之于简略和零散，多是只言片语，既缺乏系统全面，更缺少翔实具体，这形成了研究中国土地制度史，也包括整个中国经济史时常受到局限的瓶颈因素。近代以来敦煌吐鲁番文书的发现和研究，相当程度上改善了上述局面，为学术界提供了唐代等大量翔实具体的第一手资料（特别是其中的籍账类文书），极大地推动了包括土地制度史在内的整个中国经济史研究的学术发展和学术繁荣。所谓敦煌学的繁荣，敦煌学成为国际性的“显学”，说到底就是这一新材料发现所带来的直接结果。但是，敦煌吐鲁番文书也有自身的局限性，这就是其具有一定的地区性和时代性的限制，吐鲁番文书反映的主要是唐代前期，敦煌文书反映的主要是唐代后期，二者结合虽然可以在一定程度上弥补各自的欠缺，使唐代前后期的资料得到衔接，但它们主要局限于西北地区的地域性限制了二者的适用范围。所以，要研究内地和中原地区的封建土地所有制的情况就不能不求之于其他新材料。

有关新出唐代土地制度的新材料（特指有关记载具体且是某一方面系统或全面的新材料，不包括只言片语的资料），除了敦煌吐鲁番文书之外，最可期待并最有发展前景的应是不断被发掘出土的石刻文字资料。这些石刻文字资料，据笔者有限的见闻，只有《唐特赐寺庄山林地土四至记碑》、《唐僧朗谷果园庄地亩幢》和本文研究的对象——《唐许公墓志》数种。

《特赐寺庄山林地土四至记碑》在今山西交城县西北 10 公里处的玄中寺（因位于石壁山谷间，俗称石壁寺）。石壁寺唐贞观年间被唐太宗赐名“石壁永宁禅寺”；元和七年（812）被唐宪宗赐名“龙山石壁永宁寺”。该碑刻于唐穆宗长庆三年（823），内云：“时大魏第六主孝文皇帝延兴二年，石壁峪昙鸾祖师初建寺，至承明元年寺方就。至太和十八年，本寺崇修大会，感甘露降。厥后帝迁洛阳，至十九年，特赐寺庄为夜饭庄子。东至大河北夜义岭下小河水心大河南，至大横岭东昊至龙港寨；南至武遂沟掌石州分水岭；西至大河南水松岭西昊、小沟子、大河北、五十岭分水；北至左掩沟掌、后东海眼西海眼为界。大唐德宗皇帝贞元十一年，营大会，甘露降，重赐。宪宗皇帝元和七年复三赐，石壁寺至文谷赐庄一百五十里有余。谨记。大唐长庆三年五月二十三日本寺惠妙、惠志立石”。《唐僧朗谷果园庄地亩幢》在今河南省荥阳市桃花峪的唐昭成寺故址，系清末当地人掘土所得，后为陈子怡先生（曾任县志局编修、北京女子师范大学图书馆馆长等）抄录，收入民国本《河阴县志·金石考》。1962 年荆三林先生曾加以拓摹和整理，1980 年撰成《〈唐昭成寺僧朗谷果园庄地亩幢〉所表现的晚唐寺院经济情况》一文，发表于《学术研究》1980 年第 3 期。昭成寺在唐代属东京河阴县，《僧朗谷果园庄地亩幢》始刻于唐贞元八年（792），继刻至贞元二十一年（805），全文 4000 余字。据幢文所载，从唐代宗广德二年（764）至德宗贞元二十一年（805），昭成寺在建成后 41 年的时间里，从接受施主 30 亩地开始，一直发展到占地 1791 亩，其中施地 811 亩，买地 980 亩，成为一大寺院庄园。该幢详细记载了各次施入和购买的土地详情，包括土地的施入人、购买人姓名，地段的位置、面积、四至等，如贞元廿一年六月一日施主戚秀兰忏疏有云：“施地一段捌拾亩，东至逯仕政、西道、南薛方、北道，内菜园一所，井一孔，草屋一口，杂果木等并是。右件地果园井屋等，戚秀兰并布施于昭成寺僧朗谷果园庄，永充普通供养。入常住，于后不得典卖。秀兰又愿过往先亡，神生静土，见存家口，福乐百年。永为恒式，子孙已来，更无翻动，恐后无凭，故立此忏文，仍清上碑石为记。”该幢内容的丰富与详细具体于此可见一斑。至于《唐许公墓志》的情况，已见上文，此处不赘。但以上三通石刻所见的唐代土地资料，其中的《唐特赐寺庄山林地土四至记碑》只是石壁寺庄田方圆“一百五十里有余”的宏观四至，并不包括具体地亩的位置、地段和四至等情况，且《唐文续拾》卷十已经收录此文，因此，严格地说它在反映土地制度的详细具体程度上还不能与《唐僧朗谷果园庄地亩幢》和《唐许公墓志》相提并论。唐后期或者说整个唐代，系统、详细、具体地反映当时某个土地经营实体的新出石刻材料，目前看来非《唐僧朗谷果园庄地亩幢》和《唐许公墓志》莫属。

虽然《唐许公墓志》和《唐僧朗谷果园庄地亩幢》，无论是数量、规模，还是广度深度等方面都不可能与敦煌吐鲁番文书相比拟，但是它却有相当的典型性和代表性。《唐僧朗谷果园庄地亩幢》所在的昭成寺属于唐代的东京河阴县，这里位于黄河之南，洛阳左近，长期以来是汉唐的经济发达之区，也是唐后期土地兼并、封建大土地所有制获得空前发展的地带，人所共知的唐武宗时期名相李德裕的“平泉庄”就位于距此不远的洛阳城南。《唐许公墓志》所在的曲阳县属于唐代河北道的定州。定州位于唐恒岳山东麓、华北平原西缘，是义武军节度的首府，也是唐代河北道的重要组成部分。这里靠近边鄙，稍嫌偏僻，虽嵌于割据藩镇幽州镇和成德镇之间，是唐朝廷钳制河朔割据藩镇的前方军事重镇，但其经济发展水平与河朔地区的其他藩镇如魏博镇、幽州镇和成德镇不相上下。河朔地区尽管在汉唐时期属于经济比较发达之区，但是在唐后期河北藩镇割据局面以及历经多次战争的历史背景之下，相对于中原地区的东都洛阳一带而言毕竟稍逊一筹。即使以学者屡屡言及的唐代田庄、庄园经济的资料为例，唐代后期河朔地区的此类资料极其稀少，胡如雷先生《唐代的田庄》一文使用了大量有关的资料加以征引，而其中大多是两京地区的资料，涉及河朔地区的仅有邺城王叟“庄宅尤广”一例，且还是天宝时期的。[①] 因此，《唐许公墓志》和《唐僧朗谷果园庄地亩幢》的出土，其内涵丰富而翔实具体的资料内容，对于反映中原地区的核心洛阳一带和河朔地区的大土地所有制的意义，不仅仅是一种量的意义上的增加，更是一种质的意义上的突破，尤其对倍感资料缺乏的河朔地区更是如此。所以，如果说昭成寺可以看成当时寺院经济发展的一个缩影，一定程度上代表了唐后期中原地区寺

① 胡节：《唐代的田庄》，《历史教学》1958 年 12 月，后收入胡如雷《隋唐五代社会经济史论稿》，中国社会科学出版社，1996，第 80 页。

院田庄的状况，那么《唐许公墓志》则恰好可以作为唐后期河朔藩镇地区世俗地主的封建土地所有制发展的一个典型例证，可以为比较唐代后期不同地区的田庄、大土地所有制的特点，研究他们之间的地域差异提供资料基础。我们正是从这个意义上说《唐许公墓志》所反映的许氏田庄为研究唐代后期的华北特别是河朔藩镇地区的大土地所有制提供了一个比较完整意义上的田庄标本。

［本文原载《陕西师范大学学报》（哲学社会科学版）2011 年第 6 期］

三　宋金

北宋山东《敕赐十方灵岩寺碑》研究

胡孝忠*

济南长清灵岩寺位于泰山西北支脉灵岩山，创建于东晋，兴盛于唐宋。该寺《敕赐十方灵岩寺碑》是目前所见唯一记载北宋建立至熙宁四年（1071）十一月京外敕差住持定夺详情的文献，对北宋佛教史和社会经济史研究有重要意义。碑文记载该寺从甲乙制转变为十方制暨敕差住持制最终定制的过程，反映教团内部矛盾重重，但部分僧人在有限权力范围内试图改革创新；朝廷对佛教管理更加制度化和官僚化；佛教平民化、世俗化特点更加突出。以诗证史，可见当时政教关系总体发展良好。先贤时俊对此碑的著录或不全或错漏，且已造成以讹传讹的后果。本文拟先从史料学角度研究碑文，再管窥当时的政教关系、儒佛互通及佛教世俗化等问题。

一　敕牒碑全文及其史料学价值

《灵岩寺》一书作者首次全面著录碑阳，但有错漏，录文后对此碑的描述中提到：

> 此碑立于宋熙宁三年（1070）。原在灵岩寺天王殿内左侧西向，碑身下半部约116厘米掩埋神座内，故《岱览》、《泰山志》仅著录铭文之半。今将此碑移至天王殿外东侧，始见铭文全貌，遂得此碑全文。碑高298厘米，宽120厘米。碑阳文21行，满行70字，凡1106字。其十五行为牒文，字径3厘米，正书。唯首行“中书门下牒”及

* 胡孝忠，山东大学历史学博士，曾任香港大学饶宗颐学术馆博士后研究员，现任山东大学历史文化学院助理研究员。

牒文后“牒奉敕至敕故牒”6行为行楷相间，字径7～11厘米不等。[①]

清人唐仲冕《岱览》卷24和金棨《泰山志》卷16均有碑阳录文，由于条件所限未著录全文。日本学者常盘大定、关野贞于民国年间实地踏查此碑也未见全貌，只得记载：“敕赐十方灵岩寺牒碑：正书，在天王殿神像后，下截埋神座中，宋熙宁三年。”[②]《灵岩寺》一书得到并利用了前人不曾见或不曾用的材料，但可惜的是没有录碑阴和深入研究。著名史学家傅斯年提出“史学便是史料学”的著名观点，且认为：“整理史料是件很不容易的事，历史学家本领之高低全在这一处上决定。后人想在前人工作上增高：第一，要能得到并且能利用的人不曾见或不曾用的材料；第二，要比前人有更细密更确切的分辨力。”[③] 足见准确、完整的史料对史学研究之重要。遗憾的是，著录碑阳或点校前人录文者皆有录不全或有误漏之情况，[④] 有的已造成以讹传讹的后果。笔者于2009年4月来到灵岩寺对该碑进行重新著录，发现此碑系圆额，碑阳21行，满行70字，凡1139字；碑阴有17行，满行39字，凡420字；碑左侧7行，满行11字，凡61字，三面共1620字。现将繁体碑文录为简体并标点，原碑凡“圣旨”前皆空两字，录文略去空格，残损不清之字加［ ］臆补，每行结束以」表示。

（一）碑阳录文

敕赐十方灵岩寺碑」

中 书 门 下　　牒」

开封府奏，先准中书札子：“京东转运司奏：‘据齐州申，准开封府牒：据僧永义状经府披诉，情愿吐退灵岩寺主。勘会齐州灵岩寺在山谷，去州县遥远，有僧、行一二百人，逐年四方烧香」送供人施利

---

① 《灵岩寺》编辑委员会：《灵岩寺》，文物出版社，1999，第105页。

② 〔日〕常盘大定、关野贞：《中国文化史迹解说》（下），京都：法藏馆，1976，第18页。

③ 傅斯年：《史料论略》，欧阳哲生编《傅斯年全集》卷二，湖南教育出版社，2000，第43页。

④ 主要有唐仲冕辑《岱览》，吕继祥等点校，载汤贵仁主编《泰山文献集成》卷四，泰山出版社，2005，第525～527页；袁明英：《泰山石刻》卷八，中华书局，2007，第2463～2465页；唐仲冕编、严承飞点校：《岱览点校》（下），泰山学院，时间不详，第550～551页。

至多，诸处浮浪聚集，兼本寺庄田不少，全藉有心力僧人住持主管。今访闻得僧永义只是一向修行戒行，经开封府有状吐退，难为住持山门。’本司已指挥本州县：‘常」切辨认觉察，止绝浮浪之人不得彼处聚集去讫。’伏乞朝廷下左右街僧司别选差有德行心力僧一名充寺主，

及许令于在京或外处指摘僧五七人同共前来充本寺掌事，依十方」寺院住持勾当，所贵同心协力，住得山门，伏候敕旨。奉圣旨：依奏，札付开封府，寻札付左街僧录司。”依详前项中书札子内圣旨指挥施行，仍具寺院法名及三纲、主首并」僧司结罪保明申府。回据左右街僧录智林等状申：“智林等依前项府札子内、中书札子内圣旨指挥，同共定到左街定力禅院讲圆觉经、赐紫僧行详一名，充齐州灵岩寺主勾」当住持，及取到本院主鉴文保明行详有行止，稍有心力，即目别无过犯，委是德人。诣实结罪文状：智林等保明行详堪差赴灵岩寺住持，如后异同，甘受重罪，不词所是。”掌事僧人候」得上命指挥，差本僧讫，却令指摘别具状申上。次乞指挥府司寻出给公据付僧行详收执。仰详前项中书札子内圣旨指挥：许令在京或外处指摘僧五七人同共前去充本寺」掌事，依十方寺院住持勾当，具寺院法名申僧司，令申府。仍立便起发前去，至齐州住持灵岩寺，并札付左右街僧录司。亦仰详此勒令僧行详于在京或外处指摘僧五七人，同共前」去充本寺掌事，具寺院法名申府，便发遣僧行详等起发前去，往彼住持齐州灵岩寺。至今左右街僧录司未申到闻。今据寄住左街定力禅院讲圆觉经、赐紫沙门行详陈状：“窃以行」详近蒙僧录司选定，依准录降圣旨指挥，保明住持齐州灵岩寺。行详属以衰老多病，已废心力，必恐难为住持，寻曾有状陈免。至今月初二日，准开封府差人降到公据一道，已」据僧录司保明定差，令指摘掌事僧五七人前去。行详既承上命敦遣，固亦不敢辞避，辄有诚恳披告乞敷奏者：一、行详窃闻灵岩寺僻在山谷，徒众颇盛，累因住持人不振，遂致废隳」纲纪。今既再烦圣旨选差，则与州郡差请特异。伏见润州金山寺，每差住持人，并从朝廷特降付身宣命，行详欲乞据此体例，乞赐敷奏，特乞给一‘为国焚修传教住持宣札’付身前」去，所贵有以弹服远人，废寺易为兴葺，积集功德，上赞圣祚；一、行详窃闻灵岩寺旧是甲乙住持，昨虽改为十方，缘未曾有十方敕旨。窃见西京龙门山宝应寺、奉先寺，旧亦是甲」乙住持，创新降敕改为十方，敕语内明言院中受业徒弟并不得作知事勾当，欲乞据此体例，特降敕牒约束付身前去住持；一、行详窃闻灵岩寺素来最是凶恶浮浪聚集，前后［共］六」七次住持不得，虽今来许令指摘掌事僧五七人，亦虑难为照顾。行详欲乞特度随身童行十人，责得以为心手照顾，指使焚修，免有疏虞。”府司所据僧行详状陈乞事件，伏候敕旨。」

牒奉」敕：行详依奏宜差充齐州灵岩寺主，仍在寺徒弟并」不得差作知事勾当，所乞度行者不行。牒至准」敕，故牒。 熙宁三年八月 日牒」

右谏议大夫、参知政事王 石 吏部侍郎、参知政事韩 假 礼部尚书、平章事陈 假 左仆射兼门下侍郎、平章事 假」

清人唐仲冕辑《岱览》一书录此不完整碑文后，据《宋史·宰辅表》考证：

王安石以熙宁二年二月庚子自翰林学士工部侍郎兼侍讲，除右谏议大夫、参知政事。韩绛以三年四月己卯自枢密副使除兼参知政事，至是年十二月，二人皆同平章事。此碑当立于熙宁三年四月以后、十二月以前。惟韩于治平四年自吏部侍郎除枢密副使，熙宁三年以枢副兼参政，非吏侍也。碑与表有异同，自当以碑为正。①

此段前三句话与嘉庆二年（1797）刊行的阮元撰《山左金石志》卷16对此碑考证内容相同，《岱览》成书于后，故可能是唐仲冕辑自此书，又加上一些自己的观点。遗憾的是阮元并未著录碑文。考证推测与“熙宁三年八月”是相符的，而且提出治史中遇到碑刻与纸质文献有异时“自当以碑为正”，确为治史料学之良言。

据《宋史》：“（熙宁）二年己酉十月丙申，陈旭自尚书右丞、知枢密院事加行礼部尚书、同平章事、集贤殿大学士”，“（熙宁）三年庚戌十月戊寅，陈旭自行礼部尚书、同平章事丁母忧”②，可知“礼部尚书、平章事陈”乃陈旭。“左仆射兼门下侍郎平章事”应是富弼，在此牒文下发的前一年即熙宁二年（1069）：“二月己亥，富弼自观文殿大学士、行尚书左仆射、郑国公依前左仆射加兼门下侍郎、同平章事、昭文馆大学士、监修国史。十月丙申，富弼自左仆射兼门下侍郎、同平章事加检校太师，依前行

① 唐仲冕：《岱览》卷二四，果克山房刊本，嘉庆十二年，第23页。

② 脱脱：《宋史》卷二一一《宰辅表》，中华书局，1977，第5485～5486页。

左仆射、同平章事以武宁军节度使判亳州。”[①]

《石林燕语》载：“王荆公押石字，初横一画，左引脚，中为一圈，公性急，作圈多不圆，往往窝扁，而收横画又多带过。常有密议公押歹字者，公知之，加意作圈。一日书《杨蟠差遣敕》，作圈复不圆，乃以浓墨涂去，旁别作一圈，盖欲矫言者。杨氏至今藏此敕。”[②] 此碑有罕见的王安石画押，其圈确实很圆。有学者认为：“所有敕牒于年月日后加省印，由宰相画押题名，其中有出使在外或只挂虚衔者，不题姓画押，只列官衔。”[③] 灵岩寺敕牒碑未见省印，富弼只列官衔而不题姓，是因为他“以武宁军节度使判亳州”。最后三人的姓后皆有一小“假”字，可能表代理之意，非真除。

（二）碑阴及碑侧录文

1.《泰山石刻》第8卷首次将碑阴照片公开出版，但只象征性地录了3行，而碑侧录文基本完整。碑阴录文如下：

京东诸军州水陆转运使兼本路劝农使、太常少卿、上柱国、赐紫金鱼袋孙 琳」

提点京东路诸军州刑狱公事兼本路劝农使、朝奉郎、尚书司封郎中、轻车都尉、赐绯鱼袋席 汝言」

提点京东路诸军州刑狱公事兼本路劝农使、朝奉郎、尚书职方员外郎、轻车都尉、赐绯鱼袋孔 宗翰」

朝奉郎、尚书职方员外郎、知齐州军州兼管内河堤劝农事、轻车都尉、赐绯鱼袋借紫王 居卿」

朝奉郎、尚书比部员外郎、通判齐州兼管内河堤劝农事、骑都尉、赐绯鱼袋阎 温仁」

内殿承制、京东西路郓齐濮济单兖州广济军驻泊兵马都监、专管勾本路诸军州贼盗公事、骑都尉、齐州驻札王 ［逑］」

给事郎、守大理寺丞、知长清县事兼兵马监押张 次山」

承奉郎、试大理评事、权观察支使李 彭」

① 脱脱：《宋史》卷二一一《宰辅表》，中华书局，1977，第5485页。

② 叶梦得撰，侯忠义点校：《石林燕语》卷四，中华书局，1997，第57~58页。

③ 唐代剑：《宋代道教管理制度研究》，线装书局，2003，第129页。

［节度］推官、承奉郎、试大理评事皇甫 朝光」
观察推官、宣德郎、试大理评事常 若思」
右班殿直、监齐州明水镇酒税榷甸台巡检公事高 献昌」
三班奉职、监长清县盐酒税榷、监灵岩寺供利张 冀」
文林郎、守长清县主簿兼管勾催遣纲运公孙 庆」
将仕郎、守长清县尉向 子蒙」
敕补灵岩寺为国焚修传教住持、传大乘戒赐紫沙门 行详 立石」
监寺同勾当讲瑜伽论传大乘戒沙门 智广」
知库僧法从 善翔 维那僧 绍玉 典座僧 定聪 明定 」

碑左侧录文：裴士杰沿」檄过山下因遂一游」熙宁八年闰月十日」观音赵用之行道护题」宣和改元四月六日恭礼」观音兼登 证明 张端子正记」宣和改元四月初十日恭礼」

2. 碑阴自皇甫朝光以下的人名几乎没有为历代所修《山东通志》、《长清县志》所载。皇甫朝光及其以前的官员几乎都能在《宋史》等史籍中找到，但碑阴可补有关记载之遗漏。如史籍载："大理寺丞阎温仁、公孙迪可并太子中舍著作佐郎。"① 《续资治通鉴长编》载熙宁三年四月辛巳发生事："初，张次山力诋新法，辞提举常平仓弗就。会广济遣运阙官，曾公亮在病告，安石摄禘祭致斋。次山与陈升之有连，升之亟言次山可用。命既下，而中旨谓次山资浅，改付宗道。其实安石恶次山异己，言于上而罢之。"② 可见，史籍并未记载阎温仁曾做齐州通判。陈旭因避神宗讳，改名陈升之。虽陈张有连，但张次山因被王安石厌恶而未获广济军遣运之官，在熙宁三年四月辛巳至八月之间被任命为"知长清县事兼兵马监押"。

二 敕差住持所反映北宋前期政教关系

（一）政教关系稳定、佛教管理官僚化

北宋前期的统治者虽对佛教有一定的限制，但在总体上是扶持佛教的

① 沈遘：《西溪集》卷五，《文渊阁四库全书》第1097册，台湾商务印书馆，1986，第44页。

② 李焘：《续资治通鉴长编》卷二一〇，中华书局，2004，第5105页。

发展。朝廷为何扶植并加强对佛教的管理？笔者认为其目的首先是稳定政治，如鼓励甲乙制寺院改为十方制寺院，官方通过差遣行详担任住持来控制灵岩寺，剥夺自隋唐起僧官所具有的度僧权，以达僧政清明。其次从发展经济角度考虑，灵岩寺“逐年四方烧香送供人施利至多，兼本寺庄田不少”；元丰三年（1080），齐州知州王临言：“州有灵岩寺，地课几万缗，皆为僧徒盗隐。乞差官监收，每岁计纲上京纳。”① 都可说明该寺经济实力雄厚，朝廷可向其收巨额田课，故在“监长清县盐酒税榷、监灵岩寺供利”负责监督当地盐酒税和灵岩寺向官府供奉等事之外，另差官监收地课。

日本学者认为：“（宋代的）佛教和道教都完全纳入了国家的财税系统。……宋朝政府的目标是在政治上采用现实的、合理的方法利用佛教，出卖度牒也是其手段之一。”② 明复法师认为宋人“设赐紫、赠号、试经、给牒等法，其制不谓不善，均属可行之举。但订定之后，立刻又有‘鬻牒’、‘卖师号’、‘卖札贴’的办法推出，使试经、试度的效用荡然无存。”③ 行详请求剃度童行十人，不属于《佛祖统纪》卷51记载北宋剃度童行的试经度僧、特恩度僧、进纳度僧的三种方式之一，因而未获批准。这说明北宋前期朝廷对剃度管理较严，并未滥鬻牒，进纳度僧只是三种方式之一，故对这一时段的“鬻牒”之负面作用不应高估。

教团内部住持之争以及院中受业徒弟与官府差遣住持的明争暗斗似乎并未影响到政教关系的发展。朝廷通过开封府指挥僧录司间接管理教团，使得政教之间有个矛盾缓冲带。僧录是两街僧录司的常设正员，为佛教界领袖。《补续高僧传·智林传》云：“智林，姓阮氏，上世番禺人。……仁宗乐宗佛事，择开宝寺西北隅增葺精舍，……赐名宝生院，属师住持，命主教门事，赐号宣教大师，天下僧籍，为之统首。”④ 熙宁四年（1071）四月十二日归寂。“敕补”即开封府指挥左右街僧录司提供候选住持名单，由皇帝降敕做决定，再由中书门下以敕牒形式差补宣命，实授差遣，此为

① 李焘：《续资治通鉴长编》，第7389页。

② 〔日〕竺沙雅章：《关于宋代佛教社会史》，〔日〕近藤一成编《宋元史学的基本问题》，中华书局，2010，第271～272页。

③ 明复：《中国僧官制度研究》，明文书局，1981，第68页。

④ 释明河：《补续高僧传》卷二三，《续修四库全书》第1283册，上海古籍出版社，1995，第310页。

选授僧官之贵。此牒乃奉敕宣付，敕、牒互通，故有“牒至准敕故牒”字样，末尾有宰执王安石画押，规格颇高。朝廷以赐紫、特赐住持宣札付身前去住持，开封府给公据等殊遇，笼络以行详为代表的有影响僧人，也显示出灵岩寺及其住持有较高的政治地位。刘长东就认为敕差住持制在宋代官制差除中的行政含义“相当于国家用以对待特殊人材的‘堂除’和‘宣授’”①。碑文中一长串官僚及少数僧人的名字，向我们昭示北宋前期佛教管理的官僚化。其原因无外乎段玉明所说：“佛教不再被视为是一个外来宗教，寺院生活也不再被排斥在帝国的整体考虑之外。佛教所谓的‘法难’宋代以降不复出现，这当是一个绝对重要的因素。”②

本碑中，地方官府在敕差住持选任中并无多大权力，只是勘会寺院的基本情况并通过开封府向朝廷报告；同时负责寺院的治安、维持周边秩序，止绝“浮浪之人”去寺院聚集。有时负责奏呈住持的陈免状。新任住持选定后，朝廷应知会当地官府，以利于当地政教关系发展。行详说敕差住持的选任要“与州郡差请特异”。兹举熙宁年间有关州郡差请文献以体现二者差异：郑佃《妙胜院十方记》云：“熙宁五年（1072），其徒以力不能胜，而争讼以起于是。众列状以告于州，愿以为十方住持。州下其状于僧司，使集众以举所知，而众皆以淡交者应州，凡两上其状，而始获请。”③ 陈于《新改禅寺记》记常熟县明因寺于熙宁六年更律为禅之事：“县为闻府，府下僧（藉）［籍］，搜可为领导者，众荐今禅师绍瞻，而府可之。”④ 可见州郡差请即地方官府参考僧司的公举意见，以疏文延请住持，其住持选任的程序没敕差住持那样严密，级别较低。

正如黄敏枝所言：“宋代高度集权的中央政府，除了汲取历代政权对于佛教教权的管理经验外，还加上宋朝新政权本身的实际经验，使得宋代政府对于佛教教权的控制和管理更上轨道，也更加制度化，使佛教教权完全屈服于政权之下，只能在种种禁令的束缚下求生存、求发展。”⑤

---

① 刘长东：《宋代佛教政策论稿》“前言”，巴蜀书社，2005。

② 段玉明：《相国寺——在唐宋帝国的神圣与凡俗之间》，巴蜀书社，2004，第208页。

③ 张津：《乾道四明图经》卷十，《宋元方志丛刊本》（第5册），中华书局，1990，第4949页。

④ 范成大、陆振岳：《吴郡志》卷三五，江苏古籍出版社，1999，第517页。

⑤ 黄敏枝：《宋代佛教社会经济史论集》，台湾学生书局，1989，第320页。

（二）儒佛互通及僧团自主权研究

顾炎武以其所见宋代碑刻数量考证当时寺僧与士大夫之交往之繁，其《考灵岩寺》说："灵岩寺在宋时为山东名刹，士大夫来者往往与寺僧酬和。迨今几五百年，屡经兵火，而石刻之存者尚有数十，可以想见当时之盛。"① 灵岩寺住持永义、行详赴任时都曾收到朝中大臣赠诗，"以诗证史"可说明当时政教关系、高僧与部分士大夫关系都比较好。如《岱览》所载张掞诗刻：

> 龙图阁直学士尚书工部侍郎群牧使张掞上《诗送新灵岩寺主义公上人》：峨峨日观出云层，西麓灵庵寄佛乘。金地阙人安大众，玉京选士得高僧。霜刀断腕群魔伏，钿轴存心奥义增。顾我旧山泉石美，湔除诸恶赖贤能。熙宁二年己酉岁中元日。《诗送敕差灵岩寺主大师详公赴寺》，朝散大夫守尚书户部侍郎致仕张掞上：黄纸除书下九天，岱宗西麓镇金田。鹫峰肃肃臻多士，兰社熙熙抚众贤。像室光华辉晓日，禅心清静擢秋莲。山泉自此增高洁，云集十方结胜缘。熙宁三年白虎直岁九月十三日。②

《宋史》载："张掞，字文裕，齐州历城人。"③ 他在居官、致仕时都对家乡佛教发展给予支持，希望永义能"湔除诸恶"。哪知甲乙制下的院中受业徒弟太厉害，永义仅住持一年就换来行详，黄纸除书即指皇帝下敕牒差遣行详一事。张掞希望从此"山泉自此增高洁，云集十方结胜缘"。士大夫有送行详住灵岩寺的"宋朝贤赠行诗"，《岱览》录文如下：

> 文曰《诗送灵岩法师》，安石，"灵岩开辟自何年，草木神奇鸟兽仙。一路紫苔通窅窱，千崖青霭落潺湲。山祇啸聚荒禅室，象众低摧想法筵。雪足莫辞重跰往，东人香火有因缘。"《诗送灵岩法师》，充，"战士长歌（戈）赴菼原，谋臣献册庙堂间。吾师倜傥浮屠隐，不事

① 顾炎武：《山东考古录》，山东书局重刊，光绪八年（1882），第 3～4 页。

② 唐仲冕：《岱览》卷二五，果克山房刊本，嘉庆十二年（1807），第 36～37 页。

③ 脱脱：《宋史》卷三三三《张掞传》，中华书局，1977，第 10699 页。

王侯事经论。两街推许住灵岩，百鸟衔花待师信。清风一振海潮音，旷劫曾蒙祖师印。穷秋别我欲何言，珍重详师指一弹。”《诗送详禅师住灵岩》，尚书司封员外郎直史馆同修起居注直舍人院兼同知审官东院蔡延庆……。《诗送灵岩道光大师》，尚书祠部郎中新知饶州蔡冠卿，“僧读儒书举世稀，惟师精学出尘机。上都香火安禅久，东国林泉徇众归。道在莫从形相索，身闲都觉利名非。灵岩到日秋应晚，还写新诗遍翠微。熙宁庚戌仲秋十六日，元辅。”①

唐仲冕对此做了考订并指出作诗背景：“上层安石、充，皆不书衔、姓。以其时考之，安石当是荆公，方为参政；充当是俞公达，官都水丞。……中层冠卿诗称道光，当即详公之字也。诗后一行题年月，署元辅，当亦即冠卿之字也。碑在殿大门壁，北向。”②

王安石先赞颂灵岩寺历史悠久、风景秀美，然后指出现状：院中受业徒弟与浮浪之人拉帮结伙使禅室荒废，喻指当地佛教衰落，朝廷对该寺的佛教事务管理受阻，当地僧俗低首攒眉盼望高僧前来住持法席。行详不辞辛苦，赤脚长途跋涉到灵岩寺。王安石认为行详与“东人香火有因缘”，当然也就是对他寄予厚望。他与行详多有往来，中华书局 1959 年出版的《临川先生文集》中有律诗《自府中归寄西庵行详》、《宿北山示行详上人》及赠给两位道光法师的诗（一是行详，另一位是碧岩寺寺主，二者同为一人也未可定）。蔡冠卿虽夸张地描写僧人读儒书的数量之少，但却反衬了行详对儒学很有研究。他认为行详在京城参禅即久，必有能力到山东遍布林泉的灵岩寺招抚僧俗，发展当地佛教。俞充云：“吾师倜傥浮屠隐，不事王侯事经论”，赞扬行详将佛学的精深、微妙处彰显出来。据前诗推测，此处“经论”不光指佛家经典也应包括儒家经论。儒佛互相借鉴，既有“僧读儒书”，也有像王安石这样不光在敕牒上画押且有诗相赠以表倾心佛学的士大夫。

教团有一定的自主权力，以维护自身利益和处理寺院内部矛盾。圣旨要求“具寺院法名及三纲、主首”，从碑阴来看，三纲当为住持、维那、典座。住持即“寺主”，在寺中权力较大，而后两者到北宋时地位已下降，

① 唐仲冕：《岱览》卷二五，第 17 ~ 18 页。

② 唐仲冕：《岱览》卷二五，第 18 页。

与知库僧同列。灵岩寺其他五七掌事僧由住持选任；住持对本寺山租、田课、四方施利有处置权；可向朝廷提封号、度童行等要求。这些体现了敕差寺院一定的自主权和自治权。《佛光大辞典》认为："主首：即主事，乃知事职称。《禅苑清规》卷十：'主首，分司列局，主执山门大小事务。'此外，亦有以'主首'即指六知事中之'监寺'者。（禅林象器笺职位门）"[①] 此碑的主首当指监寺，在寺内排第二，这印证了游彪的观点："监寺僧相当于住持的助手，辅佐长老处理寺院内部事务。"[②] 监寺智广等6人当是行详要求指摘的五七掌事僧，6人在行详的领导下，互相分权又合作。佛教欲借官方支持而获得发展，故在有限的权力范围内，一边处理教团内部因为名利之争带来的纷扰，一面对继承制和管理体制做出调整。以行详为代表的部分僧人意图找准佛教在社会和政教关系中的定位，这本身就是一次寻求发展的尝试。

三 北宋前期佛教平民化、世俗化管窥

（一）平民化特点

竺沙雅章认为：由于受唐宋间政治、社会变革的影响，宋代佛教表现出与唐代不同的另一种形式的兴盛。虽然宋代士大夫官僚向儒教一边倒而对道佛相对冷淡，但宋代佛教教团的规模（寺院和僧尼数量）比唐朝要大，而且佛教更加深入公私生活，具有中国近世佛教特色的居士佛教相当盛行，这些都说明宋代佛教并未衰退。[③] 刘浦江认为"竺沙雅章所说的宋代佛教的'兴盛'，实际上就是佛教世俗化的结果。世俗化的社会基础是信徒的平民化。"[④] 即平民化和世俗化是对孪生兄弟。笔者认为宋代儒佛关系依然是冲突与融合并存，士大夫官僚也有借鉴佛教的一面。宋代佛教的信仰者和支持者不像以前以门阀氏族为中心，而是吸纳和影响了上至王公贵族下至平民百姓的社会各阶层。灵岩寺"徒众颇多"、"逐年四方烧香送供人施利至多"、"诸处浮浪聚集"都是佛教平民化的表现。佛教除了吸纳

---

① 慈怡：《佛光大辞典》，佛光文化事业有限公司，1999，第1534页。

② 游彪：《宋代寺院经济史稿》，河北大学出版社，2003，第17页。

③ 〔日〕竺沙雅章：《中国佛教社会史研究》，京都：同朋舍，1982，第2页。

④ 刘浦江：《宋代宗教的世俗化与平民化》，《中国史研究》2003年第2期。

社会下层，也吸引贵族士大夫，有前文的张掞、王安石等赠诗灵岩寺新任住持及历代官员题刻在寺为证。

（二）世俗化特点

佛教世俗化主要表现：僧人与各类世俗事务紧密结合，纠缠于名利；佛教教义和宣传方式中世俗内容增多；佛教不再注重译经和义理研究，而更注重佛教实践。仁宗天圣五年（1027）九月，“枢密直学士李及言：伏睹剃度僧尼崇奉法教，其中修行者少，违犯者多”[①]。40多年后，这种情况依然未得改观，正如碑文所描述灵岩寺“废隳纲纪”、“最是凶恶浮浪聚集”。住持之争不仅涉及住持个人政治利益，还关乎经济利益，因为四方施利至多、庄田不少。庆历中，长清县尉张公亮《齐州景德灵岩寺记》载：“僧百，行童百有五十，举全数也。每岁孟春迄首夏，四向千里，居民老幼，匍匐而来，散财施宝，惟恐不及。岁入数千缗，斋粥之余，羡盈积多，以至计司管榷，外台督责；寺僧纷扰，应接不暇，大违清净寂寞（雍正五年《长清县志》录作‘灭’）之本教。”[②] 足见行详上任20多年前的灵岩寺规模之大，信众施舍之多，官员骚扰之繁，凶恶浮浪聚集之众，体现了佛教平民化带来的繁荣景象及消极影响。寺僧因受纷扰而大违清净寂灭之本教，佛教变得更加世俗化。

根据前文张掞所写诗，僧永义是熙宁二年“玉京选士得高僧”，大臣希望“湔除诸恶赖贤能”。可是他只是一向修行戒行（这可能是托词），结果却是“难为住持山门”。仅隔一年乃换来行详。俞充称赞行详：“吾师倜傥浮屠隐，不事王侯事经论”，蔡冠卿说他“道在莫从形相索，身闲都觉利名非”。张掞期望“山泉自此增高洁，云集十方结胜缘”。行详自己也认为“灵岩寺僻在山谷，徒众颇盛，累因住持人不振，遂致废隳纲纪”，欲借朝廷之力重整灵岩寺。行详在得知僧录司保明、开封府发遣住持灵岩寺时，知此去“必恐难为住持”，故并未立即前去，而以“衰老多病”等因“谦虚”地有状陈免。他在获得公据后又向朝廷提三条要求，意图提高自己和五七掌事僧的政治地位和权力。其中，行详乞“为国焚修传教住持宣

① 徐松：《宋会要辑稿》，中华书局，1957，第7881页。

② 马大相、孔繁信：《灵岩志》，山东友谊出版社，1994，第45页。

札”之目的除了碑文中点明的，应隐含僧人对名誉的追求，说明北宋政权对僧人价值观的改造比较成功。面对佛教的世俗化，僧人很难做到“不事王侯”、“都觉利名非”。

北宋僧司对住持的选举虽有一定影响力，但其最终任命权在官府，这是佛教世俗化的一大特点。行详已获赐紫，经僧录等人保举做了灵岩寺主持，现又获敕赐宣札，自然就会对朝廷负责，以图确保自身利益和佛教的发展，故行详说要“积集功德，上赞圣祚”。就佛教而言，汪圣铎对宋代的政教关系深入研究后认为：宋朝官方通过掌控僧官、寺观主首的任命权，达到如下双重目的：即建立一个佛教的管理体系，同时又有效地割裂了佛教自身的网络。这就等于切断了上下级僧道官及寺观主首之间的隶属关系，自然就不会出现威胁世俗政权的宗教势力。[①] 笔者认为，这也是北宋前期政教关系稳定的主要原因。综上，北宋前期佛教的世俗化有其自身的原因，更重要的是官方和信众的推动。

四 结语

各方围绕灵岩寺敕差住持这一职位展开博弈，展示了富于戏剧色彩的佛教史和社会生活史。由于朝廷将佛教纳入制度化和官僚化管理，敕差住持制在灵岩寺成为定制，这是山东佛教发展的一个标志。敕补寺主的选举、差遣，可管窥北宋前期政教关系较为稳定。朝廷有效地割裂了佛教自身的网络，“法难”因此未再发生。儒佛互通和佛教的平民化、世俗化，是佛教根据中国实际做出自我调整、自我适应的要求和结果。

（本文原载《北京理工大学学报（社会科学版）》2011 年第 2 期）

① 汪圣铎：《宋代政教关系研究》，人民出版社，2010，第 486 页。

行政授权：宋代法规之公文样态

——基于碑刻史料的研究[*]

李雪梅[**]

宋代碑石上的法规、条令往往不是独立的存在。宋代《千仓渠水利奏立科条碑》上的“奏立”程序和公文，《范文正公义庄规矩碑》上的公文体式和公文，与刻于一石的条规紧密关联，并呈现公文前置的样态。从法律的视角看，规条是具有约束力的法律规范，可以独立存在；从行政的角度分析，规章是公文的附属，记载规章生效过程和行政授权的公文更具有主体地位。这种理解的差异，是基于从管理者和被管理者的不同角度。故只有对史料进行多角度的全景性分析，才能得出相对客观的结论。受传统文献载录方式的影响，人们往往注重法规条款内容；即使在公文和规条并存的情况下，也往往忽视公文在行政授权方面的法律意义。碑刻史料具有程式和内容并重的特色，为我们了解古代行政授权的复合性，提供了珍贵的一手资料。

一 《千仓渠水利奏立科条碑》中的“奏立”

古代水利条规碑的命名方法一般表现为以地名加文体形式。地名表示条规的适用对象和范围，如县村、渠域及水神庙等。以宋元丰元年（1078）《淮源庙条约》、明万历十六年（1588）《介休县水利条规碑》为例，淮源庙、介休县均为地点，条约、水利条规为文体，该文体的实施对象和界域分别为淮源庙的信仰群体和介休县百姓。此外还有一些强调程序

---

* 本文为北京市社会科学基金重大项目“古代石刻法律文献分类集释与研究”（编号15ZDA06）的阶段性研究成果。

** 李雪梅，中国政法大学法律古籍整理研究所教授。

的特殊命名法，如宋熙宁三年（1070）《千仓渠水利奏立科条碑》（以下简称《科条碑》），"千仓渠"指明适用的渠域范围，北宋为京西路孟州济源县（今河南济源东部）境内；"科条"指条例、章程；"水利奏立科条"中的"奏立"二字，乃特别强调水利规范形成的行政程序。在水利规章碑命名中凸显行政流程者，目前宋代仅见于此碑，而明代类似碑刻渐多，如嘉靖二十二年（1543）山西太原《申明水利禁例公移碑记》、万历三十二年（1604）河南沁阳《广济渠申详条款碑》，碑名中的"申明"、"公移"、"申详"等，均是强调规章制定的行政程序。

正如碑名所示，《科条碑》分为两部分，一是科条之"奏立"过程，以 5 个套叠往来的公文记述水利规章形成和获批生效的经过；一是千仓渠水利管理条规，计有 10 条。而已有的研究多关注十条规则的出台的背景、内容、效力，少有对"奏立"程序的分析。[①] 实际上，奏立程序和科条内容，具有不可分割性。

（一）"奏立"中的公文运行

科条的生成，有清晰的行政运行路径，经过两次上行，即吴充奏札和陈知俭具状申奏；两次下行，即两次圣旨批示；一次平行兼下行，即司农寺[②]关牒各属。详如碑文如记：

准司农寺牒。准熙宁三年八月二十七日中书札子，提举京西路常

① 周宝珠在《千仓渠科条碑记与宋代农田水法》一文中，虽注意到《科条》全文得以保存，但该文仅录载科条内容并分析其特点，及科条规定与王安石变法措施的关联，对"奏立"部分未见分析。详见周宝珠《千仓渠科条碑记与宋代农田水法》，《历史研究》1995 年第 6 期。吴漫《〈千仓渠水利奏立科条碑〉与严格的水管理》一文主要强调科条的价值和功能。在该文第二部分"千仓渠之利与熙宁三年科条的奏立"中引述陈知俭将十项科条上报朝廷之事，在第四部分"《千仓渠水利奏立科条》的逻辑意蕴"中提到"科条"制定时的实地调查过程，但总体看，对"奏立"程序仅是简单提及，缺乏分析。详见吴漫《〈千仓渠水利奏立科条碑〉与严格的水管理》，《历史文献研究》2015 年第 1 期。

② 司农寺之名始于北齐。详见《通典·职官》卷八《司农卿》。北宋沿置，"掌供籍田九种，大中小祀供豕及蔬果、明房油，兴平粜、利农之事……熙宁二年，置制置条例司，立常平敛散法，遣诸路提举官推行之。三年五月，诏制置司均通天下之财，以常平新法付司农寺，增置丞、簿，而农田水利、免役、保甲等法，悉自司农讲行。"详见《宋史》卷一六五《职官五》，中华书局，1977，第 3904 页。

平广惠仓兼管勾农田水利差役事、殿中丞陈知俭状。准中书札子。准三司使公事吴充札子。奏：臣任京西转运使日，窃见孟州济源县旧有渠堰，传沿为唐河阳节度使温造壅济水以溉民田，谓之千仓。渠岁久堙废。本州引此水灌城壕池沼，植蒲莲之外，大姓以水硙专其利者久矣。臣遂使济源县种诊募民，兴复渠堰。堰成，民得种稻。乡时亩为钱百余者，今几贰仟钱，则厚薄可见。然用水多少未有限约，而害渠堰之利者，常在水硙之家。及引水入州城，经数十里，水行地上，堤道小不如法，则皆决注散溢。以此民之所用，不得其半，亦可惜也。□□□指挥本务邢提举官壹员，亲诣地头，询求利害，立为科条。民上下均停浸灌，以息争讼。务令经久，不为豪有力者窥伺其利。□□□□□降敕命指挥，仍令本县令佐衔、位中书管勾渠堰，所贵用心，取进止。右奉圣旨：宜令京西路提举官依三司上项奏请事理，具合理科条闻奏。札付提举京西路常平广惠仓司，准此。□□□□孟州济源县亲诣地头，询访利害，勾集稻田人户，立定科条，谨具画一如后。知俭询访到上件利害，立到科条，并在前项开□□画地图壹本连在前。知俭契勘上件，济渎昨自嘉祐八年兴复古千仓渠。堰水种稻，民甚获利。后来止因豪民要济水专□□□□将入州城水盗决入溴河，致得州城水小。于治平二年，本州差官下县点检，而所差官不究盗水之弊，遂于济水作堰，□□其石堰分减水利，因此千仓渠稻田渐成废坏。况民间兴置水田，各别置牛具，增添农器，费用不少。昨来止得二年之利，各已□□，因此多下资本，破坏家业，至今未得复旧。及后来分减水势之后，用水不足，人户争讼，多□不能为利之久，而为害已至矣。今□□立上项条约，已具状申奏。况朝廷更赐详酌，如可施行，乞降敕指挥，降下孟州遵守，并下转运提刑司，常切觉察，及乞依吴充奏。□令本□□□□中带管勾渠堰，以为永远之利。奏闻去讫。今先具询访到利害共一十件，逐件各别立条约于后，右进呈。圣旨：宜令京西转运司并依所奏施行。札付司农寺，准此。牒请，一依中书札子指挥施行。关牒各属去处，照会施行。

今将前项利害各立科条如后：

一、济水更不分入济河，并入千仓渠，浇灌稻田。

一、孟州城池只用济河泉水，常于龙港沟点检，不得令人盗决。

如遇大旱水小，亦不得于千仓渠济水内分减。

一、怀州更不分济水入州城，如遇开闸，水还济河，许依旧通流。

一、龙潭水自来合济水入千仓渠，不得引入别河、兴置水磨等分减水势。如依旧却还千仓渠者，即许使用。

一、于济水上源旧石闼处，置闸一座。每年正月十五日已后开闸，水尽入千仓渠。至九月一日已后闭闸，水尽入济河，许水磨户使用。如遇闭闸时月，非汛水长，亦许开闸减放。如遇润月节气早晚不定，至九月稻田未熟，尚要水浇灌，须候不用水，亦许开闸。如遇闸有损坏，并系水磨户，昼时修整，不得有误稻田使用。每遇开闸并须申县，取稻田人户状实不用水，委官监视，方得开闸。仍候向去人户修筑堤塘。可以将无用水收蓄，增置稻田，亦更不开闸，允动磨使用。

一、千仓渠两岸地土，除自嘉祐八年后来至今年已前，已曾经种及现种稻田地土，先许耕种作水田外，其余并未得兴作水田。后来年旧田兴作了日，尚有余剩水势，即许众户申县，相度所剩水势，更可以的实增添多少顷亩。自许里道已东，沿渠自上及下，从近及远，添展地土。亦不得广有增添，却致水少，复成争讼。其今来合种水田地土，并委本县据人户姓名、地段、顷亩、四至，置簿拘管。如有添展，亦依此施行。

一、稻田人户全闸定渠水后，每一时辰浇田一顷，以一闸内所管田地顷亩通算时辰。如一闸内收水不尽，许以次闸同共收使，通计顷亩算用时辰。如田土闸一里以外，据顷亩以五时辰充四时辰。每遇开关并须上下甲头同共照管。时辰才满，立便开闸，上闸已西郭术地内旧有水口一个，浇灌见种稻田约四十亩，原不用闸堰，已现定水口阔五寸，深四寸，并有泉四眼。或水余，旋行闭塞，即不得透水入济河。其管阡陌道两边，各有引水渠，并许公共引水使用，地主不得占□，亦不得深凿壕堑。如田段在中间，不近阡陌道，许于并段上流人户畦隔内通水使用，不得拦占。

一、今来许里道上闸已西，不得更置闸堰，及旧各不得增高。如上闸已下添移闸堰，并申官取上下邻闸人户定夺，无妨碍方得添移。

一、沿渠人户分作上流、中流、下流三等。每等各置甲头一人。以逐等内地土、物力，最关百姓，充管地分内都丈顷亩、用水时辰、开闭闸堰、供报文字。如敢作弊，敛掠人户钱物，并行严断。

一、已上所立条约，如州县官吏故有违犯，争夺水势，乞科违制之罪，仍许人户经转运提刑司陈诉。如稻田人户自相侵犯，不守条约，乞从违制失定断。①

简述其过程，先是主管全国财政的三司使公事吴充（曾任京西转运使）在上行奏札中倡立科条之议，指挥本务邢提举官“亲诣地头，询求利害，立为科条”，并请求“降敕令指挥”。皇帝对吴充奏札表示认可，圣旨道：“宜令京西路提举官依三司上项奏请事理，具合理科条闻奏。”当地渠务主管衙署——提举京西路常平广惠仓司接到宰相下发的带有圣旨的中书札子后，积极落实千仓渠之兴利除弊事宜。时任此职者为虞部员外郎陈知俭。在陈的督办下，“济源县令询访利害，勾集稻田人户，立定科条”。之后陈又“询访到上件利害，立到科条”。其推行路径是：济源县令先征求稻田人户意见初定科条，陈知俭再逐条斟酌完善，最后将科条制定情况连同科条内容和渠务绘图状申皇帝，并请求“乞降敕指挥，降下孟州遵守，并下转运、提刑司，常切觉察，及乞依吴充奏”。皇帝对“申奏”再以“圣旨”批示：“宜令京西转运司并依所奏施行。”中书门下再将载有圣旨的中书札子下行相关部门。其程序见图1。

经宰相下发两道载有皇帝圣旨的中书札子，水利科条在京西转运司系统内已经生效。但仅此还不够，最后一道程序是，司农寺以牒文②形式，将科条奏立的行政流程，连同科条内容，行文各相关部门：“牒请，一依中书札子指挥施行。关牒各属去处，照会施行。”

① 萧应植：《济源县志》卷六《水利》，乾隆二十六年刊本，载《中国地方志丛书·华北地方》第492号，台北成文出版社，1976，第188～197页。另左慧元编《黄河金石录》，黄河水利出版社，1999，第6～9页；范天平等编注《豫西水碑钩沉》，陕西人民出版社，2001，第288～290页，也载有此碑碑文。

② 牒为上下通用之公文体。《庆元条法事类》对牒的体式有专门规定：“某司　牒　某司或某官。某事云云。牒云云。如前列数事，则云‘牒件如前’云云。谨牒。具官、姓，书字。内外官司非相统摄者，相移用此式。”谢深甫编《庆元条法事类》卷16《文书门一·文书》，戴建国点校，载杨一凡、田涛主编《中国珍稀法律典籍续编》第1册，黑龙江人民出版社，2002，第349页。

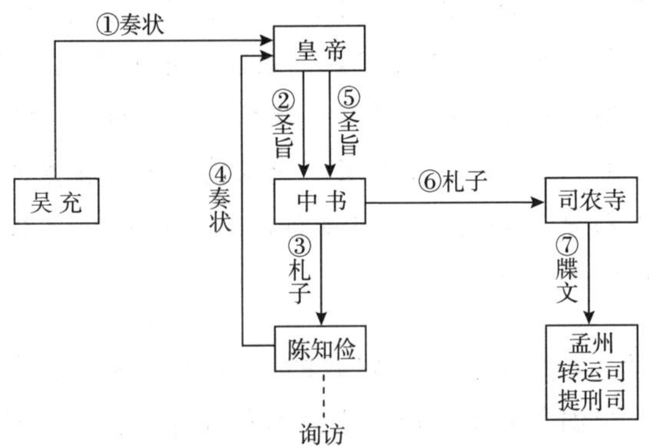

图1 "奏立"公文流程示意图①

在奏立科条的程序中，涉及的公文种类有奏札、状、中书札子、圣旨、牒5种。尽管促成科条成立和生效的关键性的公文是陈知俭的奏状和载有圣旨的中书札子，但实际上，每一个公文环节，对促成科条的生效、实施，都是必不可少的。

碑文后半部分为十条水利管理规范。其内容因系"将前项利害各立科条"，所称"前项利害"，即"奏立"过程中交代的千仓渠浇灌稻田自嘉祐八年（1063）以来的兴废情况和相关原因的调查分析，也说明条款内容和奏立过程的紧密关联。总括其内容要点，大致有四。

一是以保证渠水浇灌稻田为要务，其余城池用水、兴置水磨等均让位于农田。详见碑石第一条的规定。

二是严格沿渠用水管理措施，官民职责分立并举。官方负责渠务的监督管理，如第二条强调的"常于龙港沟点检，不得令人盗决"，第五条规定的"每遇开闸并须申县，取稻田人户状实不用水，委官监视，方得开闸"。民间的维护责任强调分段落实，详见第九条的规定。

三是强调官民共管，对有可能影响沿渠户利益的事项，如添移闸堰、新增水田等，申官和民意缺一不可。详见第六条和第八条的规定。

四是明确违犯科条的罪责和申诉途径。官、民违犯科条，定罪有别，如第十条规定的"州县官吏故有违犯，争夺水势，乞科违制之罪，仍许人户经转运、提刑司陈诉。如稻田人户自相侵犯，不守条约，乞从违制

① 此图由中国政法大学历史文献学专业2013级硕士研究生安洋制作，特此致谢。

失定断”。[1]

（二）科条“奏立”的法律依据

《科条碑》的面世，尤其是“奏立”程序和科条成型，当是有法律依据的。熙宁二年（1069）十一月颁行的《农田利害条约》（以下简称《条约》）是王安石推行新法的重要法令。[2]《条约》鼓励各级官吏和平民百姓向政府提出兴修农田水利的具体方案，尤其是详细规定了提出方案、措施的行政流程。

《条约》共8条，除第六、七条是关于费用支出来源和对官员的酬奖、升转程序等规定外，其余各条都有涉及程序的规定。如第一条列明：

> ……但干农田水利事件，并许经管勾官或所属州县陈述，管勾官与本路提刑或转运商量，或委官按视，如是便利，即付州县施行。有碍条贯及计工浩大，或事关数州，即奏取旨……

《条约》第二条规定各县对荒废田土之募垦筹划办法，“各述所见，具为图籍，申送本州。本州看详，如有不（尽）事理，即别委官复检，各具利害开说，牒送管勾官”。第三至五条也就所述内容提出类似的程序要求。第五条特别规定对复杂情况如计工浩大或事关数州的水利事宜筹划之审批程序是“即奏取旨”、“别具奏闻”。

因千仓渠用水属于《条约》明示的“事关数州”的情况，《科条碑》第一条规定“济水更不分入济河，并入千仓渠”，第二条规定“孟州城池只用济河泉水”，第三条规定“怀州更不分济水入州城”，关涉济源县和孟州、怀州城池用水，故可“即奏取旨”。另《条约》中规定“各述所见，具为图籍”的要求，也在《科条碑》中得到体现。联系到《农田利害条约》颁行于熙宁二年十一月，《科条碑》中有“准熙宁三年八月二十七日中书札子”的提示，可以明确两者的位阶顺序：一为全国性的水利规章（指《条约》），一为地方性水利规条（指《科条碑》），后者是京西路（约

---

① 有关宋代“违制”和“违制失”的研究，详见潘萍《宋代“违制”初探》，载韩国《中国史研究》第104辑，韩国中国史学会，2016年10月，第259～284页。

② 颁行条约事及条约大体内容，见《宋史》卷九五《河渠志》，第236页。条约详细条款，参见徐松《宋会要辑稿》第121册《食货一》，中华书局，2014，第5册第4815页；漆侠《王安石变法》（修订本），河北人民出版社，2001，第263～265页。

同今河南省）贯彻、落实中央农田水利法规的结果。

而《科条碑》中也有一些《条约》未备的创制性内容，经过“别具奏闻”的行政流程为朝廷所认可，同时也为朝廷进一步完善《条约》提供了借鉴。熙宁六年（1073）诏书规定：“创水硙碾礁有妨灌溉民田者，以违制论，不以原赦。”而在《科条碑》中，吴充奏札中的“害渠堰之利者，常在水硙之家”，第四条“龙潭水自来合济水入千仓渠，不得引入别河、兴置水磨等分减水势”，第十条“如州县官吏故有违犯，争夺水势，乞科违制之罪”等规定，当是熙宁六年诏书的重要法源。

《科条碑》所载公文运转程序和条规内容清晰完整，但遗憾的是，因碑石不存，传世拓片不完整，而乾隆《济源县志》（图2）所载碑文，并未按照原公文体式移录，公文所必备的时间落款、印押等要素，也未能完全体现。现仅可依据行文中的“准熙宁三年八月二十七日中书札子”字样，推测《科条碑》在陈知俭主导下，于熙宁三年（1070）立石于济源千仓渠畔。

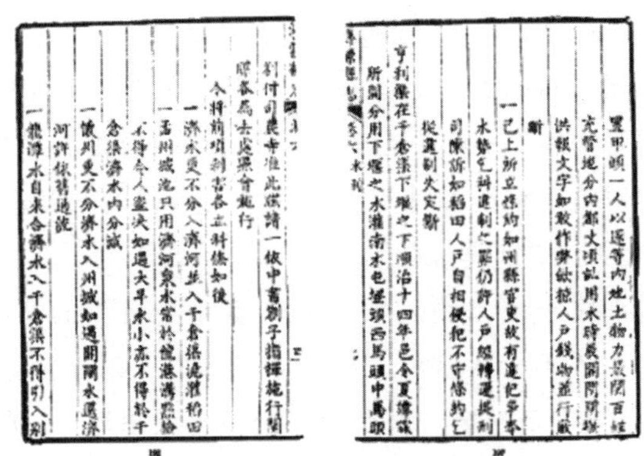

图2 乾隆《济源县志》影印本

可以确定的是，刻于碑石上的科条在当地得到长期推行，并取得明显成效。诚如清人所述：

> 今上下堰皆谷雨筑堰，秋分决坝。自谷雨至霜降，无水利地户不得浸灌，旱地分减水势，亦不得妄置水硙。惟折旋原渠、不减原水者，方许置用，盖犹本陈公之遗制也。①

① 唐侍陛等纂《重修怀庆府志》卷七《千仓渠水科条碑略》按语，乾隆五十四年刻。《千仓渠水科条碑略》署名陈知俭，仅载陈知俭奏状，内容有数处简省，且未录科条部分。

文中“无水利地户不得浸灌，旱地分减水势，亦不得妄置水硙”，正是对《科条碑》关键条款的凝炼；而“陈公之制”，则是当地人对北宋陈知俭奏立水利科条功绩的认可。

二 《范文正公义庄规矩碑》之公文化

（一）碑文结构与特色

宋政和七年（1117）所立《范文正公义庄规矩碑》（以下简称《义庄规矩碑》）原立于江苏吴县天平山白云寺范氏祠堂，现存苏州文庙。碑石下半部文字漫漶难识（见图 3），元代至元三十一年（1294）据宋碑重刻。

图 3 现藏于江苏苏州文庙的宋代刻《范文正公义庄规矩碑》

北京图书馆藏有元碑拓片，文字和格式清晰，本文对碑文的分析即以元刻《义庄规矩碑》为据（见图4）。

图4 元代重刻《范文正公义庄规矩碑》拓片[①]

① 转自北京图书馆金石组编《北京图书馆藏中国历代石刻拓本汇编》第48册，中州古籍出版社，1997，第138页。

碑上部额篆“范文正公义庄规矩”8字。碑身4截刻。宋代碑为142行，元代碑增刻5行，总计147行。

元代摹刻《义庄规矩碑》与宋代原石有细微差异。两碑尺寸相近而元碑略小，宋碑高226厘米、宽118厘米，元碑高200厘米、宽111厘米；宋碑额略成弧形，元碑为直角。但仔细比较两碑的字体、内容、格式，元碑与宋碑一致，当是元碑依据宋碑拓翻刻。碑文第143～147行是元代至元甲午（三十一年）增刻的内容，简略写明翻刻的缘由和立碑责任者。其中“命工以旧本”，意为以宋碑拓本摹制。重刻的责任者范帮瑞、范士贵分别为当时义庄的主祭、提管。

因涉及公文格式，特将碑文按原式改横排并加标行数移录如下：

01 文正位
02 勘会：
03 先文正公于平江府兴置义庄，赒给宗族，德泽至厚。
04 其始定规矩虽有板榜，不足久传。及有治平元年所
05 得　朝旨，亦未揭示族人。兼有后来接续措置可为
06 永式者，未曾刊定。深惧岁久渐至堕废，今尽以编
07 类刻石，置于天平山白云寺
08 先公祠堂之侧，子子孙孙遵承勿替。今具如后。
09 　　　　**治平元年中书札子**
10 知开封府襄邑县范纯仁奏：“切念臣父仲淹，先任资政殿
11 学士日，于苏州吴、长两县置田拾余顷。其所得租米，自远
12 祖而下诸房宗族计其口数，供给衣食，及婚嫁丧葬之用，
13 谓之义庄。见于诸房选择子弟一名管勾，亦逐旋立定规矩，
14 令诸房遵守。近诸房子弟有不遵规矩之人，州县既无
15 敕条，本家难为伸理，五七年间，渐至废坏，遂使子孙饥寒无
16 依。伏望朝廷特降指挥下苏州，应系诸房子弟有
17 违犯规矩之人，许令官司受理。伏候　敕旨。”
18 　　　　右奉
19 　　　　圣旨，宜令苏州依所奏施行。札付苏州，准此。
20 治平元年四月十一日　押

21 文正公初定规矩

22 一、逐房计口给米，每口日壹胜，并支白米。如支糙米，即临时加折

23 支糙米，每斗折白米捌胜。
逐月实支，每口白米叁斗。

24 一、男女伍岁以上入口数。

25 一、女使有儿女者，在家及拾伍年，年伍拾岁以上者，听给米。

26 一、冬衣每口壹匹，拾岁以下、伍岁以上各半匹。

27 一、每房许给奴婢米壹口，即不支衣。

28 一、有吉凶增减口数，画时上簿。

29 一、逐房各置请米历子一道，每月末于掌管人处批请，不得预

30 先隔跨月分支请。掌管人亦置簿拘辖，簿头录诸

31 房口数为额。掌管人自将破用，或探支与人，许诸房

32 觉察，勒赔填。

33 一、嫁女，支钱叁拾贯。柒拾柒陌 下并准此。 再嫁，贰拾贯。

34 一、娶妇，支钱贰拾贯。再娶，不支。

35 一、子弟出官人者，每还家待阙、守选、丁忧，或任川、广、福建官留家

36 乡里者，并依诸房例，给米、绢并吉凶钱数。虽近官，

37 实有故留家者，亦依此例支给。

（以上第一截）

38 一、逐房丧葬。尊长有丧，先支壹拾贯，至葬事又支壹拾伍贯。

39 次长伍贯，葬事支拾贯。卑幼，拾玖岁以下丧葬，通支

40 柒贯；拾伍岁以下，支叁贯；拾岁以下，支贰贯。柒岁

41 以下及婢仆，皆不支。

42 一、乡里、外姻、亲戚，如贫窘中非次急难，或遇年饥不能度日，诸

43 房同共相度诣实，即于义田米内量行济助。

44 一、所管逐年米斛，自皇祐二年十月，支俵诸房逐月糇粮并

45 冬衣绢。约自皇祐三年以后，每一年丰熟，椿留贰年

46 之粮。若遇凶荒，除给糇粮外，一切不支。或贰年粮外
47 有余，即先支丧葬，次及嫁娶。如更有余，方支冬衣。
48 或所余不多，即凶吉等事，众议分数，均匀支给。或又
49 不及，即先凶后吉。或凶事同时，即先尊口后卑口。如
50 尊卑又同，即以所亡、所葬先后支给。如支上件糇粮、吉
51 凶事外更有余羡数目，不得粜货，椿充三年以上粮
52 储。或虑陈损，即至秋成日方得粜货，回换新米
53 椿管。
54 右仰诸房院依此同共遵守。
55 皇祐二年十月　日
56 资政殿学士、尚书礼部侍郎、知杭州事范　押
57 **续定规矩**
58 一、诸位子弟得贡赴大比试者，每人支钱壹拾贯文。柒拾柒陌下，并准此。再贡
59 者减半，并须实赴大比试乃给。即已给而无故不赴
60 试者，追纳。
61 一、诸位子弟纵人力采取近坟竹木，掌管人申官理断。
62 一、诸位子弟内选曾得解或预贡有士行者二人，充诸位教授，
63 月给糙米伍硕。若遇米价每硕及壹贯以上，即每石只支钱壹贯文。虽不曾得解
64 预贡，而文行为众所知，亦听选，仍诸位共议。本位无子弟入学者，
65 不得预议。若生徒不及陆人，止给叁硕；及捌人，给肆硕；及拾人，
66 全给。诸房量力出钱以助束修者，听。
67 右三项以熙宁陆年陆月
68 二相公指挥修定
69 一、掌管人侵欺，及诸位辄假贷义庄钱斛之类，并申官理断。偿
70 纳不得，以月给米折除。
71 一、族人不得租佃义田。诈立名字同。

72 一、掌管子弟，若年终当年诸位月给米不阙，支糙米贰拾硕。

73 虽阙而能支及半年以上无侵隐者，给壹半。已上并

74 令诸位保明后支。若不可保明，各具不可保明实状，

（以上第二截）

75 申　文正位。

76 一、义庄勾当人催租米不足，随所欠分数克除请受。谓如
欠米

77 及壹分，即只支至纳米足日全给。已克数 有情弊者，申
玖分请受之类。　更不支。

78 官断决。

79 右四项以元丰陆年柒月拾玖日

80 二相公指挥修定

81 一、身不在平江府者，其米绢钱并勿给。

82 一、兄弟同居，虽众，其奴婢月米通不得累过伍人。谓如柒人或
捌人同居，止共

83 支奴婢米
伍人之类。

84 一、未娶，不给奴婢米。虽未娶，而有女使生子，在家及拾
伍年、年伍拾岁以上者，自依规给米。

85 一、义庄不得典买族人田土。

86 右（三）［四］项以绍圣贰年贰月初捌日

87 二相公指挥修定

88 一、义庄费用虽阙，不得取有利债负。

89 一、义庄事惟听掌管人依规处置。其族人虽是尊长，不

90 得侵扰干预。违者，许掌管人申官理断。即掌

91 管人有欺弊，听诸位具实状，同申　文正位。

92 右二项以绍兴贰年肆月贰拾玖日

93 二相公指挥修定

94 一、义仓内，族人不得居占会聚。非出纳，勿开。

95 一、因出外住支月米者，其归在初五日以前，取诸位保明诣实，

96 听给当月米。

97 一、义宅有疏漏，惟听居者自修完。即拆移舍屋者，禁之。违者，

98 掌管人申官理断。若义宅地内居者自添修者，听之。本位实贫乏无

99 力修完，而屋舍疏漏实不可居者，听诸位同相视保明诣实，申 文正位，量支钱完补，即不得乞添展舍屋。

100 一、诸位请米历子，各令诸位签字圆备，方许给。给讫，请人亲

101 书交领即去。失历子者，住给，勒令根寻。候及壹年，

102 许诸位及掌管人保明，申 文正位。候得报，别给历

103 头起支。

104 一、积留月米并请者，勿给。

105 一、诸位不得于规矩外妄乞特支。虽得 文正位指挥与支，亦仰

106 诸位及掌管人执守勿给。

107 一、义庄人力、船车、器用之类，诸位不得借用。

108 一、诸位子弟官已升朝，愿不请米绢钱助赡众者，听。

109 一、诸位生男女，限两月，其母或所生母姓氏及男女、行第、小名报

110 义庄。义庄限当日再取诸位保明讫，注籍。即过

111 限不报，后虽年长，不理为口数给米。

(以上第三截)

112 一、遇有规矩所载不尽事理，掌管人与诸位共议定保明，同

113 申 文正位。本位有妨嫌者，不同申。虽已申而未得 文正位报，不

114 得止凭诸位文字施行。

115 右十项以元符元年陆月

116 二相公、三右丞、五侍郎指挥参定

117 一、诸位关报义庄事，虽尊长，并于文书内著名，仍不得竹

118 纸及色笺。违者，义庄勿受。

119 右一项以元符贰年正月拾柒日

120 三右丞指挥修定

121 一、义庄遇有人赎田，其价钱不得支费，限当月内以元钱典

122 买田土。辄将他用，勒掌管人偿纳。

123 右一项以崇宁伍年拾月拾贰日

124 五侍郎指挥修定

125 一、诸位辄取外姓以为己子冒请月米者，勿给。许诸位觉察

126 报义庄。义庄不为受理，许诸位径申 文正位公

127 议，移文平江府理断。其大观元年柒月以前已收养给米者，不得追讼。

128 右以大观元年柒月初拾日

129 五侍郎及 二相公指挥参定

130 一、诸位子弟在外不检生子，冒请月米，掌管人及诸位觉察，勿

131 给。即不伏，掌管人及诸位申 文正位，移文平江府理断。

132 右以政和叁年正月贰拾壹日

133 五侍郎指挥修定

134 一、族人不得以义宅舍屋，私相兑赁质当。

135 右一项以政和伍年正月贰拾玖日

136 五侍郎指挥修定

137 右仰义庄及诸位遵守施行。内前后文意相妨窒

138 碍者，从后规。若有违犯，仰掌管人或诸位备录治

139 平元年中书札子所坐 圣旨，申官理断。各令知委。

140 政和柒年正月（高平开国之印）十三日

141 朝散大夫、充徽猷阁待制、提举亳州太清宫范 （押）

142 通直郎、知颍昌府长社县事 正国书 掌管庄事 □

143 义庄规矩元立于天平

144 忠烈庙。曩岁融□延燎断石（下缺）

145 至元甲午命工以旧本（下缺）

146 堂，庶几 先世遗风（下缺）

147 瀚裔孙帮瑞、士贵（下缺）

（以上第四截）

宋代《义庄规矩碑》碑文结构包括内、外两层。外层是仿公文体的族内告知，从前两行的“文正位勘会”始，以第137~139行“右仰……各令知委”为结束标志，附以公文体必备的行文年月和印章（第140行），以及立碑责任者的职衔、姓、签押（第141行）。主体内容位于中间，依次为事由（第3~8行）、公文（第9~20行）、文正公初定规矩（第21~

56 行)、续定规矩（第 57～136 行)。碑文结构完整，公文体式特征鲜明。然而这并非官府的正式公文，而是范仲淹子侄辈商议后，以“文正位”的名义向族众发布的遵行义庄规制的告知。

碑文的内层结构与外层的中间部分相同，由治平元年（1064）“中书札子”、皇祐二年（1050）“文正公初定规矩”、熙宁六年（1073）至政和五年（1115）范氏子侄辈的“续定规矩”三部分接续组成。其编排，将“中书札子”放在首位，再将初定规矩和续定规矩按时间顺序排列，体现出公文重于规条的用意。

续定规矩中反复出现的指挥“修定”的责任者——二相公、三右丞、五侍郎，分别指范仲淹（989～1052）的次子范纯仁（1027～1101)、三子范纯礼（1031～1106）和五子范纯粹（1046～1117)。[①] 第 142 行是宋代碑文书写、刻立责任者署名。碑文由范纯仁之子范正国书丹，掌管庄事者同立。

（二）义庄规矩的行政化

《义庄规矩碑》上的仿公文体“斟会”形式，乃是对范仲淹初定规矩模式的延续。碑载“文正公初定规矩”，其中第 54 行“右仰”的用语，第 55 行的行文时间，第 56 行具责任者官职、姓、签押，均是公文所特有的体式。

而无论是仿公文体的“文正位勘会”，还是碑文中的正规公文“中书札子”以及规条，均遵循公文格式中的敬空、换行、落款、押署等要求，在朝旨、敕旨、圣旨、文正位前敬空两格或一格，各条规矩之前以“一”标注。

范氏义庄规矩原本是在族内推行的民间规约，并不具有法律规范的效力。规矩能否遵守，全凭族人的自觉。而范仲淹凭其特殊的官职身份，以其熟知的政务规范，仿公文体式设定义庄规约，无疑是为提升义庄规矩的效力。因未得到官府的认可，在范仲淹去世后，范氏义庄面临着半途而废的囧境。正如范纯仁在奏状中称：“近诸房子弟有不遵规矩之人，州县既无敕条，本家难为伸理，五七年间，渐至废坏，遂使子孙饥寒无依。”在范纯仁看来，如果没有官府的介入，范仲淹建立义庄的初衷将难以实现。

范纯仁在治平元年（1064）收到“中书札子”文书原件后，并未公之

---

① 《四库全书范文正年谱提要》载：“书中称二相公者谓纯仁，三右丞者谓纯礼，五侍郎者谓纯粹，皆其子孙之词也。”范能濬编《范仲淹全集》，薛正兴点校，凤凰出版社，2004，第 1439 页。

于众，只是在续定规矩、重建制度时，有意将公文的核心内容“子弟有违犯规矩之人，许令官司受理”，落实于各条款中。直到政和七年（1117），范仲淹的五子范纯粹才将“可为永式”的规矩条款进行编类，连同治平元年的“中书札子”一并刻石。

从规条内容看，范仲淹在皇祐二年（1050）初定13条规矩的贡献，在于构建了义庄制度的初步轮廓。条规内容集中于改善族人生活，多为分派、资助米粮的办法。虽然也提出“仰诸房院依此同共遵守”，并在行文中刻意模拟官方表述，但约束力不强。

范纯仁兄弟的续订规矩之举，均在治平元年得到朝廷公文以后。此也间接表明，范仲淹初定规矩即使有朝廷的认可，也尚有诸多局限，增修工作势在必行。范纯仁兄弟分别于熙宁六年（1073）续定3条，元丰六年（1083）续定4条，绍圣二年（1095）二月续定4条，绍圣二年四月续定2条，元符元年（1098）续定10条，元符二年（1099）、崇宁五年（1106）、大观元年（1107）、政和三年（1113）、政和五年（1115）各续定1条，总计续定规矩10次，增修28条。尽管每次续定条款不多，但均是随事而议，强调规矩的执行与公权力的关系，规范性日益加强。熙宁六年的续定以资助族人参加科举考试的内容为主，条款中已见“掌管人申官理断”的规定。元丰六年的续定，“申官理断”见诸第一、四条。其中第一条规定：

> 掌管人侵欺，及诸位辄假贷义庄钱斛之类，并申官理断。偿纳不得，以月给米折除。

在初定13条规矩中，“不得”的规定仅2见。而在续定28条规矩中，“不得”的规定凡13见，“勿”字7见，“禁”字1见，诸如“族人不得租佃义田”、“义庄不得典买族人田土”、“义庄费用虽阙，不得取有利债负”、“义仓内，族人不得居占会聚”、“族人不得以义宅舍屋，私相兑赁质当”等等，主旨在防范族人侵占义庄的财产，以保证义庄制度的良性循环。而在初定规矩不见的“申官理断”的规定，在续定规矩中，已成为常态。

综观续定规矩的内容，大致有以下四个特点。

一是义庄事务的权利义务关系明确，并有监督机制。如规定从族人中选出独立的管理人负责财产的运营，管理人凭业绩好坏获得报酬，族人对管理人有监督的权力。义庄勾当人、掌管人各司所职。绍兴二年四月续定规矩称：

> 义庄事惟听掌管人依规处置。其族人虽是尊长，不得侵扰干预。违者，许掌管人申官理断。即掌管人有欺弊，听诸位具实状，同申 文正位。

其监督机制多采用“诸位保明”的办法书写保状。如元丰六年修定规矩要求：

> 掌管子弟，若年终当年诸位月给米不阙，支糙米贰拾硕。虽阙而能支及半年以上无侵隐者，给壹半。已上并令诸位保明后支。若不可保明，各具不可保明实状，申 文正位。

二是防范和禁约条款增多，规范性更强。前文提到的十余处“不得”、“禁”等禁为条款，“申管理断”、“诈立名字同”等表达，以及一些法律原则的适用，如不溯及既往的规定：“其大观元年柒月以前已收养给米者，不得追讼”；新规效力优先的规定：“前后文意相妨窒碍者，从后规”等，均提升了规矩的适用性。

三是违规处罚措施多样，包括取消获得救济资格、折除、赔偿、追纳，以及送官理断等。对于不遵守规矩或有所失误者，责任自担。元符元年续定规矩声明：

> 诸位请米历子，各令诸位签字圆备，方许给。给讫，请人亲书交领即去。失历子者，住给，勒令根寻。候及壹年，许诸位及掌管人保明，申 文正位。候得报，别给历头起支。

四是文正位的地位得到提升和巩固。文正位多由范文正公的嫡系子孙充任。[①] 依据规条和先例，文正位可以对宗族成员发布公文体告示；行文

① 范安瑶等编《范氏家乘·凡例》（乾隆十一年刻本）载：“吾吴中以文正公为始祖。监簿公为文正嫡长，是为大宗。”日本学者井上彻认为：自从义庄创立者范仲淹去世后，范氏义庄就确立了以“文正位”主宰祖先祭祀、立于宗族最高点的规矩。这个“文正位”由以范仲淹长子范纯佑（曾任监簿房主簿）为房祖的监簿房接任。详见〔日〕井上彻《中国的宗族与国家礼制》，钱杭译，钱圣音校，上海书店，2008，第8、207页。

中，“文正位”需敬空；义庄的重要事项需“同申文正位”；族人间的争议移交官府前，需申文正位。最重要的是，“文正位”对义庄规矩有最终决定权。元符元年续定规矩称：

> 遇有规矩所载不尽事理，掌管人与诸位共议定保明，同申文正位。（本位有妨嫌者，不同申。）虽已申而未得文正位报，不得止凭诸位文字施行。

而上述规矩得以落实的关键，依然是朝廷的特别授权，及苏州府对中央授权的执行力，否则，续定规矩仍会重蹈初定规矩的覆辙。

范仲淹以“资政殿学士、尚书礼部侍郎、知杭州事”的官职和签押发布的仿公文体的义庄规矩，范纯仁在任“知开封府襄邑县”官职时申领到“中书札子”的“行政授权”，其目的均是欲将原本属于“私约”性质的义庄规矩，纳入到官方的行政管理体系中，只是范纯仁的做法更具有保证性。范纯仁在奏状所强调的将“私规”转变为“官法”的途径是：“伏望朝廷特降指挥下苏州，应系诸房子弟有违犯规矩之人，许令官司受理。”而皇帝的圣旨也批准了范纯仁的请求：“宜令苏州依所奏施行。”中书门下再将圣旨落实：“札付苏州，准此。”

苏州府会收到同样内容的“中书札子”。凭据朝廷下发的“行政授权”之“尚方宝剑”，义庄规矩向“官法”迈进了一大步，诚如“勘会”结尾所特别强调：

> 若有违犯，仰掌管人或诸位备录治平元年中书札子所坐圣旨，申官理断。

由此，义庄规矩由范氏家族的内部条款，跨入有国家权力机构保障的法律规范结构体系内。①

治平元年“中书札子”给范氏义庄带来的影响和效益，持久而显著，并成为一种可以仿效的先例。请求朝廷的公文，续定完善管理规条，范氏义庄在自我管理和朝廷保驾护航的双重保障中，得以持续发展。南宋庆元

① 有关民间规约和法律规范以及非制定法和制定法之别的论述，参见李雪梅《古代法律规范的层级性结构——从水利碑看非制定法的性质》，《华东政法大学学报》2016 年第 4 期。

二年（1196），范仲淹五世孙范之柔辈在恢复因南渡动乱毁坏的庄宅后，续添规式12条，又于嘉定三年（1210）再次向朝廷奏状取旨：

> 庆元初，臣与兄弟始协谋同力，尽复故基，渐还旧观，参定约束，加备于前。固尝经本州镂给版榜，揭示义宅，然非更得朝廷行下本州，申明受理元降指挥，恐无以善后，怀此日久，无路自申。今臣幸蒙公朝轸念故家，擢缀班列，若不于此时控告君父，则何以副先人属望子孙之意。用敢冒昧以闻，伏望圣慈俯鉴微衷，特颁睿旨，札下平江府，令将续添规约常切照应治平元年已降指挥受理，庶足以敕厉来者，增固旧规。[①]

范之柔的“伏望圣慈俯鉴微衷，特颁睿旨，札下平江府”的奏请，与范纯仁的“伏望朝廷特降指挥下苏州”的请求，如出一辙，并同样得到圣旨许可。南宋时期的范氏义庄续定规矩再一次被纳入官方视野，而之前的旧规，也同时得到重申和巩固。

南宋续规12条，仅重申旧规即占了5条。[②] 之所以频繁重申，仍是因族人缺乏守规的自觉性，以致违反规矩之事端频出，成为义庄正常发展的窒碍，故特重申旧规并加大惩罚力度。其中第6条规定：

> 旧规，义庄事务惟听掌庄子弟自行处置，虽是尊长，不得侵扰干预。缘违犯者未曾有罚，是以近来多有族人专为货赂，不顾义庄利害；或为揽户兜纳苗米，必要多增贴耗；或主张不逞之徒充应脚力及墓客之类；甚至鼓诱外郡族人挟长前来，擅开仓廒，妄用米斛，恣行侵扰，意在破坏。今后如有违犯，许掌庄指实，申文正位，自行体访知觉，罚全房月米一年外，仍经官乞行根究惩治。内有乞觅过钱物之人，即合从条施行。

① 《清宪公续定规矩》，范能濬编《范仲淹全集》，薛正兴点校，凤凰出版社，2004，第925～928页。

② 庆元二年《清宪公续定规矩》所重申的5条旧规，与政和七年立石的《义庄规矩碑》所载文字略有差异，但大体内容相同。如《义庄规矩碑》载元丰六年续定规条为：“族人不得租佃义田。诈立名字同。”《清宪公续定规矩》第4条载：“旧规，诸房不得租种义庄田土，诡名者同。”《义庄规矩碑》载绍兴二年四月续定规条为：“义庄事惟听掌管人依规处置。其族人虽是尊长，不得侵扰干预。”《清宪公续定规矩》第6条载：“旧规，义庄事务惟听掌庄子弟自行处置，虽是尊长，不得侵扰干预。”

比较北宋与南宋的续定规矩，后者的突出变化是，罚则增多，惩罚力度加强，并强调族内惩罚和“经官乞行根究惩治”并行。在12条规矩中，有8条规定了“申文正位，罚全房月米”一年或半年的内容。所谓全房，谓“照本房请米历内口数，并行住罚”。针对触犯刑律的族人，也列有公、私罚项的专条：

> 诸房闻有不肖子弟因犯私罪听赎者，罚本月米一年。再犯，除籍，永不支米。（奸盗、赌博、斗殴、陪涉及欺骗善良之类。若户门不测者，非。）除籍之后，长恶不悛，为宗族乡党善良之害者，诸房具申文正位，当斟酌情理，控告官府，乞与移乡，以为子弟玷辱门户者之戒。①

尽管目前尚未见到范之柔《续定规矩》碑石及拓本，但据嘉定四年（1211）刘榘所撰《范氏义庄申严规式记》，范之柔是有刻石意向的。该文引范之柔之语道：

> 之柔与吾兄良器极力经理，为屋以栖义廪余，以待族人之无家者，浸还吾祖之旧。惟是义庄规式，岁月易隳，请之朝，属之乡郡，勒之坚珉，俾世守而传之无穷者，吾犹不敢懈也。幸备位谏垣，当具本末奏陈，乞申严行下，庶不负文正公所以责望子孙之意。②

其中提到“勒之坚珉”，即指将规矩立石。③ 其目的仍“俾世守而传之无穷者”，与北宋时期的“惧岁久渐至隳废，今尽以编类刻石，置于天平山白云寺先公祠堂之侧，子子孙孙遵承勿替”诉求，一脉相承。

故宋代的范氏义庄规矩，自范仲淹在皇祐二年（1050）初定，到其子侄辈于政和七年（1117）将续定规矩编类刻石，再到嘉定三年（1210）范之柔将庆元二年的续定规矩立石，前后历经160年。无论是制定规条的目的，还是规条的内容和精神，乃至两次“奏状取旨”的形式，均有类同性。每次的续定规矩均使规范性加备于前，也使范氏义庄制度在自身完善

---

① 范之柔续定十二条规矩条款，详见《范仲淹全集》，第925～928页。

② 《范仲淹全集》，第991～992页。

③ 在此之前，范之柔曾有将“田籍之传远者，俱刻之石，以为永久之计”的做法。详见楼钥《范氏复义宅记》，《范仲淹全集·范文正公褒贤集卷第三》，第988页。

和纳入国家行政体系的双重保证中逐步完善。南宋楼钥对这一过程有精练的评述：

……文正公初立规矩，止具给予之目，仅设豫先支请之禁。不数年，忠宣公已虑其废坏，故治平奏请圣旨，违犯义庄规矩之人，许令官司受理。又与右丞、侍郎自熙宁以至政和，随事立规，关防益密。今之规约又加密矣。①

明代范维一对此过程也有类似评述：

先文正公少产北地，及长还吴，访求宗族，置田以赡之，号曰义庄。广其居为义宅，岁时聚族，定家规以垂后。而忠宣、右丞诸公渐次增修，忠宣复请于朝，下所司遵理。迨宋之南也，中更兵燹，田存而宅废。五世孙尚书清宪公为左司谏，时与兄良器力振复之，事具《义宅记》中。清宪又参定规条，视前加备，奏请颁行，虑至深远矣。②

经过“随事立规”的十数次续定，圣旨和札付明示的苏州府（南宋为平江府）对义庄的特别管辖授权，也终于落到实处。范氏义庄和义庄规矩的典范性，由此确立。

三　北宋“中书札子”的法律意义

（一）“中书札子”的行政授权

中书札子是北宋前期的宰相机构——中书门下处理日常政务、下达行政指令所使用的一种文书形式。③ 其要件有四：一是有具奏人和具奏诉求；二是“取旨”，即请求皇帝御批，以“右奉圣旨”接续皇命；三是文末题

① 《范仲淹全集》，第989页。

② 范维一：《刻义庄家规叙》，载《范仲淹全集·范文正公集著录序跋》，第1422页。

③ 参见张祎《中书、尚书省札子与宋代皇权运作》，《历史研究》2013年第5期；李全德《从堂帖到省札——略论唐宋时期宰相处理政务的文书之演变》，《北京大学学报》（哲学社会科学版）2012年第2期。

“札付某某，准此”，表示中书门下根据圣旨内容向“某某”发出政令；四是有公文的责任者中书门下的落款、印押等，以示真实可信。上述要件中，一般奏状内容较为翔实，事由、依据、请求等结构丰满，而关键的批准、授权环节——“圣旨”、“札付”的内容却简单明确。

具体到本文分析的两通碑刻，熙宁三年（1070）的《千仓渠水利奏立科条碑》中载有两份中书札子，具奏人分别是三司使公事吴充和京西路管勾农田水利差役事陈知俭，其诉求均是完善千仓渠水利设施，建立责权明确、公平用水的科条，以为永远之利，并请求“降敕指挥，降下孟州遵守，并下转运提刑司，常切觉察”。皇帝对吴充的拟议科条的圣旨是“宜令京西路提举官依三司上项奏请事理，具合理科条闻奏”，对陈知俭具奏的完备科条事的御批是“宜令京西转运司并依所奏施行”。宰执所发出的政令，先是“札付提举京西路常平广惠仓司”，此为制定科条的责任机构；后是“札付司农寺，准此”。司农寺是统摄全国农田水利改革的中枢机构，表明千仓渠水利管理之事，是全国农田水利建设的组成部分。遗憾的是，《济源县志》移录碑文时，忽略了中书门下的落款和印押等关键要素。

在政和七年（1117）的《范文正公义庄规矩碑》中，具奏人是范仲淹之子范纯仁，他在奏状中概括义庄设立的过程、规矩内容、规矩执行所面临的困境，以及义庄运行与定规守矩之间的关系，特请求朝廷赋予苏州府相应的管辖权。范纯仁的“具奏取旨”得到皇帝许可：“右奉圣旨，宜令苏州依所奏施行。”之后中书门下将圣旨内容传递落实：“札付苏州，准此。”发文时间是“治平元年四月十一日”，并有签押，以示责任所属。

由于兼有皇帝御批和宰相机构的指令，“中书札子”成为朝廷综合行政的公文。而这也正是中书札子较普通公文更为特殊之所在。在宋代公文体系中，带有皇帝圣裁的中书札子，其行政效力位居顶层，同时也具有法律效力。从公文流程看，“中书札子”的奏请者要具备一定的官职身份。当范仲淹五世孙范之柔拟仿效先辈范纯仁的做法奏状取旨时，也曾“怀此日久，无路自申”。另与一般公文的短程、定向不同，中书札子更具有长程、连环型的特征。①

① 参见李雪梅《公文中的动态司法：南宋〈给复学田公牒〉和〈给复学田省札〉碑文考释》，《中国古代法律文献研究》第十辑，社会科学文献出版社，2016，第280～301页。

《科条碑》和《义庄规矩碑》中规条的生效都经过“中书札子”的授权。但仔细比较，“中书札子”在两个条规生成中的意义和作用却有所不同。前者的行政流程有熙宁二年颁布的《农田利害条约》为法律依据，制度完备。后者所载范纯仁的奏请是为家族之事，与《科条碑》中为水利公事而奏裁取旨相比，“私”的成份明显，故在《义庄规矩碑》中，“行政特许”的内涵更为明显。

（二）行政授权中的权责利

行政授权往往表现为权、责、利的相互依存。以《科条碑》为例，主持立碑者为京西路管勾农田水利差役事的陈知俭。在立碑告知渠水用户后，京西路和孟州的官员凭借“中书札子”的授权，可以管束那些“害渠堰之利”的水硙之家和豪民；同时也将千仓渠的管理、维护职责下放给渠户，并通过对甲头的制约，“如敢作弊，敛掠人户钱物，并行严断”，使官方的行政管理权限，通过甲头延伸到民众。

再看《义庄规矩碑》。因“中书札子所坐圣旨”的特别授权，范氏义庄成为一种具有半官方色彩的民间公产机构。其民间性表现为义庄田产的来源、管理和维护，均由民间主导；其半官方的属性，则基于治平元年“中书札子”的授权。

治平元年“中书札子”的行政授权具有双重性，即对苏州府的行政管辖授权和对范氏义庄的行政特许权，两者互为依托。对苏州府而言，它获得了管辖范氏宗族内部事务的权力，可将行政管辖的触角伸得更远。而职责所系，苏州府也会对范氏义庄给以更多的关照。范之柔主持的《续定规矩》第三条提到“义庄及白云功德寺差役并应干非泛科敷，并蒙官司蠲免”之事，即是例证。①

对范氏宗族言，因为行政特许，可将违犯规矩的族人“申官理断”，诸如“诸位子弟纵人力采取近坟竹木，掌管人申官理断”、“掌管人侵欺，及诸位辄假贷义庄钱斛之类，并申官理断”、“义庄事惟听掌管人依规处置。其族人虽是尊长，不得侵扰干预。违者，许掌管人申官理断”、“即拆移舍屋者，禁之。违者，掌管人申官理断”等规定，使义庄规矩的强制效

① 《范仲淹全集》，第926页。

力得到提升。

也因为“中书札子”的特许性授权，范氏义庄与苏州府在公文往来上，处于相对平等的地位。在北宋大观元年及政和三年的续定条款中，均出现了“移文平江府”的表述：

诸位辄取外姓以为己子冒请月米者，勿给。许诸位觉察报义庄。义庄不为受理，许诸位径申文正位公议，移文平江府理断。

诸位子弟在外不检生子，冒请月米，掌管人及诸位觉察，勿给。即不伏，掌管人及诸位申文正位，移文平江府理断。

从公文用语角度看，“移文”指行于不相统属的官署间的公文。清袁枚称：“今文书平行者号移文。”[①]

当然，范氏义庄能获得行政特许权，范仲淹父子的社会影响力不容忽视。在嘉熙四年（1240）《与免科粜提领浙西和粜所帖》中，提领浙西和粜所据吴县、长洲县申文称：“范文正公义庄乃风化之所关，理应与免科粜”，[②] 因此免除两县范氏义庄劝米 292.1 石和 681.52 石，使范氏义庄享有了与学田同等的免赋役等的特权。

可见，行政特许，还往往包含着政治、经济和法律的多项权利的特许。作为享受这种综合特权的回馈，范氏家族通过持续不断的制度创建和完善，使范氏义庄成为官方标榜的宗族教化、管理的典范。

结　语

行政管辖、行政特许都是当代行政法中的概念，而这些概念所表述的行政行为，在中国古代的行政活动中也同样存在。宋代是中国古代法律碑刻发展的一个重要时期，至今存留的数量庞大的宋代公文碑现象也值得特别关注。公文碑占宋代法律碑刻总数的 2/3 强，[③] 并形成了札子（北宋为中书札子，南宋为尚书省札）、敕牒、公牒、公据等公文系列。在其他类

① 袁枚：《随园随笔》卷上《官职类》，广益书局，1936，第 86 页。
② 《范仲淹全集》，第 969 页。
③ 截至目前，笔者已整理宋代法律碑目有 520 种，其中公文碑约占 70%。

别的碑刻如规章碑和讼案碑上，也带有浓重的公文色彩。

公示于众的公文碑，意在向社会宣示所涉权益的合法性、确定性。刻碑者往往是新的行政“话语权”的拥有者。对他们而言，公文是授权的依据，是特殊权利的合法来源的证明。而刻碑，正是为了使新获得的权责利能够持久稳固。

将公文原样摹刻于石亦是属于“公事”范畴，尤其是公文上的签押、印记，擅自刻立会有伪造官文书之嫌。[①] 由于碑石是对原始文献的摹刻，在唐宋公文存世有限的当下，具有原生史料特性的公文碑，以其行政授权的实用功能和法律效力，实现了对纸本文献的超越。

［本文原载《苏州大学学报》（法学版）2017 年第 1 期。此为修订稿］

① 详见窦仪等撰《宋刑统》卷 25《诈伪律·诈为官文书及增减》，薛梅卿点校，法律出版社，1999，第 390 页。

泰山谷山寺敕牒碑碑阴文考论[*]

郭笃凌[**]

泰山谷山寺敕牒碑碑阴文字以草书写成，洋洋洒洒2300余言，堪称碑中巨制，但其内容古来史乘均无著录，今人著述语焉不详且多舛误。经数月考察，我们基本厘清了碑文内容，形成如下初步结论：（1）碑文的主要内容为山门清规而非禁约；（2）清规的条目为21条而非40条；（3）清规述及谷山寺经藏、梵林、庄田等常住管理以及住持承嗣体制、僧众破戒摈罚等重要内容；（4）清规内容与宋代宗赜《禅苑清规》及元代《敕修百丈清规》相若，部分内容较《禅苑清规》更为详审，表现出极强的传承性与独特性。以下详细论之。

一　碑文释读

泰山《谷山寺敕牒碑》（图1）为研究金代泰山地区寺院管理的重要资料，古来史乘均有著录，其碑阴文字（图2）却并未引起关注。清张金吾《金文最》①、今人阎凤梧《全辽金文》② 均无著录，诚为憾事。近年来，我们数十次往返岱庙与谷山寺进行实地考察，反复比照宋宗赜之《禅苑清规》、元《敕修百丈清规》、唐孙过庭《书谱》及《草书辞典》诸书，可读者已十之七八，碑文内容已基本清晰。为方便叙述，今不避冗繁，将

---

* 本文为山东省社科规划项目“泰山石刻法制文书的整理与研究”（编号13CLSJ03）的阶段性成果之一。

** 郭笃凌，山东科技大学文法系副教授。

① 张金吾：《金文最》，江苏书局重刻影印版，光绪二十一年。

② 阎凤梧：《全辽金文》，山西古籍出版社，2001。

此碑全文移录如下，亦可资同好采择之用。因此碑草书写成，历久年湮其文亦有漫漶之象，所有不易辨认处，录文尽以“□”标出，有待书家同好补之。文中“」”表示换行。

泰安岱麓佛峪道□玉泉禅寺□□□□世孙□□□」□□□□□□□□□□□诫后恶，知事因而误犯，」□□□□，□典开示数十条警□来世者。」

一、佛、菩萨殿堂，常□香台灯烛，洒扫严洁；凡所」常住经文，库司收掌；遇有商□，□清□当附历」□□□□，无令教其致污者。」

一、管家□寻常鼓钟，无令闲杂人作践庄田。知事、」知客等每遇檀越到来，□□□□□之。」

一、山门徒弟遇有差充当住持、知事者，□□补之；凡」山门常住事务，一同商议而行者；□□□□□□□」□；常住钱帛、□□、竹木、园林、栟□，精严者主之。」

一、不许应赴近远檀越、商经，毫纤道□□□□者。」据有□以上，当倍罚入常住，如就山门者而论。」

一、州之下院并不许差住持、院主二□申发牒度文」牒，惟差库头□管本寺□□到物料并修理菜园。」

一、住持并诸知事□□□慎□勤务□。山门□□之物，」常知目阙；照管大小修造，无致□□；如有□□之」事，许□知事、法属举□。」

一、诸法属出入回应□□□寮，如商□□□□，各应」回礼，贵图义□而曷代甚祖师□不在回礼□□。」

一、常住厨□、米面、油盐等，□收支文历，一一声说支收」□□□□□□□□用余并入库收管者。」

一、住持人并知事共勾当财用盘费，且收支□□，□」□相□者，□回礼入库照公□附历者。」

一、梵林不问曲直，树木概不许薪伐，□□者寺僧□□」□许，递岁于□便处添补栽植松柏者。」

一、老年亡殁之后，将上下寺名□、□据等文字历一宗用匣」子并收，诸内□、众法属、知事等钉□封定入库□;」□库签押常住文历，照编封锁，依□入库者。」

一、□□□□□，用栖隐堂为主位；□住持退席者仍列□」□，便寮□亦不许□□□□占住堂主位者。」

一、上、下院库头自收□□，知管闲杂物料并收支文历；」细声说是何月与甚人处收支；□是何名色料」□；其□□人亦逐一比对，库司呈合同文历，签押；」不问住持、知事等，不许私取己用□□之物；如违者，」不论多少，罚十倍与告人充赏，仍下议□□榜」示，许街坊人等告控与上方住持、知事，□实者□;」如库头私用者，知情不告与犯人同告，首者免之。」

一、住持并知事、法属人等或有私用常住钱帛、物料，」得□□□；如□犯之，许众徒弟知事摈罚者。」

一、山门□近□远，不□安置□□寮□；如违犯者，许」众徒弟、法属摈罚当人出方，更不收系者。」

一、□□□□□□□□依例采斫；将东西每人于库头」处交付换钱，附历纸声说卖与何人、是何」名色竹席，总数如□，檀越□鞭余算；竹苑下竹，」率者为何；住持人白众知事并□园头、庄」主通知，然后□□，责图□□斫竹声□，」不致□□者。」

一、直岁常知□□□□□□□□□□□□□□」绳索替□□□；常知□□，厨料预备，亦当□□」在列；寄□之物，□□依时□□□□。」

一、□法度□□徒弟；若本师曾经住持并当知事，并」无勤绩却有违犯，□人不在山门收系之下；如本人」遵行就高，众法属举保者论。」

一、凡住持本寺，依祖师自成体例；不在□次，」于官出验文帖，之下为是父子甲乙，义私举保」住持之派，免致烦乱□司者。」

一、诸方堂众、僧徒人等，不许私地频数下山于村庄」处□夜；如稍有不应为而为，许诸人举之，当须」决罚摈赶出方，抹床历者。」

一、应□在方僧□犯□、□淫、盗罪明显验实者，」即时焚烧□需，出方；情理重者，解献」官□□罪施行。」

右前件贰拾壹条，并□□与住持、知事、法」属、徒弟等递相警戒，一一不得违犯。是岁，」□与小师广琳、广靖等一同议论定可行,」□□□□□□□□□禅仗」□□权水□立书□□，贵图远世不致騺坠,」天长地久，用为遐迩;」□仙之士，修□祈福添瑞;□□□」□□□□□□□□□□□□□」

劝缘住持佛峪谷山玉泉禅寺沙门智□

(以下男女信众、善友68人，略)

大安元年四月九日栖隐妙然道人书丹

广琳　　广靖　　广宝　　　广□

广颢　　广兴　　立石　　　历山贾祐刻

图1　大安元年《谷山寺敕牒碑》碑阳

图2　碑阴拓片

二　碑名和条目勘误

辽金元时期碑刻法律史料种类、数量、行文方式与碑文内容均呈多样化增加趋势，① 但关于谷山寺敕牒碑碑阴文的内容，古乘几无著录，今人的著述亦是语焉不详，袁明英《泰山石刻》②、张用衡《泰山石刻全解》③ 等书在“谷山寺敕牒碑”条均言“碑阴刻‘山林规约’（张本作‘山林禁约’）40 条”云云，这实际上是一种误勘。为论述碑文清规内容、特点及其法律意义，特制成下表（表 1）以资参照。

表 1 泰山谷山寺敕牒碑碑阴内容一览表

目 次	分 类	主要内容	罚则及其内容	
			有无罚则	罚则具体条文
序	说明	①佛寺位置 ②勒碑目的 ③规条数量		
第 1 条	保障之规	④卫生保持 ⑤经藏保管	无	
第 2 条	保障之规	⑥安全保障	无	
第 3 条	管理原则	⑦人事递补 ⑧民主管理 ⑨任人原则	无	
第 4 条	管理原则	⑩接待原则	有	据有□以上，当倍罚入常住，如就山门者而论
第 5 条	山门清规	⑪牒度之规	无	
第 6 条	山门清规	⑫住持之规一	有	如有□□之事，许□知事、法属举□
第 7 条	山门清规	⑬回礼之规	无	
第 8 条	山门清规	⑭厨料之规	无	
第 9 条	山门清规	⑮住持之规二	无	
第 10 条	山林禁约	⑯薪伐之规	有	□□者寺僧□□□许，递岁于□便处添补栽植松柏者
第 11 条	山门清规	⑰送亡之规	无	
第 12 条	山门清规	⑱升座退院之规	无	

① 李雪梅：《碑刻法律史料考》，社会科学文献出版社，2009，第 81～82 页。

② 袁明英：《泰山石刻》，中华书局，2007，第 536～537 页。

③ 张用衡：《泰山石刻全解》，山东友谊出版社，2015，第 257 页。

续表

目　次	分　类	主要内容	罚则及其内容	
			有无罚则	罚则具体条文
第 13 条	山门清规	⑲肃众之规一： 物料之规 1）收支文历的使用 2）私取己用的赏罚 3）知情不告的问责	有	1）不论多少，罚十倍与告人充赏，仍下议□□榜示；2）如库头私用者，知情不告与犯人同告，首者免之
第 14 条	山门清规	⑳肃众之规二： 资财之规	有	如□犯之，许众徒弟知事摈罚者
第 15 条	山门清规	㉑肃众之规三： 寮舍之规	有	如违犯者，许众徒弟、法属摈罚当人出方，更不收系者
第 16 条	山门清规	㉒肃众之规四： 竹木园林典卖之规	无	
第 17 条	山门清规	㉓直岁职掌	无	
第 18 条	山门清规	㉔肃众之规五： 持法之规	有	□人不在山门收系之下，如本人遵行就高，众法属举保者论
第 19 条	山门清规	㉕师承之规： 1）祖师体例 2）□次之外	有	不在□次，于官出验文帖
第 20 条	山门清规	㉖肃众之规六： 下山与宿外之规	有	如稍有不应为而为，许诸人举之，当须决罚摈赶出方，抹床历者
第 21 条	山门清规	㉗肃众之规七： 惩恶之规	有	应□在方僧□犯□、□淫、盗罪明显验实者，即时焚烧□需，出方；情理重者，解献官□□罪施行
跋	说明	㉘戒规要求 ㉙目的希望		
题名	题名	㉚劝缘住持 ㉛襄助题名 ㉜年款 ㉝书丹题名 ㉞立石及刻字题名		

考此碑阴全文和表1所示，不难发现，其文主体21条内容中，除开首4条为山门管理的原则外，其余内容尽是佛教清规，确切地说是谷山寺山门清规，内容涉及牒度、回礼、升座、送亡等山门戒规，多数能与宋宗赜之《禅苑清规》、元《敕修百丈清规》等清规相参照，而且较之其他清规更加具体详审，涉及“山林禁约”者仅第10条而已。该条规定：“梵林不问曲直，树木概不许薪伐，□□者寺僧□□□许，递岁于□便处添补栽植松柏者。”据此，该碑名称和性质当断为“谷山寺山门清规碑”更为准确，而非前文所述“山林禁约”。

另碑文所载条规的数目，今人著述多作“40条”。详审碑文录文，40条当为21条之误。理由有二。其一，依古碑常见格式，诸条款之首均以“一、”具题，查所有碑文，清规条款确为21条无疑；其二，清规主体部分后附小跋，有明确的概括之语：

> 右前件贰拾壹条，并□□与住持、知事、法属、徒弟等递相警戒，一一不得违犯。

其中，碑文之首小序概括清规内容时仅言“数十条”而非40条，因草书“数”字左下“女”旁与右半反文旁连书（见图3），而该字上半笔画不显，故而误认作草书“四”字，40条之误概缘于此。

综上所述，向时所称“谷山寺山林禁约”实为“谷山寺山门清规”，条款数目当为21条而非40条。

三 碑文内容及特点

唐代以来，佛教的教义、戒律、清规制度较为完备，这些宗教法中诸多规条的规定涉及宗教人士生活中的方方面面。佛教精神的一个重要载体就是佛教的戒律，戒律和法律规范可以说是佛教和法律调整人类行为的具体社会规范。[①]

（一）清规的主要内容

从内容上分析，谷山寺山门清规与宋宗赜《禅苑清规》及元《敕修百

① 李文军：《佛法与国法：规范合力与意义勾连》，《世界宗教文化》2011年第1期。

图 3 《谷山寺敕牒碑》碑阴局部

丈清规》相若，其主要内容可概括为以下几个部分。

1. 各僧职职掌

该碑所述及的僧职主要有住持、管家、库司、知客、直岁、库头、园头、街坊等。由于其文并非专论僧职职掌，故而许多僧职散见于21条，且前后互见。因前录文及分类表已述及，现择要分述之。

(1) 住持。第6条规定：

> 一、住持并诸知事□□□慎□勤务□。山门□□之物，常知目阙；照管大小修造，无致□□；如有□□之事，许□知事、法属举□。

第9条：

一、住持人并知事共勾当财用盘费且收支□□，□□相□者，□回礼入库照公□附历者。

（2）管家。第2条规定：

一、管家□寻常鼓钟，无令闲杂人作践庄田。

（3）知客。第2条规定：

……知事、知客等每遇檀越到来，□□□□□之。

（4）库头。第5条规定：

一、州之下院并不许差住持、院主二□申发牒度文牒，惟差库头□管本寺□□到物料并修理菜园。

第13条规定：

一、上、下院库头自收□□，知管闲杂物料并收支文历；细声说是何月与甚人处收支；□是何名色料□；其□□人亦逐一比对库司呈合同文历，签押；……

（5）直岁。第17条规定：

一、直岁常知□□□□□□□□□□□□□□绳索替□□□；常知□□，厨料预备，亦当□□在列；寄□之物，□□依时□□□□。

2. 山门清规及其作用

该碑内容涉及谷山寺经藏、梵林、庄田、退院、送亡等常住管理以及住持承嗣体制、僧众破戒摈罚等重要内容，足见谷山寺经营与香火之盛，亦可佐证金代佛教清规与国家政权之关系。有关谷山寺经藏、梵林、庄田、承嗣等内容，前文及表1已有述及，不赘。

清规小序及后跋部分论及制定该清规的目的与意义，其序曰：

泰安岱麓佛峪道□玉泉禅寺□□□□世孙□□□□□□□□□□□□□□诫后恶，知事因而误犯，□□□□，□典开示数十条警□来世者。

其跋曰：

> 右前件贰拾壹条，并□□与住持、知事、法属、徒弟等递相警戒，一一不得违犯。是岁，□与小师广琳、广靖等一同议论定可行，□□□□□□□□□□禅仗□□权水□立书□□，贵图远世不致隳坠，天长地久，用为遐迩；□仙之士，修□祈福添瑞；□□□□□□□□□□□□□□□□□。

制定清规主要目的是帮助僧团、信众“诫后恶”以警知事等“误犯”，“与住持、知事、法属、徒弟等递相警戒”，以“数十条”清规“警□来世”，这与其他释门清规的要求基本一致。

在清规制定的过程中，“□与小师广琳、广靖等一同议论定可行”，显示经过了民主讨论。清规制定意义则有其二：近可使其“远世不致隳坠，天长地久，用为遐迩”，远可佛门有庆，为信众“修□祈福添瑞”。

3. 落款与题名

该碑之末除年款外，尚有劝缘住持智□、智□与已故法兄所度僧众数人以及书丹、刊石者题名，并开列68名信众、善友之村庄与姓名。碑末题名部分首行所言“劝缘住持佛峪谷山玉泉禅寺沙门智□”，虽不能确定其与碑序中所言“□□世孙”是何关系，但参照该碑碑阳之敕牒及党怀英《谷山寺记》碑文，可断定此人即谷山寺第三代住持智崇无疑。智崇师法朗，章宗泰和至卫绍王大安年间住持谷山寺。智崇于金章宗泰和六年（1206）十一月及卫绍王大安元年（1209）三月相继取得谷山寺及其柴水下院香岩禅院的官方敕牒（见碑阳），获得当时宗教制度下的度僧合法资格；大安元年四月谷山寺清规的刊立，又确立了谷山寺山门管理的具体条规，从而使谷山寺成为于国合法、于僧有规、于民有益的正规化佛寺。依碑文内容，即使不能断定智崇即谷山寺清规的制定者，但至少是清规的镌刻与传播者，他在谷山寺僧众的条规化管理中所发挥的重要作用是毋庸置疑的。

（二）谷山寺清规的特点

百丈怀海所定之《禅门规式》开启了中国佛教创制清规的先河，从而确立了以住持为核心、两序为辅助的僧团组织管理模式，也使寺院僧职结构发生重大变化。北宋崇宁二年（1103）宗赜编辑《禅苑清规》时，《百丈清规》的原版本佚失殆尽，他便将所能见到的有关《百丈清规》的零散内容重新汇集整理而成《重雕补注禅苑清规》10 卷。元顺帝元统三年(1355)，皇帝敕令百丈山主持德辉重新编修《百丈清规》，后修订成《敕修百丈清规》8 卷颁行天下。[①] 谷山寺敕牒碑碑阴刊立于金大安元年，体现了《禅苑清规》向《敕修百丈清规》过渡时段的特点。其内容主要体现在以下三个方面。

第一，谷山寺敕牒碑碑阴文将山门及僧团管理更加精细化。比如关于库头的职掌与义务，《禅苑清规》第四卷“库头”条作如下规定：

> 库头之职，主执常住钱谷、出入岁计之事。所得钱物，即时上历收管，支破分明。斋料米麦，常知多少有无，及时举觉收买。十日一次计历，先同知事签押；一月一次通计，住持人已下同签。金银之物，不宜漫藏。见钱常知数目，不得衷私借贷与人。如主人并同事非理支用，即须坚执，不得顺情。常住之财，一毫已上并是十方众僧有分之物，岂可私心专辄自用？如非院门供给檀越，及有力护法官员，并不宜将常住之物自行人事。如有借贷米麦钱物，除主人及同事自办衣钵外，常住之物，不可妄动。
>
> 当库行者，须有心力，解计算，守己清廉，言行真的，众所推伏，方可委付。
>
> 如山野寺院，城市稍远，众僧所用及药蜜茶纸之类，亦宜准备。僧行回买，常存道念，不可惮烦。病僧合用供给之物，不得阙少。如遇打给，即时应副。如仓廪疏漏，雀鼠侵耗米麦，蒸润常住物色，顿放守护。若不如法，并系库头照管，白同事人处置。[②]

《禅苑清规》虽然已足尽详细，但它对库头职掌的规定，也只是不同境遇下的处理原则而已，谷山寺敕牒碑碑阴则将其做了更加详尽的分类。

---

① 李继武：《论〈敕修百丈清规〉的法律属性与法律关系》，《陕西师范大学学报》（哲学社会科学版）2012 年第 9 期。

② 宗赜：《禅苑清规》，苏军点校，中州古籍出版社，2001，第 45 页。

第13条写明：

一、上、下院库头自收□□，知管闲杂物料并收支文历；细声说是何月与甚人处收支；□是何名色料□；其□□人亦逐一比对库司呈合同文历，签押；不问住持、知事等，不许私取己用□□之物；如违者，不论多少，罚十倍与告人充赏，仍下议□□榜示，许街坊人等告控与上方住持、知事，□实者□；如库头私用者，知情不告与犯人同告，首者免之。

由是观之，它不仅规定了不同事件的处理原则，同时规定了事件责任人以及责罚尺度，从而使库头一职的日常管理更具责罚针对性和制度保障性。

再比如山场竹木园林的管理，《禅苑清规》第四卷“磨头园头庄主廨院主”条载：

园头之职……常令蔬菜相续，存留好者供众，有余方可出卖。①

谷山寺敕牒碑碑阴文第16条规定：

一、□□□□□□□□依例采斫；将东西每人于库头处交付换钱，附历纸声说卖与何人、是何名色竹席，总数如□，檀越□鞭余算；竹苑下竹，率者为何；住持人白众知事并□园头、庄主通知，然后□□，贵图□□斫竹声□，不致□□者。

此条几乎囊括了“历纸”所应记录在案的所有项目，可谓详尽之至。

另外，相沿僧团管理传统，谷山寺敕牒碑碑阴文中多处出现“无令”、“无致”等限定性词语，以此确立山门日常管理的基础标准。《禅苑清规》“无令”凡6见，“无致”凡2见。谷山寺敕牒碑碑阴“不许”凡6见，“无令”2见，“无致”、“免致”、“不致”凡5见。详见表2。

① 宗赜：《禅苑清规》，苏军点校，中州古籍出版社，2001，第48页。

表 2 谷山寺敕牒碑碑阴文山门管理标准化规定

所在条数	所属类型	山门清规之规定
第 1 条	库司职掌	一、……凡所常住经文，库司收掌；遇有商□，□清□当附历□□□□，无令教其致污者
第 2 条	管家职掌	一、管家□寻常鼓钟，无令闲杂人作践庄田。知事、知客等每遇檀越到来，□□□□□之
第 4 条	接待准则	一、不许应赴近远檀越、商经，毫纤道□□□□者……
第 5 条	牒度管理	一、州之下院并不许差住持、院主二□申发牒度文牒，惟差库头□管本寺□□到物料并修理菜园
第 6 条	住持职掌	一、住持并诸知事□□□慎□勤务□。山门□□之物，常知目阙；照管大小修造，无致□□；如有……
第 10 条	梵林管理	一、梵林不问曲直，树木概不许薪伐，□□者寺僧□□□许，递岁于□便处添补栽植松柏者
第 12 条	升座退院之规	一、……□住持退席者仍列□□，便寮□亦不许□□□□占住堂主位者
第 13 条	物料管理	一、……不问住持、知事等，不许私取己用□□之物……
第 15 条	寮舍之规	一、山门□近□远，不得安置□□寮□……
第 16 条	竹木园林管理	一、□□□□□□□□依例采斫……住持人白众知事并□园头、庄主通知，然后□□，贵图□□斫竹声□，不致□□者
第 19 条	承嗣之规	一、凡住持本寺，依祖师自成体例；不在□次，于官出验文帖，之下为是父子甲乙，义私举保住持之派，免致烦乱□司者
第 20 条	游山宿夜之规	一、诸方堂众、僧徒人等，不许私地频数下山于村庄处□夜；如稍有不应为而为……
跋	清规刊立目的	……是岁，□与小师广琳、广靖等一同议论定可行，……贵图远世不致隳坠，天长地久，用为遐迩……

将碑阴文内容与《禅苑清规》相比较，可见僧团管理规定更加细密。除规定了较多的不能逾越的红线——诸多的“不许”，也规定了违禁破戒后所面临的更为严苛的惩罚。比如第 4 条规定“不许应赴（应付）远近檀越”，要求对檀越之惠赐“毫纤道（扬）”，如有违犯，则“当倍罚入常住”；第 13

条，对于“不问住持、知事等”而“私取己用□□之物”的行为，则规定“不论多少”，一律“罚十倍与告人充赏”；对于住持、知事、法属人等“私用常住钱帛、物料”，众徒弟知事则有权“摈罚”；僧众游方有任何“不应为而为”者，其他人即可“决罚”，将其“摈赶出方”并“抹床历”……而不仅仅局限于“百丈规绳颂”所言“犯众”与“破戒”之行。[①] 如此严格的规定，对于山门清规的维持与僧团稳定具有积极的作用。

另碑阴将山门承嗣之法写进清规，也具有显著的独特性。在中国历史上，很多朝代都严禁私度僧尼，金代也是如此，沈家本先生考证其详。[②] 据《金史·太宗纪》载：

> （八年）五月癸卯，禁私度僧尼及继父继母之男女无相嫁娶。[③]

宋熙宁以来，中国北方寺院的承嗣方式发生了重大变化，许多寺院逐渐由甲乙制改为十方制，山东灵岩寺即为此次改制的代表。[④] 也许正是缘于这样的动荡变化，为求法脉传承之稳定，谷山寺敕牒碑碑阴才将山门承嗣方式做了明确的规定。如第 19 条：

> 一、凡住持本寺，依祖师自成体例；不在□次，于官出验文帖，之下为是父子甲乙，义私举保住持之派，免致烦乱□司者。

谷山寺山门承嗣方式与宗派源流，笔者将另文做深入探讨。

四 谷山寺山门清规之特点

作为社会组织之一，佛教寺院非常重视戒律。从这一角度讲，持戒是修行的基础，亦是佛教僧团得以维持稳定的制度性保障，谷山寺敕牒碑碑阴所刊山门清规同样具有明显的法律意义。

---

① 《禅苑清规》卷十“百丈规绳颂”载：或有所犯，即须集众以拄杖杖之，焚烧道具，逐从偏门而出者，示耻辱也。犯众焚衣钵，应当集众人，山藤聊示耻，驱摈出偏门。参见宗赜《禅苑清规》卷十，苏军点校，中州古籍出版社，2001，第 123～126 页。

② 沈家本：《历代刑法考》，中华书局，1985，第 1047 页。

③ 脱脱：《金史》，中华书局，1975，第 61 页。

④ 谭景玉、韩红梅：《宋元时期泰山灵岩寺佛教发展状况初探》，《山东农业大学学报》2010 年第 1 期。

（一）体现出佛法与国法的相互依存关系

在维护传统道德良俗与社会关系等方面，佛法与国法以不同的方式在不同的社会群体中发挥着重要作用。在僧团与山门日常事务管理中，佛教清规具有优先性；而一旦僧团因各种原因破坏了社会基本伦理与道德良俗，国家司法便无可回避。该规第20、21条规定：

> 一、诸方堂众、僧徒人等，不许私地频数下山于村庄处□夜；如稍有不应为而为，许诸人举之，当须决罚摈赶出方，抹床历者。
>
> 一、应□在方僧□犯□、□淫、盗罪明显验实者，即时焚烧□需，出方；情理重者，解献官□□罪施行。

“崇佛是金代最高统治者对佛教的基本态度”，[①]但金熙宗在大力发展佛教的同时，对佛教八戒也以法律的形式进行了强化。宋徐梦莘《三朝北盟汇编》载：

> 金人有国之初立法设刑悉遵辽制。
>
> ……惟僧尼犯奸者死、强盗不论得财不得财并处斩、强奸者死，则古法矣。[②]

清毕沅《续资治通鉴》也记载：

> 是岁，金初颁《皇统新律》，其法千余条，大抵依仿南朝，间有创立者。如殴妻至死……杂条惟僧尼犯奸及强盗不论得财不得财并处死，与古制异。[③]

再如，金律常把“征偿”写入律条，谷山寺碑文中也有“罚十倍与告人充赏”之类的规定，或可视为金律传统之秉承。《金史·刑志》载：

> 金初，法制简易，无轻重贵贱之别，刑、赎并行，此可施诸新

① 王德朋：《金代佛教政策新议》，《世界宗教研究》2013年第6期。

② 徐梦莘：《三朝北盟会编》卷二四四，清四库全书本，第11页。

③ 毕沅：《续资治通鉴》卷一二六，清嘉庆本，第11页。

国，非经世久远之规也。[①]

天会七年（1129），太宗颁诏：

> 诏凡窃盗，但得物徒三年，十贯以上徒五年，刺字充下军，三十贯以上终身，仍以赃满尽命刺字于面，五十贯以上死，征偿如旧制。[②]

也即金代统治者虽承认中原之实刑主义，规定徒三年、五年不等或充军及身体刑，但“征偿如旧制”，仍具有“刑赎并行”的特点，台湾学者叶潜昭先生《金律之研究》论说甚详。[③]

章宗承安年间，刑部尚书李愈上疏建议废止部分条款。《金史·列传第三十四》载：

> 旧制，陈言者漏所言事于人，并行科罪，仍给告人赏。愈言：“此盖所以防闲小人也。比年以来诏求直言，及命朝臣转对，又许外路官言事，此皆圣言乐闻忠谠之意，请除去旧条以广言路。”上嘉纳焉。[④]

由此可见，“征偿”之法，直至章宗时期仍然十分盛行，因此，谷山寺山门清规存在“赏告人”的条款就不难理解了。

（二）具有较强的针对性与可操作性

印度原始佛教长期遵循“若佛先所不制，今不应制，佛先所制，今不应却，应随佛所制而学”的原则。中国本土化清规打破这一原则，倡导不弃不拘、因时因地制宜的立规原则，从而使佛教在中国化的过程中，诸宗并立。谷山寺敕牒碑碑阴文同样继承了这一传统，所立清规具体细致，具有较强的针对性；明确具体的罚则（见表1），也使山门清规具有较强的可操作性，这也是此碑最为独特之亮点。

百丈怀海折中了佛教大小乘戒律与中土宗法礼制的精神，所制《禅门

① 《金史》，第1013页。

② 《金史》，第1014页。

③ 叶潜昭：《金律之研究》，台湾商务印书馆，1972，第4页。

④ 《金史》，第2130页。

规式》对后代影响很大。可惜有宋以降逐渐散佚殆尽，宋宗赜《禅苑清规》虽在一定程度上传承和发展了百丈清规，然其内容刊立上石者尚鲜见存世，因此，谷山寺敕牒碑碑阴文不仅是泰山佛教史、泰山法制史上重要的历史文献，也是研究宋金时期佛教清规的重要资料，其在佛教清规传承上的重要历史地位不容小觑。

（本文原载《泰山学院学报》2016 年第 2 期。此为修订稿）

四　蒙元

蒙元时代公文制度初探*

——以蒙文直译体的形成与石刻上的公文为中心

〔日〕船田善之**

一　序言

近年来，越来越多的学者开始关注蒙元（指蒙古国时期和元朝时期，1206～1368）时代的命令发布文（即蒙古皇帝、王族、高官、帝师等统治者所发布的圣旨、令旨、懿旨、法旨、钧旨等），这使得该领域的研究取得了巨大的发展。[①] 这些研究成果表明：蒙元政权是以施行细致的公文制度（包括行政制度）来统治其辽阔版图的。在日本学界目前此方面研究多是以很少的蒙古语等非汉语公文为中心的，而汉语公文研究则多为个案研究，且彼此间是孤立的。[②] 因此，为了能从整体上把握蒙元时代的公文制度，[③] 需对这些孤立的个案进行系统、综合的分析。

笔者希望借助公文里语言的运用情况，通过分析蒙元时代公文制度，探

---

* 本文系平成15（2003）年度日本文部科学省科学研究费补助金（特别研究员奖励研究费）资助的部分研究成果。在笔者撰稿时，宫纪子发表了「モンゴルが遺した「翻訳」言語——旧本『老乞大』の発見によせて——（上）」（『内陸アジア言語の研究』18，2003，pp. 53－96），也探讨了“蒙文直译体”的问题，非常值得参看。——特此说明

** 〔日〕船田善之（FUNADA Yoshiyuki），日本广岛大学讲师。

① 杉山正明将其潮流表现为“文书学的胎动”（杉山正明1996，p. 523；2000，p. 221）。近年日本学者发表的重要研究见杉山正明1990a；1990b；1991；1993；高桥文治1991；1995；1997a；1997b；2001；小野浩1993；1997；中村淳·松川节1993；松川节1995；宫纪子1999；中村淳2002；Tsutsumi 2002等。

② 出版黑城出土文书（李逸友1991；俄藏1996～）引发了其研究。有些非常值得关注的：池内功1994；松井太1997；刘晓2000；陈高华2001等。

③ 最近张帆2002探讨了元朝诏敕制度问题，可供参考。

索当时各民族间的交往与融合。① 在此必须注重公文翻译的问题。另外，还应指出的是：因现存的蒙元时代公文的原件甚少，所以必须结合石刻、典籍史料中所收的公文共同研究。因此，首先需要对重要的汉语公文做个案研究，然后借助非汉语公文的研究成果，才能进行系统、综合的研究。

鉴于上述原因，本文将着重论述以下两方面：一是"蒙文直译体"（硬译文体）的形成；二是《长清灵岩寺执照碑》个案分析。

二 元代公文史料概况

如前文所述，蒙元时代的汉语公文原件甚少，从数量来说，我们必须并用石刻、编纂史料中所收的公文。现将现存蒙元时代汉语公文的分类整理如下（见表1）。

表1 蒙元时代汉语公文

种 类	状 态	史料，备考
1. 文书原件	1-1. 保留下来的文书	徽州文书等②
	1-2. 出土文书（原件、照片、录文）	黑城文书等③
	1-3. 纸背文书（原件、照片、录文）	有些文书虽已为我们所知，但目前利用非常困难。参看竺沙 1973
2. 石刻史料	2-1. 石碑实物	大部分都是皇帝、王族和帝师发布的命令文（圣旨、令旨、懿旨、法旨）。刻于石碑上的公文，及其碑影、拓本、拓影，基本上可做准原文书利用，因此具有很大的价值。如利用录文，应需注意移录公文要忠实于原来的格式
	2-2. 碑影、拓本、影印	
	2-3. 石刻书、地方志、研究文献里的录文	

① 至今笔者发表关于蒙元时代的民族、文献的研究：舩田善之 1999a；1999b；2000；2001a；2001b；2002；2003。

② 用八思巴文、藏文写成的元代公文原件大部分保存于西藏、广东以及韩国的寺庙中（一部分移交给相关单位）。参看照那斯图 1990；1991；松川节 1995；西藏自治区档案馆 1995；中村淳 2002；中村淳・森平雅彦 2002。另外，还有东大寺收藏忽必烈送给"日本国王"的《蒙古国牒状》的抄本（宗性《调伏异朝怨敌抄》所收），参看 NHK 取材班 1992，pp. 56、57。

③ 出土文书里也有纸背文书，分类为 1-2 与 1-3 只为方便。

续表

种 类	状 态	史料，备考
3. 典籍史料	3－1. 文书集、判例集、法令集等	《大元圣政国朝典章》、《通制条格》、《至正条格》①、《宪台通纪》、《宪台通紀续集》、《南台备要》、《秘书监志》、《庙学典礼》、《经世大典》佚文（《永乐大典》所收《站赤》、《大元马政记》、《大元仓库记》、《大元官制杂记》、《大元海运记》、《大元检尸记》）、《大德典章》佚文（《永乐大典》所收）、《成宪纲要》佚文（《永乐大典》所收）、《六条政类》、《刑统赋疏》通例等
	3－2. 记载出版命令、经过的公文（往往附在典籍的起首或结尾）	《国朝文类》、《秘书监志》、《善俗要义》、《郝文忠公陵川文集》等。最近宫纪子综合考察《四书章图》②
	3－3. 见于史书的公文	《元史》、《高丽史》等
	3－4. 见于政书、类书所收的典章制度部分的公文以及公文格式	《皇元大科三场文选》、《类编历举三场文选》、《文场备用排字礼部韵注》③、《元婚礼贡举考》、《事林广记》、《翰墨全书》、《无冤录》等
	3－5. 元人文集所收的公文	多为文人起草的诏敕及奏议等。④ 另外，还有《述善集》卷2所收的两件公文书⑤、《临川吴文正公草庐先生文集》附录《大元累授临川郡吴文正公宣敕》⑥、《乌台笔补》（《秋涧大全集》卷83～92）等

① 至正六年（1346）刊。我们从《圭斋文集》卷8《至正条格序》等元代典籍等知其存在，曾疑为佚书。但是，最近于韩国庆州市被发现（《中央日报Web版》2003年5月19日。日文版 http://japanese.joins.com/html/2003/0519/20030519163050700.html/。中文版 http://china.joins.com/article_g.php?tonkey=20030519203908）。该书系庆州孙氏宗家的藏书，是由韩国精神文化研究院的调查发现的。《条格》、《断例》发现了各一卷。

② 宫纪子2001b。

③ 关于这三部典籍的研究近期已面世。森田宪司2001；陈高华2001a；2002；櫻井智美2002。

④ 集成这些诏敕及奏议的典籍有《国朝文类》等，近年的整理工作有《元代奏议集录》与《全元文》。

⑤ 参看舩田善之2002，p.108。

⑥ 神田喜一郎1969。

三 “蒙文直译体”的形成

“蒙文直译体”又称为“硬译文体”，亦邻真将其定义为“一批不顾汉语固有的语法规律和用语习惯，径从蒙古语原文机械地翻译过来的公文”① 文体。蒙元时代，皇帝、王族、蒙古官人等发布的公文最初用蒙古语写成，在中国颁布时，则采用一种固定的规律，机械地将其翻译成为汉语。此文体与当时的汉语口语不同，也异于汉语文言，仅词汇与当时汉语口语略同，而统辞法却是蒙古语的。

虽现已有大量有关“蒙文直译体”的著述，② 但蒙元政权为何采用这种文体仍未有定论。高桥文治就此方面做过颇有价值的研究。他通过分析《析津志辑佚·学校》所载的太宗窝阔台癸巳年（1233）皇帝圣旨认为：③ 该圣旨是关于必阇赤（bičigeči）的汉语教育的。也就是说，自那时蒙元政权已着手有组织的外语教育。高桥又指出：管理这件事的是道士冯志亨，可知蒙元政权是利用全真教开始汉语教育的，由此推断全真教应参与了“蒙文直译体”的形成。他将蒙元政权采用“蒙文直译体”理由说明如下：④ 现在我们所知的最早的“蒙文直译体”文献是1223年成吉思汗颁布给丘处机的公文（刻在《大蒙古国累朝崇道恩命之碑》，今在陕西户县重阳宫）。当时担任翻译的是阿里鲜（据史料记载可能为党项人），其母语非汉语。因此他在翻译时使用的既不是汉语文言，也非汉语口语，而是他会的汉语——一种口语与吏牍文夹杂的汉语。因此，该公文的文体是基于非标准汉语的。后来，全真教模仿这个文体“伪造”公文了。阿里鲜等翻译的不自然的汉语后来被当作皇帝圣旨而权威化，于是汉人开始模仿。

虽论证高桥的观点是否合理非常困难，但他的结论中尚有解释不了的几个问题。(1)“蒙文直译体”的统语结构是蒙古语的，而阿里鲜的母语

① 亦邻真 1982，p.583。

② 参见 Chavannes 1904/1905/1908；冯承钧 1933；蔡美彪 1955；田中谦二 1961；1962；2000；亦邻真 1982；杉山正明 1990a；1990b；1991；1993；高桥文治 1991；1995；1997a；1997b；2001；中村淳・松川节 1993；祖生利 2000；2001a；2001b；2002a；2002b 等。

③ 高桥文治 1991，pp.422－421，414－412（逆页）；1995，p.155，p.151，n.16。

④ 高桥文治 2001，pp.72－73。

并非蒙古语，单凭汉语口语与吏牍文夹杂使用，不能说明其就是“蒙文直译体”的起源。(2) 单以全真教“伪造”文书这一个例子去推演生硬的汉语被写成的圣旨已被权威化，其是否能适用所有的公文也值得商榷，因为窝阔台可汗时期，掌管汉语公文使用的是耶律楚材，此人精通汉语文言。(3)“蒙文直译体”在忽必烈以前与以后有所变化（后期则更为生硬）说明：忽必烈政权将“蒙文直译体”定型化。[①] 高桥的观点也无法解释此事。

目前还未见直接表述“蒙文直译体”由来的历史背景的史料，然而嘉宾的描述给我们的研究提供了重要的线索。

1230 年代末至 1240 年代初，蒙古军队远征到俄罗斯和东欧，使西欧世界受到了严重的冲击。教皇英诺森四世派遣嘉宾将书信送给蒙古汗。嘉宾 1245 年从里昂出发，经过俄罗斯和中亚到达蒙古贵由汗的宫廷，在收到贵由汗的回信后，1247 年回国。《柏朗嘉宾蒙古行纪》记述了此次出使的情况。贵由汗的回信（波斯语版）今保存于梵蒂冈文书馆。[②]

贵由汗回复教皇的书信的翻译过程如下：[③]

> 40. 然后，皇帝向我们派来了一位官人，并且通过他的首席秘书镇海（Cingay）转告我们，要求把我们的出使使命和我们行动的目的书面呈递给他。我们照办了，并且如同我们上文所述那样，把先前在拔都幕帐中所作的全部叙说都写下来。
>
> 数日的光阴过去了，他派人来转我们，通过管理全帝国的哈达（Kadac）告诉我们，要我们向他的首席秘书八剌（Bala）和镇海以及其他书记官全面地陈述我们的使命。我们非常乐意地照办了。这一次我们的翻译与上次一样仍是叶洛斯拉夫的一名兵卒，名叫帖木儿（Temer），在场的还有他的一名神父以及皇帝身边的另一名神父，当时他们询问我们在教皇陛下那里是否还有人懂得罗塞尼亚语（俄

---

① 杉山正明 1990b，p. 104；高桥文治 1991，421 – 420（逆页）。

② 关于这件文书的研究见 Pelliot 1923，pp. 6 – 30；ドーソン1968，pp. 242 – 244；Carpini / Dawson，pp. 85 – 86；de Rachewiltz 1971，pp. 213 – 214；海老泽哲雄 1984 等。以下探讨借助于海老泽哲雄 1984 的地方较多。笔者未见 de Rachewiltz 1971。

③ Carpini / Wyngaert，pp. 123 – 124；Carpini / Dawson，pp. 66 – 67；Carpini / Becquet & Hambis，pp. 124 – 126；Carpini / 护，pp. 83 – 84；Carpini / 吕・周，pp. 65 – 66；Carpini / 耿・何，pp. 105 – 107；Carpini / Hildinger，pp. 113 – 114。本文暂且引用 Carpini / 耿・何，pp. 105 – 107。

语——笔者)、萨拉森语（在此指波斯语——笔者）或者鞑靼语。我们回答说那里没有任何罗塞尼亚文、鞑靼文或萨拉森文的作品，当地有许多萨拉森人，但他们离教皇陛下相当远。然而，我们却告诉他们用鞑靼文写复信似乎较合适，并且还应该给我们一份译文。我们再将它仔细地译成我们的文字，然后将信件和译文交给教皇陛下。这时，他们离开我们奏请皇帝去了。

41. 在圣马丁节那天（1246 年 11 月 11 日——笔者），我们再次被召见。哈达、镇海和八剌等书记官前来宣召我们进见，并且为我们逐字逐句地翻译了信件。正当我们用拉丁文书写时，他们又让人将每句话译给我们听，以使我们不至于误解某些词句。当两份信函写毕之后，他们让我们读了两遍，以使我们不要有任何遗漏。他们说："争取对这一切都精通，如果你们没有全部领悟，那将是令人遗憾的，因为你们要出发前往如此遥远的地区。"我们回答说："一切都明白了。"然后，他们又将信函写成为萨拉森文，以便在教皇陛下乐意的情况下，我们能在自己国内找到懂得萨拉森人去读信函。

接待教皇的使节的是哈达、镇海和八剌等书记官，他们首先向嘉宾等询问在教皇那里有没有人懂得俄语、波斯语或蒙古语。对他们来说，能用蒙古语回信是最理想的，但如果教皇那里没有人懂得蒙古语，那么翻译成为俄语或波斯语也是可行的。从此可见，当时贵由汗宫廷有俄语和波斯语的翻译，却没有拉丁语的翻译。[①] 嘉宾等回答教皇那里没有人懂得俄语、波斯语或蒙古语，而希望贵由汗用蒙古语复信后，自己翻译为拉丁语。于是蒙古官人和书记官等则为嘉宾等"逐字逐句地翻译了信件"，并在翻译完后，他们让嘉宾等读了两遍，以免误译。以上是将蒙古语翻译成为拉丁语的过程的详细描述。笔者认为这也就是蒙元政权将公文翻译成外语的基本方式。从引文可以看出，蒙古政权将蒙古语公文翻译成为外语时非常担心误译，因此采用"逐字逐句地翻译"的方式，这就极容易形成生硬的文体。

---

① 附带地说，据《世界征服者史》记载，蒙哥宫廷有波斯人、畏吾儿人、汉人、土伯特人（西藏）、唐兀人（党项；西夏）等的书记（TJG / Qazwīnī, vol. 3, p. 89; TJG / Boyle, p. 607; TJG / 何, p. 723)。

而蒙元政权采用“蒙文直译体”的另一理由是翻译时尽量保持统治者的原意。[①] 1221 年，从南宋到燕京的木华黎派的使臣赵珙也描述，在蒙古“为使者虽一字不敢增损，彼国俗也”。[②] 综上所述，防止误译或翻译者恣意改变原意是“蒙文直译体”的一项重要目的。毋庸赘言，其中蕴含着这样的意思：可汗的圣旨是神圣不可侵犯的，翻译时应尽量保持原貌，将改动的部分降到最低限度。

从公文接收角度来看，这种不容易改变原意的翻译方式可以防止翻译者等的主观想法的介入或渎职。如此不容易改变的翻译文体防止了居间人的专横。另外，从翻译者角度来看，有了一种规律比翻译成为汉语文言更容易更迅速。为了迅速地行移公文，这种文体是非常行之有效的。因此笔者认为以上理由就是忽必烈时期，“蒙文直译体”完全定型化的主要原因。

四 《长清灵岩寺执照碑》试析

蒙元时代的部分公文被刻于石碑上。与编纂史料中的公文比较，这些石碑上的公文大都保留了原文书格式，因此可以当作准原文书使用，更具研究价值。这些石刻史料之中所谓“白话碑”最多，自 Chavannes、冯承钧、蔡美彪以来已有诸多研究，最近祖生利又对其语法系统进行了探讨。[③] 这些“白话碑”依据朝廷颁布给寺庙、道观等的圣旨、令旨、法旨所刻，内容主要为保护、免税、免役，很少涉及其他方面。大部分的白话碑只由一件公文构成，而不是由几件公文重叠构成。本节将以《长清灵岩寺执照碑》做个案研究。

灵岩寺坐落于山东济南市长清区，地处泰山北麓，长清县城东南 31.5 公里处的灵岩山南坡上。其历史悠久，初建于东晋，兴于北魏，盛于唐至明。有元一代，其住持由曹洞宗僧人担任，当时与大都的大万寿寺、中岳嵩山少林寺共为华北佛教中心地。[④] 据《山左金石志》、《山左访碑录》、

---

① 参看金文京 1988，p. 188。

② 《蒙鞑备录·国号年号》(《王国维遗书》vol. 8，p. 159)。

③ 参见 Chavannes 1904/1905/1908；冯承钧 1933；蔡美彪 1955；田中谦二 1961；1962；2000；亦邻真 1982；杉山正明 1990a；1990b；1991；1993；高桥文治 1991；1995；1997a；1997b；2001；中村淳·松川节 1993；祖生利 2000；2001a；2001b；2002a；2002b 等。

④ 中村淳 1991。

《济南金石志》、嘉庆十五年《泰山志》、民国二十四年《长清县志》等史料记载，元代许多石碑立于该寺，至今有些元碑还被保留下来。《泰山志》将许多石碑移录，其中有《长清灵岩寺执照碑》的录文。[①] 该碑的内容包括公文行移和处理议案的过程，因此与大部分的"白话碑"略有不同。而该碑所刻公文引用命令保护、免税、免役的圣旨，因此可为探讨寺庙、道观等建立"白话碑"的背景和意义做重要的研究资料。

下面是根据嘉庆十五年《泰山志》所载录文（标点是由笔者加的）。[②]

泰安州申准执照之碑

皇帝圣旨里，泰安州长清县承奉泰安使州指挥：

〔来申：

"据灵岩禅寺僧人陈思让当官告称：'累累被前煽炼人等，于本寺山场内搔扰不安，诚恐已后引惹事端，告乞施行。'得此。县司参详，如蒙出榜禁治，诚为便益，申乞照详"

事。得此。照得，先据灵岩禅寺僧人陈思让状告：

"本寺即系与国家祝延祈福大禅寺，经今千有余年，全凭本寺地土、山场四至内诸树，修理殿宇房廊、养赡僧家。已有累降圣旨事意、四至碑文为验。皇庆元年三月初二日，本寺钦受御宝圣旨节该：'泰安州长清县有的灵岩禅寺为头寺里住持的桂庵长老提点监寺为头的和尚每根底，执把着行的圣旨与了也。这的每寺院里、房舍里，使臣休安下者。铺马、祗应休拿者。商税、地税休与者。寺院里休断人者。官粮休顿放者。不拣是谁占着的田地交回付与者。但属寺家的并下院田地、水土、园林、碾磨、竹子、山场、解典库、浴房、店铺，不拣甚么他的，拣的是谁，休侵夺要者。这和尚每道有圣旨么道，无体例勾当休做者。'钦此。除钦遵外，于延祐二年三月初一日，有长清县赍到文字壹纸，令本寺僧人前去中坞店听读圣旨。思让与本寺长

① 国家图书馆收藏拓片，编号：各地 2915～2918。由于诸多原因，笔者还未亲见此拓片。2003 年 2 月 14 日笔者访问灵岩寺时，亲眼见到几通元碑，但很遗憾的是，未见到执照碑。同年 9 月 22 日在山东大学历史系、考古系及济南市文物管理处的帮助下，笔者又访问了灵岩寺，据文物管理处人员介绍，执照碑已佚。

② 《泰山志》卷一八《金石记四・元明》58b－61a。也参考了祖生利 2000，pp. 123－125 的校注。

老、大小人等前到本店，有内史府差来官李忠显等向思让言道：‘俺赍擎御宝圣旨前来。’开读讫。除钦遵外，其本官对思让等言道：‘为您这寺九曲峪内有银铁洞冶，起立银铁冶，便要吐退，准伏文状。’思让回道：‘元奉圣旨交您，无违碍。地内这九曲峪是俺寺家四至地内赡寺常住山场地土，自来为土，不曾有人侵夺。’道罢，本官前去长清县，令本县官司发信牌，将思让等勾扰不安，告乞施行。”

得此。为恐不实，行据本县申：

「照得，除外遵依，移牒本县主（薄）［簿］扎木赤进义，不妨本职，亲诣灵岩寺九曲峪照勘。踏觑前项银铁洞冶，是否本寺山场四至内地土，明白保结牒来。去后回准牒该备奉泰安州指挥：为

“灵岩寺陈思让告地土请不妨本职，亲诣九曲峪踏觑前项银铁洞冶。不见是否山场四至内地土，为此，唤到剜底保见役社长鲁进状结：‘年七十三岁，系本保生长人氏。自记事以来，知得灵岩寺山场，东至仙台岭，南至青尖山并大峪分水河曲屈为界，西至老婆山，北至方山碁子岭。自今九曲峪兴煽银洞冶，委是灵岩寺山场四至内地土。外别不知其余事因。如官已后体究得银洞冶却不系本寺山场四至内地土，进情愿甘当诳官罪犯无词。’得此。又唤到聂提领转委头目段昌状称，即与鲁进词理相同。文状在官。却行前到灵岩寺，抄录到明昌五年镌凿碑阴界至，照勘得，亦与鲁进所责无异。及唤到本寺监寺陈寺让彩画到四至图本，粘连保结牒来，请照验”

事。准此。县司今将彩画到四至图本、抄录到碑阴界至保结。申乞照验」

事。得此。申奉到中书兵部：“仰已经备关内史府照勘，依例施行。”奉此。行下本县，依上施行去讫。今据见申，使州除外，合下仰照验钦依累降圣旨事意，依上禁治施行。］

奉此。除外，合行出给执照，付灵岩寺。收执。钦依施行。须至出给者。

执照。

右付灵岩寺。收执。准此。

延祐贰年玖月。

灵岩禅寺僧人陈思让因本寺山场被冶炼人骚扰而告状，要求官府出榜禁止。以往他也曾为别的事告过状：延祐二年（1315）二月，内史府使臣将圣旨拿到该寺，叫该寺僧人到中坞店听读圣旨。使臣要求灵岩寺归还九曲峪内的银铁洞冶，但是陈僧人主张土地应属于灵岩寺。后来，使臣传唤陈僧人等骚扰他们。值得注意的是，使臣拿出圣旨并让僧人当面听读圣旨。中村淳·松川节已指出，[①] 使臣将圣旨等发布命令文送到接收者时，是应在接收者的面前"开读"（开文书后口头传达）的。中村淳·松川节列举"白话碑"所见"开读"的三个例子，但是不包括该碑记载。更重要的是，他们列举的史料没说到使臣开读是否在收件者面前。因此，执照碑的记载很有价值。

以往这些圣旨等发布命令文的功能被看作自明，未曾认真讨论过，也未曾据描述现场的记载论证。而陈僧人根据皇庆元年（1312）二月的圣旨维护该寺的权益，这是表述这些"圣旨"的用途的具体史料，可知这些圣旨等在保护寺庙、道观的权益上，具有一定的效力。

官府收到陈僧人的状告后，叫县主簿扎木赤亲自到现场实地调查。首先，他向当地的社长询问九曲峪是否在灵岩寺的寺界内。经社长证明之后，他又传唤别人对质。然后，再与先抄录的明昌五年碑阴界至[②]核对。接着，叫陈僧人画寺庙的四至图本。最后，他将所得材料提交官府。可见，处理此类案件还是需要社长等本地代表者或有关人员的供词和实物证据的。在此，实物证据也是石碑。对寺庙、道观来说，石碑是资产的依据。结果，官府承认了陈僧人主张，并发给执照。灵岩寺将这件执照刻在石上，并建立石碑。

如上所述，该碑描述当时官府与寺庙之间的公文来往的实际、圣旨等发布命令文与石碑的功能与用途。元代许多石碑建立，最近被有些学者归于蒙元政权的意图。[③] 笔者也同意此看法，尤其比如立于儒学、文庙的许多石碑是由政权或本地官府的督励建立的。[④] 但本节的探讨也引起我们对

---

① 中村淳·松川节 1993，p. 14。

② 该碑还现存于灵岩寺。

③ 杉山正明 1997，p. 185；高桥文治 1995，pp. 154 – 153（逆页）；2001，p. 69。两人也论及宗教集团的动向，绝非忽视其意图。本文以具体史料确认而已。

④ 杉山正明 1997，pp. 179 – 183；宫纪子 1999；宫纪子 2001a 等。

寺庙、道观的应对策略的关注。尽管地方政权出于利益原因企图侵占这些寺庙或道观，但有时寺庙、道观可以通过圣旨等公文从中央政权获得保护，而将它刻在石碑上就是颇有效的。

五 结语

从公文制度史来看，蒙元时代可谓开辟了新的时代。一方面，蒙元帝国的版图辽阔，境内多民族共居，因此民族之间的交往活跃，各种语言接触频繁。在如此情况下蒙元政权为了便于统治创造了“蒙文直译体”。另一方面，可以说蒙元时代开始大规模地将公文刻在石碑之上。

本文所述概括起来就是：（1）嘉宾描述的贵由汗送给教皇的书信的翻译方式，就是蒙元政权将公文翻译成外语的基本方式。可以认为，蒙文直译体就是依据这种方式逐步形成的。（2）寺庙、道观等将圣旨等命令文刻在石碑上，也有其实际的功用。对寺庙、道观来说，石碑可以作为资产的依据。

蒙元时代公文制度的问题是个相当复杂的问题。笔者的一些探讨是否正确，衷心希望得到专家指正。

参考文献

（一）史料

1. Carpini / Wyngaer

Wyngaert, A. , ed. 1929, *Sinica Francisvana*, vol. 1, Qurrachi - Firenze, pp. 2 – 130

2. Carpini / Dawson

Dawson, C. , ed. 1955, *The Mongol Mission*London; New York; reprinted, 2003, Toronto; Buffalo, as *Mission to Asia*, pp. 3 – 76

3. Carpini / Becquet & Hambis

Becquet, J. & Hambis, L. , tr. 1965, *Histoire des Mongols*Paris, 206pp.

4. Carpini / 护

護雅夫（訳），1965，『中央アジア・蒙古旅行記』（東西交涉旅行記全集 1），東京：桃源社，1989 再刊，東京：光風社出版，pp. 1 – 116

5. Carpini / 吕・周

吕浦·周良霄（译），1983，《出使蒙古记》，北京：中国社会科学出版社，pp. 1 – 93

6. Carpini / 耿·何

耿异·何高济（译），1985，《柏朗嘉宾蒙古行纪 鲁布鲁克东行纪》，北京：中华书局，pp. 1 – 177

7. Carpini / Hildinger

Hildenger, E., tr. 1996, *The Story of the Mongols whom We Call the Tartars*, Boston, 136pp.

8. TJG / Qazwīnī

Qazwīnī, Mirza Muhammad, ed. 1912 – 1937, *The Ta'rikh – i – Jahan – gusha of 'Ala' u 'd – Din ' Ata Malik – i – Juwayni*, 3vols., Leyden; London, 294 + 93pp.; 358 + 15pp.; 592 + 15pp.

9. TJG / Boyle

Boyle, J. A., tr. 1958, *The History of the World – Conqueror*, Manchester, 763 + 45pp.

10. TJG / 何，翁

（伊朗）志费尼（著），何高济（译），翁独健（校订），1980，《世界征服者史》2vols.，呼和浩特：内蒙古人民出版社，1024pp.

（二）中文

1. 蔡美彪

1955，《元代白话碑集录》，北京：科学出版社，133pp. + 4pls.

2. 陈高华

2001a，《两种〈三场文选〉中所见元代科举人物名录——兼说钱大昕〈元进士考〉》，《中国社会科学院历史研究所学刊》，1，pp. 342 – 372

2001b，《黑城元代站赤登记簿初探》，《中国社会科学院研究生院学报》，2002 – 5，pp. 49 – 56

2002，《元朝科举诏令文书考》，《暨南史学》，1，pp. 153 – 171

3. 俄藏

1996 –，俄罗斯科学院东方研究所圣彼得堡分所；中国社会科学院民族研究所；上海古籍出版社（编）《俄藏黑水城文献》1 – 11 +，上海：上海古籍出版社

4. 冯承钧

1933，《元代白话碑》，上海：商务印书馆，63pp.

5. 舩田善之

2003，《色目人与元代制度、社会——重新探讨蒙古、色目、汉人、南人划分的位置》，《蒙古学信息》2003 – 2，pp. 7 – 16

6. 亦邻真（Irinčin）

1982,《元代硬译公牍文体》，元史研究会（编）《元史论丛》第一辑，北京：中华书局，pp. 164 – 178；2001,《亦邻真蒙古学文集》，呼和浩特：内蒙古人民出版社，pp. 583 – 605

7. 照那斯图（Jaγunast）

1990,《八思巴字和蒙古语文献 I 研究文集》，東京：東京外国語大学アジア・アフリカ言語文化研究所，169pp.

1991,《八思巴字和蒙古语文献 II 文献汇集》，東京：東京外国語大学アジア・アフリカ言語文化研究所，228pp.

8. 李逸友

1991,《黑城出土文书（汉文文书卷)》（内蒙古额济纳旗黑城考古报告之一），北京：科学出版社

9. 刘晓

2000，《从黑城文书来看元代的户籍制度》，《江西财经大学学报》2000 – 6，pp. 74 – 77

10. 櫻井智美

2002,《〈禮部韻略〉與元代科舉》，纪念韩儒林先生诞辰一百周年元代政治与社会国际学术研讨会宣读论文（2002 年 8 月 12 日于南京大学）

11. 西藏自治区档案馆

1995,（编）《西藏历史档案荟粹》，北京：文物出版社

12. 张帆

2002,《元朝诏敕制度研究》，《国学研究》10，pp. 107 – 158

13. 祖生利

2000,《元代白话碑文研究》，北京：中国社会科学院博士论文，83pp. +161pp.

2001a，《元代白话碑文中方位词的格标记作用》，《语言研究》2001 – 4，pp. 62 – 75

2001b,《元代白话碑文中代词的特殊用法》，《民族语文》2001 – 5，pp. 48 – 62

2002a,《元代白话碑文中词尾“每”的特殊用法》，『中国語研究』44，pp. 19 – 31

2002b,《元代白话碑文中助词的特殊用法》，《中国语文》2002 – 5，pp. 459 – 472

（三）欧文

1. Chavannes, ÉD.

1904/1905/1908, “Inscriptions et Piéces de Chancellerie Chinoises de l’Époque Mongole” *T’oung Pao*sér. 2, V/VI/IX, pp. 357 – 477 / pp. 1 – 42 / pp. 297 – 428 + 30pls.

2. de Rachewiltz, I.

1971，*Papal Envoys to the Great Khan*London

3. Pelliot，P.

1923，“Les Mongols et la Papauté” *Revue de l'Orient Chrétien* 3e Série，T. III（XXIII），Nos 1 et 2，pp. 1 - 222

4. Tsutsumi，K.（堤一昭）

2002，“An Introduction to Studies on Edict for Appointment of Censors - in - Chief of Yuan Dynasty”「元代任命御史臺顯官聖旨初探」，纪念韩儒林先生诞辰一百周年元代政治与社会国际学术研讨会（2002 年 8 月 12 日于南京大学）

（四）日文

1. NHK 取材班

1992，（編）『大モンゴル3 大いなる都　巨大国家の遺産』，東京：角川書店，157pp.

2. 池内功

1994，「元朝郡県祭祀における官費支出について——黒城出土祭祀費用文書の検討」，『四国学院大学論集』85，pp. 33 - 68

3. 海老泽哲雄（海老沢哲雄）

1984，「モンゴル帝国の対西欧文書——クユク＝ハンの教皇あて書簡について」，『歴史と地理』351，pp. 1 - 11

4. 小野浩

1993，「とこしえの天の力のもとに——モンゴル時代発令文の冒頭定型句をめぐって——」，『京都橘女子大学研究紀要』20，pp. 107 - 129

1997，「とこしえなる天の力のもとに」，杉山正明ほか（編）『岩波講座世界歴史11 中央ユーラシアの統合』，東京：岩波書店，pp. 203 - 226

5. 神田喜一郎

1969，「八思巴文字の新資料（附大元累授臨川郡呉文正公宣勅）」，『東洋学文献叢説』，東京：二玄社；1984，『神田喜一郎全集』，京都：同朋舎，pp. 82 - 119

6. 金文京

1988，「漢字文化圏の訓読現象」，和漢比較文学会（編）『和漢比較文学研究の諸問題』（和漢比較文学叢書　第八巻），東京：汲古書院 pp. 175 - 204

7. 杉山正明

1990a，「元代蒙漢合璧命令文の研究（一）」，『内陸アジア言語の研究』5，pp. 1 - 31 + 2pls.

1990b，「草堂寺闊端太子令旨碑の訳注」，『史窓』47，pp. 87 - 106 + 2pls.

1991，「元代蒙漢合璧命令文の研究（二）」，『内陸アジア言語の研究』6，pp.

35 - 55 + 2pls.

1993,「八不沙大王の令旨碑より」,『東洋史研究』52 - 3, pp. 105 - 154

1996,「モンゴル時代史研究の現状と課題」, 宋元時代史の基本問題編集委員会(編)『宋元時代史の基本問題』(「中国史学の基本問題」シリーズ3), 東京: 汲古書院, pp. 497 - 528

1997,「碑はたちあがり歴史は蘇る」, 杉山正明・北川誠一『大モンゴルの時代』(世界の歴史 9), 東京: 中央公論社, pp. 178 - 198

2000,「モンゴル時代史の研究—過去・現在・将来—」,『世界史を変貌させたモンゴル——時代史のデッサン』(角川叢書 13), 東京: 角川書店, pp. 147 - 226

8. 高桥文治(高橋文治)

1991,「太宗オゴデイ癸巳年皇帝聖旨訳注」,『追手門学院大学文学部紀要』25, pp. 422 - 405(逆頁)

1995,「モンゴル時代全真教文書の研究(一)」,『追手門学院大学文学部紀要』31, pp. 168 - 150(逆頁)

1997a,「モンゴル時代全真教文書の研究(二)」,『追手門学院大学文学部紀要』32, pp. 176 - 157(逆頁)

1997b,「モンゴル時代全真教文書の研究(三)」,『追手門学院大学文学部紀要』33, pp. 154 - 132(逆頁)

2001,「元の白話碑　チンギス汗たちの発令文」,『しにか』2001 - 3, pp. 69 - 73

9. 田中谦二(田中謙二)

1961,「蒙文直訳体における白話について——元典章おぼえがき 一」,『東洋史研究』19 - 4, pp. 51 - 69

1962,「元典章における蒙文直訳体の文章」,『東方学報』京都 32; 吉川幸次郎; 田中謙二, 1964,『元典章の文体』(岩村忍; 田中謙二『校定本元典章刑部』第一冊附録), 京都: 京都大学人文科学研究所元典章研究班, pp. 47 - 161

2000,「元典章文書の研究」,『田中謙二著作集』第二巻, 東京: 汲古書院, pp. 275 - 457

10. 竺沙雅章

1973,「漢籍紙背文書の研究」,『京都大学文学部研究紀要』14, pp. 1 - 54

11. ドーソン

1968, ドーソン(著); 佐口透(訳注),『モンゴル帝国史 1』(東洋文庫 110), 東京: 平凡社, 413pp. + 14pp.

12. 中村淳

1999,「クビライ時代初期における華北仏教界——曹洞宗教団とチベット仏僧パ

クパとの関係を中心として——」,『駒沢史学』54, pp. 79 - 97

2002,「元代チベット命令文研究序説」, 松田孝一（編）『碑刻等史料の総合的分析によるモンゴル帝国・元朝の政治・経済システムの基盤的研究』, 平成 12 ~ 13 年度科学研究費補助金基盤研究（B）（1）研究成果報告書（研究課題番号: 12410096）, pp. 69 - 85

13. 中村淳・松川节（松川節）

1993,「新発現の蒙漢合璧の少林寺聖旨碑」,『内陸アジア言語の研究』8, pp. 1 - 92 + 8pls.

14. 中村淳・森平雅彦

2002,「韓国・松広寺所蔵の元代チベット法旨」,『内陸アジア史研究』17, pp. 1 - 22 + 1pl.

15. 船田善之

1999a,「『元典章』を読むために——工具書・研究文献一覧を兼ねて——」, 中国語学研究『開篇』18, pp. 113 - 128.

（五）汉译

1.〔日〕船田善之

（翻译）晓克,《关于解读〈元典章〉——兼谈有关工具书・研究文献》,《蒙古学信息》2000 - 3, pp. 35 - 42; 2000 - 4, pp. 20 - 25

1999b,「元朝治下の色目人について」,『史学雑誌』108 - 9, pp. 43 - 68

2000,「元代の戸籍制度における色目人」,『史観』143, pp. 33 - 48

2001a,「元代史料としての旧本『老乞大』——鈔と物価の記載を中心として」,『東洋学報』83 - 1, pp. 01 - 030

2001b,「色目人の実像——元の支配政策」,『しにか』2001 - 11, pp. 16 - 21

2002,「新出史料『述善集』紹介——新刊の関連書三冊——」,『史滴』24, pp. 141 - 150

2. 松井太

1997,「カラホト出土蒙漢合璧税糧納入簿断簡」,『待兼山論叢 史学篇』31, pp. 25 - 49

3. 松川节（松川節）

1995,「大元ウルスの命令文書式」,『待兼山論叢　史学篇』29, pp. 25 - 52

4. 宫纪子（宮紀子）

1999,「大徳十一年『加封孔子制誥』をめぐる諸問題」,『中国——社会と文化』14, pp. 135 - 154

2001a,「大元加封碑　モンゴル王朝と儒教」,『しにか』2001 - 3, pp. 74 - 77

2001b,「程復心『四書章図』出版始末攷——大元ウルス治下における江南文人の保挙」,『内陸アジア言語の研究』16, pp. 71－122

5. 森田宪司（森田憲司）

2001,「元朝の科挙資料について——銭大昕の編著を中心に——」,『東方学報』京都73, pp. 157－184

蒙古汗廷与全真道关系新证

——新发现的蒙古国圣旨（懿旨、令旨）摩崖简述

周　郢*

“元自太祖圣武皇帝视丘长春有道，聘为玄门宗，厥后太、定、宪三宗及今（世祖）皇帝，皆禀孝自天，善继以述”① ——全真道与蒙古汗廷之关系，素为史家所关注。近日在山东泰安徂徕山南山坳中，发现了一组古代摩崖，共计4方，文字多已漫漶，经细加辨识，乃知是蒙古国时期的全真道观炼神庵刻石（见图1）。摩崖共分为记、牒及题名三部分，其中第二方为“皇帝圣旨里恩赐文牒”。所谓牒，乃是当时授予官职或称号的官方文书。蒙元沿袭宋金旧例，道门有德高道，由掌教真人授予大师称号，并呈报官府，颁以牒文。此牒颁发于蒙古国庚戌年（1250），内容可分为三个部分：第一段引录前代皇帝之圣旨，说明全真宗师掌教有据。“照得”以下为第二段，引录皇后懿旨、太子令旨，具体表明掌教授予道徒“师德名号”之依据。第三段记掌教真人李志常据东平府路道录司之举荐，授予徂徕山炼神庵道士丁志年“和光大师”之号，并奏报汗廷恩赐文牒之事。

按“国朝（元）以国语训敕者曰圣旨”②，多系大汗因特定目的而颁与某一特定机构或人物（今见以寺观免差发者为多），由怯薛以蒙古文撰写并译为汉文；懿旨、令旨则系出于后妃、太子或宗王所颁。本次所发现的摩崖牒文中，节录了多道蒙古汗廷圣旨、懿旨、令旨，均与全真道密切相关，可从中考见其教门在大蒙古国时期之际遇。同时摩崖中涉及的“孛罗真皇后”、“昔列门太子”、“和皙太子”等许多内容为中外史籍所未记，

---

* 周郢，泰山学院泰山研究院研究员。

① 姚燧：《洞真观普济圆明真人高君道行碑》，《道藏》第19册《甘水仙源录》卷六，文物出版社，1987，第757页。

② 虞集等编《经世大典序录·帝制》，四部丛刊本《国朝文类》卷四〇。

图 1　徂徕山炼神庵圣旨摩崖（局部）

为了解这些汗廷重要人物提供了新证。今将刻石依原序移录，并附考识。

1. 成吉思汗圣旨

> 成吉思皇帝圣旨节文：丘神仙门下出家师德名号，应合与底，你便与文字者。

成吉思汗曾宣召丘处机觐见于西域，并数次颁诏于丘氏，以示尊崇。后其徒众多将圣旨刊石于各观，以为本教之殊荣。在陕西户县重阳宫、周至重阳万寿宫、山东潍县玉清宫、崂山太清宫及泰山长春观等处，皆有成吉思汗圣旨刻石。据学者统计，今所见“成吉思皇帝赐丘处机的诏书和圣旨，已有五份之多”①。其中涉及了“丘神仙应系出家门人等”，并“免差发、税赋”、“教你（丘处机）天下应有底出家善人都管着者”等内容。不过，《庵牒》所录“成吉思皇帝圣旨节文”，却不见于上述文书，应是另外一件诏旨中的内容。从文意看，系宣告授权“丘神仙”颁予其门下以“师德名号”之事。那么，成吉思汗是否确有此一诏旨存在呢？

在耶律楚材《西游录》中可为此事觅得一例旁证。其书卷下以妄行“十事”诘责丘处机，其中第七事云：“又进表乞符印，自出师号，私给观额，古昔未有之事，辄欲施行。此其七也。”② 祥迈《大元至元辨伪录》中

① 佟杜臣：《成吉思皇帝赐丘处机圣旨石刻考》，《文物》1986 年第 5 期。

② 耶律楚材：《西游录》，向达校注，中华书局，1981，第 15 页。

也再申此说："既而东回，表求牌符，自出师号，私给观额，自填圣旨，谩昧主上。独免丘公门人科役，不及僧人及余道众，古无体例之事，恣欲施行。"① 根据这一记载，可知丘处机在觐见东归之后，又曾向成吉思汗上表，奏请授予符印并行使授观额、赐师号等权力。至于成吉思汗是否最终允准此请，耶律楚材等人的记述则含混不清（姚从吾先生《耶律楚材〈西游录〉足本校注》② 对此"表乞"事也未能补证），遂为悬案。

今据《庵牒》所录，成吉思汗不仅恩准丘氏所奏，且为颁发特旨。因《庵牒》系为赐师号而颁，故只节取"师德名号"一段。推想授符印、赐观额之文亦当见于此项圣旨中。历代王朝之宗教制度，这些权力本由中央政府所掌控，以有效限制各宗教之规模，调节神职人员与政府的关系。而成吉思汗不仅允准丘处机乞符印、赐师号观额之陈请，且正式颁予圣旨，将这些重要权力全部委托于丘氏，从而使全真道获得非同寻常的政治特权。所以耶律楚材惊呼此为"古昔未有之事"！因楚材、祥迈等人对此深为嫉恨，视之为"谩昧主上"的僭越之举，因而在行文中有意隐去汗廷曾颁旨允准之事，今摩崖重现，还原了历史真相。

2. 窝阔台圣旨

又钦奉哈罕皇帝圣旨节文：告天道人每拣择者，你底言语不信底人，你识者。

哈罕皇帝即太宗窝阔台。户县祖庵《重阳宫圣旨碑》中有窝阔台圣旨："皇帝圣旨：你已先成吉思皇帝圣旨里，道人每内不吃酒肉无妻男底人告天者，不是那般底人，吃酒、吃肉、有妻男呵，仙合孔八识你不拣择出来那甚么，你底言语不信底人，你识者。粱米你每年依例送得来者。准此。乙未年七月初一日。"③ 牒文中所节引者当即此道圣旨。该旨明确赋予教首处置教内下属的事权，使全真教获得了更大的自主权。

3. 贵由圣旨

近奉贵由皇帝圣旨：只依着已先圣旨行者。大体例里告天者。

---

① 赵卫东辑校《丘处机集·附录》，齐鲁书社，2005，第460~461页。

② 《大陆杂志史学丛书》第二辑第三册《辽金元史研究论集》，（台北）大陆杂志社，1962。

③ 陈垣等编《道家金石略》，文物出版社，1988，第446页。

定宗贵由此旨，主要是重申窝阔台旧旨，作为其延续奉行的依据。《史集》记载："他（贵由）也恪守札撒和他自己父亲（窝阔台）的诏令……他下令，凡盖有窝阔台合罕玺印的诏书，无需经他亲自批准就可以再次签署认可。"[①] 牒文中的贵由圣旨也可证实此点。又李道谦《终南山祖庭仙真内传》卷下《真常真人》记录云："丙午（1246），定宗皇帝即位，诏师（李志常）以戊申（1248）上元日就长春宫设普天大醮，仍降玺书，凡名山大川诸大宫观及玄门有道之士，委师就给师德名号。"[②] 说明贵由亦对全真重视有加，故有颁旨重申之举。

4. 乃马真后懿旨

> 照得甲辰年十月初八日，钦奉皇帝圣旨，令长春宫李真人作普天大醮，仍普度戒箓师德名号等事。

此处"照"为查照之意，为牒文之词；下所引"甲辰年（1244）十月皇帝圣旨"，实为乃马真后（时称制）下令于长春宫作普天大醮的诏旨。关于此事，王鹗在《玄门掌教大宗师真常真人道行碑铭》中记述："甲辰春正月，朝命令公（李志常）于长春宫作普天大醮三千六百分位，及选行业精严之士，普赐戒箓。逮戊申春二月既望，醮始告成，凡七昼夜，祥应不可殚记。"[③] 研究者指出："此时正是乃马真后称制，所谓朝命应当出自这位皇后本人。"[④] 与炼神庵牒文对勘，其事完全相同，惟建醮时间碑铭作三月，牒文作十月，依事理推之，当是乃马真后在普天大醮开始后数月，特旨授予主持者李志常"仍普度戒箓师德名号"之事权。在此后的历史记录中，李志常也确实行使了这一事权：《颐真冲虚真人毛尊师蜕化铭》："甲辰，副提点寂照大师吴志明北上赍皇后懿旨，有冲虚大师之号；继及真常掌教大宗师衔命南下，赐号颐真冲虚真人。"[⑤] 《清虚大师把君道行录》："玄门掌教大宗师真常真人名其观曰通玄，仍付以金襕紫衣，号曰清虚大宗师。"[⑥]

---

① 〔波斯〕拉施特：《史集》第2卷，余大钧等译，商务印书馆，1985，第224页。

② 李道谦：《终南山祖庭仙真内传》，《道藏》第19册，第536页。

③ 李道谦编《甘水仙源录》卷三，《道藏》第19册，第746页。

④ 张广保：《全真教与蒙元皇室》，刘凤鸣主编《丘处机与全真道——丘处机与全真道国际学术研讨会论文集》，中国文史出版社，2009，第182页。

⑤ 李道谦编《甘水仙源录》卷七，《道藏》第19册，第778页。

⑥ 李道谦编《甘水仙源录》卷七，第781页。

《庵牒》引据圣旨后复述“断事大官人文字”：“又奉断事大官人文字节该：照依已先应有底圣旨行者。”此处“断事大官人”，应是指燕京行台大断事官。中原地区全真教务皆由其管理，如太宗十年（1238），燕京行台断事官忽土虎奉朝命加李志常为“玄门正派嗣法演教真常真人”①，又宪宗时作醮于长春宫亦令“断事大官人牙鲁瓦赤只儿奉营办醮事”②，即其事例。又“节该”指节文、大意，系蒙元文书中常用之语。

5. 孛剌合真懿旨

> 己酉年八月廿五日，续奉孛罗真皇后懿旨：道与掌教李真人者，你已先皇帝圣旨，天下应有底出家善人高上师德都教你识来，我教将去底冠服给与底，大师每根底但文字里头合加与名号底，都你识者。

此处之孛罗真皇后，当是指窝阔台大皇后孛剌合真（此点承刘晓先生指教）。《元史·后妃表》记窝阔台后妃，首列“正宫孛剌合真皇后”。《史集》也称：“窝阔台合罕有许多皇后和六十个妃子，但著名的正后有四人。大皇后，……（原缺）氏族的孛剌合真。为……（原缺）的女儿；她是［皇后中］的最长者。”③史籍或称其为“正宫”，或称其为“第一哈敦”，足证她为窝阔台之正妻。

关于这位大皇后孛剌合真，在历史上扑朔迷离，汉文及波斯文史书都未留下她的具体事迹。以致有学者认为“窝阔台去世后，脱列哥那夺取政权扶立贵由的过程中，不再见有孛剌合真的活动，可以有理由认为，她已经先窝阔台而去世”④。但根据这道“孛罗真皇后懿旨”，知孛剌合真不仅生存至“己酉年”（1249），而且此时还发号施令，对朝政予以影响。那么这位地位尊显的“大皇后”，何以在窝阔台死后留下的政治真空中无所表现？在脱列哥那、贵由相继死亡后，孛剌合真又向朝野发布懿旨，是否借以显示其在政治舞台“复出”？新史料在填补孛剌合真生平的同时，也留下一系列疑窦以待史家的破解。

不过有一桩关涉全真碑铭的疑案，却由此懿旨摩崖的发现而解决。在

---

① 王鹗：《玄门掌教大宗师真常真人道行碑铭》，《道藏》第19册，第746页。
② 冯志亨：《敕建黄箓大醮碑》，《宫观碑志》，《道藏》第19册，第713页。
③ 〔波斯〕拉施特：《史集》第2卷，余大钧等译，商务印书馆，1985，第6页。
④ 蔡美彪：《脱列哥那后史事考辨》，《蒙古史研究》1989年第3辑。

河南济源，有立于庚子年（1240）的《济源十方大紫微宫圣旨碑》，其内容为：

> 皇帝圣旨里，依旧行东宫事也可合敦大皇后懿旨并妃子懿旨，道与平阳府路达鲁花赤、管民官：据沁州（今河南济源）管民官杜丰雕造道藏经并修盖等事，可充提领大使勾当者。你（杜丰）不得功夫时节，你的娘子充提领勾当者。兼不以是何头下官员人等，无得骚扰。如违，要罪过者，准此！庚子年（1240）三月十七日“皇帝之宝”。①

关于懿旨的发布者“依旧行东宫事也可合敦大皇后”，蔡美彪先生最早指为“即脱列哥那六皇后乃马真氏”②，后又修正己说，认为“既然现有史料并未否定孛剌合真是窝阔台的正宫大皇后的记事，紫微宫碑的大皇后推定为孛剌合真，自然最为合理”③。不过也有学者对此新说持反对意见，如罗依果先生认为：“谁是懿旨中的大合敦，我想可以排除年纪最长的合敦孛剌合真，因为正如前面所叙述的那样，她甚至没有被志费尼提及，拉施特也仅仅提到她一次。她没有给合罕留下孩子，也许那时她已去世。”④现在新见“孛罗真皇后懿旨”，已完全印证了蔡美彪先生的推论，这除了可以确证发布紫微宫懿旨时孛剌合真仍在人世，更直接的证据则是其人的宗教态度——己酉年旨与庚子年旨主旨一脉相承，都是对全真教门的倚重与保护。

从懿旨摩崖还可以了解，庚戌年（1250）对全真教士规模颇大的加封活动，实出自上年（己酉年，1249）孛剌合真后的授意。王恽《真常观记》载：“庚戌间，真常真人洎十八大师光膺宝冠云帔，下至四方名德，亦获紫衣师号之宠。”⑤ 又宋衜《通玄观记》载：“庚戌，真常真人（吴志坚）畀以紫衣及诚和大师灵虚子号。”⑥ 又王构《玄祯观至德真人记》：“庚戌，都道录樊志应荐其（程志保）名，定宗简平皇帝赐金冠法衣，仍升额为大

① 蔡美彪：《元代白话碑集录》，科学出版社，1955，第7页。又据氏著《元代白话碑集录》（修订版）校改，中国社会科学出版社，2017，第19页。

② 蔡美彪：《元代白话碑集录》，第7页。

③ 蔡美彪：《脱列哥那后史事考辨》，《蒙古史研究》1989年第3辑。

④ 罗依果：《脱列哥那合敦是窝阔台的“六皇后”吗?》，《蒙古学信息》2003年第1期。

⑤ 陈垣等编《道家金石略》，文物出版社，1988，第694页。

⑥ 李修生主编《全元文》第5册，凤凰出版社，1999，第173页。

玄真万寿宫。”[①] 这番加封，除了褒赠随侍丘祖西觐的十八弟子，更普加“四方名德”以“紫衣师号之宠”。徂徕炼神庵主持道士丁志年获赐金襕紫服，授号和光大师，即缘于此道懿旨。本次授权之大，加封之众，几无复加。

附带指出：孛剌合真皇后与全真道的联系，还可能与合失太子有关。合失自幼多受汉文化濡染，渐成为全真道的有力支持者（详后文）。合失生母，屠寄《蒙兀儿史记》考为孛剌合真。[②] 虽学界有不同意见，但合失死后，由孛剌合真主管原太子官署事务，即“依旧行东宫事”，明确见于碑志。因此，孛剌合真对全真的大力扶持，颇有可能来自“东宫”的影响。孛剌合真与全真的非常关系实值得探讨。

6. 唆鲁古唐妃懿旨

> 唆鲁古唐妃懿旨节该：如今只依成吉思皇帝底、哈罕皇帝底圣旨行者。

按“唆鲁古唐妃”之名，又见于蒙古国丁未年（1247）《太清观懿旨碑》及庚戌年（1250）《重阳延寿宫牒》中。[③] 其人即拖雷正妻、蒙哥与忽必烈之母唆鲁和帖尼（唆儿忽黑塔尼别吉）。据洪金富先生考证：“‘唆鲁古唐妃’这个汉字对音（唆鲁古唐）加上汉语名词（妃）构成的人名称谓词，既然出现在元代汉文石碑上，说明部分汉人就是这样来称呼这位蒙古王妃的。”[④] 今牒文摩崖亦写作此名，可佐证洪氏之说。

关于唐妃身世，《史集》记载：“他（拖雷）的父亲［还］在他年幼时，就为他聘娶了客列亦惕部君主王汗的兄弟札阿—绀勃的一个女儿，唆儿忽黑塔尼别吉。她是拖雷汗诸妻中最长和最受宠者。”[⑤] 史书上说“尽管她本人是一个聂思脱里派基督教徒，她向佛寺、道观以及伊斯兰宗教学校捐助金钱以及其他的具体支持”。[⑥] 唆鲁古唐妃与太一道及全真道均有关

---

① 王宗昱编《金元全真教石刻新编》，北京大学出版社，2005，第136页。

② 参看王晓欣《合失身份及相关问题再考》，《元史论丛》第十辑，中国广播电视出版社，2005，第61～70页。

③ 陈垣等编《道家金石略》，文物出版社，1988，第840、768页。

④ 洪金富：《唐妃娘娘阿吉剌考》，《中央研究院历史语言研究所集刊》第79本第一分，（台北）中研院历史语言研究所，2008。

⑤ 〔波斯〕拉施特：《史集》第2卷，商务印书馆，1985，第190页。

⑥ 〔德〕傅海波等：《剑桥中国辽西夏金元史》引《成吉思汗的继承者》之记载，中国社会科学出版社，1998，第484页。

系，曾多次发布懿旨，优待道众。太一道系统之汲县万寿宫、赵州太清观皆有其所颁懿旨碑石。张广保先生认为她“应当是拖雷一系皇室成员中首先与全真教发生直接接触者”①，所据则是由唆鲁古唐妃与其第六子旭烈兀共同签发的《重阳延寿宫牒》。而新见唆鲁古唐妃的懿旨文字，又可从中进一步考察其崇奉全真之迹。懿旨虽只是重申成吉思汗、窝阔台的相关规定，别无新意，但其特别颁旨于全真道，反映了她对该教的关注。另外唆鲁古唐妃受封之汤沐邑在真定，因之与河朔地区的汉族士人发生密切关系。元好问《送高雄飞序》中云：“恒府，天壤间大都会，在今为长乐宫之汤沐邑，且乾龙潜跃之渊也。自文统绍开，俊造骈集，七八年之间，鹤书特征与凤尾诺之所招致，视他郡国尤为多。”②《炼神庵牒》在列出蒙古历代皇帝、称制皇后及太子旨意同时，也纳入唆鲁古唐妃之懿旨，则无疑显示了其地位之尊显及拖雷一系在中原地区影响之巨大。

另外，唆鲁古唐妃懿旨在引述列圣诏旨时，只举太祖、太宗，而独不举定宗，或是汗廷大位暗争之投影。

7. 昔列门令旨

> 昔列门太子令旨节该：已先前圣旨，咱每子子孙孙，怎敢别了，只依已先圣旨里□者。

昔列门又作失烈门，系太宗窝阔台第三子阔出之子。《史集》中记载他是“阔出的长子，极聪明能干的”③，“因为合罕最喜爱他（阔出），所以就把他的长子，天分很高、很聪明的失烈门抚养在自己的帐殿（斡耳朵）中。他［窝阔台］曾说过，他［失烈门］将成为大位的继承者和［他的］继任人”④。太宗死，遗诏昔列门嗣位。脱烈那哥后称制，另立定宗贵由为汗。“定宗崩，后（海迷失后）抱子失列门垂帘听政。”⑤ 故昔列

① 张广保：《全真教与蒙元皇室》，刘凤鸣主编《丘处机与全真道——丘处机与全真道国际学术研讨会论文集》，中国文史出版社，2009，第185页。

② 元好问：《送高雄飞序》，《全辽金文》下册，山西古籍出版社，2002，第3254页。

③ 〔波斯〕拉施特：《史集》第2卷，商务印书馆，1985，第12页。

④ 〔波斯〕拉施特：《史集》第2卷，第214页。

⑤ 《元史》卷一一四《后妃列传一》，中华书局，1976，第2870页。

门被称为“太子”。[①] 昔列门令旨除了重申列圣诏旨之外，同时明确要求“子子孙孙，怎敢别了”。“怎敢别了”意即不敢违背，显示了对全真教门的坚定支持。又海迷失后执政期间，政出多门，“宗王们各擅自签发文书，颁降令旨”[②]，故昔列门亦自颁有护教之旨。元代史籍及全真碑铭均未提及此“太子令旨”之事，当是缘于他在此后的宫廷斗争废黜身死之故。《新元史》卷一一一载其结局：“宪宗即位，皇后与失烈门之母厌禳，事觉，赐死。失烈门与定宗之二子忽察、脑忽亦以谋作乱，讯鞫得实，谪失烈门为探马赤。世祖方用兵大理，请以失烈门自从，俾赎罪。后宪宗自将伐宋，仍投失烈门于水。”洞悉蒙廷内争的全真教徒遂将其人文字悉数予以清除。

8. 和哲令旨

> 和哲太子令旨：这掌教大宗师李真人，依只已先圣旨，但是真人先生每都教识者。

和哲之名，不见于蒙元史籍载录。从语音及身份上推断，这一人物，应即为太宗窝阔台之子、元初中亚蒙古叛王海都之父合失。

合失汉籍又译为合昔歹、河西碍，《史集》谓其得名于成吉思汗之征西夏（又称河西，蒙古又译其地为合失、合申）。及其早卒，窝阔台汗遂禁用“河西”地名，将其地改称唐兀惕。关于其人是否为“太子”，蒙元史研究中长期存在争论。南宋出使蒙古使臣彭大雅撰、徐霆疏《黑鞑事略》提到河西碍时注称其“立为伪太子”，但王国维等人认为“此亦传闻之误”[③]。近年王晓欣、刘晓等先生根据新发现的相关文献，认定合失生前确实被立为皇储，只是由于早亡而未能嗣统[④]。而《炼神庵牒》中明确将其称为“和哲太子”，实堪注意。虽然蒙古国早期太子名号使用较为随意[⑤]，但牒文中将其与太宗朝明旨立为皇储之昔列门太子并列，足以说明

① 《元史》卷一〇七《宗室世系表》，第 3717 页。

② 〔波斯〕拉施特：《史集》第 2 卷，第 222 页。

③ 王国维：《黑鞑事略笺证》，《王国维遗书》第 13 册，上海书店出版社，1983。

④ 王晓欣：《合失身份及相关问题再考》，《元史论丛》第十辑，第 61 ~ 70 页；刘晓：《也谈合失》，《中国史研究》2006 年第 2 期。

⑤ 赵翼：《廿二史札记》卷二九《元帝子称太子者不一》，中华书局，2013，第 433 页。

时人对其储宫身份的认同。后来元廷利用修史，尽量将合失、海都家族在以前汗国历史中的痕迹清除。抄自元廷实录的《元史·宗室世系表》、《元史·食货志》等刻意将合失、海都称为“大王”而避称太子①。《炼神庵牒》因形成较早，在其身份称呼上保留了真实。

至合失颁令旨于全真教，则显示了他与教门的一重渊源。据王鹗《玄门掌教大宗师真常真人道行碑铭》载：“己丑（1229）秋七月，见上（太宗）于乾楼辇，时方诏通经之士教太子，公进《易》、《诗》、《书》、《道德》、《孝经》，且具陈大义。上嘉之。”② 由于李志常可能参与太子教育的事务，赢得了合失对全真道的尊重，其曾赐高道宋德方披云真人之号，并力助其修纂《道藏》。据王利用《玄通弘教披云真人道行之碑》云：“岁己亥（1239），合西碍太子赐以披云真人之号。”③ 又《济源十方龙祥万寿宫记》载：“迩者东莱至道披云真人，绍隆五祖之清规，恢扩七真之正法，属道教重熙之运，值大朝开拓之辰。□□□□□□□宫皇太子令旨奏过，合于诸路置局雕印《玄都宝藏》。”④ 时在太宗七年（1235）前后，所奏请之“皇太子”，当即为合失。而本牒中还记他颁此令旨于李志常，重申列朝圣旨对全真教门保护。张广保先生在考订合失与全真关系后精辟指出：“我估计可能是因为全真教方面曾参与合失的教育事务，故他对宋德方领导的全真教的修藏之举予以大力支持。他对宋德方的加封是我们现在所知的最早一例蒙古宗王加封全真高道予真人号。如果不是因为他英年早逝，全真教对蒙古人的影响当会更大。”⑤ 从和晢令旨来看，此言诚属不虚。另外，合失令旨称李志常为“掌教”，其旨当颁于太宗十年（1238）之后。合失卒年旧说在1233～1234年，今学者考其卒应在1239～1240年，不晚于1240年三月⑥。牒文又为新说补益了一条旁证。

综上统计，《炼神庵牒》共征录蒙古皇帝圣旨三件，后妃懿旨三件（所引甲辰年圣旨实为乃马真后称制懿旨）、太子令旨二件，堪称一部蒙古

① 王晓欣：《合失身份及相关问题再考》，《元史论丛》第十辑，第61～70页。

② 李道谦编《甘水仙源录》卷三，《道藏》第19册，第745页。

③ 陈垣等编《道家金石略》，第753页。

④ 陈垣等编《道家金石略》，第507页。

⑤ 张广保：《全真教与蒙元皇室》，刘凤鸣主编《丘处机与全真道——丘处机与全真道国际学术研讨会论文集》，中国文史出版社，2009，第178页。

⑥ 刘晓：《合失卒年小考》，《中国史研究》2006年第2期。

皇室的崇道旨文汇编。而这些诏旨绝大部分不见于史籍著录，对考察蒙古汗廷的宗教政策及黄金家族与全真道的关系，可提供诸多新的认识——在蒙古开国的数十年中，虽汗廷权力屡有更迭，但全真道与统治集团，特别是窝阔台一系，始终保持牢固关系，全真道从汗廷获得的权力日渐增大，如丘处机从成吉思汗处获取的赐观额、授师号等宗教特权，一直延续到海迷失后临朝时期。其教并获得历任皇帝、后妃及多位太子的广泛支持。这些均是全真道在蒙古国时期发展至全盛的重要因素。

（本文原载《中国史研究》2013 年第 1 期。此为修订稿）

元代道教公文初探

——以《承天观公据》与《灵应观甲乙住持札付碑》为中心

刘　晓*

有关元代公文制度，学界探讨已有很多，但对元代宗教机构的公文往来，目前研究还较少。本文即是对元代太平路采石山中元水府承天观与杭州路吴山承天灵应观两通碑文的初步研究。① 公文制度的种类、格式，是由公文发布机构及其发布对象的性质所决定的，因此在介绍这两篇道教公文之前，我们有必要将元代道教公文的发布机构也即道教管理机构作一简单勾勒。

一　元代道观管理体制

元朝在全国设有门类各异的宗教管理机构，将当时官方承认的绝大部分宗教纳入政府管理范畴，其中道教在中央的最高管理机构为集贤院。元代集贤院建立的确切年代，目前尚无法找到相关记载。元朝初年，集贤院似为独立机构。据《元史》卷八七《百官志三》“翰林国史院”条，至元二十年（1283），“省并集贤院为翰林国史集贤院。……二十二年，复分立集贤院”。言下之意，集贤院在至元二十年前为独立机构，二十年至二十二年与翰林国史院合并，二十二年又独立出来。② 不过，据袁桷《张公家

* 刘晓，中国社会科学院历史研究所研究员。

① 按，这两通碑文，前者已有〔日〕高桥文治先生的研究，见氏著《承天觀公據について》，《追手門学院大学文学部紀要》35 号（1999 年 12 月 30 日）。不过，不论是在元代道教管理机构的设置乃至公文的分析方面，高桥氏的观点与本人均有所不同。承九州大学舩田善之先生为笔者介绍并代为复印高桥氏的论文，在此表示感谢。

② 据《秘书监志》卷一《设司徒府》与《为革罢司徒府事》（浙江古籍出版社点校本），至元十八年，元朝曾将翰林国史院、会同馆与集贤院合并为一个衙门，设司徒府，但次年即行撤销。可参见〔日〕櫻井智美《アフマッド暗殺事件と司徒府の設立》，《中国：社会と文化》第 15 辑，東大中国学会，2000。

传》的记载，集贤院与翰林院分离的时间为至元十八年（1281），发起人为玄教创始人张留孙，此后道教事务开始归集贤院。[①] 当然，这一年代的准确性尚存疑问。[②]

从目前所见材料来看，全真教与玄教教主大都兼任集贤院官。二者之中，又以玄教最早。正如本文前面所介绍的，玄教创始人张留孙在元世祖忽必烈时代，曾提议集贤院与翰林院分开，此后张留孙即预议集贤院事，成宗元贞元年（1295），任同知集贤院道教事，武宗即位，累升知集贤院事领诸路道教事，地位在集贤大学士之上。[③] 此后玄教历任大宗师例兼“知集贤院道教事”。全真教兼任集贤院官者始于张志仙，他在大德四年（1300）所立《重修太初宫碑》的题记已有“同知集贤院道教事”的头衔，[④] 这与同期张留孙的头衔基本相同。武宗即位，至大元年（1308）七月，苗道一接任全真教主，头衔改为“商议集贤院道教事”，继任者常志清亦有此衔。[⑤] 以后全真教主与玄教教主一样，大都例兼“知集贤院道教事”。正一教从目前材料来看，似仅有三十九代天师张嗣成一人曾兼集贤院官，且时间要晚至泰定二年（1325）。[⑥] 以上三教教主例有大真人、真人封号，封号最多者为八字，[⑦] 由

① 《清容居士集》卷三四《有元开府仪同三司上卿辅成赞化保运玄教大宗师张公家传》（四部丛刊初编本）：“十八年七月，皇曾孙生，是为武宗，上命择嘉名以进。是岁分翰林、集贤院为两，道教专掌集贤，始自公议。”此外，据《张宗师墓志铭》：“分集贤、翰林为两院，以道教隶集贤。”参见《虞集全集》，天津古籍出版社，2007，第975页。《上卿真人张留孙碑》：“初，集贤、翰林共一院，用公奏始分，翰林掌诏诰国史，集贤馆天下贤士以领道教。”参见陈垣编纂，陈智超、曾庆瑛校补《道家金石略》，文物出版社，1988，第912页。

② 参见〔日〕櫻井智美《元代集賢院の設立》，《史林》83卷3号（2000年5月）。

③ 有关张留孙在集贤院任职的记载，可参见《清容居士集》卷三四《有元开府仪同三司上卿辅成赞化保运玄教大宗师张公家传》，亦可参见《龙虎山志》卷中《大元制诰·大宗师·商议集贤院道教事》、《加真人同知集贤院道教事》、《加同知集贤院道教事》等，《道教文献》1，丹青图书有限公司，1983。

④ 《重修太初宫碑》，《道家金石略》，第705页。

⑤ 《永乐宫圣旨碑》，《道家金石略》，第727页；《清容居士集》卷三七《长春宫提点常某授玄门演道大宗师、掌教真人、管领诸路道教所、商议集贤院道教事》。

⑥ 《龙虎山志》卷上《人物上》；《汉天师世家》卷三，正统道藏本。

⑦ 虞集《敕封显佑庙碑铭》在谈到元代褒封各地神祇时，曾说：“其号自二字以上，累封至八字极矣。”详《虞集全集》，第836页。按，这其实也适用于道士封号。元前期，道教各派教主封号所用字数较少，多为二字、四字，个别教主始用六字真人封号（如张宗演、张留孙等）。但进入元中期以后，各派教主封号除真人外，又开始出现地位高于真人的大真人（始于武宗时代的张留孙），封号则以六字、八字居多。

朝廷正式颁赐秩视一品或二品的银印。[①]

在集贤院之下，元朝还设有三大道教管理机构。其中，北方为诸路道教所（又作玄门道教所），由全真教主持，教主例兼“管领（或作掌管等）诸路道教事（或作道教所）”。江南为江南诸路道教所，由正一教主持，教主例兼“管领江南诸路道教事（偶作道教所）”。揭傒斯所言：“至国朝，天下郡县置道官，又置南北道教所以领之。”[②] 即指此而言。此外，在两处道教所辖区的中间地带，元朝还设有总摄江淮荆襄等处道教所（简称总摄所），由玄教主持，教主例兼“总摄江淮荆襄等处道教”。全真教主持的诸路道教所与正一教主持的江南诸路道教所，都与本教派的势力范围有密切关系，总摄所的设置则有些特殊，这里有必要稍微多谈一下。

众所周知，玄教由正一教驻京办事机构演变而来，玄教徒众也大多来自正一教。张留孙随三十六代天师张宗演到大都朝觐后，因长期侍奉蒙古宫廷，地位渐有超过天师的趋势，元朝政府不仅专门为他设立了一支教派——玄教，而且还特别为这支教派划拨了一块管辖地域。据《元史》卷一〇《世祖本纪七》：至元十五年（1278）五月“辛亥，制授张留孙江南诸路道教都提点”。十六年二月“壬辰，诏谕宗师张留孙悉主淮东、淮西、荆襄等处道教”。《龙虎山志》卷中《大元制诰·大宗师》收录了两份相关制书，即《授都提点》（至元十五年五月日）与《掌荆淮道教》（兔儿年即至元十六年二月十五日）。如果说江南诸路道教都提点仍可理解为天师名义上的属员的话，那么掌管“淮东、淮西、荆襄等处道教”显然已超出这一范围。实际上，《龙虎山志》卷中《大元制诰·大宗师》所收另一份制书《领荆淮道教》（至元十五年九月），已明确指出张留孙的权限为“管领江北淮东、淮西、荆襄等路新附州城道众勾当”。无独有偶，袁桷《张公家传》也有类似记载：“十五年，加玄教宗师，授道教都提点，管领

① 真人视二品，语出《贞一斋杂著》卷一《故保和通妙宗正真人徐公行述》（适园丛书本）：“命为真人，秩视二品。”另据《龙虎山志》卷上《人物上》，正一教在三十六代天师张宗演时，授三品银印；至三十八代天师张与材，始于大德二年授视二品银印，仁宗即位，又赐银印，视一品。又据《张公家传》与《河图仙坛碑》（《虞集全集》，第1010页），玄教创始人张留孙，在大德三年加大宗师号时，别给银印，视二品。去世时，已有“玄教大宗师玉章一，一品银印一，总摄道教事二品银印一”。上述印章均被吴全节继承。此外，弟子中尚有以真人佩银印者三人，以真人制书命者三人。

② 《揭傒斯全集》卷七《乐丘碑》，上海古籍出版社，点校本。

江北淮东、淮西、荆襄道教事，佩银印。”以上两处记载，管辖范围均比《元史》多出“江北”二字。这表明，当时张留孙虽仍有江南诸路道教都提点的头衔，但玄教所辖地域实际上已被限定在长江以北，与正一教主持下的江南诸路道教所划江而治。实际上，也正是在这一年闰十月，张留孙被授予玄教宗师的称号，[①] 实现了从正一教的“独立”。欧阳玄《中兴路创建九老仙都宫记》记载总摄所的设置时间稍晚，为成宗大德年间，并指出当时先是设立的都提点所，以后又升格为总摄所，而且，当时的都提点所，已非张留孙的江南诸路道教都提点衙门，而是玄教所属江淮荆襄等路道教都提点所。[②] 与此相应，张留孙的头衔也去掉了“江南”二字，变成“总摄江淮荆襄等路道教都提点”。[③]高桥文治先生《承天觀公據について》一文，将“总摄江淮荆襄等路道教所”与“江南诸路道教所”混同，恐怕缺乏文献依据。实际上，如前所述，江南诸路道教所应是管理长江以南道教事务的机构，早在忽必烈时代就已经出现了。[④] 二者是并立机构，而不是前后建置的不同称谓。

元代道教所的地位应与佛教总统所相当，玄教主持下的总摄所应稍逊于南北道教所，如同佛教总摄所稍逊于总统所一样。当然，这不代表二者相互间有隶属关系，总摄所与道教所一样，都是直隶集贤院的道教管理机构。[⑤] 张留孙在地位进一步上升后，从大德十一年起即不再兼任总摄，而是担任地位更高的“管领诸路道教”，总摄一职则留给自己的徒弟吴全节。[⑥] 此外，需要说明的是，玄教所属江淮荆襄等路道教都提点所升格为

① 《龙虎山志》卷中《大元制诰·大宗师·授玄教宗师》。

② “大德初入京，玄教大宗师开府张公留孙雅见器遇，时奉旨建崇真万寿宫，命董缮，克称厥任。寻设荆襄道教都提点所，选为掌书记，会提点升总摄，仍庀是职。”见《道家金石略》，第959页。

③ 《禹庙香火公据并重修庙记》，《道家金石略》，第879页。

④ 《龙虎山道藏铭》（《虞集全集》，第314页）：“至元中，佐天师立道教所，多所画诺。”按，此处的天师指三十六代天师张宗演。本文后面要讨论的《灵应观甲乙住持札付碑》也提到张宗演，称他为“前道教所官、天师三十一（当为六之讹）代真君”。“真君”为张宗演身后封号——“演道灵应冲和玄静真君”。

⑤ 佛教也有类似情况，如元朝曾设五台山总摄所，管辖真定、平阳、太原、大同和五台山等五处僧录司。五台山总摄所虽地位不如诸路释教总统所，但直隶宣政院，与总统所无隶属关系。有关五台山总摄所的设置情况，可参见张国旺《元代五台山佛教初探——以河北省灵寿县祁林院圣旨碑为中心》，《首都师范大学学报》2008年第1期。

⑥ 《龙虎山志》卷中《大元制诰·嗣师·授总摄真人》。

总摄所后，都提点一职仍保留下来，成为玄教法定继承人常拥有的头衔，像吴全节在大德十年，夏文泳在至大四年，均曾担任此职。[①] 都提点之下，还设有掌书记一职，长期由唐洞云担任。[②]

以上只是介绍了元代三大道教管理机构的大概情况。就诸路道教所与江南诸路道教所而言，二者的设立肯定是照顾到当时北方以全真教为主、南方以正一教为主的格局。不过，当时也有不少正一道观在北方，全真道观在南方的情况，这样一来，就出现了道观所属宗派与所属道教所不一致的情况。那么，遇到这种情况又如何进行管理呢？换言之，这些道观是由本宗派首领管理，还是由所在道教所管理呢？这方面的资料目前保留下来的较少。高桥文治先生前揭文，曾以易州龙兴观为例来说明这种情况。按，易州龙兴观创建者出自龙虎山三十代天师张继先门下，“祖师韩真人，初与同志萧、路、杜三真人浮江而南，拜三十代天师，受天心正一法，得法而归北方，学者遂共立萧、韩、路、杜四真人之教。”[③] 在金元两代，龙兴观一直是传授正一盟威法箓的道观，且在当地发展了不少支观。[④] 据《易州龙兴观提点缑公功行记》，龙兴观提点缑德宁，先是“至正六年（1346），受长春宫真人法旨，玄远安素大师、玄坛提举”，后又于“八年正月，进神仙玄门演道大宗师掌教大真人法旨，令充本宗门下提点，仍赐金襕紫服。”[⑤] 长春宫为全真教的总部——堂下，“神仙玄门演道大宗师掌教大真人”则指全真教的末代掌教完颜德明。这似乎表明，易州龙兴观还是应由全真教主持下的诸路道教所进行管理的。与此相应，江南地区也有类似情况，如抚州路宜黄县长春观是一所全真道观。“改延祐之年（1314），嗣汉三十八代天师名之曰长春道院，而神仙演道掌教苗真人，自

① 《龙虎山志》卷中《大元制诰·嗣师·授都提点》、《诸高士·夏文泳》。

② 目前所见任江淮荆襄道教总摄所掌书记者，似仅有这个唐洞云。除见前引《中兴路创建九老仙都宫记》外，还可见《吴文正公集》卷二五《御香赍江陵路玄妙观记》（元人文集珍本丛刊本）：“皇庆二年，总摄道教所掌书记唐洞云，钦奉帝制，授诚明中正玄静法师、江陵路玄妙观住持提点兼紫府真应宫住持，后又兼领本路诸宫观事。教所嘉其能，留之弗遣，遥领其职而已。”

③ 《易州龙兴观宗支恒产记》，《道家金石略》，第986页。

④ 这方面材料，《道家金石略》收入很多，除《易州龙兴观宗支恒产记》外，还有《易州玉泉观碑铭》（第866～868页）、《易州龙兴观懿旨碑》（第937页）、《易州龙兴观提点缑公功行记》（第980页）、《易州龙兴观宗支道派》（第987～989页）等。

⑤ 《道家金石略》，第980页。

京师出文书护之，名曰长春观。"[1]"嗣汉三十八代天师"即龙虎宗正一教主张与材，"神仙演道掌教苗真人"则为全真教主苗道一。长春观虽是一所全真道观，可却首先由正一教主为其命名，这表明江南各派道教宫观额号的赐予，还是掌握在正一教所属江南诸路道教所手中。[2] 当然，全真教主苗道一从京师发出护持文书，升为长春观，表明全真教对江南本宗派宫观也有一定发言权。

玄教与正一教的关系较为复杂。玄教脱胎于正一教，虽在元朝政府的扶持下自成一派，但与其母体——正一教你中有我，我中有你，关系非常密切。玄教的管辖范围，如前所述，被元朝政府限定在江北的江淮荆襄地区，但实际上至少到元中期以后，玄教已在杭州形成以大开元宫为据点的另一较大中心，大开元宫住持王寿衍在仁宗时代得以佩银印章，视二品。其后的大开元宫住持薛廷凤，因此前坚辞玄教教主之位，更被元朝政府加大真人封号，成为目前所见元代唯一一位非教派领袖的大真人。[3] 对于江南地区道观的人事任命，玄教更是经常插手。有时因与正一教事先未协调好，人事任命还会发生冲突。抚州路崇仁县保安观住持黄处和就属这种情况："邑中景云观道士黄处和，事玄教大宗师吴公（吴全节）于京师，吴公命处和归，主华盖之山，而正一三十九代张天师（张嗣成），已令王应真主华盖，得度弟子以居，既有成绩，乃移处和理相山（即保安观，相山为其所在地）。"黄处和起先被玄教宗师吴全节任命为华盖山道观住持，但因正一教三十九代天师张嗣成业已任命王应真，所以不得不将黄处和安排到保安观。最后，在县达鲁花赤保童的力保下，经双方协调，"张天师、吴大宗师还书，悉如保童之请……为相山甲乙之始云"[4]。因正一教主多不兼任集贤院职务，且不在京师居住，玄教对江南道教的影响，还体现在为江南道观申请护持圣旨。如茶陵州青霞万寿宫，"国朝皇庆元年，嗣汉三十八代天师朝京师，其徒戴永坚在行。奉被玺书，住持青霞观，进其道士刘克忠以自副。后延祐四年，有旨改其观为青霞万寿宫，永坚住持提点如

---

① 《紫山全真长春观记》，《虞集全集》，第 787 页。

② 宫观额号的给予，是道教所的一项重要职权。如《吴文正公集》卷二五《仙原观记》："请于道教所，得仙原观额，建道观。"

③ 《王忠文公集》卷一六《故弘文辅道粹德真人王公碑》，文渊阁四库全书本。

④ 《抚州路相山重修保安观记》，《虞集全集》，第 768 页。

故，克忠为提举。”但最后为其请求颁降护持圣旨的，却是玄教教主吴全节。[①]

在三大道教管理机构之下，元朝例设道录司（路一级，设道录、道判）、道正司（州一级，设道正、道判）、威仪司（县一级，设正副威仪）等各级机构。忽必烈时代，在道录之上，还曾设立过都提点，除张留孙至元十五年任江南诸路道教都提点外，又有张次房任江西道教都提点，李宗老任江东道道教都提点。[②] 上述各级道官，多由当地有声望的宫观住持提点兼任。各地道教管理机构的建立，大概是与至元年间集贤院与翰林院分离同时进行的。因为在叙述完确定集贤院分管道教事务后，虞集《张宗师墓志铭》紧接着又提到：“郡置道官，用五品印，宫观各置主掌。”[③] 赵孟頫《上卿真人张留孙碑》亦云：“置道官及宫观主者，给印视五品。”[④] 不过，从目前所见道教文献来看，五品印章的颁赐对象虽不乏相当于路一级的道录，[⑤] 但似乎更与道教宫观乃至其住持提点的重要性有直接关系。如杭州路佑圣观住持提点王寿衍，“庚子（大德四年）春，侍晋王入觐，蒙两宫赐予加厚，寻得旨南还，仍给佑圣观印章视五品”[⑥]。后来王寿衍于大德八年转任杭州路开元宫住持提点，“仍赐玺书护持，给尚方五品印。”[⑦] 处州路仙都山玉虚宫道士赵嗣祺，“延祐元年，钦奉圣旨主领宫事，始重新之。三年，刻铜印授之，视五品”[⑧]。此后，赵嗣祺又“领道宫凡数处，其大者皆赐印，视五品”[⑨]。

各级道司机构与地方各级政府相对应，实际上与官府衙门无异，只不过管辖权限仅限于本辖区的道教事务而已。吴澄在记载当时的情形时有这样的描述：“一如有司，每日公署莅政施刑。……道官出入驺从甚都，前

① 《青霞万寿宫碑铭》，《虞集全集》，第830页。

② 《吴文正公集》卷二五《抚州玄都观藏室记》，《龙虎山志》卷中《人物下·李宗老》。

③ 《虞集全集》，第975页。

④ 《道家金石略》，第912页。

⑤ 如临江路道录李允一，据《揭傒斯全集·文集》卷七《临江路玉笥山万寿承天宫碑》：“至元二十六年，诏加号万寿承天宫，给五品印章，以李允一为本宫住持提点，兼本路道录。”

⑥ 《王忠文公集》卷一六《元故弘文辅道粹德真人王公碑》。

⑦ 《松乡集》卷一《杭州路开元宫碑铭》，文渊阁四库全书本。

⑧ 《处州路仙都山新作玉虚宫碑铭》，《虞集全集》，第826页。

⑨ 《安雅堂集》卷八《昆山州崇福观记》，文渊阁四库全书本。

诃后殿，行人辟易，视部刺史、郡太守无辨。”[①] 郑介夫所上《太平策》则将佛道管理机构一并加以指责，指出：“今各寺既有讲主、长老，各观既有知观、提举，足任管领之责。随路又滥设僧录司、道录司，各县皆置僧纲、威仪，反为僧道之蠹，所宜革去也……为僧录、道录者，皆无赖之徒，立谈遭遇，遽授此职，便与三品正官平牒往来。”[②] 结果，到至大四年（1311）仁宗皇帝即位后，终于下诏，将包括道司在内的“各处路府州县里有的他每的衙门都教革罢了，拘收了印信者”。[③] 以后南方地区相当于路一级的道教管理，常常是以该路的某一重要宫观住持提点，兼领“本路诸宫观事”。后面本文要讨论的两篇道教公文因都发生在至大四年以后，所以我们在公文中见不到有关道司机构参与其中的记载。

随着各级道教管理的确立，元代公文制度也开始被普遍引入道教管理领域。如《道家金石略》所载《香火公据》，就是玄教教主张留孙，根据安丰路濠州道正司申文，于大德元年发给当地玄妙观的公据，当时他的头衔为“玄教宗师、志道弘教冲玄真人、总摄江淮荆襄等路道教都提点、同知集贤院道教事”。[④] 因安丰路属淮西地区，为玄教江淮荆襄总摄所的管辖范围，这份公文也可视作玄教在江淮荆襄地区有效行使管辖权的一个有力证据。《纯阳万寿宫札付碑》，为后至元二年（1335），全真教玄门道教所根据三宫提点张道宥呈文与河中府道录司申文发下的札付，规定以后永乐纯阳上下二宫不再归晋宁路道录司管辖，而是归全真教总部直辖。[⑤]《大五龙灵应万寿宫碑》碑阴所载札付，则为后至元三年，玄教教主吴全节下发给襄阳路大五龙灵应万寿宫，令其刊刻集贤直学士揭傒斯所撰碑文的札付。虽然碑文缺字较多，但其中“承奉集贤院札付”几字也为我们提供了非常重要的信息，那就是玄教教主虽然地位较高，但与集贤院之间仍采用呈文——札付的上下公文格式。[⑥] 从前面笔者提到的郑介夫的陈述，我们

① 《吴文正公集》卷二五《抚州玄都观藏室记》。

② 《历代名臣奏议》卷六七，上海古籍出版社影印明刻本。

③ 《元典章》卷三三《礼部六·释道·革僧道衙门免差发》，台北故宫博物院影印元刻本。不过，在北方地区，我们仍可从道教文献中找到大量道司官员的题名。

④ 《禹庙香火公据并重修庙记》，《道家金石略》，第879页。

⑤ 《道家金石略》，第791～792页。

⑥ 与此相应，道教所呈集贤院的例子，也可见《通制条格》卷三〇《营缮·岳祠》，《元典章》卷三三《礼部·释道·也里可温教·禁也里可温搀先祝赞》。

还可看出，当时的道录司与同级路总管府（即文中所谓的“三品正官”）使用“平牒”往来公文。

《承天观公据》与《灵应观甲乙住持札付碑》为目前所见两篇字数较多、内容详尽的道教公文。这两篇公文内容均涉及道教宫观的归属权争议，是研究元代道教公文制度乃至元代道教史、社会经济史的宝贵资料。以下内容，即是对这两篇公文的初步解读。

二 《承天观公据》碑文考释

承天观位于太平路当涂县采石镇，紧靠长江南岸，与玄教主持下的总摄所辖区相邻。据徐乃昌《安徽通志稿·金石古物考》卷五（石刻史料新编本）记载：“光绪间，长江水师在采石儿为杨忠悫建祠，掘地得是碑，已断两截。”此碑分阳面与阴面两部分。阳面为前集贤待制冯子振所撰，至治元年（1321）立《采石重建承天观三清殿记》，阴面则为本文所要讨论的《承天观公据》。拓片现藏北京大学图书馆古籍特藏库，典藏号25872。《道家金石略》据拓片及《安徽通志稿》过录此碑。

碑阳《采石重建承天观三清殿记》，较为简单明了地交代了承天观的沿革。

> 南唐有国时筑崇元观，宋景德四载，更为承天。元运当阳，大德甲辰，金华洞天赤松山初平二仙之侍项尊师道远，录当涂簪褐之流，主领观事，道力时感，远近宗之，遂因众缘，新寥阳大殿以像三清，冠剑其旁，栋黼黻而楹疏明，山灵川祇，显赑幽员。至大己酉，教所更为甲乙，以师为开山第一，俾其徒次第相续。三十八代天师教主大真人据文凭验，深刻琬琰，□如皎日。①

从上述记载，我们知道，承天观在五代南唐时兴建，当时名崇元观。宋景德四年（1007）始改名承天观。到大德甲辰，也就是大德八年（1304），金华县赤松山道士项道远，开始主领承天观，修筑三清殿。至大己酉，也就是至大二年（1309），江南道教所将承天观改为甲乙住持道观，

① 《采石重建承天观三清殿记》，《道家金石略》，第897页。

由正一第三十八代天师张与材发给公据，并刊刻碑文。

《承天观公据》碑额作“中元水府承天观奉三十九代天师大真人给甲乙住持公据”。公据开头是这样写的：

皇帝圣旨里，天师、正一教主、大真人、掌江南道教事，准玄教嗣师、掌教真人咨该：

“皇帝圣旨里”是元代公文特有的一种起首语，我以前曾写过一篇论文予以介绍，[①] 这里不再赘言。“天师、正一教主、大真人、掌江南道教事”无疑指龙虎宗第三十九代天师张嗣成，因为根据碑文末的八思巴字，这份公据是在延祐六年（1319）十一月颁发的，[②] 而从延祐四年起，张嗣成即已开始接任正一教主。“玄教嗣师、掌教真人”指张留孙的继承人玄教第二任教主吴全节。当时，张留孙虽然还健在，但吴全节继大德十一年（1307）任总摄江淮荆襄等处道教都提点后，又于皇庆二年（1313）受赐掌教印信，故有“掌教真人”之称。[③]

以下内容较长，且有不少缺字，以致影响到对其中公文承转关系的理解。高桥文治先生认为，以下内容可分为三大部分。首先是吴全节的第一份咨文，主要由项道远的诉状构成。接下来是吴全节的第二份咨文，第二篇咨文又可由四部分构成，其中包括太平路总管府的三份申文与太平路道录司提供的一份黄天辅以前履历的证明。最后是张嗣成根据吴全节两份咨文并参照集贤院奏准圣旨所作的最终裁决。经对照拓片与《道家金石略》录文，笔者认为吴全节的咨文实际上只有一份，咨文内容包括以下四部分。

第一部分为吴全节咨文转述的项道远状词。在状词中，项道远指出，他本人为婺州路金华县赤松宝积观附籍道士，后来在大德八年八月受江南诸路道教所札付，出任太平路采石山承天观住持。因为修缮承天观有成

① 刘晓：《元代公文起首语初探——兼论〈全元文〉所收顺帝诏书等相关问题》，《文史》2007年第3辑，中华书局，2007。《元典章》卷五二《刑部十四·诈伪·诈·无官诈称有官》记载了一个诈骗犯，他伪造的金牌上写着：“皇帝圣旨里，塔察大王福荫里，安童丞相钧旨里，军户都暗察金牌，若有事发并公事，先斩后奏。”由此可见，以“皇帝圣旨里”为起始语的元代公文行文习惯，在当时应该家喻户晓。

② 此承北京大学历史系党宝海先生教示，在此表示感谢。

③ 《龙虎山志》卷中《大元制诰·嗣师·给印掌教》。

绩，太平路施主梁敬甫等33人，于至大元年（1308）向太平路总管府陈告，请求将承天观改为甲乙住持道观，由项道远任开山住持。结果，至大二年，江南诸路道教所发下札付、照会、榜文、公据等，正式批准。当年十二月，项道远又接到圣旨，担任婺州路金华县赤松宝积观住持提点。在呈请江南诸路道教札付后，项道远保举自己的徒弟杨怡顺、徒孙叶致和分别为提举知观（低于住持提点）、副观，自己则前往宝积观任职。延祐四年（1317）四月，当地官府忽然传唤叶致和，让他听读吴全节的札付。这份札付转引了前承天观住持黄天辅的状词，状词指出他本人自幼就在承天观出家，大德二年受玄教教主张留孙之命，担任承天观住持，后来又奉总摄所札付，到真州任道判，于当地创设朝元观，担任住持，承天观住持一职则由刘维岳接任。可当他安排弟子继任朝元观住持，自己回来接管承天观时，却发现承天观已为他人所有。吴全节作出的批示是，派人到承天观调查一下，黄天辅是否是本观出家徒弟，是否担任过住持。项道远认为，自己与徒弟辛苦经营承天观达16年之久，没想到黄天辅却横生觊觎之心。纵使黄天辅大德二年曾任承天观住持，那也是在大德八年八月承天观没有改为甲乙宫观以前。此外，项道远还从真州探听到，黄天辅实际上是在宁国路玄妙观出家，而非他所说的自幼在承天观出家。为此，请求玄教首领发给榜文，确认由自己一系甲乙住持承天观。

第二部分为吴全节咨文转述的来自正一教主张嗣成的咨文。依高桥先生对全文层次的划分，“又准来咨”以后的这部分内容是正一教主张嗣成收到的来自吴全节的第二份咨文，不过，据原文注（15），他对这样的划分也不太肯定。实际上，这部分内容应是正一教主张嗣成的咨文。理由很简单，“来咨”一词在《元典章》中经常出现，是一种典型的缩略语，用来代指公文起首已经出现的发布机构。如《元典章》卷四《朝纲一·庶务·体例酌古准今》：

至元五年十二月，四川行中书省：移准中书省咨：来咨：

其中的“来咨”即应指“准四川行中书省咨”。具体到《承天观公据》，“天师、正一教主、大真人、掌江南道教事，准玄教嗣师、掌教真人咨该：……又准来咨：……”很显然，“又准来咨”应指“又准天师、正一教主、大真人、掌江南道教事（即张嗣成）咨”。

正一教主张嗣成咨文首先也是引述了项道远的呈状，因内容与给玄教吴全节的呈状大致相同，被省略。接下来，咨文又引用了正一教主主持下的江南诸路道教所公文，内容包括梁敬甫（?）等保申太平路总管府的文状、太平路总管府给江南诸路道教所的申文与正一教主本人的批示等。最后，正一教主张嗣成认为承天观确实经过项道远的苦心经营，又经当地军民官司的合词申保，至今已超过10年，还是应当由项道远继续担任承天观甲乙住持。

第三部分为吴全节咨文转述的来自太平路总管府的申文。太平路总管府的申文内容包括支持项道远的采石镇民户纪大有（有可能是受项道远指使）的状告与太平路总管府的拟定意见。在拟定意见中，太平路总管府不仅援引了10年前梁敬甫等33人的状词，而且还转引了延祐五年刚刚接到的正一教主的札付，札付根据项道远的状告，重申依旧委任项道远为承天观甲乙住持提点。既然有上述文件依据，太平路总管府认为应当支持纪大有的请求，由项道远任承天观甲乙住持提点。

第四部分为吴全节的拟定意见。在转引了项道远状告、正一教主张嗣成咨文、太平路总管府申文后，吴全节咨文又摘引了延祐四年黄天辅的状告节文，表示为慎重起见，还是应当再次对当事人的情况予以核实，即“黄天辅是否本观徒弟，曾无在先充任住持，及项道录当元申改甲乙缘由”。于是委派太平路玄妙观住持提点王隆道负责此事。王隆道取到叶致和状词，叶致和称自入观以来，并不知道黄天辅其人曾在承天观，也不知道他是承天观徒弟，曾任住持。于是，王隆道又委派神霄宫住持秦德智等查验黄天辅的背景，结果得到的答案是黄天辅确实是承天观徒弟，大德四年任住持，五年转任真州朝元观，由刘维岳接替。八年，项道远又接替了刘维岳，改为甲乙住持。由此，吴全节得出结论：承天观以前确实应为十方宫观，而大德八年项道远到任后，也确实兴修有功。为此，吴全节先令项道远守职听候，然后发咨文给正一教主张嗣成，请其“依理定夺施行”。吴全节的咨文至此结束。

最后是正一教主张嗣成的处理意见。在接到吴全节的这份咨文时，张嗣成也接到了太平路总管府支持项道远的申文。为此，张嗣成引用了此前集贤院奏准的一款圣旨节文：“宫观主首，若有才德兼备，修造有功，众所推服者，不以三年为限，任从久远在职，亦不得差人守缺抵替。”认为项道远完全符合上述条件，于是最终决定颁发支持项道远任承天观甲乙住持的公据。公据行文至此全部结束。

这份公据长达4000余字，采用的完全是元代的官府公文格式。其中，吴全节与张嗣成之间使用的是咨文，因为二人品级均在二品以上，且地位平等。太平路总管府给吴全节、张嗣成使用的是申文，反之，接到的则是札付，显示出双方地位的差异。元代公文承转关系中常见的“诸此”（钦此、敬此、奉此、准此、得此），在公据中出现了4个（无“敬此”），也成为划定公文承转关系的关键所在。

这份公据对研究元代道观归属权争议，也提供了一个活生生的实例。承天观就其地理位置而言，虽位于长江南岸，属正一教主持下的江南诸路道教所管辖，但案件当事人黄天辅、项道远却分别是由玄教、正一教任命的住持，这同笔者前面谈到的抚州路崇仁县保安观住持黄处和的情况有类似之处。在争议解决过程中，黄天辅因系玄教任命，将诉状呈递玄教嗣师吴全节，希望吴全节能给他提供支持，而正一教任命的项道远，不仅分别向玄教、正一教提出呈状，还鼓动采石镇民户纪大有到太平路总管府告状，又由太平路总管府分别向玄教、正一教提出了申文。最后，作为管领江南道教事务，拥有最终裁决权的天师张嗣成，判项道远胜诉。

三　《灵应观甲乙住持札付碑》考释

《灵应观甲乙住持札付碑》见《两浙金石志》卷一七，《道家金石略》据以过录。

杭州吴山承天灵应观，在两宋时是一处颇有名气的观宇。据（万历）《杭州府志》卷九七《寺观》（中国史学丛书本）：“承天灵应观，在吴山巅，旧为天地水府二（三?）官堂，俗名三官庙。宋绍兴间改冲天观，绍定四年（1231）毁，端平三年（1236）重建，改赐承天灵应观。”另据《咸淳临安志》卷七三《祠祀·外郡行祠》（宋元方志丛刊本）：“梓潼帝君庙，在吴山承天观，端平三年建。”则端平三年重建承天灵应观时，还在观中建立了梓潼帝君庙。宋人吴自牧《梦粱录·外郡生祠》也提到此事：“梓潼帝君庙，在吴山承天观，此蜀中神，专掌注禄籍。凡四方士子求名赴选者悉祷之。封王爵曰惠文忠武孝德仁圣王。”因为《灵应观甲乙住持札付碑》多次提到承天灵应观“佑文成化祠”，这里先简略介绍一下元代梓潼帝君信仰与佑文成化祠的关系。

按，梓潼帝君为道教所奉神明之一，传说为张亚子，居四川梓潼县七曲山，仕晋战死，后人遂立庙纪念。据道教传说，玉帝曾命梓潼帝君掌管文昌府和人间禄位，由此梓潼帝君又与文昌信仰合二为一。梓潼帝君与文昌信仰的结合得到官方承认，应当是从元朝开始的。元仁宗爱育黎拔力八达在全国恢复科举考试后，于延祐三年（1316）春，改封其庙号为“佑文成化之祠”，当年秋又下令褒封梓潼帝君为“辅元开化文昌司禄宏仁帝君”。至此，梓潼帝君才开始正式拥有文昌帝君的称呼。① 此后，元朝在各地建立起不少“佑文成化”祠，专门供奉文昌帝君。② 对那些想通过科举考试求取功名的士子而言，文昌帝君显然有非常重要的影响力。

与《承天观公据》一样，《灵应观甲乙住持札付碑》也刻在碑阴，碑阳则为张天雨所撰《吴山承天灵应观记》，对承天灵应观建立始末有较详细的记载：

> 当宋绍定之初，观妙大师郑君守一，即故冲天观艰勤缔构，载成道区。岁辛卯灾，卫王史公弥远合民财重建。端平三年，敕改今额。增建梓潼帝君祠丽其旁，尚书礼部符文以甲乙传次，则淳祐元年也。于是郑君告老，林君继华为乙传，始置昆山田十顷有奇。再传胡君继荣，而殷君元燧嗣。大元至元间，常为两县副威仪，三十六代天师真人为殷君弟子，则廿六年也。③

不过，张天雨的记载主要根据的是唐永年提供的情报，其中有不少疏漏。任士林《杭州承天灵应观记》则提到了入元以后陈元德的事迹。

① 按，虞集时任太常博士，曾经参加过此次讨论，御史中丞赵世延则为奏请加封文昌帝君的始作俑者。详见《四川顺庆路蓬州相如县大文昌万寿宫记》，《虞集全集》，第762页。此外，道教典籍《清和内传》（正统道藏本）收录了这方面的元代官府公文、圣旨以及假托赵延之撰写的《行祠记》等文献，可参看。

② 如《广州路右文成化庙记》、《四川顺庆路蓬州相如县大文昌万寿宫记》，并见《虞集全集》，第635～636、762页；《玩斋集》卷七《文昌祠记》（文渊阁四库全书本）等。有关元代文昌帝君的信仰，可参见〔日〕森田宪司《文昌帝君の成立——地方神から科挙の神へ》，〔日〕梅原郁编《中国近世の都市と文化》，京都：京都大学京都大学人文科学研究所，1984。

③ 《两浙金石志》卷一七，石刻史料新编本，并见《道家金石略》，第960页。

> 承天灵应观在杭州东南隅吴山之巅，至元十三年元靖真常大师陈君元德实主观事，振宗风于中否，弘道脉于既传。隶观之田，有司籍在常住，免其租入，元德力也。初观曰冲天，创于宋绍兴，祠天地水府三官，费内帑缗钱若干万。毁于绍定，逮端平始复建，奉旨赐今额，淳祐中增建天皇宝阁。方绍定既毁而未复也，神灵不来，洞歌无续，祈禬之民，皇皇乎若有失也。观妙大师郑君守一慨然曰：是不可不图。……观于是侈于旧矣。田隶昆山之朱塘，吴江之澄源、范隅，与夫在嘉定者，为亩一千三百二十有奇，岁入之量以羞以奉。始漕臣嘉郑之功，白礼部，俾以乙承甲嗣。郑者唯其宗，他如郑者援有据，今三传矣。①

从任士林的记载来看，陈元德应是郑守一的再传弟子，与唐永年的师父殷元燧同辈。他大概在南宋归附前后住持灵应观，而殷元燧当时则任钱塘、仁和二县副威仪，住持中兴观。唐永年在状词中没有提到陈元德，大概是因为他们之间没有直接的师承关系。任士林还记载了承天灵应观所属地产分布在昆山、吴江、嘉定等地，共有 1320 多亩，这与张天雨所载“昆山田十顷有奇”相去不远。大概这些地产的大部分集中在昆山，所以张天雨只提昆山之名而不及其他。

《灵应观甲乙住持札付碑》的字数近 2500 字，同《承天观公据》相比，仅有前者的一半多，公文承转关系也较为简单。札付开头是这样写的：

> 皇帝圣旨里，天师、正一教主、大真人、掌江南道教、知集贤院道教事

这里点明了公文的发布者为正一教主。因此公文的发布年代为文宗至顺年间，所以我们不难获知此人当为正一教第三十九代天师张嗣成。前面提到，在历任正一教主中，也只有他一人有“知集贤院道教事”的头衔。

札付全文可分为七个部分，每个部分都是先引用呈文、申文，然后是正一教主张嗣成的意见。

---

① 《松乡集》卷一，并见《道家金石略》，第 1131～1132 页。

第一部分是唐永年的状呈与张嗣成的意见。在状呈中，唐永年的头衔为“通元显应嘉成真人、主领住持杭州路宗阳宫兼领绍兴等处本宗派诸宫观事”。按宗阳宫为杭州著名道教宫观，南宋度宗于咸淳四年（1268）下诏兴建。[①] 南宋灭亡后，著名道士杜道坚长期担任宗阳宫住持，直至延祐五年（1318）去世。[②] 至大四年（1311），元朝又曾任命原杭州路西太一宫提点张彦纲任宗阳宫住持提点。[③] 虽然唐永年在状呈介绍了自己的身世，但我们看不到他与杜道坚、张彦纲有任何关系。他之所以被任命为上述职务，是因长期追随“皇姑大长公主”，也就是文宗皇帝的姑母兼岳母鲁国徽文懿福贞寿大长公主祥哥剌吉，[④] 于“全宁、应昌两路承应”的缘故。在状呈中，唐永年具体谈到了自己与承天灵应观的渊源，指出承天灵应观是由自己一派的祖师郑守一所创建甲乙住持宫观，而且他还特别提到至元二十七年（1290）抄户时，[⑤] 承天灵应观也是作为甲乙住持宫观上报的。如今，却被还俗道士范从虎勾结别宗派道士王永亨谎报道教所，骗取札付，改为十方宫观，由王永亨担任住持，为此请求将承天灵应观划归自己名下。正一教主张嗣成得到唐永年状呈后，发下札付，委任唐永年兼领承天灵应观佑文成化祠事。

第二部分是袁嗣宏的状呈与张嗣成的意见。在委任唐永年兼领承天灵应观佑文成化祠事后，张嗣成又接到委派去的法师袁嗣宏的呈文，决定委派前杭州路元妙观提点观事朱希晦担任承天灵应观住持提点，兼佑文成化祠事，革去前住持王永亨的职务。同时，又委派杭州路宁寿观提点孙真常，追缴承天观所属田产砧基文簿，交给承天观新住持掌管使用。

---

① 《咸淳临安志》卷一三《宫观·宗阳宫》，宋元方志丛刊本。

② 《松乡集》卷一《大护持杭州路宗阳宫碑》；《松雪斋集》卷九《隆道冲真崇正真人杜公碑》，四部丛刊初编本；《白云稿》卷三《杜南谷真人传》，文渊阁四库全书本。

③ 《龙虎山志》卷中《大元制诰·诸高士·张彦纲》。

④ 按，鲁国徽文懿福贞寿大长公主祥哥剌吉，为顺宗女，武宗、仁宗妹，适鲁王雕阿不剌。她既是文宗姑母，又是文宗岳母（其女卜答失里为文宗皇后）。详情可见《元史》卷一〇九《公主表》。此外，祥哥剌吉与道教的关系，可见《大都路东岳仁圣宫碑铭》，《虞集全集》，第820页；《大都东岳仁圣宫碑》，《吴文正公集》卷二六等。

⑤ 蒙古统治中国期间，总共进行了四次较大规模的户籍登记。其中，前两次分别是在大蒙古国时期的乙未年（1235）与壬子年（1252），被称为“乙未户籍”与“壬子户籍”，后两次分别是在忽必烈在位时期的至元八年（1271）、至元二十六年～二十七年（1289～1290）完成的。供报在官的户籍，在官府处理案件时，往往作为关键性证据，这在《元典章》所载案例中多有体现。

第三、四部分，分别是孙真常与朱希晦的申文、呈文与张嗣成的意见。从二人的申文、呈文来看，不论是孙真常还是朱希晦，在到达承天灵应观后，都受到唐永年的百般阻挠。此外，唐永年还向杭州路左录事司提出了呈状。张嗣成对此的反应是，下札付给承天灵应观，重申自己的教命，同时行文给杭州路总管府，要求将受理唐永年呈状的左录事司官员究问改正。同时，还行文给承天灵应观田产所在的昆山、吴江两州（前面谈到，承天灵应观田产主要在"昆山之朱塘，吴江之澄源、范隅"等地），让佃户只交租给现任住持朱希晦。

第五部分为杭州路总管府的申文与张嗣成的意见。申文引用了江浙行省的札付，札付又是根据杭州路总管府给江浙行省的申文作出的。杭州路总管府的意见是，应当由唐永年接管承天灵应观。江浙行省的处理意见是，道教内部事务，应归集贤院管辖。杭州路总管府于是向正一教主张嗣成提交申文，请求张嗣成的处理意见。

第六部分是唐永年的另一份呈文与张嗣成的意见。在呈文中，唐永年再次详细回顾了自己与承天灵应观的渊源，委婉地指出正一教主又派朱希晦担任承天灵应观住持提点，将原先委任自己的兼领职务免去，同时又听信朱希晦的话，行文杭州路，不许自己染指承天灵应观在当地的田产是错误的。请求正一教主张嗣成再次明确发下札付，委任本人主领承天灵应观，甲乙承袭住持，并将宋元时代各种道俗官司相关文凭，附在呈文之后。正一教主张嗣成认为，唐永年所上各种官司文凭，都是抄写的"似本"，没有"的本"，无法确定其真伪，而且唐永年的受业师傅殷元燧，也不知是否为承天灵应观开山祖师郑守一正脉嫡传。为此，张嗣成下令由杭州路报恩观住持提点聂凝和详细调查此事。

第七部分为聂凝和调查后所上呈文以及张嗣成的最终处理意见。聂凝和经过详细调查，认为承天灵应观确实是郑守一重新创建，现存石碑上刊载的南宋礼部发给郑守一的文凭，至元十六年（1279）浙西道提点道录司以及延祐元年（1314）正一教主发给住持翁茂功（有可能是继陈元德之后的住持）的文凭，还有祖师堂内郑守一以下的牌位香火，都可以证明殷元燧为郑守一正脉嫡传，唐永年既然为殷元燧弟子，他为郑守一嫡传自然也就毋庸置疑了。据此，张嗣成作出最终处理意见，将承天灵应观断给唐永年，由其担任主领住持，甲乙承袭。至于原先委任的住持提点朱希晦等人，则另行委派。

至此，正一教主张嗣成的札付内容全部结束。同《承天观公据》一样，札付也完全使用了元代官文书的公文格式。不过，同太平路承天观归属权争议不同的是，杭州路承天灵应观的处理过程，并无玄教教主及其总摄所参与其中。当然，在案件处理结束后，唐永年还是向玄教教主吴全节呈报此事，请求玄教教主发给护持圣旨、公据，作为今后维护自己权利的法定文书。由玄教教主发下的公据，亦刊刻在碑阴。

通过对《承天观公据》与《灵应观甲乙住持札付碑》这两篇道教公文的解读，我们可以大致了解元代公文制度在道教管理机构的应用情况。当然，这两篇道教公文的研究价值远远不止这些。太平路承天观与杭州路承天灵应观的归属权争议，也可视作元代道教世俗化的一个缩影。虽然道家提倡清静无为，与世无争，可实际情况却是身已出家，心未出家，这在当时的中国社会，应该说已是司空见惯的事。郑介夫《太平策》不无讥诮地指出："道家以老子为宗，惟在清净无为。祖师系赤松子的孙，惟求辟谷，弃人间事。今张天师纵情姬爱，广置田庄，招揽权势，凌烁官府，乃江南一大豪霸也。其祖风法门，正不如此。……僧道词讼，数倍民间，如奸盗、杀人诸般不法之事，彼皆有之矣。学释老者，离嗜欲，去贪嗔，异乎尘俗可也。可艳妻秾妾，汗秽不羞，夺利争名，奔竞无已，虽俗人所不屑为，甚非僧道之宜然也。僧道之盛，莫盛今日，而僧道之弊，亦莫甚今日。"[①] 道教宫观归属权争议的背后，显然隐藏着巨大的经济利益，利益的驱动，是使宗教人士纷纷堕入世俗纷争的一个重要诱因。拿杭州路承天灵应观而言，除了宫观本身外，其名下的1320多亩田产，恐怕也不会让那些六根未净的道士们无动于衷吧？

附碑文

中元水府承天观奉三十九代天师大真人给甲乙住持公据

皇帝圣旨里，天师、正一教主、大真人、掌江南道教事：准玄教嗣师掌教真人咨该：

据项道远状告："系婺州路金华县赤松宝积观附籍道士，见充太

① 《历代名臣奏议》卷六七。

平路采石山中元水府承天观开山住持提点。伏为道远昨于大德八年八月祇受前江南诸路道教所札付充前职，彼时为见本观大殿门厅（下缺）三清大殿一所，东西两廊共壹拾贰间，山门三间，翻盖藏殿，雕銮轮藏，修华钟楼，重塑三清圣像、侍卫列真共九尊，至今俱已完备。至大元年，有本路施主梁敬甫等，为见本观自归附后，十方住持，更易不常，视为传舍，以致观宇倒坏，自道远住持五年中间，修造功绩，众所共见。有梁敬甫等三十三名，合词经太平路总管府陈?告（下缺）将本观至大?二年二月十九日出给札付、照会、榜文、公据，令道远开山承袭，以后永作甲乙流传住持。奉此。道远当即镌碑立石，及披度徒弟杨怡顺、李服膺等作本观附籍甲乙徒弟，接续修理水府真君庙廊三间，装修圣像，连年工役不辍，并无堕废。至大二年十二月，钦奉?御宝圣旨，充婺州路赤松宝积观住持提点。钦此。道远又呈奉前江南诸路道教所札付，令道远往来两观，领众焚修。道远又行保举徒弟道士杨怡顺充承天观提举知观，师孙叶致和充副观，俱蒙江南道教所准给札付，各人祇受见职勾当。忽于延祐?四年四月内（下缺）副观叶致和到官，责奉玄教嗣师掌教真人札付。叶致和看觑得该：为据黄天辅状告：'自幼于承天观出家，披戴为道士，礼住持陈广寿为师。大德二年，受玄教大宗师真人札付，充承天观住持，在后系刘维岳承替。天辅续奉总摄所札付，差充真州道判，就于真州梯己创建朝元观，于彼住坐。在后委付徒弟陈文明承袭住持，天辅欲行回还元受业承天观，不期有婺州赤松宝积观道士项道录□□本（下缺）勘黄天辅是否本观徒弟，曾无充任住持，备细保结回申。'致蒙所委官监收取责词状。叶致和当将道远元任承天观住持月日、修造次第，并梁敬甫等合词陈告，乞改甲乙因依，及抄白元奉道教所改为甲乙住持札付、照会、榜文、公据等，从实供具在官（下缺）观之，初并不见黄天辅面目，止有破殿一所，上漏下湿，圣像被雨淋坏，倾欹不堪着目。本镇千户所官、盐司批验所官、巡盐千户所、站赤、巡司、务官等，每遇朔望好日，到观行香，更无立班之所，两廊门屋，尽皆倾塌，片瓦俱无。道远日积月累，□显创盖（下缺）十六年方才完备。内外一新，殿廊门屋，各各于上俱有题梁脊记明白。不期黄天辅便生觊觎。纵使本人大德二年曾充本观住持，亦系大德八年八月未经改为甲乙以前十方人员。道远近又于真州探知，黄天辅自系宁国路玄妙观受业道士，本观（下缺）意在搀夺道远住持，破坏甲乙成规。今来若不告乞改正，更赐出给榜文，令道远甲乙承袭住持，委实虚负历年创盖劳苦，告乞施行。”得此。

又准来咨：“据太平路采石山中元水府承天观开山住持提点项道远状呈，亦为前事。照得至大二年二月内前江南（下缺）系本路附籍户计，切见本路采石镇采石山承天观系本镇军民官属士庶祝圣之所，往来舟舡祈福之地。在先观庙损坏，官为修理。归附以后，本观住持俱系十方道流，视如客舍，不复修营，以致道众散归，殿宇毁坏。大德八年蒙差项道远充本路道录，兼领承天观住持，提点本宫，极力经营，盖造祠观。后蒙□□□亦本官（下缺）未易了毕，深虑本官再任满后，仍作十方差设住持，所见不同，前功俱废。如蒙将承天观改为甲乙道观，自项道远住持以后，披度徒弟流水住观，似望接续修造，香火久长，祠观兴崇，江山增重。乞施行事。得此。府司看详：如准所保，实为相应。申乞□□并（下缺）士民皈向。今次各处官司举保明白，准拟相应。据此，出给札付，项道远充承天观住持提点，以后披度生员，甲乙承袭，并给公据。照验去后，延祐四年十一月内，据项道远呈该：见行提调本观修造，工役不辍。往来官员耳闻目见，仍恐外人不知因依，妄有觊觎（下缺）据照验，并行下太平路照会去讫。今据见呈，参详：太平路采石承天观，先系十方，观宇废坏。项道远住持以来，经营修造，不惜财力，致有本处士民嘉其功勤，状经军民官司合词申保，改为甲乙住持，经今已是十年。若照元行，听令项道远依旧甲乙传袭相应?。”准?此。

又据太平路总管府申：“备纪大有状告：‘系采石镇住坐民户。切见本镇采石山水府承天观，乃承奉中元水府香火，官府致祭祈祷雨旸名山福地。本镇军民官属，每遇朔望好日，及启建天寿圣节祝愿去处，正临大江，盐商舟车往来恢办国课，士民祈福之所。旧系十方道士住持。归附后，十方差设更换道流不一，并无修造，坐视观宇倾坏，废弛香火。至于官员拈香告祝，遇风雨则无立班之地，众所共知。大德八年，蒙江南道教所差婺州路项道录前来住持，本官首捐己财，修葺殿宇，盖造廊庑等，（下缺）三清大殿，至兴观业，士民起敬，大有等亦皆率助成造殿宇。缘有在城檀樾梁提举等，嘉其劳绩，列状经本路总管府举保，乞改为甲乙道观，申奉三十八代天师大真人依准所保，出给札据文榜照验，俾令项道录充开山甲乙住持提点，披度徒弟，永远传袭，札付本路照验。今经十年，修造一新。有本镇黄元富独负重塑三清圣像并侍真九尊，金彩妆銮，悉皆完备。近又蒙三十九代天师大真人札付本路给榜晓谕明白。今忽有真州朝元观道士黄天辅，不遵天师大真人所行，状经玄教嗣师真人堂下，紊烦胧脱不安。大有等若不具状陈告，诚恐废弛香火，有失众望。如蒙准告，备申玄教嗣师掌教真人，照依天师大真人所行事理，出给文凭，付项道录充开山甲乙住持，徒弟永远承袭，实为便益。告乞施行。'得此。照得至大二年正月内，据本路在城梁敬甫等三十三名状告，保项道远修造有功，乞将承天观改为甲乙道观，令项道远或开山甲乙住持。有司已经由（下缺）山甲乙住持，披度徒弟，永远传流，照验去讫。近又于延祐五年七月十七日，承奉天师正一教主大真人札付：'据承天观开山住持提点项道远状呈：昨于大德八年蒙道教所差充前职，为见殿廊倾倒，香火废弛，竭力募缘，鼎建大殿一所，节次妆塑三清侍真及水府真君神像，雕銮轮藏等项，俱有成绩。以此檀樾梁敬甫等三十三名列状保明，经陈有司告乞，改为甲乙道观。蒙本路总管府准保，转申道教所出给甲乙公据、榜文、札付，道远充本观开山住持提点，披度生员，甲乙流水承袭。奉此。镌碑刻石（下缺）圣旨归领家山，又以师孙杨怡顺改礼为承天观徒弟，申奉札付，杨怡顺充本观提举知观，流水度人，见行勾当。道远往来提调，修造连年，工役不辍，官员士庶，耳闻目见。切念道远备员住持以来，经理观事，实负劳苦，诚恐外人不知国□，妄有觊觎，胧脱动扰（下缺）事无中道之废，则中元水府赖有扶植，允为便益。具呈照详施行。得此。相度：承天观既系项道远先已告奉官给甲乙住持文凭明白，拟准所呈，札付本职，仍充本观开山住持提点，出给公据，令依已行甲乙度人承袭住持，告天祝延圣寿，毋致疏怠。合下仰照验施行。'奉此。备榜付采石承天观张挂，并下当涂县照验施行去讫。今据见告，府司看详：如准纪大有所保项道远充承天观甲乙住持，实为相应，保结申乞照详。"得此。

照得延祐四年三月，据黄天辅状告：“元系太平路人氏，自幼于本路采石镇（下缺）真人札付差充本观住持，后蒙道教所差刘维岳承替，天辅续奉总摄所札付差充真州道判勾当。天辅为在真州梯己置到基地一段，开山创建朝元观，香火至今，本观正殿廊庑俱各完备，委付徒弟陈文明承袭住持。天辅欲行回□元受业承天观，不期甲乙住持等事。”得此。行下太平路玄妙观住持提点王隆道，委自本职从公照勘，黄天辅是否本观徒弟，曾无在先充任住持，及项道录当元申改甲乙缘由，明白备细保结回申。施行去后，据回申：“差人勾唤所指承天观提举知观杨怡顺、副观叶致和，亲诣本（下缺）承天观提举，比奉以前，于延祐五年正月内，回还浙东婺州赤松宫去讫，止唤到副观叶致和到官。取责得本人状供：‘项道录即项道远，系致和师傅，于大德八年分，充任太平路道录，住持承天观提点，替刘维岳满缺。切缘本观不□□方归附，后因住持更（下缺）砖瓦，并师傅舍衣资，竭力募缘，鼎建大殿，妆塑圣像，置办供器，翻盖钟楼、藏殿，雕銮法轮，修造土地堂两廊外山门等屋，并妆塑水府庙元帅官将神像，前后一新。续后本观蒙本镇军民官员士庶梁敬甫等三十三名状经太平路总管府陈告，请改甲乙住持（下缺）承行。至大二年二月二十九日，札付项道远开山住持提点，给到榜据付观，拟令项道远充本观住持提点，以后披度生员，甲乙承袭住持。奉此。已行镌碑在观。次复蒙师父项道远将杨怡顺保申教所，札付本人充承天观提举住持，致和充副观勾当。有婺州（下缺）圣旨充婺州路赤松宫提点住持去讫，往来提调本观修造是实。今蒙取问，所供前词外，致和自根侍师父项道录在观以来，并不见今告人黄天辅在观住坐，亦不知黄天辅系是徒弟，曾充本观住持。今将本观元奉教所出给札付（下缺）据此本抄连在前，如虚，甘罪（下缺）否本观徒弟，在先曾无充任住持，保结申来。施行去后，回据神霄宫住持秦德智等状申：‘从实照勘得黄天辅元系承天观徒弟，于大德四年曾充本观住持，至大德五年本人前往真州朝元观住持。于大德八年八月内，有项道录充本观提点，替刘维岳满（下缺）教所改充甲乙住持，续后披度生员，接续香火。今来德智等照勘是实，申乞照详施行。’得此。今将抄连到承天观据榜似本录连在前保结。申乞照详。”得此。施行间，今据前因，看详：太平路采石承天观，元系十方宫观，大德八年项道远住持之后，兴修有功，至大（下缺）理。为此，除已行下本观，令项道远守职听候外，合行移咨，请照验，就便依理定夺施行。准此。

又据太平路总管府状申，亦为此事。如蒙照依元行，令项道远仍旧永充承天观开山住持，甲乙传袭，允惬公论。府司申乞，照详施行。得此。照得集贤院奏过事内一件节该："宫观主首，若有才德兼备，修造有功，众所推服者，不以三年为限，任从久远在职，亦不得差人守缺抵替。"钦此。除钦遵外，今据前因，参详：承天观元系十方去处，系项道远住持修造有功，昨经前道教所改为甲乙，住持年深，今次玄教（下缺）承天观住持，大德五年本人前往真州朝元观住持，于承天观别无黄天辅兴修实迹。后因项道远住持承天观，修造一新，本路总管府及军民官司备申，给到榜据，令项道远住持，以后披度生员，甲乙承袭，镌刻碑石，至甚明白。据此，除外，合行出给公据，付[项道远告?]天祝延圣寿，所有公据，须议出给者。

承天观甲乙　印　右据付太平路采石山中元水府承天观　准此

…………

yen ŋiw leu nėn ši yi've ži，（八思巴字转写即延祐六年十一月日）押

灵应观甲乙住持札付碑

皇帝圣旨里，天师、正一教主、大真人、掌江南道教、知集贤院道教事：

照得至顺三年十二月二十二日，据通元显应嘉成真人、主领住持杭州路宗阳宫兼领绍兴等处本宗派诸宫观事唐永年状呈："切照杭州路吴山承天灵应观，元系师祖郑观妙开山建立，永为甲乙住持。至元二十七年抄户，亦为甲乙宫观供报。卑职元礼郑观妙师孙殷元燧为师，在后因为根随皇姑大长公主前去全宁、应昌两路承应，不曾在观，被还俗范从虎结构别宗派道士王永亨胧脱教札，改为十方换夺，不复兴修。今卑职钦奉圣旨，令住持宗阳宫兼领本宗派诸宫观事。除主领外，缘本观系甲乙去处，今将照用文字抄连，呈乞施行。"得此。札委本官兼领承天灵应观佑文成化祠事，行下本观照会去讫。

续据教门委去法师袁嗣宏呈："近蒙差往杭州等路勾当教门公事，

切见本路吴山承天灵应观，被王永亨等兜收田租，败坏观宇。若不区处，必废一方香火。”得此。为是所差住持不一，必合选代。为此，拟差前杭州路玄妙观提点观事朱希晦充承天灵应观住持提点，兼佑文成化祠事，给札下观照会，将王永亨革去，及札委本路宁寿观提点孙真常，追取承天观砧基等文，就给本观照用。

回据孙真常申该：“主领宗阳宫唐真人，称有教门文凭兼领本处，见差朱希晦不是本观甲乙徒弟，不肯交割砧基文凭。”得此。为是承天灵应观久改十方住持，既差朱希晦充应，若令唐真人兼领，比例不无冗滥。以此行下本观，毋令唐真人兼领干预，及行移杭州等路照验。

又据朱希晦状呈：“唐真人不遵教札，及伊徒吕昌龄冒称承天副观，纠合俗人李益之，遍往观庄收租及占观折屋，又行妄状于左录事司，越诉勾扰。缘唐真人元于中兴观出家，礼住持殷元燧为师披戴，至元二十六年官司抄数户计，于中兴观供报。所受绍兴等处本宗派诸宫观事职名，其承天观即非上项本宗派内宫观。”得此。再下承天观依已行事理施行，及行移杭州路，将左录事司受状违错官吏究问改正，仍禁无干俗人占观夺租，并下平江路吴江、昆山两州，省谕甲佃徒见职住持收租赡众。

外，又据杭州路总管府申：“承奉江浙等处行中书省札付该：‘本路申：照得唐真人钦受主领住持杭州路宗阳宫，兼领绍兴等处本宗派诸宫观事，又奉教札，兼领承天灵应观佑文成化祠事。今令十方朱希晦住持本观簪裳，事不归一。合令唐真人依上本宗派甲乙住持相应。省府照得：一应道教事理，系集贤院所管，仰就便依例施行。’府司承此备申，伏乞照详。”得此。

除施行外，今又据真人唐永年状呈：“会验卑职元系吴山承天灵应观佑文成化祠已故开山住持郑观妙亲派徒弟道士，本观元系太师祖观妙大师郑守一亡宋甲戌年间开山重兴，观宇完备，告蒙亡宋礼部于淳祐元年给到公据，永为甲乙流传，见于观门刊载石碑。在后郑观妙披度徒弟胡继荣等三人，数内师祖胡继荣等披度先师殷元燧，于归附后，至元年间，充钱塘、仁和两县副威仪，中兴观住持时分，卑职投礼殷元燧为师出家，随侍师傅殷元燧习学道业。至元二十六年内，师傅殷元燧作中兴观住持名目，保盟请到前道教所官、天师三十一（六?）代真君当年八月所给戒法牒据一宗，簪披卑职为道士，接继承天灵应观开山郑观妙本宗甲乙正派。在后不拟住观，徒属法眷吴道昌等，相继住持?。及有卑职根随皇姑徽文懿福贞寿大长公主，在全宁、应昌两路承应，不曾回观，乏人住持，遂被外观别宗派道士王永亨等强行夺占?，改为十方住持。至至顺三年内，卑职钦受圣旨，授通元显应嘉成真人，主领住持杭州路宗阳宫，兼领绍兴等处本宗派诸宫观事。钦依礼任之后，为是前项承天灵应?观佑文成化祠，系师祖、师傅本宗派甲乙家业观业，以此呈覆教主大真人，乞令承袭本宗派甲乙住持，回奏札付，委令兼领观务。卑职为是受业家山，将本?观坍坏去处修理间，又蒙差委十方道士朱希晦充本观提点，却将元委兼领职名，作冗滥改正，令卑职不须兼领。呈诉间，有朱希晦为因争收本观斋□，占先妄经教门，呈指卑职与师傅殷元燧元系?中兴观道?籍，及承天灵应观不系本宗派内宫观，致蒙准信，行移杭州等路观田坐落州郡照验，遂使卑职不得?任领祖山香火，兴复观业，及被朱希晦固执教门所行公据?，一向争竞?至今。缘至元二十六年官司抄数户计，卑职已作承天灵应观供报，师傅殷元燧的系承天灵应观得业徒弟。即目卑职见执教门□纷披?度牒据内?，称载唐永年投充?承天观徒弟殷元燧为师，缘故至甚明白。似此，本宗派来历不可磨灭。况元钦奉圣旨事意，令卑职兼领本宗派诸宫观事，其承天灵应观虽于至顺三年以前，因差王永亨住持，暂改十方，却缘本观根脚，淳祐元年亡宋官司给据，的系甲乙流传分晓。若蒙改正，将朱希晦截日革去，换给明文，从卑职复业主领，承袭甲乙住持焚修，似望祖宗家山观业，不致失坠。除今童昌宁亲赍卑职元受到教门披度牒据文凭，前去听候?外，今抄亡宋及归附后道俗官司堪信文凭，呈乞照详施行。”得此。为是所呈虽称承天灵应观佑文成化祠祖系甲乙去处，亡宋礼部及归附后，本教官司各有凭据，止是抄到似本，不见端的有无的本可验。及称唐真人元受教门披度牒据内称述，系礼承承天观徒弟殷元燧为师，亦不见殷元燧是否本观开山郑观妙的传宗派，难便定夺。为此，札委杭州路报恩观住持提点聂凝和依问照勘逐节端的，指定明白回申。

去后，今据所委聂凝和回呈："依奉前去承天灵应观照勘得，本观委是亡宋时开山观妙大师郑守一重新创盖，即今见存石碑内刊载得郑守一告奉礼部所给甲乙文面，及本观见收归附后住持翁茂功告奉浙西道提点道录司至元十六年及教主大真人延祐元年各给公凭，悉从甲乙流传明白。兼睹本观祖师堂内奉祀开山郑观妙之下，胡继荣、殷元燧等牌位香火，见得已故殷元燧委是郑观妙徒属。今次唐真人的系本宗派子孙，别无疑惑，保结回呈。伏乞照验。"得此。看详：真人唐永年，钦受圣旨，授主领住持宗阳宫，兼领绍兴等处本宗派诸宫观事职名。前项承天灵应观佑文成化祠，元是甲乙流传。才于延祐元年以后，因为乏人焚修，以此拟差十方道流住持。既是今次委官保勘得真人唐永年委是本观宗派所传得业徒弟，兼杭州路作词申省，亦称合令本宗派唐真人住持相应。以此参详：拟合改正，将承天灵应观佑文成化祠仍复甲乙，断付真人唐永年承袭主领住持。其元差十方主副朱希晦、胡惟谨等，别行区用，于理为顺。据此，除已重给札付，令唐永年祗受，及将朱希晦等改除别观主职外，合下仰照验，从真人唐永年依上主领住持，以后甲乙流传度人，承继焚修，毋致废弛。

右札付杭州路吴山承天灵应观佑文成化祠 准此

唐真人呈改正

国书（并印）押

皇帝圣旨里，特进、上卿、玄教大宗师、总摄江淮荆襄等处道教、知集贤院道教事：

据通玄显应嘉成真人、主领住持杭州路宗阳宫兼领绍兴等处本宗派诸宫观事唐永年呈："照得：杭州路吴山承天灵应观佑文成化祠，系郑观妙梯己衣钵，建造观宇，甲乙承袭住持去处。卑职系太师祖郑观妙徒孙道士殷元燧徒弟，近被十方道士王永亨、朱希晦、毛道泰、范从虎等，俱各有过经断，官司有卷可照，节次妄经教所，朦胧札付，充任职员，前来搅扰焚修。令本观的派徒弟道士吕昌龄，于至顺四年十月内，状经前左录事司陈告，行下坊正并耆宿邻佑人等，勘当得：承天灵应观佑文成化祠祖，系甲乙承袭住持去处，的系唐真人受业家山，申覆本路总管府出榜行下本司，将王永亨等遣逐出观了当。又蒙本路申覆江南道教所照验，卑职另行具呈。教所札付行下，委自本路报恩观住持聂凝和照勘：承天灵应观佑文成化祠，委系甲乙流传去处，保结申来。奉此。依上照勘得：承天灵应观佑文成化祠，系师祖郑观妙于嘉熙年间开山，永为甲乙流传去处，见存古碑石刻勘信，文凭相同。照得：唐真人的系本观开山郑观妙徒弟道士殷元燧徒弟，至元二十七年抄户时分，甲乙流传宫观供报在官，应合承继之人，保结申奉江南道教所札付改正，仍复甲乙承袭，令卑职住持了当。今来若不呈覆，诚恐外人不知前因，妄行搀夺，破坏成规不便。今将本观甲乙碑记并宗支图本一应堪信文凭，抄连在前，如蒙转呈上司闻奏，颁降护持，并乞给赐文凭，付本观收执照验相应。具呈照详。”得此。看详：吴山承天灵应观佑文成化祠祖，系甲乙流传。既是照勘明白，真人唐永年承袭住持了当，别无议拟。除已具呈集贤院依例闻奏，颁降圣旨护持外，合行出给公据，付观祠永远收执照验，依旧甲乙流传披度承袭住持，焚修香火，祝延圣寿万安。所□公据，须议出给者。

右据付杭州路吴山承天灵应观佑文成化祠照验。准此。

据陈思与。国书（并印）押。

［本文原载《东方学报》（京都）第 86 册（2011 年 8 月），第 671 ~ 692 页］

五　明清

明中叶赋税制度在五台山区的推行

——以寺庙碑铭为中心

韩朝建*

明代存在多元的行政系统，在州县之外，还有卫所等其他的行政系统，他们之间相互竞合，势力此消彼长，明代五台山地区存在州县、卫所、王府、寺院等多种行政系统。其中五台山寺院由于其显赫的宗教和政治地位，土地和人户并不属州县管辖，并因此拒绝州县清丈土地和征发赋役的要求，得以成为州县之外的独立的行政系统。嘉靖、万历年间，通过土地清丈、山区垦荒、投献卫所、赋税告豁等一系列的事件，在维持僧纲司掌握寺院土地登记的情况下，五台山寺院终于一步步转向州县报税。在此过程中，地方人士出于土地控制的需要，对多元行政系统进行的选择、运用，展现了明代中叶地方行政制度的运作实态，以及州县行政系统逐渐占据优势的过程。

一　前言

明代赋税制度的实行要联系到地方行政系统。顾诚在研究明代田土数字的时候，发现官方文献中不同数字之间之所以差距很大，是因为它们来源不一样，他为此提出了明帝国的“疆域管理”分为州县的民政系统与卫所的军事系统，它们在土地控制和人口登记上是互不干涉的两套管理系统。他同时也指出，明中叶开始，州县民政的势力开始占据优势，卫所土地和人户的登记开始受到民政系统的影响或监督。① 这一发现对我们了解

---

* 韩朝建，山东大学历史文化学院。

① 顾诚：《明前期耕地数新探》，《中国社会科学》1986 年第 4 期；《明帝国的疆土管理体制》，《历史研究》1989 年第 3 期；《卫所制度在清代的变革》，《北京师范大学学报》1988 年第 2 期。

明代的地方行政等许多问题有直接的帮助，除了州县、卫所这两套广泛存在的管理系统之外，王毓铨、佐藤文俊等人对明代的王府的研究也揭示出，明代的藩封体制还制造了庞大的藩王系统，他们通过“钦赐”、“奏讨”、“纳献”、“夺买”、“直接侵占”等方式占有大量土地和人口。其土地不纳国课，不入《赋役全书》，而是有单独的册籍。[①] 如果沿此思路继续观察，则会发现更多此类州县之外的行政系统，本文研究的五台山寺院就是这样的一套系统，它有自己的职官并管辖一定的土地和人口。广义上的五台山是山西省东北部一大片山区的统称，它位于代州辖下的繁峙县和五台县之间，东面则毗邻河北阜平县。狭义上的五台山指的是它的最高处即五座台顶附近的区域，那里大小寺院星罗棋布，是五台山僧纲司管辖的范围。不过，明代这片山区的行政力量，除了寺院之外，以州县、王府、卫所为背景的势力同样扮演了重要的角色。本文即是将此复杂的行政系统置于五台山这一具体区域进行考察。

本文主要的资料来源为正史、碑刻、文集和地方志，其中尤以碑刻资料最为关键。比较重要的碑文集如《五台山碑文选注》，该书收录的是五台山核心区域即今台怀镇的寺院碑刻，内容以各敕建或敕赐寺院为主，其主要缺点则是抄录和印刷过程中的舛错以及未收碑阴等，为此笔者尽可能地与原碑进行核对和弥补。由于本文的关注点主要是狭义的五台山区，因此利用的碑刻也主要为这本碑文集所收录。[②] 除此之外，还有不少碑刻仍保存在当地的寺院，并未被收录，笔者也会利用此类资料。五台山碑刻的内容涉及宗教、经济、社会等各个方面，与本文论题相关的最主要碑刻包

① 参见〔日〕佐藤文俊《王府论》，〔日〕森正夫等编《明清时代史の基本问题》，东京：汲古书院，1997，第254页；王毓铨：《明代的王府庄田》，氏著《王毓铨史论集》，中华书局，2005，第395~539页。明王府的研究，可参考吴缉华《论明代封藩军事职权之转移》，《明代制度史论丛》（上册），（台湾）学生书局，1971，第31~55页；〔日〕佐藤文俊：《明代王府の研究》，东京：研文出版，1999，第86~99、384~407页；安介生：《明代山西藩府的人口增长与数量统计》，《史学月刊》2004年第5期。

② 崔正森编《五台山碑文选注》，北岳文艺出版社，1995；此外收录较多五台山碑刻的还有《五台山佛教（繁峙金石篇）》，内蒙古人民出版社，2005。此碑文集以拓片为基础，碑阳、碑阴皆录，可信性高，内容为今繁峙县境内的佛寺资料；张正明、科大卫编《明清山西碑刻资料选》，山西人民出版社，2005，收录了若干五台山碑文，部分取材于崔著；另外附近地区的碑刻汇编如《三晋石刻大全（灵丘卷）》（三晋出版社，2010）也有部分碑文提及当地村落与五台山佛寺、僧人之间的关系。

括嘉靖四十五年（1566）的《卷案》碑、万历九年（1581）的《免粮卷案碑记》、万历三十一年（1603）的《太原府代州五台县为禁约事》以及万历四十一年（1613）的《各寺免粮碑》等，这几篇碑刻的内容是以五台山寺院的免粮、纳粮和投献等为中心而发生的诉讼和争论，对学界较少关注的佛教圣地的经济问题能够提供一个有效的个案。另外，这些碑刻都是地方行政系统和官僚程序运作的产物，且皆立于僧纲司衙门所在的显通寺或其附属寺院，它其实展示了这座佛教圣山的权力结构的演变、运作及其发挥影响力的方式。本文利用这批碑刻并辅以文集如《密藏禅师遗稿》的记载，试图揭示明代中后期佛教圣地五台山区的人们怎样在复杂的行政系统之间取舍，以及由此导致的不同行政系统之间势力消长和州县赋役制度推进的过程。

二　免粮

五台山寺院宣称有免于向州县纳税的权利，其重要依据是五台山寺院自有独立的行政体系。洪武十五年（1382），礼部提出了设置僧录司各级衙门方案：即在京设僧录司，各府州县设立僧纲司、僧正司、僧会司。各级僧司衙门的职责包括：登记僧人、发给度牒、管束僧人等。[①] 五台山虽非府一级的行政区划，不过，永乐三年（1405）时朝廷仍在显通寺成立了五台山僧纲司，万历《清凉山志》言显通寺，“自国初以来，敕旨护持，凡十余道。永乐三年，设僧纲司，率合山僧祝釐，本州月给僧粮。”[②] 设立僧纲司两年之后，永乐五年（1407），显通寺“以灵鹫、华岩、宝积五寺改建”。[③] 僧纲司的成立不仅提高了本寺的地位，而且也整合了五台山的寺院资源。正统年间，在五台山僧纲司之外，显通寺僧人从铃设法取得了僧

① 申时行等修《大明会典》卷二二六《僧录司》，《续修四库全书》史部 792，上海古籍出版社，1995，第 655 页；明初的佛教政策，参考何孝荣《明太祖的佛教政策》，《明太祖及其时代国际学术会议论文汇编》，香港中文大学历史系中国历史研究中心，2006，第 651 ~ 652 页。

② 万历《清凉山志》卷二《五峰灵迹》，《故宫珍本丛刊》第 248 册，海南出版社，2001，第 23 页。

③ 成化《山西通志》卷五《寺观》，《四库全书存目丛书》史部 174，（台南）庄严文化事业有限公司，1996，第 146 页。

录司左觉义的职位，此后从铃的传法子孙一直有人担任僧录司的官职。[①]永乐到正统时期五台山僧官制度的设立和扩充，使得它们在较少受到州县有司的干扰方面，建立了一层制度的保护。比如嘉靖年间，寺院数次抗拒五台县要求他们赴县点卯，听从约束的时候，僧官即称："本山各寺僧众悉听领敕官员、住持管理，相沿承继年久，与五台县并无干涉"，及"升选觉义、都纲，经由礼部提请除授官员，拟与五台县不相统摄"。[②]

明初至万历时期，州县官府征税的范围并不及于五台山区，彼时五台山寺院并不向地方州县官府缴纳赋税，这一点不符合明代对佛寺的赋役规定，与其他地方的佛寺亦不同。[③] 明中叶禁山制度的实施则进一步否定了州县税收的可能性。最迟景泰年间，五台山已经有禁止林木砍伐的资料。而成化年间，明代北边受到蒙古的频繁侵扰，朝廷为抵御蒙古侵扰而出台了禁山制度，规定北方各边官旗军民人等不得入山砍伐林木，否则处以降级或充军的惩罚。五台山也在禁山之列。禁山令明确否认了山区垦田和伐木的合法性，因此也排除了州县官府在山区征税的权力。与此相应，朝廷默认了五台山寺院对山区的支配，寺院获得很大发展，而同时参与此权力格局的还包含卫所、王府等其他行政系统的庇护力量。相对而言，州县的力量则比较弱。州县不占优势的状况直到嘉靖年间才逐渐发生变化。[④]

从嘉靖末到万历末是州县官府试图对五台山寺院征收赋税和征发徭役的漫长时期。嘉靖末年开始，五台山周围各县进行了丈地均粮的行动，从全国范围来看，清丈之举不过是当时一条鞭法前奏的一部分。[⑤] 其中五台县清丈的目标是原本不属于州县额田的五台山寺院土地，此举引发的连锁反应，一定程度上改变了人们与州县、寺院之间的关系。嘉靖四十五年

---

① 《明英宗睿皇帝实录》卷一六六，正统十三年五月乙未，（台北）中研院历史语言研究所，1962，第3211页。

② 嘉靖四十五年《卷案》碑存显通寺。碑文可参考《皇帝敕谕护持山西五台山显通寺碑文》，崔正森编《五台山碑文选注》，北岳文艺出版社，1995，第2~5页。

③ 关于明代的寺田赋役，参考〔日〕竺沙雅章《明代寺田の赋役について》，〔日〕小野和子编《明清时代の政治と社会》，京都：京都大学人文科学研究所，1983，第496~505页。

④ 参考拙文《寺院与禁山体制——明中叶五台山的开发（1453~1566）》，《明代研究》第19辑（2012），第79~119页。

⑤ 关于万历清丈，参考张海瀛《张居正改革与山西万历清丈研究》，山西人民出版社，1993。

（1566）十月立于显通寺的《卷案》碑记录了嘉靖年间寺院与州县历次诉讼文书的概貌，展示了五台山寺院利用官僚程序维护自身利益的完整过程。[①] 根据这通碑刻，嘉靖四十年（1561）到嘉靖四十五年（1566）之间的某个时候，根据僧人的说法，五台知县袁国诏[②]“不遵旧例，听信吏书亡捏诸山一十二寺僧有万余，马骡千匹，积粟万石，种地千顷，不纳税粮”，要求向寺院征粮。五台山僧录司、僧纲司等不服州县的这种安排，向山西等处提刑按察司马某申诉，而马再令太原府调查，太原府知府在报告中首先指出五台山各寺属于敕建和敕赐的地位，并且有龙亭，有僧录司、僧纲司衙门，有皇帝的敕谕和官印，“难以变更”，报告接着讲述了查验土地的结果：[③]

> 及查山场土地，各上司公干路经，亲眼睹视，俱是阴山陡漳、峻岭峡沟，并无征粮田地，纵有护寺山坡，止以镢砍自种苦荞、燕麦、麻菜，僧众聊日度生。又况山高风猛，不收五谷，何得积粟万余？若加征纲，各僧逃窜，空遗名山古刹，缺乏焚修，有违先皇设立旧制，亦乃辜负其初等因，详允，蒙此按照。

值得注意的是太原知府的第二个理由，他在提醒山西的官员五台山寺院之所以不能征税，是因为他们承担不起寺院由于纳税而荒废的政治责任。太原府知府的调查，突出了五台山寺院能够作为一个独立的行政系统的象征：作为官僚机构象征的僧官衙门、官印以及作为其合法性来源的龙亭和皇帝的敕谕。可想而知，这些象征正是寺院试图展示给太原知府看的。五台山寺院此一地位的强化，其契机是州县的系统向山区扩张。

五台山作为独立的行政区的地位的确立，并不容易，除了应对州县官府以外，还有省级官府的派出机构雁平兵备道。万历五年（1577）十月出现了塔院寺住持大方圆广被所谓“奸商”告发的案件，差点被当时雁平道胡来贡“配递还俗”，塔院寺几乎废弃。当时从南京来的僧人憨山德清经

---

① 嘉靖四十五年《卷案》碑。

② 碑文只提到“去任袁知县”，查万历《太原府志》卷一六《职官》，第138页，其名字为袁国诏。

③ 嘉靖四十五年《卷案》碑。

历了此一事件，德清来五台山的目的本来是为了筹划重建被焚毁的南京本寺，到山西后，结识了沈藩以及地方官员胡来贡。[①] 德清的俗家弟子居士谭贞默（法名福征）后来在替乃师注疏年谱时说："向闻大方被诬，正为山中砍木奸商作难，诸山乞憨祖往解于胡公，既以解大方难始，复以禁台山木终，一时诸山为之感动，洵世佛法无二也"。又说，"此后兴建寺院，皆赖此山林木，否则无以取材矣"。[②] 住持大方被告发，显然是因为砍伐山木之故。但是年谱注疏中说"复以禁台山木终"，指的是德清和胡来贡3年之后的另外一件事情。

胡来贡任雁平道的时间是万历五年到六年间（1577～1578），而万历六年至十年（1578～1582），又转任河东道。[③] 他任职虽然已经不在五台山所在的代州，但是仍然对五台山的发展有重要影响。万历八年（1580）胡来贡和当时的山西巡抚高文荐一起，再次推动强化禁山体制，考虑到胡来贡和德清的交往，德清应该参与了政策的出台。根据万历《清凉山志》中的《侍郎高胡二君禁砍伐传》，胡来贡视察边防时登临五台山，看到清凉圣境荒废，因此向高文荐提议严禁伐木，高文荐于是上题本，题本在阐述了五台山林木对于边防的重要性以及现在的惨状之后，称商人以买旧木为名，每年入山砍伐数万林木，"而山寺僧官势力微弱，又不能与之抗衡"。州县官府的态度很暧昧，"在官府以为旧木业已出山无用之物矣，与其以天地之材任其朽败而无用，孰若稍稍变价，取千百之利以济边"，实际上是支持商人伐木。高文荐因此向皇帝建议，"其在五台，僧官、巡检带领弓兵，日夜巡缉，一有奸商豪势砍伐入山，擒获赴道，以凭问罪。以后不论新木旧木，不开变卖之端，但有一木出山至河川者，即坐本官以卖放之罪"。题本末称"奉圣旨：兵部知道。准议施行"。[④]高文荐赋予了五台山

---

① 参看江灿腾《晚明佛教丛林改革与佛学诤辩之研究——以憨山德清的改革生涯为中心》，（台北）新文丰出版公司，1990，第84～91页。

② 德清：《憨山老人年谱自叙实录》，万历四年条，《北图藏珍本年谱丛刊》第52册，北京图书馆出版社，1999，第664～674页。但是胡来贡任雁平道是万历五年，据此改为万历五年。

③ 光绪《山西通志》卷一二《职官谱三》，《续修四库全书》史部641，上海古籍出版社，1995，第295、308页。

④ 万历《清凉山志》卷五《名公外护》之《侍郎高胡二君禁砍伐传》，《故宫珍本丛刊》第248册，海南出版社，2001，第51～52页。

寺院系统对山区森林的管辖权，并且要扩大僧官的权力。同时，作为州县系统一部分的巡检，也被赋予和僧官同样的治安之责，他虽属于州县系统，但却直接向雁平道负责。高文荐此议的意义在于他在五台山寺院系统和州县系统之间画了一条理想化的管辖权的界线：五台山区以内僧人和巡检负责，河川地带州县负责。高文荐此疏的一个重点也在警告州县官府：此后不准卖放。这种管辖权的划分和禁山命令的重新申明，在理论上有阻挡州县制度进入五台山区的意义。

万历九年（1581）前后，五台山周围各县纷纷进行土地清丈，由此将本来州县无法掌握的大量土地纳入州县监管之下。在此背景下，五台县再次申请将五台山寺地土与本县民田一例清丈摊粮，其程序是，五台县将此要求呈雁平道张惟诚，张惟诚呈山西巡抚辛应乾，辛应乾批“仰雁平道速查旧案详报”，雁平道又令五台县“将始末文卷吊前来检查”，检查的内容是嘉靖四十五年（1566）那次纠纷的案卷。雁平道经过检查这些文件，确定五台山已经被免税，并将此检查的结果上报巡抚辛应乾，辛应乾批准：五台山免于清丈。然后将此结果通过太原府传达给五台县，五台县传达帖文给五台山僧纲司，僧纲司转而将此帖文刻石立碑在显通寺，即《免粮卷案碑记》：①

> 万历九年七月内，奉圣旨丈田亩、清浮粮以苏民困事。按查五台山寺地土有无税粮等情，本司申呈前例旧规，具呈五台县，转申雁平道，仍蒙申呈府、按：“看得五台山寺多系奉敕建盖，地土原非县民额田，历来查无征粮事例。况俱瘠薄山岗、阴寒陡涧，且籍僧不过百十，余顷俱系四外游来，依山暂住。今欲与民一体编派，势必题请，纵使征粮，亦不过数十石耳。一入县额，各僧输纳不前，必至逃窜，恐得其税未必有裨国储，贻其害适足以累百姓，合倏非施行，令该县将五台山寺地土循旧，姑免清丈征粮，庶事体不致更张，僧俗两不偏累”等缘由，照详，蒙批：“如议行”，缴。蒙此，拟合就行。

五台山僧纲司坚持免于清丈的理由，与嘉靖末年那一轮申文部分内容重

① 万历九年《免粮卷案碑记》，崔正森编《五台山碑文选注》，北岳文艺出版社，1995，第259～261页。

复，不过二者也有所差别：嘉靖末年重点在强调山区自然条件上的特殊性，即山区耕种条件恶劣，并无应该征粮的田地；万历九年这次重点在强调寺院行政系统上的特殊性，“系奉敕建盖”，“地土原非县民额田”，如果要与五台县民一样纳税，“势必题请”。五台山寺院面对州县反复要求清丈之际，决定通过向更高级别的雁平道和山西巡抚申诉来击退州县官府的征税要求。

表面上，免税之争完全通过官府行政组织和官僚程序进行，其中代表五台山寺院出面的是僧纲司，但实际上，推动这些组织和程序运转的却是一些个人。著名僧人憨山德清当时在五台山，目睹了事件的全过程，山西省免除了五台山清丈之举，有他斡旋的功劳，根据其自叙年谱记载“台山从来未入版额，该县奸人蒙蔽，欲飞额粮五百石于台山，屡行文查报地土，合山丛林静室无一人可安者，自此台山为狐窟矣”。僧人们向德清求助，他通过向“当道”请托而免除清丈，得以保全五台山道场。[①] 因此五台山寺院与州县官府交锋的问题焦点，也就是州县试图将五台山的土地纳入版额。德清去寻求帮助的，很可能就是当时的雁平道张惟诚，张后来甚至被当作五台山的一位“护法”，其免除五台山清丈之事被载入《清凉山志》。[②]

当时山西巡抚和雁平道向五台山寺院大开绿灯的原因，除了德清的游说之外，还一个重要的因素是来自朝廷的政治压力。在万历皇帝的母亲李太后的赞助下，万历时期全国许多地方都出现了佛教复兴的局面。[③] 万历清丈之时，五台山塔院寺大白塔的维修工程接近竣工，德清等人趁此机会积极筹划举办无遮大法会，并力图将其与万历皇帝求嗣联系起来，法会成了德清等人获取政治资本的重要活动。[④] 万历十年（1582）七月，塔成，碑文由当时主政的大学士张居正亲自撰写。[⑤] 督修寺塔的山西省各级官员

① 德清：《憨山老人年谱自叙实录》，《北图藏珍本年谱丛刊》第52册，北京图书馆出版社，1999，第685页。按，清丈时间应该是万历九年，而非万历八年。

② 《清凉山志》卷五《名公外护》，《雁平道参政张君惟诚清粮传》，第52~53页。

③ 陈玉女：《明万历时期慈圣皇太后的崇佛——兼论佛、道两势力的对峙》，《国立成功大学历史学报》第23号（1997）；〔日〕石野一晴：《明代万历年间における普陀山の复兴——中国巡礼史研究序说》，《东洋史研究》64（1），2005。

④ 德清：《憨山老人年谱自叙实录》，《北图藏珍本年谱丛刊》第52册，北京图书馆出版社，1999，第686~693页，并参看江灿腾《晚明佛教丛林改革与佛学诤辩之研究——以憨山德清的改革生涯为中心》，（台北）新文丰出版公司，1990。

⑤ 张居正：《敕建五台山大塔院寺碑记》，崔正森编《五台山碑文选注》，北岳文艺出版社，1995，第262~266页。

都受到了赏赐，包括主持垦荒清丈的雁平道张惟诚以及批准免粮的山西巡抚右佥都御史辛应乾，甚至五台知县张学颜。[①] 五台山寺院成功抵御州县官府入侵的办法就是不断地诉诸其政治上的庇护关系，在政治压力面前，负责清丈的官员不得不成了五台山的“护法”，当土地清丈问题的政治意义被放大后，土地清丈也就无疾而终了。

五台山清丈之争，从州县的角度看，它不过是当时州县范围内“清丈均粮”潮流的一部分，在此潮流之下，许多原来不在州县辖下的人口和土地被纳入版额。五台县官府屡次试图将其权威施之于五台山僧纲司的辖地，虽然皆以失败告终，但是州县持续的行动给了五台山寺院很大的压力，寺院需要不断地请托，不断地展示其作为独立的行政系统的一些象征，并积极构建与免税免役相关联的“护法”的系统。强化与州县的区别的结果就是边界线即“五台山四至”的出现（参见图 1），这条线是五台山寺院和五台山僧纲司面对州县官府时的防御线，它作为万历九年（1581）

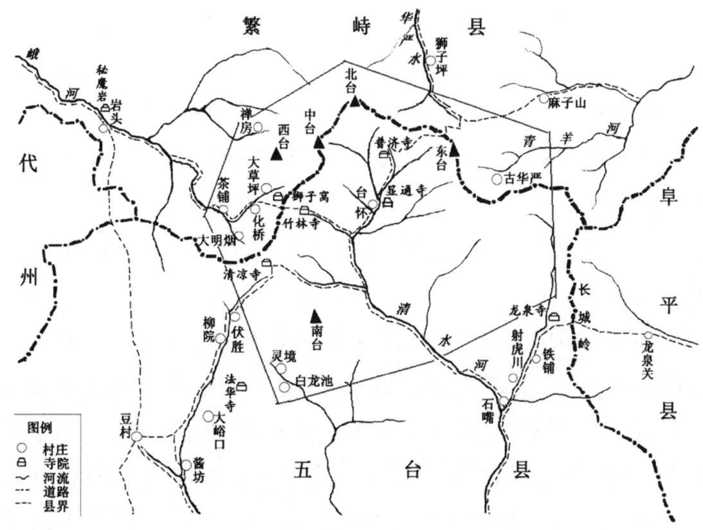

图 1　万历九年碑中五台山的范围[②]

① 题名碑，存塔院寺天王殿内。

② 资料来源：底图为山西省测绘局绘编《山西省地图集》之《五台县》、《繁峙县》，山西省测绘局，1995，第 126、129 页，二图合并而成；交通路线则参考了光绪《繁峙县志》卷首《疆域图》，《中国地方志集成（山西府县志辑）》第 15 册，凤凰出版社，2005，第 192～193 页；光绪《五台新志》卷首《疆域图》，《中国地方志集成（山西府县志辑）》第 14 册，凤凰出版社，2005，第 21 页。

诉讼的一个结果，表明在土地清丈政策下，州县管辖权不断在山区推进，在多元行政权威的竞赛中逐渐取得优势。

三 纳粮

尽管五台山寺院暂时逃过一劫，不过万历年间的边关情势已经发生很大变化，使得朝廷逐渐调整了禁山政策。隆庆和议之后明蒙关系缓和，明朝边防压力减轻，于是原来列为禁山的地区也逐渐得到开发。这种新局面逐渐影响到了五台山寺院免粮主张的合理性。万历十一年（1583），曾经主持代州各县清粮的雁平兵备道张惟诚，颁布了屯垦政策，屯垦的范围主要是代州北面的雁门关、平型关、宁武关等三关一带。[①] 虽然雁平道张惟诚的垦荒令并没有特别包括五台山，不过他可能也曾考虑在五台山弛禁。万历十四年（1586）十二月，巡按山西御史陈登云题："本省五台山木非边防所关，议欲暂弛山禁，俾各饥民樵采，以博鬻贩之利。"[②]陈的这份题本，应该是事先与雁平道沟通的结果。从后来的发展情势判断，陈登云的这份题本应该没有被批准，在名义上，五台山仍然是禁山。不过，它至少说明山西省高级官员和雁平道执行禁山政策的意志已经动摇了，他们更倾向于弛禁。

关于万历垦荒政策对寺院控产的影响，主要的资料是当时五台山僧人密藏道开写给几位居士的信件。密藏道开是万历年间著名僧人紫柏真可的弟子，为了重刻大藏经募缘并寻求刻经地点，万历十四年（1586），他从南方的嘉兴到了北京，设法取得了万历皇帝的母亲李太后的赞助，接着万历十五年（1587）来到五台山，随即邀请诸位居士撰写刻大藏愿文。[③] 道开来五台山主要是为了利用寺院的政治影响力而向官员请托，在给当时的居士巡按山西御史傅光宅的几封信中，他一方面希望通过五台山僧纲司这套官僚系统来运作，另外一方面又希望培植道府州县官作"名山

① 万历《代州志》，远方出版社，2004，第 121～122 页。

② 《明神宗显皇帝实录》卷一八一，万历十四年十二月乙酉，（台北）中研院历史语言研究所，1966，第 3385～3386 页。

③ 道开：《示寂先师楞严寺住持了然和尚行状》，《密藏禅师遗稿》上卷，《藏外佛经》第 15 册，黄山书社，2005，第 73～75 页；万历十五年诸居士撰《刻大藏愿文》，《密藏禅师遗稿》上卷，《藏外佛经》第 15 册，黄山书社，2005，第 7～15 页。

护法”。[①] 但他并不受当时的都纲欢迎，同时由于介入政治太深而受到一些官员的怀疑和指责。万历十九年（1591）闰三月礼部奏“异端之害惟佛为甚”，其中一个例子就是道开，礼部指其“潜住惑众”，要求严行禁逐。[②]

道开交结官员的政治活动受到朝臣的严厉指责，受此影响，连垦荒的事情也引火烧身。万历二十年（1592），与他关系密切的五台山凤林寺和狮子窝因砍伐开垦受到了繁峙县官府的起诉。为此，道开给“都门檀越”写了两封信，要求他们保护寺院，在其中一封信的结尾有“伏惟慈鉴”几个字，从此称谓看，收信人应该是当时积极支持佛教的李太后。在这封信中，他提到了雁平道的垦荒政策对于五台山影响之大：[③]

> 贫道窃谓五台为畿辅右臂，所恃以林木为藩屏，其中多设名蓝大刹，是又以三宝为城堑，不独称圣境也。无奈久为奸商大猾擅为利薮，每每赤手砍伐，图获巨万之利，而寺院尽为牛圈，僧徒皆为奴隶。且各处流民潜住在山，以砍树为生计，以开垦为窠巢，木假抽印为重，地借纳粮为名，斧斤行于前，一火纵于后，往往利归民家，祸遗僧寺，边防由是而坏，僧寺由是而废，此从来之害所不能解者。万历六年间，曾经胡雁平揭帖，高抚台题请，为边防重计，设禁甚严，山林渐茂。未几，又以垦荒之例开此衅端，其害入骨。万历十七年，本山都纲司具申按院，蒙批道，转行府县查勘，已经回申本道，未蒙转详。昨因陆太宰游山，适吕抚台亲历其地，目视其事，遂毅然为边防长计，作名山护法。此盖文殊有灵，所以冥资大权，发如是心耳，极为庆幸，愚谓台山复兴，固在此一举。但行繁峙县查议，只缘据目前，将狮子窝、凤林寺等处二三山僧坐砍伐开垦，拟遣，招详，特蒙宽其既往，概行释放，兼给告示禁约，亦云“念事非一朝，罪非一人，以前罪端姑免究治”，此深见抚台护法至意。继而该县重前申究，诚未洞察奸商巨蠹，政欲借此为口实，因而乘风夤缘，嫁祸于僧，以

① 道开：《与傅侍御》，《密藏禅师遗稿》上卷，第39~41页；《密藏禅师遗稿》下卷，第68~69页。

② 《明神宗显皇帝实录》卷二三四，万历十九年闰三月己丑，第4351页。

③ 道开：《与都门檀越》，《密藏禅师遗稿》上卷，第25~27页。

此为影身草耳。愚谓若必罪其山僧，而实中其奸计，今后即有禁治，而又罪归于僧，利归于民，此则欲禁而欲不能禁矣。盖僧人修造百不过一，而商民伐木卖板开垦十居八九，今独禁僧而置商民于度外，诚所谓放饭流歠而问无齿决也，其害在彼不在此。为今之计，锁锁不能尽述，但乞查万历六年前院题请事例，九年免粮案卷，及十七年都纲司申文，则洞见毫微，然须姑免山僧之罪，严禁附近奸商之家，不许砍伐，断賫缘之路，收开垦之令，免征粮之役，严令有司防范，僧徒守护，此后一木不许出山，尺地不许开垦，此则一断永断，边防不待整而自固，僧寺不待保而自安，此所谓灸膏肓之病，而正得其窾窍耳。但此情不能上达，诚恐有负吕抚台此番盛心，愿借重鼎言，一转致之，惟此不独为名山功德，而实为国家长城万世之利也，伏惟慈鉴幸甚。

道开此一信件，刻画出了州县官府选择性执法，故意刁难凤林寺等寺院的形象。信中提到，其实早在万历十七年（1589），五台山僧纲司已经向巡按提出申诉，巡按转令雁平道以及府县查勘，然后州县向雁平道回申。到写此信时止，道开还不知道雁平道有何判决。[①] 到了这个时候，在傅光宅离开山西之后，他已经很难获得山西行政系统的内部消息，加上又与僧纲司不和，使得他面对这场官司的时候，形势非常被动。他只好向宫中的太后求助，希望太后能够通过某种途径把他的请求转达给当时的山西巡抚吕坤。

吕坤是明代著名的理学家，他于万历十九年（1591）底任山西巡抚，他在任内安流民、立保甲、整顿边防，政绩显著。[②] 而在狮子窝、凤林寺一案上，尽管两座寺院违反了禁山令，但最终吕坤仅仅出示一纸“禁约”，重申了禁山的规定，对于两座寺院既往不咎。尽管道开在给太后的这封信里没有明确说明吕坤宽大处理的原因，但他的另外一封信提到，吕坤其实是受到吏部尚书陆光祖的压力。陆光祖是明末很重要的居士，与当时的高僧紫柏真可、密藏道开师徒的关系非常密切。万历二十年（1592）初，陆光祖在退休还乡的途中，被真可邀请到五台山龙泉寺小住，其目的可能就

① 道开：《与傅侍御》，《密藏禅师遗稿》下卷，第40页。

② 参见郑涵《吕坤年谱》，中州古籍出版社，1985，第50页。

是要商谈如何应对山西巡抚对两座寺院的敌对行动。由于陆光祖的官阶地位非常之高，所以他到五台山后，“盘桓十余日，地方官无不侍候”。[①] 巡抚吕坤显然亦碍于上司的情面，决定暂时对狮子窝、凤林寺不加追究。道开在写给另一位礼部官员曾凤仪的信里同样透露了吕坤因为“陆太宰游山”而“作名山护法”的事。[②]

交结官员维护圣山的长远效果十分有限。当时的政治舆论对这些僧人非常不利，真可和道开在五台山接引朝廷官员的活动引发了其他一些官员包括吕坤的不满，根据10年后御史康丕扬的追述，紫柏在五台山，“抚按欲行提问，彼惧而随光祖归”，从这句话可知，虽然巡抚吕坤当时是给了陆光祖一个情面，但是他其实还是存心要追究紫柏、真可的责任，真可也不得不离开五台山。[③]

陆光祖离开五台山后，五台山寺院也失去了重要的庇护者。繁峙县地方官“复为近习所中，申请重究”，向巡抚要求重审寺院伐木案。巡抚吕坤本来就对寺院不满，于是顺水推舟，批复雁平道再行研究。雁平道秉承上峰旨意，委托繁峙县重新审判，所以最后案件又回到繁峙知县手中。当起诉者和审判者都是繁峙县官府的时候，结局是可想而知的。因此万历二十年道开只好转而向礼部郎中曾凤仪求助，希望曾凤仪向更高层级的山西巡抚和雁平道何应奇通融言说。他的主要理由是“在各寺修造有限，而商民贩卖板木无穷”，但是官府政策是“独禁僧而置商民于度外”。[④] 道开认为这些人依托繁峙县知县，抓住两三个五台山寺院不放。[⑤] 五台山寺院之前高举禁山政策保护自己，现在居然成了禁山政策实施的牺牲品。万历二十一年（1593）巡抚吕坤一方面指责五台山寺院不受约束、不向州县纳税，同时也试图以收税的办法，将伐木、垦田等经济活动合法化，即以五

---

① 《明神宗显皇帝实录》卷三七〇，万历三十年三月乙丑，第6926页。

② 道开：《与曾舜征居士》，《密藏禅师遗稿》卷下，第66页。

③ 《明神宗显皇帝实录》卷三七〇，万历三十年三月乙丑，第6926页。

④ 道开：《与曾舜征居士》，《密藏禅师遗稿》卷下，第66页。当时的雁平道当为何应奇，见光绪《代州志》卷一《职官表》，第39页下。何应奇是万历二十年任，见《山西通志》卷一二《职官谱三》，第308页。

⑤ 当时的繁峙知县是河北安肃县的邢云路，今五台山有万历二十年（1592）夏诗碑一块，题为《与重玄谈禅》，因此繁峙知县在惩罚五台山寺院的同时，与五台山另外一些高僧有交往，换言之，繁峙知县可能只是针对某些五台山寺院，他在选择性执法。

台山为官山，“课与商民”：[①]

> 至于砍伐山林，最难缉禁，臣欲于沿边一带山峦，除百里之外，照前禁约，其百里之内，树木大小，不下千百万，论法则严禁为得，论势则概禁不能，与其纵恣奸盗，岁以为资，不若课与商民，官收其利。……擅伐盗伐者，责成原课商民拿获盗砍之人，坐赃问罪。至于开垦地土，属民者照亩纳粮，以供军马；属僧者减半起科，以资焚修。

吕坤虽然把伐木和垦田分开来谈，僧人只被允许垦田，不允许伐木，但是当时垦田伐木本为一体，以垦田为名义伐木的现象非常普遍，只要在垦田上开了政策豁口，那么，五台山无论商民还是僧人，都将获得垦田伐木的机会。道开后来在给陆光祖的一封信中称“迩来五峰竞秃，万木空闻。释子逋逃，征粮荒瘠”。[②] 道开这封信没有明确的时间，从上文推测，应该反映的是吕坤将五台山伐木垦田合法化之后的情况，从引文看，当时应该至少部分寺院已经被征粮了。万历二十四年（1596），巡视芦沟桥御史蒋汝瑚在讨论京畿航道税关的时候曾奏，“山西商自五台山运木”，这证明了商人伐木的确已经合法化，显然吕坤的建议得到了落实。[③] 这一转变标志着税收制度开始进入五台山，山区的经济活动被合法化，即禁山政策实际上已经结束。寺院作为一套特殊的行政系统和控产机构，已经不能再宣称独立于州县民政系统之外。

经过万历二十一年（1593）五台山开垦合法化之后，输税纳粮的争论暂时告一段落，但是，吕坤的政策只是赋予寺院垦田纳税的权利，而并没有伐木的权利，所以僧人伐木就是违法行为。此举不仅使寺院失去了此前享有的山区专营权，而且动辄得咎，权益不断受到地方州县官府和衙役的侵蚀。万历二十八年（1600）八月巡按山西监察御史赵某登临五台山，“查得先年有司官凡用天花、蘑菇等菜，俱令僧人买纳，亏短价值，已经告发禁革外，近来不遵明示，指以官花为名，仍作派买，致累僧逃”。派

① 吕坤：《摘陈边计民艰疏》，《吕新吾集》卷二，收于陈子龙编《皇明经世文编》卷416，《四库禁毁书丛刊》集28，北京出版社，2000，据崇祯平露堂刻本影印，第375～376页。

② 道开：《与陆太宰》，《密藏禅师遗稿》卷下，第72～73页。

③ 《明神宗显皇帝实录》卷三〇二，万历二十四年九月癸卯，第5662页。

征天花是嘉靖以来五台山寺院面对的老问题，从禁令的不断出台来看，它们的实际效果显然非常有限。万历二十八年的这一次，巡按赵某所能做的，仍然是循旧例颁布禁令而已，他要求布政使司和按察使司联合雁平道，转行“临近州县”，要求州县与僧人平买平卖。于是太原府通知各州县，如果再令僧人买纳、亏短价值的，“官注劣考，该吏拿问”。紧接着该年十月，巡抚山西地方都察院右佥都御史白某也列举了寺院受到种种“讹诈”的现象：①

> 近访得有司假以馈送，发阴于五台山都纲住持，横索天花，僧官不敢受价，将天花空骗者；又有以送为名，科派僧人，敛银入己者；又有本山僧众或伐尺寸之木以供薪火，彼巡山衙役视为首功报县官；又因为奇货，必置严刑，甚则罚谷折价，尽满其欲，而后僧人始从末减者，各等情到院。据此，看得天花产元山中，居民俱得采取，不独僧家专利，而有司往往空骗，以致指此科派敛银。如灵境寺僧真霖，科派福登等寺，可为殷鉴。至于僧奉香采取柴木为薪，乃被积役吓诈，官亦借此科罚，种种弊端，难以悉数。

由“巡山衙役”的职位和作为可知，这个时候州县官府已经派人到山区巡逻了。考虑到此前吕坤将伐木权赋予商民的决定，其背后的指使力量必定是以纳税为名号的“奸商”或“猾民”；他们可以以垦荒为名砍伐林木，但是僧人由于属于另外一套行政系统的管辖，在法律上他们不可以伐木，于是但凡发现僧人伐木，他们就去知县那里告发。知县也把逮捕的僧人视为“奇货”，尽情敲诈之后，才减罪发落。与此同时，五台山中心区的商业活动，也开始被征税。根据万历四十年（1612）山西按察使李维桢的观察，“邑之猾又私市侩，是物辄榷，贫僧尺布斗粟，恒割半，甚苦之”。② 寺院失去了免税特权，依托于寺院的经济活动和财产控制非常容易受到州县体制的威胁，因此寻求寺院之外的避税方式就变得更加迫切。事实上，当时五台山多元的行政系统也为他们提供了多种选择，其中最主要的办

① 万历三十一年《太原府代州五台县为禁约事》碑，碑存万佛阁，无标题，碑文为忻州师院赵林恩抄录。

② 李维桢：《五台游记》，氏著《大泌山房集》卷60，《四库全书存目丛书》集部152，（台南）庄严文化事业有限公司，1997，第21页。

法之一是将土地投献卫所。正如下文将提到，投献之举可能早在万历初年垦荒和清丈时已经开始并延续下来，不过它浮上台面却是万历后期。其背景是寺院势力不甘坐以待毙，借重了州县之外的行政系统的力量，由此寺院和州县的力量对比发生了微妙的变化，并增强了寺院重启谈判的筹码。

四　投献

五台山寺院在万历三十四年（1606）之后出现复兴的局面，这与妙峰等著名僧人的刻意经营有直接关系。妙峰早在出家时就曾受到沈藩的赞助，万历十年（1582）曾与憨山德清在五台山举办大法会，得到李太后的赏赐，之后便离开了五台山。此后20余年间，他云游各地，创办寺院，并募化三座铜殿供奉在五台、峨眉和九华等三座佛教名山，声名大震。万历三十四年，其中一座铜殿供奉在了显通寺的后院，“上闻而赐金三百，钱十五万，慈圣太皇太后赐数倍之……上及慈圣所赐金钱幡幢法器无算，中涓相继于道”。[①] 第二年（1607）皇帝派御马监太监卢永寿送大藏经一部，供奉在显通寺，显通寺随即被赐新名“敕建护国圣光永明寺”，其住持人选亦由妙峰推荐。[②] 万历四十年显通寺又举办了宏大的法会，并起盖了“七处九会”大殿，为大殿各处匾额题字的有德、潞、晋、冀、沈等诸藩王。[③] 皇室和王府的频繁赞助无疑抬升了五台山寺院的地位。

伴随寺院政治地位抬升的还有妙峰与山西省民政系统各级官员关系的改善。妙峰交结的对象还包括山西监察御史苏惟霖，妙峰多次在太原拜谒他，[④] 他也曾在万历四十年（1612）借三关阅兵之机路经五台山访问过妙

① 李维桢：《圣光永明寺记》，氏著《大泌山房集》卷54，《四库全书存目丛书》集部152，（台南）庄严文化事业有限公司，1997，第643页。

② 德清：《敕建五台山大护国圣光寺妙峰登禅师传》，《憨山老人梦游集》卷16，《续修四库全书》集部1377册，上海古籍出版社，1995，第631页；万历三十五年（1607）《敕谕山西五台山碑文》，崔正森编《五台山碑文选注》，北岳文艺出版社，1995，第27页。

③ 显通寺七处九会大殿，今仍保留着昔日藩王的这些题额。

④ 苏惟霖：《西游日记》，国家图书馆藏胶片，第19上、37上、47下；苏惟霖：《复樊昌南中丞》，《西游札子余》，国家图书馆藏胶片，第1上；苏惟霖：《真来佛子传赞》，《西游杂著余》，国家图书馆藏胶片，第13下~16下。

峰，并应妙峰之请，为新建的七处九会大殿题写“清凉妙高处”等字，妙峰“色喜而跋之碑阴”。[①] 苏惟霖甚至为妙峰撰写行实碑记，赞扬他的种种功德行为。[②] 妙峰另外交结的官员包括山西按察使李维桢，[③] 甚至可能包括太原知府唐公靖以及五台知县李佩韦。[④] 可以说，妙峰返回五台山后的短短几年间，再次为五台山寺院获取了大量的政治资本，并极大地改善了与民政系统官员的关系。

妙峰返回五台山后，五台山寺院又保持了向外扩张的态势。妙峰曾为显通寺置买护寺庄产地土若干，其中有阜平县王柳口庄、长寿庄、峤崎岭庄、五台县沟南六度庵等庄产或下院，这几处庄田皆在州县的管辖范围内，已经远远超出万历九年（1581）所划的“五台山四至”的范围，其中长寿庄的寺院规模最为宏大，“赐额慈佑圆明寺，置供赡田数顷”。此外，妙峰还在阜平县建设桥梁，铺设大路 300 余里，创建普济桥，兴建茶庵、七如来殿，这几处工程，都是建立在五台山往来北京的必经之地，并获朝廷赐名、赐额、赐佛经等。[⑤]

在五台山寺院复兴且不断扩张的态势下，它们试图重新厘定赋税的问题。在今天五台山万佛阁檐下立着一通万历四十一年（1613）的《各寺免粮碑》，该碑讲述了僧人告豁原投献卫所土地的诉讼。[⑥]

> 钦差整饬雁平等关兵备山西等处承宣布政使司右参兼按察司佥事阎为开豁寺粮事。照得五台山各寺边地土，原非振武卫六所额设屯地，止因先年各僧就寺开垦，恐人挟诈，报作山粮，陆续增至四百五十余石，一概混入屯粮内，后因年远土浮，止存石山，砍之不下，耕之不得，赔

① 苏惟霖：《清凉妙高处》碑，碑存显通寺，碑文为赵林恩抄录。

② 苏惟霖：《御赐真正佛子妙峰祖师行实碑记》，崔正森编《五台山碑文选注》，北岳文艺出版社，1995，第 294～299 页。

③ 李维桢：《五台游记》，氏著《大泌山房集》卷 60，《四库全书存目丛书》集部 152，（台南）庄严文化事业有限公司，1997，第 21 页。

④ 李佩韦诗碑，无题，俱存显通寺，该诗唱和在妙峰精舍完成。

⑤ 妙峰祖师塔碑之碑阴，无题额，碑存显通寺；德清：《敕建五台山大护国圣光寺妙峰登禅师传》，《憨山老人梦游集》卷 16，《续修四库全书》，集部别集类 1377～1378，上海古籍出版社，1995，第 631 页。

⑥ 万历四十一年《五台山各寺免粮碑记》在万佛阁，碑文参崔正森编《五台山碑文选注》，北岳文艺出版社，1995，第 292～293 页，但该书误认为此碑存五台山灵境寺。

粮贻累，屡经告讦，皆混称屯粮，不得其原委，且苦无抵补。

五台山并无振武卫的额定的屯田（参见图2），而这通碑显示，五台山区出现了大量的“屯田”，其原因就是寺院土地要逃避州县的征税，转而将土地投献了卫所。其实早在万历初年垦荒政策推行的时候，已经有大量的山区土地包括五台山边界地区的土地变成卫所屯田。① 万历九年（1581）清丈的时候，在五台县试图“飞额粮五百石于台山”的情况下，投献情况应该有增无减。在税收制度进入五台山后，寺院受到州县势力的不断勒索，可想而知有更多的土地被投献到卫所名下，以此获得卫所势力的保护。如下文所示，寺院历年投献并涉及诉讼的“山粮”数已达455石之巨，此一数字与万历清丈时州县要求他们交税的数目十分接近，这也间接证明了五台山寺院的土地早在清丈的时候就已经开始投献卫所了。

在此情况下，五台山部分寺院每年缴纳大量山粮给振武卫，严格来说，不表示寺院在卫所登记过土地，“山粮”充其量只是一种正式化了的保护费而已。《各寺免粮碑》在介绍了投献的原因之后，透露了卫所子粒和山粮相区别的一些细节。②

今据僧如意等赴两院告讦，行本道查得：原题振武卫额该屯粮三千八百有奇，节年增出山粮，亦近三千八百，是两项粮石，报部已有定数。今幸查报部外，新增粮五百五十余石。犹恐寺地未必尽系阴寒石涧，难以悉蠲，随据都纲司册报，尚有堪种地九十二顷一十七亩零，该粮一百五十七石四斗三升八合二勺，仍应照旧征粮。不堪种地一百六十七顷六十一亩，该粮二百九十七石五斗一升九合，悉应开除。又蒙巡按山西监察御史苏批：山屯新增之粮，既可以补不毛之地蠲除赔累之数，又可以存焚修之人者。非该道细心查核，则宽限无名之科，岁饱武弁而无益于屯政。敲骨吸髓之害，日归穷衲，且尽洗乎上灵。前院屡征屡讦，了不得其端倪。一日穷委搜源，竟两利乎僧俗。如议。转行县衔、屯官，分别清楚，勒石给帖，永远遵守。有变更者，官即需索，民即吞并，法律森严，不可贷也。此缴。

① 万历《代州志》，远方出版社，2004，第120～121页。

② 《五台山各寺免粮碑记》，前揭。

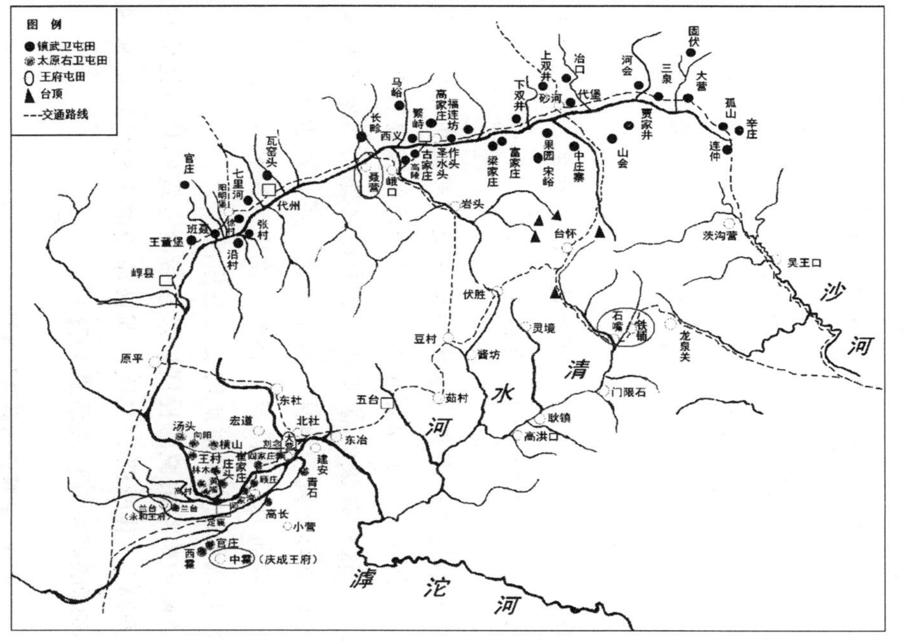

图2　五台山一带卫所和王府部分屯地分布图①

① 资料来源：底图为山西省测绘局绘编《山西省地图集》《忻州市》，山西省测绘局，1995，第115页；镇武卫屯地见嘉靖二十四年廖希颜撰《三关志》、《兵食考》、《屯种》，《续修四库全书》，上海古籍出版社，1995，第720～724页；太原右卫屯地和庆成王、永和王府的屯地见万历四十四年《定襄县志》卷三，《田赋志》、《屯田》，《明代孤本方志选》第1册，中华全国图书馆文献缩微复制中心，2000，第433～436页；石嘴的王府屯地见嘉靖十七年《敕谕山西五台山碑文》，崔正森编《五台山碑文选注》，北岳文艺出版社，1995，第228～230页，碑文后之题名；铁铺的王府屯地见《明神宗显皇帝实录》卷一四六，万历十二年二月甲子，第2725页；聂营屯地见《明孝宗敬皇帝实录》卷六四，弘治五年六月甲辰，第1230～1231页。

这些上报的屯田并非额定的屯地，五台山寺院报称的山粮也不属于振武卫“报部”的部分，换言之，这部分额外收入虽然被纳入该卫的“新增粮”的部分，但并没有真正被申报上去，而是实际上成为卫所武官的个人小金库。因此判案的巡按御史苏惟霖说这些“无名之科岁”，无益于屯政，只会使卫所武官中饱私囊而已。这次的判决，僧人投献的土地被曝露了出来，根据山西巡抚魏允贞的批示，这部分土地不堪种的，豁免了税粮，而堪种的，收税做军饷用途。经此一案，五台山寺院由避税目的而产生的保护费，在经过“山粮”或“屯粮”这种半正式的过渡之后，终于完全正式化为合法的税收。寺院土地由于可以正式纳税而获得了保护，不仅武官不能敲诈需索，民人也不得讹诈，这种保护正是五台山寺院希望的结果。

按照这一判决，卫所的势力被排除，州县的权威增强了。根据布政使司右参政兼按察司佥事阎某的批示：①

> 除行县、卫外，合立碑晓谕各僧，照今数开豁，每年止将应征屯粮，赴五台、繁峙两县，各就近上纳，与振武卫无干。

根据这一批示，僧人们每年只需将原来缴给振武卫的非额屯粮，现在转缴给五台县和繁峙县，从而完成了寺院向州县官府纳税的重要转变（尽管名义上仍是“屯粮”）。这份判决的意义是，至少在法理上和象征意义上，五台山寺院再也不能宣称寺院与州县“互不隶属”了，再也不能以种种借口规避州县的征税。表面上，寺院只是换个对象去缴税和获得保护而已，而实际上却有不同行政系统力量对比的变化在里面。

有必要仔细评估寺院向州县纳税的程度以及它带给寺院的具体经济利益。判词说“照今数开豁”，其所谓的“数”即被豁免的土地的数目和纳粮数，这些数字见于该碑的碑阴，整理结果见表1。

表1　寺院向州县纳税数目

寺　名	原土地数（顷）	原纳粮数（石）	堪种数（顷）	纳粮数（石）	上纳县份
显通寺	2.925	5.85	1.325	2.65	五台县
南台顶金灯寺	21.295	42.59	6.725	13.45	五台县

① 《五台山各寺免粮碑记》，前揭。

续表

寺　名	原土地数（顷）	原纳粮数（石）	堪种数（顷）	纳粮数（石）	上纳县份
白龙池	19.535	39.07	7.12	14.24	五台县
石塔寺	41.14	82.28	14.66	29.32	五台县
南台顶灵境寺	113.57	227.15	18.155	76.31	五台县
中台顶地	5.03	5.03	1.92	1.92	繁峙县
八功德水西林寺	12.29	9.974	6.24	3.324	繁峙县
北台顶塔院寺	15.79213	13.1852	5.9213	5.2732	繁峙县
西台顶	21.30	18.4	7.153	6.48	繁峙县
中峰寺	4.74	8.464	1.91	3.416	五台县
白云山寺	2.16	2.974	1.06	1.487	五台县
合　计	259.77713	454.9672	72.1893	157.8702	

这些数字反映的不过是当时投献卫所、混作屯粮的一部分土地数量，而不太可能是全部的投献数目，更不是五台山寺院全部的土地数量。这个名单中只有11所寺院，但是从万历三十一年（1603）《太原府代州五台县为禁约事》碑阴收录的“诸山大小寺”的名单来看，当时五台山各类寺院至少已有90所了，[①] 即大部分寺院的土地占有、投献情况都没有在该表中反映出来，甚至上文提到的卷入土地诉讼的凤林寺、狮子窝等居然也没有在列。如果仅就在列的11座寺院进行分析，也有类似的问题。在万历四十一年（1613）除豁之前，他们一共投献土地约260顷，原纳粮数约455石，但是各个寺院投献的土地数量非常不均匀，像金灯寺、白龙池、石塔寺等一些默默无闻的小寺院居然投献了数十顷的土地，而五台山的首寺显通寺投献的土地却只有区区不到3顷，土地数量和寺院规模差异十分显著。据此推测，必定有大量堪种的寺院土地，或者没有混入屯粮的土地，在诉讼过程中没有被曝露出来。换言之，五台山寺院土地占有的真实情况还是不清楚的。

土地数量的不清楚与土地的登记方式有关。此前在州县税收制度进入

① 万历三十一年《太原府代州五台县为禁约事》，碑存万佛阁。

五台山后，州县官府可能已经掌握了一些五台山寺院的土地数据，万历四十一年（1613）的这次判决使州县官府得以掌握更多的数据，但没有证据显示他们曾经在五台山清丈过任何土地。实际上，上面表内的数字是“据都纲司册报”，即僧官自己申报的。很明显，州县官府向寺院征粮，先要经过都纲司这一层机构。尽管它们的力量对比发生了变化，但行政管辖上的制度区隔仍然存在。

万历四十一年的这一结果无疑是有利于寺院的，一方面，虽然他们须要向州县缴纳赋税，但由于大部分的土地被定义为“不堪种”而获得免除，其缴纳给州县的税粮数量要远远低于原来缴给振武卫的屯粮的数量，即寺院只需要缴纳很少量的税粮，其土地占有就可以获得州县系统的保护。另一方面，按察使苏惟霖的这份判决还对地方官府提出警告，判词明确规定，县衙和屯官都要立碑刊刻此判词，不允许官、民吞并或勒索寺院，五台山寺院由此获得了州县和卫所两方面的文件保证。无论从经济效益还是政策保护方面，这个判决对寺院而言都是一个胜利，所以他们才把该判词刻碑，作为维护其土地之法律依据。

五 结语

在五台山区多元行政系统竞合的局面下，嘉靖末到万历末州县系统逐渐取得优势，此优势是一系列事件促成的结果。嘉靖末开始的丈地均粮行动向五台山区推进，引发了五台县与僧纲司之间关于应否纳税的第一次争论。随着万历八年（1580）山西巡抚高文荐重申禁山令以及万历九年（1581）清丈之争和划分五台山的边界，五台山在地理和管辖权上的特殊性逐渐被强化，“五台山寺院”得以在行政和税收上被重新定义。州县和寺院作为相对独立的行政系统逐渐突出。

万历中雁平道的垦荒政策开启了州县税收制度进入五台山的进程。一些被僧人称作“奸民”的人和商人开始以垦荒纳粮或朝廷抽印的名义继续入山砍伐森林，另外一些人则在五台山中心区以征税为名义设立市场。与此相对，号称不用交税的寺院成为违反官府垦田伐木禁令的牺牲品，寺院控产的有效性受到损害。因此依附寺院的土地转而被投献卫所，可以说，从万历清丈到万历末的诉讼案这段时期内，由于州县系统日益强势，寺院和卫所的势力暂时结成了一个庇护的联盟。而万历后期随着寺院的复兴，这一联盟破裂了，原来缴纳给卫所的“屯粮”大部分被豁免，其中一小部分缴纳给州县，从而实现山区土地的赋税由卫所向州县的转变。这个转变是人们出于实际利益的考量，对州县、寺院、卫所这几套行政系统进行选择的结果。

此种结果的达成也有地方行政制度变化的因素在内。顾诚在论及卫所和州县这两套明帝国疆域管理体制的关系的时候，特别提到明中叶卫所土地和人口被“民化”的现象，此“民化”的重要原因之一是明代行政架构的变化。督抚、兵备道、总兵取代了卫所的部分权力，民政和军政有合一的趋向，行政权力在省一级实现了集中。在五台山，僧官寺院本身虽然构成了一套相对独立的行政系统，但是僧录司和僧纲司的权力毕竟有限，其在嘉靖、万历年间的历次诉讼都要通过省级的巡抚——按察司、布政司、巡按御史——雁平道、府——县这样的官僚架构，在大多数时候，五台僧纲司只具有与县平级的行政地位，它虽不属州县，但不得不受制于省、道的行政层级。同时，在与州县争锋的时期，他们一度与卫所系统结成了联盟；后来为了摆脱卫所压榨，又回到了州县一边。五台山寺院的独立性有其限度，它只能在既有的制度框架下合纵连横，辗转腾挪，而最终的趋势是各种力量共同起作用的结果。

（本文原载《民间历史文献论丛》第二辑《碑铭研究》，社会科学文献出版社，2014，第 252 ~ 273 页。此文个别字句有调整）

清代北京旗人舍地现象研究

——根据碑刻进行的考察

刘小萌*

清朝定都北京，以内城安置“从龙入关”的旗人，民人全部移居外城，形成旗民分治的格局。数十万旗人居住内城，除当兵做官外无所事事，加之经济收入比较稳定，到寺观赶会进香、施银舍物，很快成为一种时尚。更有善男信女，将土地慷慨施舍。舍地的既有旗人也有民人，而以旗人尤为踊跃。揭示旗人舍地现象，对了解旗人宗教信仰、与寺观关系以及土地等方面问题均有意义。笔者试以碑刻拓片为基本资料，从旗人舍地的来源、旗人施主的身份、旗人舍地的对象、旗人舍地的影响等方面进行初步考察。

一 舍地的来源

清代北京城内外的寺庙宫观，星罗棋布。寺观维持正常运转，主要通过两个途径：自身经营和施主（又称功德主、檀信、檀越）施舍。自身经营必须有寺观经济作为基础，不是许多寺观所能具备的，接受施舍就具有了举足轻重的作用。施舍包括：不动产（房、地）、银钱（用于扩大基址、修葺殿宇、僧道日用、祭祀香火、传戒费用）、实物法器。其中，不动产可以提供长期稳定的经济收入（收取租银），尤为寺观所重。

对于施主善举，寺观通常刻立石碑。这种做法，首先是基于对施主的表彰，同时也寓有奖劝善信慷慨解囊的目的。另外，舍地碑无异于永久性契书，对于证明土地来源合法性、防止施主子孙或亲属的无理纠缠乃至土

---

* 刘小萌，中国社会科学院近代史研究所研究员。

地日久迷失，也具有重要作用。

舍地碑行文格式不尽相同，有的称颂施主善举，有的照录舍契原文，但不管怎么说，通常包含以下要素：施主姓名、舍地来源、额数、坐落四至、立碑时间，有的还要说明施主籍贯（是旗籍还是民籍）、施舍目的，所舍土地价格与质地，舍契交付，写字人、说合人、中保人（中见人）姓名，以及“永为寺业，各无争竞”、“永不反悔”之类的担保。

舍地碑对土地来源的说明通常比较简略，如说“有地”、“有开荒民地”、“自置地”、“自典地”、“祖业地”。说明土地来源，主要是为了确保产权让渡的合法性，使用“有地”一类的措辞却未免过于简单。其中，明确说明自置地的有康熙四十九年（1710）岫云寺《五十三舍地碑》，这也是目前所见旗人舍地碑中时间最早的一通：

> 大清康熙四十九年岁次庚寅闰七月
>
> 信士五十三同男苏兴捐金买稻田一段计□顷，永远供奉岫云常住，以为香火。兹于康熙四十六年七月吉日买稻田一段四十亩，□至本寺地，南至本寺地，西至砖瓦窑，北至官道。又四十九年五月吉日买稻田一段六十亩，东至本寺地，南至鹌鹑户地，西至官道，北至本寺地。
>
> 施主市银五百两买稻田二段共一顷。其地□□□址俱开分明。
>
> 钦命潭柘山岫云寺□持道林□。[①]

岫云寺位于京西门头沟宝珠峰下，始建于西晋，初名嘉福寺。清代，因康熙帝题有“敕建岫云禅寺”，改名岫云寺。又因寺后山上有青龙潭，寺前山坡上遍植柘树，习称“潭柘寺”。

满人命名常取数字，是一种古老传统，如某人出生时，其祖父七十岁，就给他取名叫“那丹珠”，即满语七十之意，但满语名字毕竟难懂，所以越来越多的人径用汉语，这是汉人所没有的习惯，说明信士五十三为满人无疑。五十三同子苏兴于康熙四十六年（1707）七月、四十九年五月前后两次置买稻田二段共一顷，用银五百两，舍给岫云寺作为香火地。

---

① 碑在今北京门头沟区上岸栗园庄。见《北京图书馆藏中国历代石刻拓本汇编》（下简称《汇编》）第66册，中州古籍出版社，1990，第148页。文中所引碑文均用简体字。

自置地也就是置买得来的土地，因现地主拥有充分的土地所有权和处置权，施舍手续比较简便。相比之下，施舍自典地因涉及原主权益，产权关系比较复杂，转让地权的难度也比较大。乾隆十九年（1754）《福增格施地供众碑记》：

> 功德主、散秩大臣、副都统兼管右翼步军总尉事、佐领、和硕额驸福增格撰并书。
>
> 西峪云居寺，京西之巨制也。自滇师开山以来，不事庄严，清修苦行，因距先祖文端公先茔甚迩，是以余家三世护持焚修，将及六十年矣。今有增格典到正白旗汉军石勇佐领下伊凌阿地二十顷零五十亩、瓦房十五间、土房二十五间、场院、园子、井、树，坐落新城县栗各庄，用价银五千两，契写三十年后银到取赎。后因知僧格愿舍与龙天常住供众，石姓原典主亦乐劝善举，亲写“永不取赎”契约。是以余情愿尽写舍契施与常住，永为寺业，各无争竞，久远存验。
>
> 乾隆十九年闰四月十五日。①

云居寺又称西峪寺，位于今北京西南郊的房山区，隋唐时代由幽州智泉寺静琬法师创建，历代屡有修葺，成为规模宏伟、僧侣众多的巨刹，以藏有万千珍贵的石刻佛经板而闻名遐迩。

上引碑文无异于舍地契的翻版，由施主亲自撰写并书。立舍契人福增格，又译福增额，大学士伊桑阿之孙，尚郡主，诏封和硕额驸。② 伊桑阿系康熙朝名臣，死谥文端，入祀贤良祠，《清史列传》卷九有传。其家祖坟位于云居寺东南，今北京房山区岳各庄镇皇后台村。③ 福增格祖孙三代、60余年间对云居寺始终护持焚修，他将典到汉军旗人伊凌阿地20.5顷、瓦房15间、土房25间及相关附产舍予该寺，正是这种关系的进一步发展。当初典买这些土地，福增额共用5000两银子。如此巨额的施舍，至少在笔

① 碑在今北京房山区云居寺。碑阴为乾隆二十年四月八日《吴王氏施地碑》。载《汇编》第71册，中州古籍出版社，1990，第36页。

② 《八旗满洲氏族通谱》卷一四，辽沈书社，1989年影印本，第2页上；《清世宗实录》卷四三，第4页上，台湾华文书局，1968年影印本。

③ 参见冯其利《京郊清墓探寻——大学士墓》，北京档案史料编辑部《北京档案史料》（2002.2），新华出版社，2002，第300页。

者所见旗人舍地碑中，是为数最多的一例。

福增格所施土地为自典地。与自置地相比，施舍典地难度较大。原因在于：典地是一种所有权与使用权分离的、不充分的买卖形式，在土地出典期间，现典主拥有使用权、处分权或转典他人权，原业主则保留出典限满后的回赎权（如上引碑文中所云："约定三十年后银到取赎"）。在此种场合，现典主无法实现真正法律意义的产权转移，只有原业主声明放弃回赎权，才另当别论。在这起施舍中，看到的正是这种情景：福增格在征得石姓原业主同意，并由后者亲笔书写"永不取赎"契约后，终于将土地施舍与云居寺。

问题是：如果原业主不愿放弃回赎权，是否还有权宜办法呢？不妨参考民间流行的做法。《诸公施舍永为药王庙碑记》：村民张自贵施舍典契地5亩，典价150吊，日后价归香火。①"价归香火"的意思，就是一旦原业主按典契规定期限回赎土地，所付价银归寺庙收取。另外，还有明确规定将价银依旧置地的，《李永福捐助烧煤地亩记》写明：施主李永福将自典地两段，一段3亩典价50吊，一段3亩典价19两，舍于寺，倘原业主赎回，价照旧置地。又载：海玉堂交寺银20两，当年置典契地5亩，如原业回赎，仍然置地。② 在这种场合，碑文无一例外，都要注明典地价，以便日后办理回赎并用所付价银重新置地。诸如此类的做法，应该也适用于旗人。

二　施主的身份

在清代社会里，旗人有别于民人而自成一社会群体。在其内部，上起皇族贵胄，阀阅世家，下至普通旗人，以至奴仆家丁，又存在不同的阶层。贵族显宦，广占庄田，家资富赡，施舍土地，尤为慷慨。前举福增格一次施地20顷余，是一个很典型的例子。在他们的大力表率下，民间满汉旗民向各寺观捐献田产、钱财也很踊跃。云居寺所存乾隆二十年《吴王氏

① 光绪八年十月刻。碑在今北京顺义县北向阳村。见《汇编》第85册，中州古籍出版社，1990，第101～102页。

② 光绪十年三月刻。碑在今北京昌平县阳坊镇西贯市清真寺。见《汇编》第85册，中州古籍出版社，1990，第140页。

施地碑》，二十八年《功德碑记》、《刘王氏舍地碑》；四十五年《施财置地斋僧功德碑》；嘉庆七年《施宝幡碑》；同治三年《施舍功德碑记》；光绪二年《施财功德碑》等，都是这种活动的实证。

岫云寺内观音殿、文殊殿、祖堂、龙王殿、大悲殿、孔雀殿、地藏殿等许多建筑，都是陆续由旗民人等出资捐造的。在捐造殿宇的同时，还有人施舍土地，上引《五十三舍地碑》，就是旗人将自置地施舍该寺的一个例子。据《潭柘山岫云寺志》：捐造大悲殿者为“信官五十三”[①]，与上面提到的施主可能是同一人。如果此推断不错的话，五十三身为八旗官员，既独力捐造大悲殿，又购田施地，足以想见他信仰的虔诚和家资的富赡了。乾隆六年（1741），怡亲王府总管李天福、王配为资助岫云寺举办龙华法会，各捐俸200两，加上其他善信所捐250两，合置昌平州稻地3顷10亩。[②] 李、王二总管是王府中地位最高的包衣旗人。当时，进香岫云寺者“自王公贵人下逮佣□氓隶”，慷慨捐施的实繁有徒。

戒台寺是与岫云寺、云居寺齐名的巨刹，位于今北京门头沟区永定镇马鞍山麓。戒台寺在唐代额曰“慧聚”，明正统年间赐名“万寿”。寺内有规模居全国之首的戒台，素有“天下第一坛”之称，因常在此台开坛传戒，俗称戒坛寺或戒台寺。乾隆五十年（1785）《旗人常福保等舍地碑》，集中记载了旗人向戒台寺施舍土地的一些情况：

> 立舍地人厢白旗宗室永锡佐领下宗室常福保，有地三段九十［亩］，坐落通州南□□庄。庄南一段廿亩，庄西一段五十亩，庄西南［一段］□□亩，同庄头周永佩、吴兴、倪秉仁舍与戒台寺，永作佛前香火，永不返悔，刻碑流芳。
>
> 乾隆四十二年正月立舍地人宗室常福保
>
> 立舍地人厢白旗宗室永锡佐领下宗室荣喜，有开荒民地十一段一顷六十五亩，坐落通州南共吉店村南，同庄头周永佩、管家□昌、中见人吴兴、倪秉仁舍给戒台寺，永作佛前香火，永不返悔，刻碑流芳。
>
> 乾隆四十二年十二月十七日立舍地人宗室荣喜

① 神穆德：《潭柘山岫云寺志》卷一，光绪九年刻本，第18页上。

② 《潭柘寺置地修道碑》，《汇编》第69册，中州古籍出版社，1990，第96页。

立舍地人厢白旗永锡佐领下宗室宁泰，有地一顷零二亩，坐落［通］州南共吉店西；又苏家庄，房地相连，四顷有余一段，同庄头杨蓉与本庄大和尚，舍给戒台寺，永作佛前香火，永不返悔，刻碑流芳。

乾隆四十四年八月廿八日立舍地人宗室宁泰

固安县西蛮子营村关帝庙是戒台寺下院，立舍地人正黄旗汉军邵源浩佐领下吏部小京官杨，有地三段四十亩，坐落蛮子营村西二段，一段八亩，又一段五亩，村南一段廿七亩，同管家周德福、中人梁谟舍给戒台寺，永作佛前香火。

乾隆四十四年十月廿六日立舍地人杨晙

立舍地人厢蓝旗包衣富森牛录马甲伊立布，有自置地一顷廿亩，坐落固安西苏家桥村北，南北地二段，每段六十亩，同婶母廖门李氏舍给戒台寺，永作佛前香火，刻碑流芳。中见人姚廷必、官保。

乾隆四十四年十一月卅日舍

立舍地人徐廷佑，本身开荒民地十一段共一顷四十亩，坐落通州南宫（中缺数字），同中人情愿［舍给］戒台寺，永作佛前香火，刻碑流芳。自舍之后，如有亲族争竞□有□□，中保人一面承管。

乾隆四十七年四月初三日立舍地人徐廷佑

（以下尚有乾隆四十八年十二月、五十年十月旗、民人等将“本身地”舍给戒台寺的契书，漫漶不清。）①

上引碑由戒台寺刻立，载有乾隆四十二、四十四、四十七、四十八等年旗民人等舍地情况，似乎是照录舍地契原文，可惜部分文字已泐，难以辨识。

舍地旗人中有厢白旗宗室常福保、荣喜、宁泰，正黄旗汉军吏部小京官杨某，厢蓝旗包衣牛录下马甲伊立布，他们的社会身份不尽相同，既有满洲也有汉军，既有皇室贵族（宗室）也有包衣牛录下人。只有徐廷佑的身份可能是民人。

6 位施主共舍地 10 顷 57 亩，其中 5 顷余的 1 位，1 顷余的 3 位，90 亩

① 见《汇编》第 75 册，中州古籍出版社，1990，第 43 页。

和40亩的各1位。说明旗人舍地多在顷亩以上。

碑文还反映了舍地必须履行的程序，由施主写立舍地契，并与庄头、管家、中见人等共同担保。碑文中提到的“庄头”，均隶属宗室，即宗室常福保的庄头周永佩、吴兴、倪秉仁，宗室荣喜的庄头周永佩，宗室宁泰的庄头杨蓉。清初圈占畿辅大片土地，将其中一部分分给皇帝和王公贵族，建立官庄和王庄。庄头是管理农庄的头目，有条件设庄的宗室贵族，都占有大地产。以后，一些贵族又通过兼并扩大对土地的占有。宗室荣喜所施土地为“开荒民地”，应是得自民间的土地。

清初圈占畿辅大片土地，除将其中一部分分给皇帝和王公贵族设庄，大部分分给八旗官兵作为份地。因为份地是按“计丁授田”原则分配的，每丁6垧（1垧6亩），故占有大量奴仆壮丁的贵族、官员获益最多，“富厚有力之家，得田每至数百垧”，[①] 从而拥有设立管家管理生产的条件。印证上引碑文，旗人舍地一般都在顷亩以上，慷慨的施舍，说明他们的社会身份虽不尽相同，均属旗人中的富裕阶层。

旗人舍地，主要以家庭成员为单位。多数为男性家长（例甚多，从略），另外还有：父与子（《五十三舍地碑》），兄弟（《起刚等施舍房产碑记》），母与子（《圣文寺香火地碑记》），孀妇（《吴王氏施地碑》、《重修关帝庙题名碑》），侄与婶（《旗人常福保等舍地碑》），都是些与所施土地有产权关系的当事人。

另外，旗人舍地，有时还以香会名义。在这种场合，施舍的是会众集体的财产而非一家一户的私产。

香会，是民间祭神修善的自发性组织，在旗人与民人中非常流行。[②] 成立于雍正十三年（1735）的岫云寺楞严胜会，例年会费除佛供僧斋外，13年间节余560两银，置地2顷，岁入租银210两，献给岫云寺永作香火之需。[③] 乾隆十六年（1751）《广善米会置香火地碑》称：“京都西直门广善米会众发诚心愿买水园地供奉常住，以作永远功德。”该会用银150两，置地3段44亩，每年取租银16两，永作戒台寺香火费。乾隆五十八年（1793）《广善米会捐资题名碑》记载：该会由德胜门外索家坟药王庙一带

① 《清世祖实录》卷一二七，台湾华文书局，1968年影印本，第15页上。

② 详见拙文《清代北京旗人与香会》，见《燕京学报》新12期，北京大学出版社，2002。

③ 《旗人常福保等舍地碑》，《汇编》第75册，中州古籍出版社，1990，第43页。

旗民百余人组成，每年例往戒台万寿寺献供斋僧敬礼施食。会众捐资钱172吊，置地30亩，“得租永作佛前香供”。[①] 这两个广善米会，会址不同，一个在西直门，一个在德胜门，可能并非同一香会。还有由宣武门内西单牌楼旗民组织的如意会，每年四月间往戒台寺“礼佛献供斋僧施食济孤”。在会首蒋廷臣、亢希表率下共施银300两置地2顷，每年得租钱100千，“永作佛前香火”。[②] 这些香会施舍的虽是地租，其实也是施地，因土地所有权已归属寺庙，并立有碑石作为凭证。

三　舍地的对象

旗人舍地，以京郊名刹为主要对象（说见前文），也包括居处附近的中小寺观。雍正十二年（1734）四月《重修关帝庙题名碑》记载北京西北郊大榆河等村旗民向当地关帝庙施舍土地的事实：

> 大榆河关帝庙施舍并自置香火地亩四至清开于左：
>
> 山主一等阿达哈哈番舒数舍地一段四亩，坐落庙南，东至旗地，西至庄窠，南至香火，北至旗地；又地一段四十亩，坐落村北，东至旗地，西至道，南至香火，北至旗地。内阁学士和素施庙身地一段。牛录章京兼员外郎事石头施庙身地一段。牛录章京□□科泰施地十八亩，坐落村东，东至旗地，西至民地，南至旗地，北至沙垌。宁秀布施地六亩，杜文路施地三亩，孔印凭施地三亩，共合十二亩，东至道西，西至旗地，南至香火，北至庄窠。安尚仁施地三十六亩，坐落关家坟西，东至坟，西至沟，南至道，北至旗地；又施地一段十四亩，东至道，西至龙母宫香火，南至沟，北至道。姚门常氏施地八亩，庄门沈氏施地八亩，共合十六亩，坐落村南，东至沟，西至道，南至坟，北至坟。自置香火地二十四亩，坐落村东南，东西至旗地，南至坟，北至道。又置地四十五亩，坐落村东，东西至旗地，南至坟，北

---

① 乾隆十六年九月《广善米会置香火地碑》，《汇编》第70册，中州古籍出版社，1990，第161页；乾隆五十八年八月八日《广善米会捐资题名碑》，载《汇编》第76册，中州古籍出版社，1990，第60页。

② 乾隆四十一年四月《如意老会置香火地碑》，《汇编》第73册，中州古籍出版社，1990，第177页。

至坟。又置地五十亩，坐落村东，东西至旗地，南北至道。又置地十四亩，坐落村东，东西至旗地，南至道，北至旗地。又置地三十六亩，坐落村东，四至俱在旗地。又置地十五亩，坐落村东，东西至旗地，南至道，北至旗地。又置地四十五亩，坐落村东，东至沟，西至道，南至旗地，北至道。

厢黄旗包衣下那六哥、全德、全福、全安、全宁施香火地一段四十亩，坐落玉河村东洼，东至民地，南至旗地，西至其［旗］地，北至其［旗］地。又置买地一段十亩，坐落村东翟家坟前，东至旗地，南至道，西至旗地，北至道（按此两段地亩系补刻）。

十方檀信芳名开列于后：

大榆河合村众善人等，皂甲屯合村众善人等，新庄合村众善人等（以下八十四人名从略）。①

榆河，又称玉河（今南沙河），在皂甲屯东南方流过。榆河（玉河）村、皂甲屯（皂荚屯）、新庄一带，清属昌平州（今属海淀区上庄乡），是康熙朝权臣、大学士明珠家族的赐庄、宅院和祖茔所在地。康熙四十七年（1708）明珠故后，明府总管安尚仁将当地东岳庙（在皂荚屯东）、关帝庙（又称高庙，在皂荚屯村南3里处）、龙母宫（全称“龙王圣母庙”，在皂荚屯东北）重修，各延高僧住持在内，朝夕焚修，供祀明珠牌位。新庄，原名新立庄，在皂荚屯西南，据说是由明珠家坟丁和其他人户迁入而形成（即今之上庄村）。②

据碑阳《重修关帝庙碑记》，关帝庙始建于康熙四十四年（1705），至雍正八年（1730），前后两次增修，庙观辉煌，巍然焕然。不想方过一年，突发地震，使20年之经营毁于一旦。僧人通理痛心之余，乃“蓄地亩之力，集檀信之资”，再次重修，雍正十二年（1734）竣工，通理因撰此碑，将寺观兴筑始末并受施、自置地亩情况记载其上。

关帝庙修筑仅20年，通过善信“施舍”和“自置”已拥有4顷多土地，均位于榆河村附近。其中，庙身地2段，施舍地11段180亩，自置地

---

① 碑在今北京海淀区上庄东北玉河村。见《汇编》第68册，中州古籍出版社，1990，第143～144页。

② 黄兆桐：《关于纳兰性德在上庄地区史迹的调查报告》，打印稿本，2001年9月15日。

8 段 239 亩。施主为周邻各村居民，既有一等阿达哈哈番（即一等轻车都尉，为三品八旗世职）舒数、内阁学士和素、牛录章京兼员外郎石头这样的朝廷命官，也有屯居旗人和皂甲以及大榆河、新庄等村村民。

安尚仁（又称安尚义、安三、金义、钱仁），正黄旗包衣人，其先高丽人，清初入旗。安尚仁以替明珠贩盐而至富，与其子安歧贩盐于天津、扬州等处，拥资数百万。[①] 作为明府管家，安尚仁不仅主持了三寺观的修缮工程，还一次性向关帝庙施地 50 亩。碑记上的其他一些施主，可能也是明珠家族的包衣（家人）或者家庭成员。

从上引碑文还可得知，当地旗地与民地（包括关帝庙香火地）是插花交错在一起的。清初以来，满汉旗民的界限原本分明，尤其在京师，旗人居内城，民人居外城，不允许混杂。但在京畿地区，因旗地与民地往往交错在一起，且旗地基本由民人耕种，就从地域关系上为旗人与民人的杂居创造了前提。作为同一地区甚至同一村落的居民，旗人与民人的交往方式多种多样，向庙宇施舍土地，就是一项基于共同信仰而热心参与的社会活动。

有世家大族和周围村民提供资助并拥有数顷土地的大榆河关帝庙，应属于中等规模的寺观。等而下之，还有许多规模较小的寺观，作为本地居民的信仰中心，同样也是受施对象。昌平州沙河关帝庙，既是当地乡民的供奉对象，也是开会聚议的场所，因此被“奉为香火寺”。该寺原有地 2 段，后来，正黄旗蒙古人赵仝氏同子伊兴阿又施舍 1 段 10 亩地。[②] 就个体而言，这类寺观所受土地有限，几亩、十几亩，多不过几十亩，但由于为数甚多，星罗棋布于城郊村镇，受施土地的总量还是很可观的。

旗人踊跃捐施，究竟基于哪些原因？

首先是信仰：“永作佛前香火”（《旗人常福保等舍地碑》）。

其次是祈福，即所谓“植之福果，生生自是不断”（《吴王氏施地碑》），“作功德”（《资福寺施地题名碑》）。佛教认为布施可以修福。《上

① 邓之诚：《安歧》，氏著《骨董琐记全编》，北京出版社，1996，第 128 页；房兆楹：《安歧》，〔美〕A. W. 恒慕义主编《清代名人传略》（上），青海人民出版社，1990，第 804 页。

② 乾隆五十六年六月《圣文寺香火地碑记》，碑在今北京昌平县沙河文庙。见《汇编》第 75 册，中州古籍出版社，1990，第 179 页。

品大戒经》说："施佛塔庙，得千百倍报。布施沙门（僧人），得百倍报。"施主修福免灾，死后登西方极乐净土，永享天福，福泽绵延不绝，惠及子孙。关福里置买2.6顷地施与极乐庵，在碑记中写到："凡我在族子孙，日后不得以常住地亩为己物，隳我培善之源，不能流传于后世也"。[①] 施舍行为必须得到后世子孙充分尊重，功德才能圆满，否则，前功尽弃，这正是许多施主所担心的。

再次是维持长期的特殊关系。福增格舍地给云居寺，自述是因为该寺距祖茔甚迩，是以三世护持焚修，将及60年（《福增格施地供众碑记》）；旗员奎某为香山玉皇顶静福寺置地修树，修整殿宇，也是因为寺后西山顶上有其亡妻李佳氏、王佳氏之墓。[②] 该处是奎某家祖坟阴宅，平日由静福寺悉心照料，给予一定回报也是合乎情理的。

与某个寺观保持一种特殊的亲密关系，在旗人贵族世家中是一种司空见惯的现象。有清一代，皇帝潜邸或王公府邸舍为寺庙的就有雍正潜邸、怡亲王府、醇亲王府。另外，有些寺庙本身就是世家大户的家庙，如宗室额勒登保之妻张佳氏呈称："窃氏有祖遗老圈地在沧州许官屯地方，共计十八顷有余，系多罗平郡王祖遗之产，有老册载明亩数段落可凭，亦有原建家庙华严寺在彼。"[③] 内务府旗人曹雪芹所著《红楼梦》第十五回写到：铁槛寺原是宁、荣二公当日修造，现今还有香火田亩布施。是八旗达官贵人生活的真实写照。《红楼梦》里的贾府，本是以江宁织造曹家为生活素材的。曹家极盛时，修造寺庙，资助佛事，都有史籍可考。康熙四十三年(1704)，曹寅在扬州重修理安寺松巅阁，后又重修江宁二郎神庙、鸡鸣寺塔。玄烨南巡驻跸江宁织造府时，曾到香林寺亲题匾额。曹寅追随玄烨，也向香林寺慷慨解囊，大事捐施。《香林寺庙产碑》碑文称："前织造部堂曹大人买施秣陵关田二百七十余亩，和州田地一百五十余亩"。说明旗人舍地现象，并不限于京师一区。

---

① 乾隆四十四年十二月《关福里施香火地碑》，碑在今北京东城区羊管胡同极乐庵。见《汇编》第74册，中州古籍出版社，1990，第48页。

② 光绪二十九年八月《玉皇顶静福寺碑记》，碑在今北京海淀区香山。见《汇编》第88册，中州古籍出版社，1990，第186页。

③ 《宗人府说堂稿》新整档，道光二十四年，转引自赖惠敏《天潢贵胄——清皇族的阶层结构与经济生活》，（台北）中研院近代史所，1997，第132页。

四 舍地的影响

旗人施舍大量土地，无论对寺观，还是对旗人社会本身来说，都产生了相当深刻的影响。

1. 促进了寺观大土地的发展

清代北京地区寺观田产多寡不一，多者在百顷以上，少者只有十数亩、数亩乃至没有土地。地产的悬殊表现在：一方面，极少数名寺古观拥有大地产，普通中小寺观较少土地甚至没有土地；另一方面，城郊寺观通常占有较多土地，城区寺观只有少量土地或者没有土地。

旗人舍地，促进了寺观大土地的形成。兹以岫云寺、云居寺、白云观、红螺寺为例，略加说明。

清前期，岫云寺在几代住持的苦心经营下走向繁兴，地产随之扩大。前引五十三施地碑的立碑者为岫云寺住持道林。道林少依龙坡寺乾宗为僧，后入广济寺，康熙四十一年（1702）钦命为岫云寺住持，“住持二十余年，兴造最多”，六十一年（1722）圆寂。

乾隆初，恒实接任住持，岫云寺进入蓬勃发展时期。乾隆九年（1744）春，弘历驾幸，赐供银、金匾额、楹联等。翌年，恒实建无量寿会，数年后于下院翊教寺建龙华大会，扩大了岫云寺的影响。他还倡建楞严胜会，以八旗官员五三泰、铎尔跻色楞为首，组织会众按年捐献佛供僧斋银两。该香会将积累余银 560 两，置地 2 顷，施与岫云寺，作为香火之需。①

雍正、乾隆年间，岫云寺地产急剧增长，主要得力于监院来琳的苦心经营。乾隆三十三年（1768），正黄旗汉军都统、总管内务府大臣兼管国子监事务德保撰《潭柘岫云寺募置香火田碑记》称：

> （前略）宛平西山有寺曰岫云……灵祀既多，人天宗仰，四方之打包持盂至者充溢，选场粥饭，每虞不继。寺僧来琳受戒时，苦持宏愿，思所以振之。自雍正八年至乾隆三十年置民田及民自舍田、旗人

① 满洲旗员僧格勒撰《潭柘山岫云寺楞严胜会碑记》，乾隆十三年，碑在今北京门头沟区潭柘寺。见《汇编》第 70 册，中州古籍出版社，1990，第 34 页。

自舍田共一百五十顷，而旗田不得与民授受。每四十二亩为一绳，六亩为一垧。其间间有隐占，丈量点对文令日严，所舍田又散处各州县，畸零窎远，科勘不易，琳得请于户部，以例免予丈量，下宛平县核按田数，永作寺产，有私相售者罪之。爰伐石树碑，而乞余记其颠末。①

德保在碑记中还说：自己初次扈跸来寺时年令尚少，而来琳久以苦行闻，数十年来不改初衷，寺中僧众莫不借助他的努力得以养赡，他本人却依旧冷齑破衲。来琳的做法，固然是基于信仰的笃诚，但力出于己而不自私，实在难能可贵。

来琳，顺天宛平县人氏，幼依龙母宫祝发，及长诣岫云寺为僧，其时该寺屡遭岁歉，间或以秫粥度日。来琳先后任知客（负责接待外来宾客）、监院（总管一寺事务）诸职，为解决僧众生计，立下心愿扩充香火地。按碑文记载，在雍正八年（1730）至乾隆三十年（1765）短短 35 年中，经他购置的土地就有 150 顷，数量惊人。如按《潭柘山志》卷二来琳本传，则他在管理寺院 40 余年间，共增置香火地 200 余顷。大约相当岫云寺地产的一半。②

云居寺的巨额地产，也是通过置买或受施集聚起来的，确切数字已无从查考。乾隆十九年（1754）旗人福增格一次施地 20 顷 50 亩；乾隆四十二年至四十七年间（1777～1782）常福保等 6 人施地 9 顷 55 亩余。据此，受施地产已超过 30 顷，是十足的大地产。

乾隆八年（1743）四月刻《云居寺地产碑》，碑阳刻多罗宁郡王弘晈撰写碑文，阴刻地亩四至。记载云居寺土地四至的文字已漫漶不清，所幸有关该寺下院及土地亩数文字仍隐约可见："京都阜城门外□明寺香火旱地园地七十亩，涿州西北乡社村东南香火水稻地一顷二十二亩，涿州城东为坊村兴隆寺香火地五顷，新城县龙堂村通会寺香火地七顷，新城县栗各庄万寿庵香火地二十二顷，京都东城大佛寺（下缺）"。据此作不完全统

① 碑在今北京门头沟区潭柘寺。

② 近代以来，岫云寺土地有 4.3 万多亩。东到卢沟桥，南到良乡，西南到涿县，北到延庆，方圆几百里，都有它的庄房。每年租银有一两万两。载《北京风物散记》第一集，科学普及出版社，1981，第 140 页。

计，云居寺下院地产至少有35顷之多。

位于京城西南的白云观是著名道教丛林。光绪十二年《白云观碑》碑阴刻本观地亩坐落契据清册：土地163顷57亩2分。其中房山县（丰台?）地22顷89亩，良乡县地33顷46亩9分余，武清县地43顷49亩5分余，顺义县地5顷94亩，昌平州地16顷余，以及怀柔等州县。来源包括施舍地、典契地、自置地。施主有民人也有旗人。①

白云观各下院的土地也很可观，左安门内玉清观，有田产44顷78亩3分，除少部分在毗邻各处，多散布于朝阳门外大黄庄，京南赵庄，昌平州畲沧屯，通州小松垡村，朱家垡村，东安县夏家营，顺义县杜各庄等远近地方。这些土地"统系本观自置，亦有善信所施者"。玉清观监院由白云观派遣，土地则由本观承管，以所收租项，作为香供、岁修养众之费。契据文约，俱存白云观。②

玉清观44顷余土地主要通过自置和受施两个途径获得（见表1），耐人寻味的是：12次土地交易总共购得23顷13亩3分地（平均每次1顷92亩余），而两次受施就得到21.65顷地。这一现象或者有助于印证前面的推断，即施主主要是拥有大地产的豪门大户，而土地的出卖者则以中小土地经营者为多。

表1　《玉清观自置受施房地一览表》

来源	原主	不动产	数　额	坐　落	备　考
自置	聂姓	园地	12亩	观北	附产房2间红白契4张
自置	潘姓	房院	2所18间	观西	红白契24张
自置	窦姓	房院	1所6间半	观西	红白契3张
自置	刘姓	房基	1块	观西	红白契3张
自置	吕姓	园地	1段	观西	红白契4张
自置	李姓	地基	1块	观北	红白契2张

① 光绪十二年夏刻。碑在北京西城区白云观。见《汇编》第86册，中州古籍出版社，1990，第12页。

② 光绪十二年秋《玉清观田产碑记》，碑在今北京西城区白云观。见〔日〕小柳司气太《白云观志》，开明堂东京支店，昭和九年本，第164～166页；参见《汇编》第86册，中州古籍出版社，1990，第11页。

续表

来源	原主	不动产	数 额	坐 落	备 考
自置	张姓	地基	1 块	观北	老契 1 张
自置	吴姓	园地	30 亩	观南	老契 1 张
自置	刘姓	房	1 所	观北	红白契 9 张
自置	傅姓	园地	4 块 40 亩		红白契 6 张
自置	姜姓	地	10 亩 3 分	朝阳门外大黄庄	红白契 3 张
自置	李姓	地	15 亩	孟家庄	老契 1 张
自置	刘姓	地	2 段 1 顷	京南赵村	老契 1 张
自置	边、宿姓	地	3 顷 98 亩	昌平州畲沧屯	红、白契各 3 张
自置	五虎庙	地	3 段	观南	红白契 2 张
自置	庆姓	地	3 顷 98 亩	通州小松垡村	红白契 3 张
自置	朱、李姓	地	11 段 2 顷 70 亩	通州朱家垡	附产房 4 间红白契 4 张
自置	关姓	地	21 段 9 顷 39 亩	东安县夏家营	红白契 3 张
受施	王宅	铺面房	1 所	崇文门外小市口	红契 3 张
受施	戴宅	地	13 段 7 顷 65 亩	顺义县杜各庄	红白契 5 张
受施	海宅	地	1 段 14 顷余	京南赵村	红白契 3 张

白云观下院不限于京师，远在山东济宁州的常清观也是它的下院。成为下院的条件："彼中住持，永遵白云规约"。① 在经济上也受上院控制。

一般情况下，寺观地产愈大，来源愈多，空间上的分布就愈广。岫云寺土地东到卢沟桥，南到良乡，西南到涿县，北到延庆，方圆几百里。云居寺地产，坐落在阜成门外，京郊新城县栗各庄、龙堂村，通州南共吉店村，固安县西蛮子营村、苏家桥村，涿州乡社村、为坊村等处。白云观地产散布于房山县（丰台?），西便门外南圈，广安门外董家口村，京西冉家村，以及良乡、武清、顺义、昌平、怀柔等州县。相形之下，中小寺观的土地主要集中在本地。不过，地产无论大小，基本都是由畸零小块组成的。地权的不断转移，破坏了土地关系稳定性，是导致这种现象的基本原因。

怀柔县北红螺寺（资福寺），是佛教净土宗的重要道场，始建于盛唐，

① 蔡永清：《白云观捐产碑记》，〔日〕小柳司气太《白云观志》，第 145 ~ 146 页。

也是京郊名寺。《资福寺施地题名碑》载有嘉庆八年至道光九年间（1803～1829）各施主的题名：

因远近施地功德注明芳名于左以垂不朽云：

京都厢黄旗汉军卢德芳佐领下卢静轩，嘉庆八年四月二十二日施水旱地共十二段，记［计］一顷六十五亩，坐落四至在原施契可凭。

京都正蓝旗满洲三甲喇恒庆佐领下尚福，嘉庆八年十一月初七日施地一项水旱地二十段，计地九十四亩，坐落在原施契可凭。

京都正蓝旗满洲三甲喇恒庆佐领下药圣保，嘉庆八年十二月十三日施地一段四亩半，坐落四至在原施契可凭。

京都厢黄旗蒙古人张守信，嘉庆十年正月二十七日施地三段，共计地一顷一十亩，坐落四至在原施契可凭。

□□□嘉庆十二年十一月初四日作功德，施自置地十三段，共计地一顷九十三亩，坐落四至在原施契可凭。

□炳□嘉庆十四年十二月初五日作功德，施自置地二段，共计地八十四亩，坐落四至在原施契可凭。

陈自新、陈维新嘉庆十五年正月二十四日作功德，施地四段，共计一顷二十二亩，坐落四至在原契可凭。

范树智嘉庆十六年十月初六日作功德，施自置地一段，计地七十亩，坐落四至在原施契可凭。

京都厢黄旗满洲五甲喇文孚佐领下春保，嘉庆十八年十二月初一日作功德，施地一项［段］，计地一顷四十九亩，坐落在原施契可凭。

京都厢黄旗满洲五甲喇文福佐领下达保，嘉庆十八年十一月二十三日施自置地七段，计地一顷二十亩，坐落在原施契可凭。

京都厢蓝旗绵翔，嘉庆十九年十一月十九日作功德，施地二十一段，计地九顷二十三亩，坐落四至在原施契可凭。

京都厢黄旗满洲常庆佐领下德兴额，嘉庆十九年十二月十九日施地九段，计地一顷五十亩，坐落四至在原施契可凭。

京都厢黄旗汉军范正容佐领下范正□，嘉庆二十四年十二月二十四日施地一段，计地四十亩，坐落四至在原施契可凭。

厢黄旗汉军范正耀佐领下范一振，道光二年十一月二十九日施地十一段，计地一顷三十一亩，坐落四至在原施契可凭。

陈门吕氏同侄群儿，道光八年十二月初十日作功德，施本身地二段，计地十亩，坐落四至在原施契可凭。

厢黄旗满洲□□佐领下户部笔帖式沙时敏，道光八年十二月二十□日施地五段，计地一顷六十四亩半，坐落原施契可凭。

陈门吕氏同侄群儿，道光九年十二月初三日作功德，施本身地一段，计地四十三亩，坐落四至在原施契可凭。①

据上引碑文，在嘉庆八年至道光九年的26年中，红螺寺共受施地116段25顷75亩。在17起舍地活动中，注明旗籍者11起，未注明者（应是民人）6起；前者舍地20顷51亩，后者舍地5顷22亩。前者舍地额数约为后者4倍。旗人施主中，舍地9顷余的1位，1顷至2顷间的7位，1顷以下的3位。旗人舍地数额多在顷亩以上，且总体规模超过民人，是一个显而易见的事实。

2. 旗人舍地导致旗地流失

寺观地产主要有三个来源：置买民田、民人自舍地、旗人自舍地。前两项属民间不动产交易，为当时的法律所允许，问题出在最后一项——旗人自舍地上。旗人自舍地中既有置买得来的民人土地，也包括祖传下来的旗地，而将旗地所有权转让给民人（包括寺观僧道），是为法律所严格禁止的。然而，在旗人舍地现象背后，掩盖的恰恰是旗地非法流入民间的事实。在这个问题上，许多旗人显然明知故犯。

按照文献记载，早在康熙年间，京畿民人典买旗地现象已崭露头角，且随时间推移呈愈演愈烈趋势，据说到乾隆前期，已有大约十之六七的畿辅旗地落入民人之手。② 此说或不免有些夸大，但旗地大量流失，以致严重影响到旗人生计，应是一个不争的事实。

旗地流失严重瓦解八旗制度的根基，满洲统治者不能无动于衷，从雍正年间起，开始大规模旗地清查活动，谕令将流入民间的旗地全部动帑回赎，重新至于旗人控制下。前引《潭柘岫云寺募置香火田碑记》所云“间

① 碑在红螺寺大雄宝殿前，拓片载《汇编》第79册，第161～162页。

② 赫泰：《复原产筹新垦疏》，《皇朝经世文编》卷三五，光绪二十八年，上海九敬斋书店石印本。

有隐占”，即指旗地被民人典买占用现象，而“丈量点对文令日严”，则指大规模清查旗地活动。

民人舍地，在契书中往往言明是“民地”、“自置民地”、“自置老粮民地”、“册粮地”，有的还附加随带“粮银”（钱银）额数的说明。[①] 旗地无赋银而民地有赋银，现地主在取得民地所有权同时，必须承担起向国家交纳赋银的责任。旗人舍契中，大量使用“有地”一类含糊其词的说明，又未见有随带“粮银”之类的文字，也说明施舍的多为旗地。

大量旗地在施舍名义下流入寺观，壮大了寺观的经济实力，也凸显了它们的政治和经济特权。

岫云寺来琳置买或受施的200余顷香火地中，相当一部分是旗地，令人惊异的是来琳的活动能量如此巨大，竟能以“所舍田又散处各州县，畸零窎远，科勘不易”为由，说服户部免于丈量，行文宛平县衙，永远作为寺产。在雍、乾两朝旷日持久的清查旗地活动中，类似网开一面的事情寥若晨星。来琳之所以能打通户部关节，内中缘故颇值得探究。

来琳自乾隆初年升监院，掌寺内一切事务，“相信益深、尽心益力，不数年殿堂寮舍百废俱兴，岫云名胜遂甲于畿内矣”。[②] 乾隆九年（1744）、二十九年（1764）弘历两度驾幸潭柘寺，来琳均出面接待，颇得青睐。他还多次为皇太后、皇帝举办祝寿道场，平日结交王公贵族、满汉大臣如和硕庄亲王允禄、直隶总督方观承、内务府大臣德保辈，无一不是权势熏灼的显贵人物，进而在朝廷中获得可靠依托。他还通过接济狱囚、赡养游僧、印制经文、施舍棺木等善举，扩大在民间的美誉。来琳先后辅弼五任住持，历时40余年，在寺内举足轻重，在寺外更是神通广大。他能够将旗产合法地转为寺产，即为明证。

岫云寺的权势和声威既远近闻名，寺中僧人难免恣意妄为。在档案中有这样的记载：内务府属宛平县栗元庄（又写为梨园庄、栗园庄）庄头边国森，乾隆初年将庄地1.30顷出典于奉佛寺（奉福寺）僧人。在以后70余年里，该地亩始终被寺僧典种。嘉庆五年（1800），新任庄头边训发现

---

① 载《汇编》第78册，第73页。参见《显圣宫香会勒名》，《汇编》第65册，第82页；《重修隆阳宫大殿建立禅堂成砌群墙置买并舍地亩等事序》，《汇编》第72册，第145页；《云居寺地产碑》，《汇编》第69册，第119页。

② 神穆德：《潭柘山岫云寺志》卷二，光绪九年刻本，第11页下、第12页上。

后，向奉福寺追讨官地。这 1.30 顷官地，每年租钱 130 吊，70 余年中，寺僧收取地租已不止万吊，却仍不满足，声称必须先还典价，方能交出官地。及宛平县衙传讯各佃，奉福寺僧竟 5 次不到案，继续霸占官地。奉福寺僧胆大妄为，是因为该寺是岫云寺下院，且事情败露后，又有岫云寺僧盈科出面，呈请追还典价，企图霸地不还。宛平县官府慑于岫云寺声威，“并不实力严追，任其该寺僧人依仗潭柘声势，藐法多端”。① 这一案例说明，岫云寺因与皇室、贵族、高官保持千丝万缕的联系而形成巨大权势，地方官投鼠忌器，不能不让他几分。来琳有通天本事，打通关节，将购置和受施的旗地永远据为己有，的确不是偶然的。

寺观在购置和受施的同时，还通过放债（往往是高利贷）手段侵蚀旗地。为了掩人耳目，这类非法交易有时也采取“施舍”的形式。嘉庆十三年（1808）《玉保舍地碑》：

> 勒碑刻石以传不朽，恐悔将来，今作证明：
>
> 兹因厢蓝旗觉罗讳玉保有祖遗老圈地两顷，坐落在固安县外河村。因玉公往返取租，与本地万佛寺住持朗然相好，朋友有通财之道，相善岂无周旋之理？故玉公手乏，长租朗然之钱使至九百贯之数，因循日久，无力清还，玉公不肯侵染三宝之财，□怕堕无间之地狱，自己发□上之心，情愿补眼前之债，［因］将祖遗老圈地两顷布施与万佛寺朗然名下，长为香火之地，永无反悔之情。明则布施佛寺地，实系补还朗师财源。由此之后，地无回赎之理，钱无再讨之情。两家情愿，各无返悔，更有中人说合，同作证明。为此镌碑刻石，千古不朽，百代流芳，用垂不朽，刻立碑记（以下说合人、立字人、中保人等从略）。②

“祖遗老圈地”，指清初圈占并经祖先遗留下来的旗地，法律严禁转交民间。旗人玉保因借万佛寺住持朗然九百吊钱，年深日久，无力偿还，不得已将两顷老圈旗地交给朗然。明明是还债，却偏要以“布施”为名，即

① 嘉庆五年五月二十八日《掌仪司呈稿》，中国人民大学清史研究所、中国人民大学档案系中国政治制度史教研室合编《清代的旗地》（下册），中华书局，1989，第 1500～1503 页。

② 嘉庆十三年六月三十日刻，《汇编》第 78 册，第 34 页。

碑文所载："明则布施佛寺地，实则补还朗然财源"。朗然为了防止玉保反悔，要求他写立"舍契"，邀集说合人、中保人共同作证，勒碑刻石，特别申明："由此之后，地无回赎之理，钱无再讨之情"。

民人侵蚀旗产（主要是房地），向有"指地（房）借银"之名。即债主长期借银给旗人，并以对方房地作为抵押物。待若干年后，本利累积，债务人无力偿还，顺势将抵押物占为己有。玉保因借银而失地，与"指地借银"的过程和结局如出一辙。

旗地不断流入寺观，不能不引起清廷的高度警惕并制订出相关法令。乾隆二十四年（1759）定：喇嘛不得借旗出名，税契置买旗地，如敢巧立影射，仍照民典旗地例办理。[①] 又嘉庆二年（1797）十月十二日《内务府会计司呈稿》：关于北斗庙道士刘仁相契买旗人李宁等人旗地案，官府文书中有"寺庙住持借香火名色置买旗地者，自应仍照民典旗地例办理"句。[②] 所谓"借香火名色"，指寺观假借置办"香火地"的名义购买旗地。清廷的态度非常明确，一旦发现这种情况，按民人典买旗地例办理，动帑回赎，仍归旗人管理。尽管如此，仍不断有旗人和寺观僧道知法犯法，寺观侵蚀旗地现象始终没有禁绝。同时，还存在内务府旗人非法盗取官地，然后"施舍"给寺观的现象。[③] 构成旗地流失的又一途径。旗地的大量流失，对清王朝赖以为统治根基的八旗制度所产生的瓦解作用，是不言而喻的。

概括全文，可以得出以下认识：

旗人所施土地，主要为自置地和自典地。后者的产权关系比较复杂，为了实现所有权转让，流行一些通融的方式。

施舍土地，必须办理产权移交手续，由施主邀集中证，书写舍契，并交出有关红白地契。尽管如此，仍不能禁绝施主子孙或亲族的纠缠。寺观刻立舍地碑，不失为预作防范的一种措施。

旗人施主，以富裕的中上层为主。他们经济实力雄厚，收入稳定，施

① 佚名《钱谷指南》，见《明清公牍秘本》，中国政法大学出版社，1999，第294页。

② 中国人民大学清史研究所、中国人民大学档案系中国政治制度史教研室合编《清代的旗地》（下册），中华书局，1989，第1260页。

③ 中国人民大学清史研究所、中国人民大学档案系中国政治制度史教研室合编《清代的旗地》（上册），中华书局，1989，第237～240页。

舍土地多，质量好。施舍对象首先是名刹古观，此类寺观为数少，影响大，所受土地多，分布范围广；其次是众多中小寺观，它们的影响主要及于本地，受施土地少也基本集中在本地。

旗人舍地，导致两方面后果：促进了寺观大土地的形成与发展，又造成旗地的流失。有清一代，统治者禁止旗民交产，特别是严禁民人典买旗地，旗人却在“施舍”名义下将土地无偿让渡给寺观。旗地的流失，成为清廷屡禁不止的难题。

（本文原载《清史研究》2003 年第 1 期，此版格式有所改动，文后“附”内容未改）

明清碑禁体系及其特征

李雪梅*

明清时期是中国古代碑刻法律文化发展的高峰期，也是碑禁①体系的完备期。明清时期的三类禁碑，即颁宣圣旨敕谕的敕禁碑、传布地方政令公文的官禁碑以及公示乡约行规的民禁碑，在地方法律秩序建构中各有特定的功用。敕禁碑象征皇权和国法在地方的存在；官禁碑体现“政府公权”在地方的实际运作；民禁碑反映“民间公权”的独立性和依附性特征。三类禁碑相辅相成，构成了一个较完整的体系。对明清碑禁体系及其特征的阐释，是认识古代中国“刻石纪法”传统的关键，也是深入认识中国传统法律文化在地方或基层社会实际存在形态的关键。

一　明代以前禁碑的形式和特征

禁碑是中国古代法律的重要表现形式。形式完备的禁碑应具备两个要件，一是明确的禁止性规定，二是较明确的违禁罚则即处罚措施。

在古代中国，刻石申约明禁的历史较为悠久。史载汉代庐江太守王景“驱率吏民，修起芜废，教用犁耕，由是垦辟倍多，境内丰给。遂铭石刻誓，令民知常禁。又训令蚕织，为作法制，皆著于乡亭”。② 不过在唐代以前，刻石申约明禁仍属偶然事例，直到唐宋时期，以刻石立碑的方式颁布

---

*　李雪梅，中国政法大学法律古籍整理研究所教授。

①　本文所称之“禁碑”与“碑禁”，文意稍有不同。“禁碑”偏重于指独立的禁令刻石，而“碑禁”偏重于指禁碑的集合性及其禁止性规定。

②　《后汉书》卷76《循吏列传》，中华书局，1965，第2466页。

诏书、法规、公文，才成为国家权力机构的常用手段，从而出现了大量的皇帝御撰诏书碑、官箴石刻、学规碑，以及敕牒碑、公据碑等公文石刻。

宋代也零星出现了地方权力机构甚至民间刻立的禁约碑石。北宋元丰六年（1083）《海阳县社坛禁示碑》规定了3条禁示，即“不得狼藉损坏屋宇坛墙”、“不得四畔掘打山石及作坟穴焚化尸首”、“不得放纵牛马踏践道路”,[①] 但违禁的后果即面临的惩罚不明确，禁碑的要件尚不完备。南宋绍熙五年（1194）《禁运盐榷摩崖刻石》是兴元府（今陕西汉中地区）茶马司颁示的禁令。石刻文为：“一应盐榷不得（从过）从此出，如有违戾，许地抓人，把捉赴所属送衙根勘断罪，追赏伍拾贯给告人。绍熙五年十二月日，〔兴元府提举〕茶马张。”[②] 此摩崖刻石不是以常见的长方形立碑的形式，而且行文偏口语化，文辞简略，刻文也不够规整，应是因地制宜之作，但从内容看，禁碑所必备的禁止性规定和违禁罚则两个要件，都已经具备。

金元时期是禁碑发展的一个重要阶段，禁碑的内容与形式进一步完备。原立于山东临朐县沂山东镇庙金大安三年（1211）的《禁约碑》，碑额题“律令禁约樵采东镇庙界内山场之碑”5行15字。碑文交代立碑之缘由和目的道：“缘东镇沂山旧有斫伐山场树木，因本律令禁约，给付东安王庙，仰知庙道士及庙户人等一同收执。”碑文特引用金代法律中的规定作为违禁的罚则，写明“律节文内有应禁处所而辄采伐拾贯以下杖六十，拾贯加一等罪，止徒一年”。[③] 此碑无论是碑形碑额的外在形式，还是碑文内容的逻辑关联，均体现出禁碑形式要件的完备性和效力的权威性。

唐宋金元时期还有大量敕牒、公据等公文碑，如唐大历二年（767）河南《会善寺戒坛敕牒》、北宋元丰八年（1085）山西《敕赐陕州夏县余庆禅院牒》、南宋绍兴元年（1131）浙江《敕赐昭祐公牒碑》，以及金代大定年间（1161～1189）各地多见的敕牒碑等。尽管这些旨在表明寺观存在合法性的公文碑多缺少禁碑的要件，但公文刻石的形式及传播，对明清官禁碑的普及当有潜移默化之功。

---

① 黄挺等：《潮汕金石文征》（宋元卷），广东人民出版社，1999，第49页。

② 陈显远编著《汉中碑石》，三秦出版社，1996，第23页。

③ 毕沅、阮元：《山左金石志》卷二十，国家图书馆善本金石组编《辽金元石刻文献全编》第1册，北京图书馆出版社，2003，第667页。

元代时，圣旨碑、公据碑、执照碑等颇为盛行，其中立于寺观、学校中的公文碑和圣旨碑中多有禁令性的规定。陕西西安碑林中至元十三年（1276）的《府学公据》所载圣旨称："禁约诸官员、使臣、军马，无得于庙宇内安下或聚集，理问词讼，及亵渎饮宴；管工匠官不得于其中营造。违者治罪。管内凡有书院，亦不得令诸人骚扰，使臣安下。钦此。"值得注意的是这些公文碑的颁刻程序，一般是由寺庙住持或儒学教授提出申请，在呈请以及官府的核准程序中，圣旨往往是作为强有力的法律依据的形式出现。《府学公据》便记载了申请刻石的过程：

> 皇帝圣旨里
>
> 皇子安西王令旨里
>
> 王相府据京兆路府学教授孟文昌呈："照得先钦奉圣旨节文，道与陕西等路宣抚司并达鲁花赤管民官、管匠人、打捕诸头目及诸军马使臣人等：
>
> 宣圣庙，国家岁时致祭，诸儒月朔释奠，宜恒令洒扫修洁。今后禁约……钦此。卑职切见府学成德堂书院地土四至：东至庙，西至泮濠，南至城巷，北至王通判宅。四至内地土及房舍，诚恐日久官司占作廨宇，或邻右人等侵占，乞给付公据事。"相府准呈，今给公据付府学收执，仍仰诸官府并使臣军匠人等，钦依圣旨事意，无得骚扰、安下，及邻右人等，亦不得将府学房舍四至地基侵占。须议出给出据者……
>
> 右给付京兆路府学收执，准此。①

据笔者初步调查，元代带有类似禁令的圣旨和公文碑有上百件之多。蔡美彪先生主编《元代白话碑集录》一书共收录碑刻 101 种，其中圣旨碑达 87 份，其余 14 份为公文碑。② 最近几十年新发现的元代碑石，也以圣旨碑为常见。如河北赵县柏林寺 1994 年年底出土有至元三十年（1293）的《圣旨碑》，碑上镌刻有元代皇帝于 1281 年到 1288 年间为保护柏林寺先后下达的 3 道圣旨。这些圣旨中，多有禁止性的规定和相应的罚则。

---

① 路远：《西安碑林史》，西安出版社，1998，第 524 页。

② 详见蔡美彪编著《元代白话碑集录》，科学出版社，1955。

元代圣旨碑或载有圣旨的公文碑，其颁刻程序和形式特征较为完备，表现为碑体高大，刻文规整，且多在显著位置摹刻蒙文及御印，同时在碑尾刻明出资立石者、书写者及碑文镌刻者。如皇庆元年（1312）《保护颜庙晓谕诸人通知碑》载明，为“兖国公五十四代孙颜氏族长教提领监修仲春敬等立石；前成武县儒学钦谕颜子谦书；邹县常祐男伟镌”。① 除形式特征较以往更为完备外，其内容也表现出敕禁明确等特点。如前述《府学公据》碑，其禁约对象是“诸官员、使臣、军马”和“管工匠官”，禁为之事是“无得于庙宇内安下或聚集，理问词讼，及亵渎饮宴”和“营造”，违禁处罚是“治罪”。尽管违禁处罚仅用较笼统的“违者治罪”表述，却表明了圣旨与法律的等同性，违反圣旨，即触犯法律。

综观明代以前禁碑的发展，在唐宋时期表现为形式单一、要件不完备、形制不够规范。至金元时期，带有禁令内容的圣旨碑及公文碑流行广布，而官禁碑和民禁碑多成孤例，发展不甚均衡。也即圣旨禁碑和官禁碑的形式和内容特征已经初具，但不同种类的禁碑之间尤其是基层民间的禁碑与政府权力阶层的禁碑，相互间有较大的隔膜。而这些都是体系化特征欠缺的表现。由于官箴、诏书、圣旨等皇权君言刻石处于“一枝独秀”的强势地位，公文碑也多以诏书、圣旨为凭，故禁令内容首先在表述皇权意志的石刻中渐趋明朗，并对明清的敕禁碑产生了直接影响。

二　明清敕禁碑与圣旨国法的象征意义

敕禁碑是指圣旨碑、敕谕碑中带有禁止性规定的碑刻。也即并非所有的圣旨碑或敕谕碑都含有敕禁的内容。有些圣旨碑是为表彰善行义举的，如山西高平扶市村有一通正统六年（1441）的《圣旨碑》，系英宗朱祁镇为王昪出粟谷千石以助赈济，“特赐敕奖谕，劳以羊酒，旌为义民，仍免本户杂泛差役三年”，以“表励乡俗”而颁示刻立的。② 有些圣旨碑是给予特定对象一定的法外特权，如北京丰台区北天主堂村大王庙乾隆十五年（1750）《恩施朗士宁等价旗地碑》是一道法外施恩的圣旨，宣布免除对传

---

① 骆承烈汇编《石头上的儒家文献——曲阜碑文录》，齐鲁书社，2001，第260~261页。

② 王树新主编《高平金石志》，中华书局，2004，第645页。

教士朗士宁违反“民人私典旗地”例的责任追究。[①] 这些圣旨碑当不属于敕禁碑的范畴。

明清敕禁碑有通敕禁碑和专敕禁碑之别。清人叶昌炽对通敕和专敕碑解释道：“若通敕，唐有《令长新诫》，宋有《戒石铭》，当其始颁行，天下郡县无不立石……宋太宗《戒石铭》，黄庭坚书，高宗诏天下摹勒……理宗有《训廉》、《谨刑》二铭，亦诏天下摹勒。”其中“诏天下摹勒”的通敕性诏书，即为全国通行的政令法规。对专敕碑文的形式特征，叶昌炽描述道：“或奖谕臣子，如唐赐张说、宋论程节之类；或崇敬缁黄，如《少林寺赐田敕》、《还神王师子敕》、楼观《褒封四子敕》之类。其文多刻于碑阴，亦间刻于碑之上方，以示尊君之意。或臣下奏请报可，或先赐敕而后表谢，往往一面刻表，一面刻敕，如《青城山常道观碑》之类。凡此，皆专敕也。”[②] 前文所述元代寺庙、学宫中的圣旨碑，多属专敕碑。下面试分别对通敕禁碑和专敕禁碑的内容与特征进行比较说明。

（一）通敕禁碑的理想化色彩

通敕禁碑以立于学宫的卧碑为代表。明代以前，诫饬官僚士子的官箴、诏书等通敕碑中的禁令性内容并不太明显。明清时期，要求各地摹勒刻石的皇帝圣旨、诏令以学规为主。当时通行全国的御制学规碑，其中既有对生员“端士习、立品行”等的道德约束，也有严禁生员干预地方事务及禁生员刁讼、越诉等禁止性条款。以陕西户县文庙洪武十五年（1382）所立《敕旨榜文卧碑》为例。该碑呈长方形横碑即卧碑式样，与常见的立碑形式有别。碑尾大书“右榜谕众通知”6字并摹刻官印。碑文首行题“礼部钦依出榜晓示郡邑学校生员为建言事”，点明是钦奉敕旨对全国诸府州县生员颁发的学规。卧碑对生员中存在的“眇视师长，把持有司”、“以虚词径赴京师，以惑圣听”、“暗地教唆他人为词者”等行为进行批评警告，并定出12条应为和禁为的规则，之后强调：“如有不遵，并以违制论。”礼部同时要求：“榜文到日，所在有司即便命匠置立卧碑，依式镌勒

① 北京图书馆金石组编《北京图书馆藏中国历代石刻拓本汇编》第70册，中州古籍出版社，1989，第138页。

② 叶昌炽：《语石校注》，韩锐校注，今日中国出版社，1995，第335～336页。

于石，永为遵守。”[①] 文中指明“依式”，即对卧碑的形式及碑文格式有明确要求。

陕西汉中明万历六年（1578）的《敕谕儒学碑》也系礼部奉旨颁布。碑文重申洪武卧碑的效力并加强了对生员违规违法行为的处罚力度，同时也加强对提学官、教官的监管及违禁处罚，明令“不许别创书院，串聚徒党，及号招地方游食无行之徒，空谈废业，因而启奔竞之门，开请托之路。违者，提学官听巡按御史劾奏，游士人等拿问解发”；“提学官巡历所属，凡有贪污、官吏军民不法重情，及教官干犯行止者，原系宪刑，理当拿问。但不许接受民词，侵官滋事。其生员犯罪或事须对理者，听该管衙门提问，不许护短曲庇，致令有所倚恃，抗拒公法。”[②] 碑文内容当属于行政法规范。

清代敕谕学规以顺治九年（1652）御制卧碑影响最大，其形式和内容多仿照明代卧碑，也是礼部奉旨要求全国各官学颁刻，对生员明确提出不许“武断乡曲”、“凡有官司衙门，不可轻入”等要求，带有明确罚则的是最后两条：“军民一切利病，不许生员上书陈言，如有一言建白，以违制论，黜革治罪”；“生员不许纠党多人，立盟结社，把持官府，武断乡曲。所作文字，不许妄行刊刻，违者听提调官治罪”。[③]

上述卧碑的颁刻程序均是礼部奉旨行事，敕谕和申禁对象均为各地生员和教员，表现为国家最高权力机构——以皇权为首的中央权力机关，借助圣旨敕禁的形式，对社会特定群体——生员进行约束管理，对生员应为、可为和禁为之事作出明确规定，并根据生员违禁的情节规定有“革退”、“照例问遣”、“黜退”等处罚。应该说这种敕禁碑的形式，既是对唐宋以来御制官箴、学规及元代保护儒学圣旨碑的延续和发展，同时也是应对社会现实需求的一种统治策略。

台湾学者巫仁恕在统计明末清初城市集体行动之领导人与参与者身份类别时，指出绅士层（包括由乡绅、缙绅组成的绅阶层，及由举人、贡生、监生、生员、革生、武生、劣衿、童生组成的士阶层）作为领导人的

---

① 刘兆鹤、吴敏霞编著《户县碑刻》，三秦出版社，2005，第60、345~348页。

② 陈显远编著《汉中碑石》，三秦出版社，1996，第167~170页。碑文据吴敏霞、刘兆鹤编著《户县碑刻》校改，三秦出版社，2005，第368~371页。

③ 陈显远编著《汉中碑石》，三秦出版社，1996，第192~193页。

事件数有94例（其中绅阶层的为5例，士阶层的为89例），所占比例高达36.55%；绅士层作为参与者的事件数有52例，所占比例为20.31%，均远远高过由无赖流民层、平民层、工商业主和其他类作为领导者或参与者的事件数量，[①] 表明士绅阶层在明清群体性事件中起着关键性的作用。

由于生监的特殊社会地位，其违禁违法行为对社会秩序的危害度要明显高于其他社会群体。清代的一些敕禁碑文也提供了相应的佐证。嘉庆十年（1805）《谕禁生监勒索漕规碑》记述江苏吴江县知县王廷瑄因办漕不善，挪款逾2万两，而这一结果是“因刁生劣监等在仓吵闹勒索陋规所致”。皇帝特申斥道：“生监皆读书人，今为此一案而罪犯责处者至三百余名之多，阅之殊不惬意。但该生监身列胶庠，不守卧碑，辄敢持符寻衅，挟官长吵闹漕仓，强索规费，此直无赖棍徒之所为，岂复尚成士类！朕闻各省劣衿，往往出入公门，干预非分，以收漕一节，把持地方官之短，而江苏为尤甚……”[②]

上述内容也反映出一个事实，即明清时期各地学宫普遍刻立的圣旨“卧碑”，其实并未能有效阻止生员的违规违禁行为。这其中既有学规如何落实的制度保证因素，也有卧碑本身的原因。从明清卧碑内容看，强调生员的自我约束与道德规范始终处于重要位置，以致训诫成分远多于敕禁内容。其实从制定目标和实施效果看，卧碑存在的意义主要在表达朝廷对生员的期望，对统治秩序理想状态的追求，故其象征性要远远大于实效性。

（二）专敕禁碑的功利目的

明清时期，各地寺庙宫观中也立有数量可观的敕禁碑。与各地学宫中内容和形式均整齐划一的卧碑不同，立于寺观中的敕禁碑有明显的个性和功利性。

明初朱元璋也发布了约束僧人的圣旨敕谕，如洪武二十四年（1391）颁布的旨在严肃僧团秩序、防止僧俗混淆的《申明佛教榜册》，并规定“令出之后，所有禁约事件，限一百日内悉令改正。敢有仍前污染不遵者，许诸人捉拿赴官，治以前罪”；洪武二十七年（1394）下旨敕礼部颁布《榜文》13

① 巫仁恕：《激变良民——传统中国城市群众集体行动之分析》，北京大学出版社，2011，第74~75页，表13。

② 王国平等主编《明清以来苏州社会史碑刻集》，苏州大学出版社，1998，第593~594页。

条，严禁僧人交结官府、聚敛财富等，同时宣布“榜示之后，官民僧俗人等敢有妄论乖为者，处以极刑”。[①] 但从现存碑刻中，却难以发现与榜文相关的内容。这应与榜文未明确提出勒石要求有关。故各地寺庙对于约束其发展并从严整治的圣旨敕谕，自然选择了“沉默”或“回避”的态度。

但明清寺庙中并不缺乏敕禁碑。综观碑文，多是对寺庙发展有利的内容。如永乐五年（1407）《敕谕碑》（也称《永乐上谕石刻》）系明成祖保护伊斯兰教的圣旨，在福建泉州清静寺、江苏苏州惠敏清静寺（现移入太平坊清静寺）、南京净觉寺、陕西西安化觉巷清真寺中均有镌刻。碑文强调：“所在官员军民一应人等，毋得慢侮欺凌。敢有故违朕命慢侮欺凌者，以罪罪之。故谕。”[②]

明清时期庙宇宫观中的专敕禁碑内容大同小异。如青海西宁瞿昙寺永乐十六年（1418）《皇帝敕谕碑》系明成祖朱棣对“西宁地面大小官员军民诸色人等”发布的敕禁：“本寺常住所有孳畜、山场、树木、园林、地土、水磨、财产、房屋等项，不许诸人侵占骚扰……若有不遵朕命，不敬三宝，故意生事侮慢欺凌，以沮其教者，必罚无赦。故谕。”[③] 北京门头沟龙泉镇成化十六年（1480）的《崇化寺敕谕碑》亦规定：“官员军民诸色人等不许侮慢欺凌，一应山田、园果、林木，不许诸人搔扰作践。敢有不遵朕命，故意扰害，沮坏其教者，悉如法罪之不宥。故谕。”[④]

这些立于庙宇中的专敕碑，针对的是寺庙所在地的“大小官员军民诸色人等”，内容为禁侵占骚扰、侮慢欺凌寺庙财产和寺僧。从碑文内容和表述形式看，当是对元代以圣旨碑护持寺庙产业模式的延续。

明清寺观中少见通敕碑多见专敕碑的事实，一定程度上反映出寺观立碑有一定的自主性。寺观主动刊刻的不是约束自身，而是警告“大小官员军民诸色人等”以保护自身生存与发展的专敕禁文。在现实中，这些专敕禁碑既有象征性，也有实用性。它象征着皇权对佛教、道教、伊斯兰教的

① 葛寅亮撰《金陵梵刹志》卷二《钦录集》，何孝荣点校，天津人民出版社，2007，第62、68页。

② 《敕谕碑》嵌于福建泉州清静寺北围墙。清静寺于1961年被国务院列为第一批全国重点文物保护单位。碑文为2010年2月3日录于泉州清静寺。

③ 谢佐等辑《青海金石录》，青海人民出版社，1993，第79页。

④ 北京图书馆金石组编《北京图书馆藏中国历代石刻拓本汇编》第52册，中州古籍出版社，1989，第152页。

认可与保护，即以此来印证寺观存在的合法性；同时也是寺观抵挡“大小官员军民诸色人等”骚扰的“保护伞”和“护身符”。这种功利性也表明专敕禁碑与通敕禁碑在运作程序上存在着差异。

（三）通敕禁碑与专敕禁碑之比较

从笔者目前所掌握的明清敕禁碑来看，立于学宫中的通敕禁碑和立于寺观中的专敕禁碑，是敕禁碑中最具代表性的两类。以笔者所掌握的近120份明代圣旨敕谕碑为例，其中寺观专敕禁碑为45份，占37.5%；学宫通敕禁碑为39份，占32.5%；仅这两类即占圣旨碑的2/3。另1/3的圣旨敕谕碑，内容相对杂乱，包括吏治（如奖谕官员、敕禁太监等）、赈济免赋、祭祀（如《易文庙塑像为木主谕旨碑》等）及退耕禁伐、查私盐等内容，每一类所占比重均不到8%。

从前文所述可知，在明代圣旨碑中占绝对多数的学宫通敕禁碑和寺观专敕禁碑，其刻立目的有明显的不同。前者是中央政府强力推行的结果，“命匠置立卧碑，依式镌勒于石”，[①] 是各学宫必须履行的责任；后者是基于功利性的选择，敕禁碑多被寺观视为抵挡“大小官员军民诸色人等”骚扰而保护自身权益的一把利器。造成这种差别的原因，首要是基于学宫和寺观对于国家统治的重要性不同。学校是人才培养基地，这些人才是封建官僚体制的后备军，对封建统治秩序的维护和稳固至关重要。故立于学宫内的通敕碑意在标榜人才培养的理想目标，同时也兼具解决人才培养现实问题的功能。故通敕碑主要在传达国家政策和法令。而寺宇宫观为民众信仰的基地，其对封建统治的影响度，明显不如学校直接和全面。此外，教育类刻石和宗教类刻石的不同传统也起着惯性影响作用。从刻石发展历史看，教育类刻石自东汉刊刻熹平石经以来，官方利用得心应手，正统性强，且历史悠久，这些都是宗教类刻石所不及之处。明清重视教育、尊重儒学刻石的基调，在明朝初建时即已确立。洪武二年（1369）《学校格式碑》（也称《洪武二年卧碑》）为大臣们遵旨议定的学校培养人才规则，朱元璋下旨“各处学校都镌在石碑上。钦此”。[②] 而佛教刻石，早期以记述

---

① 谭棣华等编《广东碑刻集》，广东高等教育出版社，2001，第634页。

② 吴汝纶：《深州风土记》卷一一下，国家图书馆善本金石组编《明清石刻文献全编》第2册，北京图书馆出版社，2003，第464页。

信众的乞愿、功德为主，隋唐以来的佛教刻经主要为防患灭佛法难，这也喻示了其非正统性及易遭打压、排斥的不稳定性。至今寺庙中留存的古代碑刻，除大量功德碑、纪事碑外，宋金时期的敕牒公文碑、元代的白话圣旨碑等，均表现出寺庙在存续发展中对皇权或官权的依赖性。明清多被视为“镇寺之宝”的敕禁碑，依旧是寺观以皇权为“保护伞”的生存与发展策略的延续。

三 官禁碑与地方法律秩序的构建

（一）明代官禁碑的示范效应

官禁碑指地方各级官员颁布的带有禁令内容及罚则的碑刻，多以告示和示禁等形式出现。官禁碑在明代以前多作为孤例存在，即使在明初，也并不多见。到目前为止，笔者尚未发现有明初官禁碑的实物，不过在史籍中可以看到一些蛛丝马迹。据《明史》记载，刘崧（1321～1381）在洪武初年任北平按察司副使期间，曾“勒石学门，示府县勿以徭役累诸生”。[①]从明中晚期开始，官府颁刻禁碑的事例渐多，呈现出官禁刻石适用范围增广及示禁内容多样化的态势。

官禁碑的发展空间较敕禁碑更为宽广。只要在权责范围之内，地方官均可刊碑示禁。嘉靖四十四年（1565），巡按浙江监察使庞尚鹏（1524～1581）为严禁豪门侵占西湖特发布禁约并刊碑示众。碑文中提到“豪右之家侵占淤塞，已经前院勒石示□”，针对近日豪门侵占如故，“阳虽追夺，阴复雄踞”，“特行立石禁谕，凡有宦族豪民仍行侵占及已占而尚未改正者，许诸人指实，赴院陈告，以凭拿问施行”。[②]文中提到“已经前院勒石”，此次又“特行立石禁谕”，表明地方执政设禁具有延续性。此是为维护地方公益和社会秩序而示禁。

奉旨遵法保护寺庙产业是元明以来地方官的职责所在。万历二十三年（1595）登封县知县颁示的《肃清规杜诈害以安丛林告示碑》明确圣旨的法律意义道：“查得历代住持钦奉圣旨，不许军民人等搅扰及争占田土，

① 《明史》卷一三七《刘崧列传》，第3958页。

② 碑存杭州孔庙，2011年10月3日抄录。

犯者不饶。况本寺武僧疆兵护国，其赡寺地土，屡奉明文，永远耕种。敢有仍前不悛、肆行渎乱，及侵占尺寸之土者，许管事僧具实呈举，以凭拿究。"[①] 四川广元皇泽寺天启七年（1627）《廨院寺道府禁约碑》则表明地方官行使权力、追究违禁责任是以国家法律为依据。该碑系广安州"奉文勒碑"示禁。碑刻记载示禁原因及程序道：廨院寺创自宋朝，近来因"邻棍市豪迭见侵陵，剥削之害，深为可悯。寺僧请于顺庆府知杨、分守川北道杨，蒙准给牒，行文到府，令州勒石杜害"。广安州遂奉上级批示将禁约刻石公布，要求"尔民各惜身家，共守法律，不许仍前飞诬捏扰。如敢不悛，许令院主把连赴州，以凭申解，府道依律拿问，毋得故违，致干法网"。[②]

明代官禁碑不仅有上述较为传统及以圣旨法律为凭的内容，也有针对新情况进行设规立制的尝试，尤其是明末主要针对官吏衙役以除弊恤商的改革措施，为官禁碑的茁壮发展开拓了空间。

明末数量渐多的官禁石刻是地方政治经济改革的重要标志。这种带有改革意向的石刻禁令出现于隆庆朝（1567～1572）。史载："隆庆初，罢蓟镇开采。南中诸矿山，亦勒石禁止。"[③] 到万历朝（1573～1619），具有重要示范作用的官禁碑已集中出现于商品经济发展较快的江南地区。从笔者搜集到的明末江南地区 20 余份官禁碑文看，其内容涉及典当、绸布、杂货、药行、牙行及关税事务等，均属于官府颁布的除弊恤商的禁令。

明末江南地区集中出现的官禁恤商刻石，与当时频繁发生的"民变"不无关系。据台湾学者巫仁恕统计的"明清城市集体行动事件之地域分布"表，列出发生于江苏的城市集体行动，明代有 48 件，清代有 92 件，位居全国事件数量排名的第一位；发生于浙江的明代有 18 件，清代有 38 件，排名第二位。可见明清江浙地区是"民变"事件发生最频繁的地区。在"明清城镇罢市与商人参与次数"的统计表中，列出万历年间罢市次数为 11 次，商人参与事件次数为 10 次；嘉靖和崇祯年间罢市次数均为 3 次，

① 米祯祥主编、王雪宝编著《嵩山少林寺石刻艺术大全》，光明日报出版社，2004，第 284 页；吕宏军：《嵩山少林寺》，河南人民出版社，2002，第 402 页。笔者注：两书所录碑文中，均为"其瞻寺地土"。经 2014 年 11 月 9 日与原碑核实，"瞻"当为"赡"，故径改。

② 龙显昭主编《巴蜀佛教碑文集成》，巴蜀书社，2004，第 477 页。

③ 《明史》卷八一《食货五》，第 1971 页。

商人参与事件次数也均为2次，喻示明末工商业者参与“民变”事件以抗议官吏贪剥行为的主动性。①

这种因官商矛盾加剧而致群体性事件频发的情况自然会引起朝廷决策层的高度关注。嘉靖（1522～1566）时期，已有不少官员提出了恤商苏困的改革奏议，并在北京、南京等局部地区付诸行动。在随后的隆庆、万历年间（1567～1572、1573～1619），一些苏解商困的奏疏被皇帝批准认可后，进而成为各地方通行的禁令条例。如李廷机（1542～1616）任南京工部尚书时，曾下令免除杂税，“奏行轸恤行户四事，商困大苏”。② 这些“恤商”措施也被一些地方官吏以禁碑的形式公示于众，万历二十七年（1599）南陵县知县朱朝望等刻立的《院道批详条款碑》就申明了禁克剥、革积书、省冗官、禁用坊长、比例祛弊、社仓稻谷、苏铺行等七款禁令。③

值得关注的是，除了地方官主动刻碑示禁外，基于商民呈请而颁刻的禁碑也占有相当比例。这当是官禁碑示范效应影响的结果。万历四十二年（1614）南直隶宁国府太平县颁刻的《察院禁约碑》就是在受害商户呈请保护的情况下产生的。因宣城县湾址镇当户戴某状告许国宁等“倚役骚索”，巡按直隶监察御史特批示：“行属痛洗积习，着实遵行，仍刊碑永示。”直隶宁国府据此颁示：“除行宣城县痛革前弊遵行外，拟合通行禁革，为此，仰县官吏照牌事理，即便严禁。该县佐贰首领等官不许再差快手骚索当铺，取借绒衣布帐等物，仍刊碑永示。具刊过缘由申府以凭，查缴施行。”宁国府太平县“遵依”宁国府批示“刊碑示谕，永为遵守”。④碑文记录了将商户状告许国宁等“倚役骚索”商铺的个案上升为地方禁令，并要求涉事县衙刊碑示禁的过程。

与上碑类似，万历四十二年《常熟县为吁天申禁敦民水火事碑》系常熟县知县应典户商民联名呈词申请而颁刻。碑文也记述了商户被县衙书吏以“借取”（实即勒索）货物所累而呈请官府保护，呈文经转详批复，最

---

① 巫仁恕：《激变良民——传统中国城市群众集体行动之分析》，北京大学出版社，2011，第64、86页，表9、表16。

② 《明史》卷二一七《李廷机列传》，第5740页。

③ 徐乃昌：《安徽通志稿》卷八，国家图书馆善本金石组编《明清石刻文献全编》第1册，北京图书馆出版社，2003，第501～502页。

④ 徐乃昌：《安徽通志稿》卷八，国家图书馆善本金石组编《明清石刻文献全编》第1册，北京图书馆出版社，2003，第535～536页。

终常熟县知县詹向嘉下令“一切借扰，尽行裁革，仍勒石永遵”[①] 而至禁碑刻立的过程。

由于立碑示禁保护商民的做法颇具成效，很快被各地商民所效仿。商户们多期望借助官府禁碑的权威性以抵制胥吏衙役的贪索行为，保护自身的利益；那些身处偏远地区的商户更寄希望于此。万历四十四年（1616）常熟《禁止木铺供给碑》系因常熟县杉木商江同等联名呈词苏州府而获准刻立。呈词反映政府的恤商苏困政令执行效果因地而异。府署所在地及其周边，禁令执行情况相对较好；偏远地区的执行效果大打折扣，吏役照旧为害，并指控管工工头串通县衙书吏将铺户出售木材后应领钱粮截留侵吞，特联名呈请官府批准刻立禁碑，且说明这是效仿典铺商人的做法。接到呈状后，苏州府同知杨凤翥奉命前往调查核实。最后，苏州府批示同意商户们提出的以时价平买、当堂给值、禁差人催取等请求，并下令立石碑于县门，以为“永久当遵”的定规。[②]

值得留意的是，由商民等呈请官府所立禁碑，一般由呈请人出资刻立，但碑文内容须遵循原批示公文格式，官府会以要求上缴碑拓的形式进行监管。如崇祯九年（1636）《长洲县奉宪禁占佃湖荡碑》系长洲县遵奉“钦差巡抚都御史”的批示，“谕令原呈里排地方渔户俞乔等自立石碑，示禁于朝天、独墅等湖口，永为遵守，违者协拿解院重究，仍将石碑刷印二张申报”。[③]另一个值得关注的现象是，无论是官员主动刊刻还是基于商民呈请而刻立的禁碑，均常见“永示严禁”、“刊碑永示”、“立石永禁”等表述，其含义不仅强调禁令刻石的公开性，更包含着禁令永恒与权威的用意。

（二）清代“勒石永禁”惯例

明末由官府和商民等共同促成的“勒石永禁”范例，在清代的官方政策中被不断强化，并被广泛用于驿政、盐政、漕政及地方吏治的改革中。

---

① 江苏省博物馆编《江苏省明清以来碑刻资料选集》，北京三联书店，1959，第553～556页。

② 江苏省博物馆编《江苏省明清以来碑刻资料选集》，北京三联书店，1959，第556～558页。

③ 王国平、唐力行主编《明清以来苏州社会史碑刻集》，苏州大学出版社，1998，第583～584页。

山西巡抚申朝纪（？~1658）于顺治三年（1646）就驿政制度改革上疏言：“驿递累民，始自明季，计粮养马，按亩役夫。臣禁革驿递滥应、里甲私派，请饬勒石各驿，永远遵守，俾毋蹈前辙。”① 康熙初年，皇帝命御史徐旭龄（？~1687）“偕御史席特纳巡视两淮盐政，疏陈积弊，请严禁斤重不得逾额，部议如所请勒石”。② 康熙年间，湖广总督郭琇（1638~1715）为革除楚地陋习，特在“请禁八弊疏”中“胪列八条，仰请敕旨勒石永禁，以澄吏治，以安民生”。③ 雍正皇帝在雍正元年（1723）十月的《谕禁驿站积弊》中也强调“派借民间牲口，尤当勒石永禁，违者即从重治罪”。④ 同治四年（1865），浙江巡抚马新贻（1821~1870）“复奏减杭、嘉、湖、金、衢、严、处七府浮收钱漕，又请罢漕运诸无名之费，上从之，命勒石永禁”。⑤

上述诸多“勒石永禁”的举措，其中不少经由奏议及圣谕朱批，最终成为国家的法令。在《钦定大清会典则例》所载各部禁例中，“勒石永禁”出现的频率颇高，表明它已从明末的流行语成为一种为政举措。《户部·田赋三》“催科禁例”载：顺治十二年（1655）“覆准：江南财赋繁多，经收诸役包揽侵渔，保长歇家朋比剥民，令严行察访，勒石永禁”。《户部·盐法上》载：雍正十一年（1733）“题准：广东各商设立坐标，私收渔户帮饷，又设立馆舍，凡遇担卖盐鱼等物勒令纳税，别立行标，苦累贫民，勒石永禁”。⑥《工部·营缮清吏司·物材》载：“十五年覆准：京城北面一带地方不许烧窑掘坑，勒石永禁。违者指名参处。”⑦

由于“勒石永禁”关乎禁令的公布与实施，上级官府通常以“碑摹送查”的方式监督下级是否遵命立碑。康熙五十九年（1720）苏州《长吴二县饬禁着犯之弊碑》规定：“通行饬令各该州县，勒石署前，以昭永禁，

---

① 《清史稿》卷二四〇《申朝纪传》，第9536页。

② 《清史稿》卷二七三《赵廷臣传附徐旭龄传》，第10033页。

③ 郭琇：《华野疏稿》卷三，文渊阁《四库全书》电子版。

④ 黄士俊等监修《河南通志》卷三《圣制》；李卫等监修《畿辅通志》卷三《诏谕》，文渊阁《四库全书》电子版。

⑤ 《清史稿》卷四二六《马新贻传》，第12242页。

⑥ 《钦定大清会典则例》卷三六、卷四五。

⑦ 《钦定大清会典则例》卷一二八。

取碑摹送查。”[①] 光绪十年（1884）《禁示碑记》载明广东按察使司对各级衙署的要求：将禁文刻石“立头门前，俾民间有所见闻”。如下属不遵示立碑，会受到相应的惩处：“限一月内刊监，通报以凭。另有差委之员，顺道查明。倘抗不监碑，及有心控报，一经查出，定即详撤。”[②] 也有许多禁碑在碑尾题写刊立者的官员姓名以表明履责。如光绪七年（1881）《嘉定、宝山县准减漕米米额告示碑》载明系“知县程其珏奉谭护理巡抚通饬勒石县署”，[③] 光绪十年《禁示碑记》是“署南澳同知潘维麟遵奉刊监”。[④]

由于国家制度层面的认可，“勒石永禁”在清代成为普遍遵行的惯例。顺治十六年（1659）立于松江府的《苏松两府遵奉抚院宪禁明文》明确示禁内容“永为遵守，勒石通衢，志为定例”。[⑤] 雍正八年（1730），温州巡道芮复传对温州永嘉县叶公臣等 83 园户申请立碑的呈词指示道：“将原批呈刻制定案可也”，同时表达出新的规则禁约经官府批准后刻石公示，便是官民“永久共相遵照”的定例的规程。[⑥] 乾隆四十三年（1778）无锡县《永禁书差借称官买派累米商碑》载有“碑存可执定准，碑法有失稽考”的文字，[⑦] 表达了商民对禁令“勒石”和法令生效“永禁”关系的认定。

对于“勒石永禁”的实际效用，广东佛山乾隆三十七年（1772）《蒙准勒石禁革陋规碑记》可以为我们提供一个观察的视角。碑文记述：仓粮册三房重索陋规之恶习，在乾隆六年（1741）已经前抚宪禁革，受到百姓的欢迎；日久法驰，勒索之弊复现。于是丰岗等八堡联恳“赐示永禁，并饬上纳粮米”，勒石于官府头门，以警示吏役并切断其婪索之途；但没有列在禁碑呈请名单中的大江堡三图在交纳粮赋时却不能共享丰岗等八堡的待遇，依旧被衙役勒索，理由是“止系勒石各堡为然”。不得已，大江堡三图“只得联叩台阶，伏乞一视同仁，俯准赐示，俾照丰岗等堡勒石，永

① 王国平、唐力行主编《明清以来苏州社会史碑刻集》，苏州大学出版社，1998，第 566 页。
② 谭棣华、曹腾骈、冼剑民编著《广东碑刻集》，广东高等教育出版社，2001，第 312 页。
③ 上海博物馆图书资料室编《上海碑刻资料选辑》，上海人民出版社，1980，第 156 页。
④ 谭棣华、曹腾骈、冼剑民编著《广东碑刻集》，广东高等教育出版社，2001，第 312 页。
⑤ 上海博物馆图书资料室编《上海碑刻资料选辑》，上海人民出版社，1980，第 85 ~ 87 页。
⑥ 金柏东主编《温州历代碑刻集》，上海社会科学院出版社，2002，第 276 ~ 277 页。
⑦ 江苏省博物馆编《江苏省明清以来碑刻资料选集》，北京三联书店，1959，第 529 页。

远遵守。庶三房不敢苛索陋规，而蚁等得以早完粮米”。[①] 碑文中里民以“蚁等”谦称以示身份的卑微和面对衙役贪剥的无助，并表达出对“仁台”禁令敬重崇拜的心态，同时也揭示了禁碑有无与禁令是否生效的关联性，以及禁碑对呈请者和刻立者的特殊意义。

由于在实践中存在着谁呈请立碑谁受益的实例，禁碑成为商民保护自身利益的“护身符”，并促成除弊恤商禁碑的快速衍生。以江南地区为例，据笔者统计，明万历至崇祯的70余年间约有禁碑25通（万历9通、泰昌天启5通、崇祯11通），到清初顺治至康熙70余年间，禁碑数量已翻了5倍，增长非常迅速。同时原本主要集中在江浙地区的除弊禁碑，也逐渐蔓延至更为广泛的地区，所恤对象也由商扩及至农民，并显现出“勒石永禁”与“从重治罪”、“从重处罚”的关联性，表明被“勒石永禁”的事项多具有严重的社会危害性，以及官府欲从严惩治的态度和决心。如顺治十四年（1657）广东东莞县《奉两院禁约碑》载明严禁各衙巡司等官及驻扎兵弁滋扰铺商，警告“敢有再犯，一经告发，或别有访闻，定行□□，决不姑恕”。[②] 乾隆五十八年（1793）陕西汉中《州衙告示碑》规定：“如有书役、家人，指称火耗、添平、解费名色，勒索农民，额外加耗，定即立毙杖下，并将该管官严参治罪，断不姑贷。”[③] 道光六年（1826）立于澳门莲峰庙旁的《两广部堂示禁碑》对营汛弁兵示谕称：“倘敢阳奉阴违，一经访闻，并被首告，定行严拿，从重究拟治罪，决不宽贷。”[④]

从明末乃至清代流行的官禁碑之内容可以看出，其侧重点是革弊除害以减少“民变”而维护社会稳定，明确的目的性和务实性是官禁碑有别于象征性明显的敕禁碑的一个重要特点。另外官禁碑也表现出与民众利益更为关切的特点，尤其是商民联名向官府请愿“刊碑永示”以除衙役贪索的做法，拉近了官与民的距离。在这一过程中，官府满足商民的立碑请求，以“勒石永禁”的方式表达苏困恤民、整顿吏治、惩治弊害

① 谭棣华、曹腾騑、冼剑民编著《广东碑刻集》，广东高等教育出版社，2001，第348页。

② 谭棣华、曹腾騑、冼剑民编著《广东碑刻集》，广东高等教育出版社，2001，第787～788页。

③ 陈显远编著《汉中碑石》，三秦出版社，1996，第46页。

④ 谭棣华、曹腾騑、冼剑民编著《广东碑刻集》，广东高等教育出版社，2001，第1010页。

的立场和决心，这既是标榜政治清明和地方官善履职守、施政有为的一个公开证明，也有助于消除久治不绝的官官相护、吏役贪索之顽疾，对潜在的“民变”等群体性事件能起到一定的预防或缓冲效用。我们注意到，在清代的城镇罢市中，商人已不像明末那样积极主动参与其中。仍以台湾学者巫仁恕对明清城镇罢市与商人参与次数的统计为例：清代顺治、康熙、雍正、乾隆年间的罢市次数分别为3次、19次、27次、30次，商人参与事件次数相应分别为0次、4次、7次、5次，[①] 表现出商人参与罢市行动的次数明显减少，及商人参与罢市的被动性。这一结果与前文提及的明末工商业者参与“民变”的主动性形成强烈反差。这也在一定程度说明，相对于其他社会群体而言，社会地位不高的商民，其政治诉求比较简单，也容易获得满足。商民们所积极争取的不过是相对自由、公平的经营环境。影响商人正常经营活动的主要是衙役贪索，而能有效阻止贪索行为的，便是具有权威和永恒效力的官禁碑。商人因有官府示禁碑为应对衙役、保护自身利益的“护身符”，其精神诉求基本得到满足，可以安于经营。同时在商民心目中，官禁碑也有助于自身社会地位提高，表明官府对其需求的重视。如果商民的诉求可以通过联名呈请这种较为和缓且正常的途径得到满足，自然没有必要采取罢市等过激行动。可以说在整治吏役贪弊这点上，官府和商人的利益是一致的，并通过刻立禁碑而达到“双赢”。

四　民禁碑的独立性和依附性

（一）民禁碑的公议性与独立罚则

民禁碑指公同议定的族规、乡约和行规等民间规范中带有禁止性规定及罚则的碑刻。在敕禁、官禁和民禁三类禁碑中，民禁碑是后起之秀，然最具活力。

族规、乡约等民间规范类碑刻在明代以前已出现，但禁碑的特征，如公议的形式和禁约效力等，均不够鲜明。随着明末清初官禁碑的充分发

① 巫仁恕：《激变良民——传统中国城市群众集体行动之分析》，北京大学出版社，2011，第86页，表16。

展，民禁碑的形式特征才日渐鲜明。①

清代族规禁碑以维护宗族利益为首要目的，以禁异姓乱宗、同姓婚配以及从事有辱宗族声誉的职业等内容较为常见。江苏《延陵义庄规条碑》规定："族人不得以异姓子承祧。如有违例，继立异姓子女，不准入册支给。"② 道光二十一年（1841）《济阳义庄规条》规定："族中有出继外姓及螟蛉异姓子女者，概不准入籍，亦不准支给钱米。"③ 两碑禁条均以剥夺同等待遇的方式限制异姓入籍，以维护宗族整体利益。后碑还严禁族人从事倡优、隶卒、奴婢等贱业，规定："族中子弟，如不孝不弟，流入匪类，或犯娼优隶卒，身为奴仆，卖女作妾，玷辱祖先者，义当出族，连妻子。"并要求："各房司事随时稽查，毋得隐匿不报。"④

清代乡约禁碑以禁偷、禁赌、禁伐、禁牧等内容为主。陕西平利县迎太乡《禁山碑》载明："禁止：此地不许砍伐盗窃、放火烧山。倘不遵依，故违犯者，罚戏一台、酒三席，其树木柴草，依然赔价。特此刊石勒碑告白。道光三十年仲秋月。吴氏公立。"⑤

清代行业禁碑主要表现为禁行业无序竞争及遵守行业自律等内容。北京《新立皮行碑记》规定了严禁盗买盗卖的行业规则，明确："有行中见贼偷盗去生熟皮章货物，本行人不准买。如有买者，公议量力罚款。不依规矩者，公举伊贼同谋。"⑥ 另如山西壶关县乾隆二十九年（1764）《窑场口磁器手工艺禁外传碑》、广东肇庆市乾隆四十二年（1777）《磁器铁锅缸瓦铺永禁碑记》、陕西紫阳县光绪三十四年（1908）《严禁奸商漆油掺假碑》等，也均是带有禁约的行业规范。

① 民禁碑在清代的蓬勃发展，与清代的社会经济发展情况相适应。梁治平认为："在中国法律史上，大体可以说，法典以《唐律》最显赫，习惯法以清代最发达。这一对比意味深长，它从另一方面揭示出习惯法与国家法两种知识传统间的差异，尤其是它们生长条件的不同。作为一种社会制度，作为所谓民间社会秩序的自动显现，习惯法的每一步发展都与实际社会生活与社会组织的变化有着密切关联。就此而言，清代习惯法可以被视为明、清两代社会生活内部深刻变化的直接反映。"而习惯法的发达，正是民禁碑形式特征显现、完备的基础条件。详见梁治平《清代习惯法：国家与社会》，中国政法大学出版社，1996，第167页。

② 王国平、唐力行主编《明清以来苏州社会史碑刻集》，苏州大学出版社，1998，第278页。

③ 王国平、唐力行主编《明清以来苏州社会史碑刻集》，苏州大学出版社，1998，第258页。

④ 王国平、唐力行主编《明清以来苏州社会史碑刻集》，苏州大学出版社，1998，第261页。

⑤ 张沛编著《安康碑石》，三秦出版社，1991，第177页。

⑥ 彭泽益选编《清代工商行业碑文集粹》，中州古籍出版社，1997，第24页。

公议性和重视惩罚性是族规、乡约和行规等类民禁碑所共有的特征。公议性意在表示所立规则是出自“民间公权”，同时也表明设立规则是出于公益而非私利，故在碑身显要位置特别标明“马姓合族立”、“各村绅老仝立”、“族长蒙陈瑞暨合族绅耆仝立”等类的字迹。有的也在碑文中强调族众的权威。如四川《禁止赌博碑》表述：“今与阖族约：自垂碑禁止后，倘族人仍有窝赌、邀赌、诱赌种种赌局，我祖宗定不愿有此子孙。世世族长、族正，重则要禀官，照例究治；轻则入祠，以家法从事。”①

相对独立的奖惩体系是民禁碑的另一个显著特征。云南大理云龙县长新乡道光十七年（1837）《乡规民约碑记》阐述乡规乡禁之功用道：“从来朝庭之立法，所以惩不善而警无良；乡之议规，正以从古风而敦习尚，非互结相联而启讦弊之路也。”表明乡禁的独立性及与国法的不同作用。在列明10条乡规条款后强调其作用及罚则道：“以上所议乡规数款，俱系有益，原无害于本里乡村。倘村里男女老幼人等所犯此规者，不论大小轻重，各村议定罚银五两，以为充公。临时不得抗傲此规，勿谓言之不先也。”② 罚则强调禁约对男女老幼的一视同仁，且违禁程度“不论大小轻重”，表现出重惩止犯的用意。

民禁碑中，罚钱、罚酒席、罚戏、体罚、诅咒、驱逐等是较为常见的违禁处罚方式，有时是几种兼用。光绪十年（1884）北京《靛行规约》规定：“如犯罚约者，在行馆神前跪叩，高香一封，罚钱九十千文，以备办酒席三桌公用；罚戏一天，请开行大家在戏园恭候；罚香银廿五两，存行馆以备祀神、修理行馆使用。”③ 其处罚方式包括神前跪叩、罚钱、罚戏等，同时也指明了罚款的用途。

为了使禁约罚则得以实施，一些禁碑还特别规定了奖惩结合的办法。山西盂县苌池乡藏山村道光八年（1828）三村合立的《严禁山林条约》规定：“如有偷掘山中小松柏树者，罚钱二千文；有折毁山中一林木者，罚钱三千文；有驱牛羊践履其中者，罚钱壹千六百文。若有见而执之来告于庙者，定赏钱八百文，不少吝；如有卖放者，与犯厉禁者一例而罚。是约

① 高文等编《四川历代碑刻》，四川大学出版社，1990，第316页。

② 段金录等主编《大理历代名碑》，云南民族出版社，2000，第540～541页。

③ 彭泽益选编《清代工商行业碑文集粹》，中州古籍出版社，1997，第19页。

也，彰明较著，不恕不私。用是勒之碑石，以示通晓，俾临事无异议云。”①

从上述碑文可以看出，民禁碑中的罚则规定，与《大清律例》等国家制定法及敕禁碑、官禁碑中的处罚方式明显不同，自成一体。其惩罚方式多样，但以经济处罚为主，数额具体，便于执行；而且以奖促罚，寓惩于乐（如罚戏、罚酒席）。其中寓惩于乐的方式既可避免一味惩罚对乡邻亲和力或行业凝聚力的削弱，同时更具有教育和示范性，也是公用经费的重要来源。由于是出自亲邻或同行的公议，且事先勒碑通晓甚至演戏告之，并强调“不恕不私”、一视同仁，故较之国法官禁，民禁碑具有认同度高、实施效果明显等特色。

（二）民禁碑的“拟官”特征

民禁碑的两极性特征比较明显。它既有前述自成一体的独立罚则与民间公议自治的特色，也有“拟官禁碑”即对政府公权的依附性。后一特性也寓示着民禁碑向官禁碑转化的可能性。

道光三十年（1850）浙江瑞安县《奉各宪谕禁碑》记载了“乡禁”变身为“官禁”的过程。为制止田园偷窃行为日渐猖獗，瑞安县五都衿耆将公议章程呈请官府请求批准示禁。呈词称：“不法棍徒，借斫草牧牛之名，日夜在垟偷窃，肆无忌惮，一经拿获，胆敢挟忿倒制，殷实之家受累奚堪。无奈公议章程，派人巡守，无论种植何物，成熟之时，每亩公秤几斤以作巡守酬劳。若被偷窃多寡，即着管守赔偿，以专责成。如此立法，可期久远，俾恶风敛迹。若不立碑永禁，终无实济。为此佥请出示碑禁……”

在呈词中，衿耆既申明了公议的除弊措施，同时也表达了乡绅对官府示准的禁碑在民间立法和执法中的重要性的理解和认知。瑞安县知县杨鉴对绅民的请求予以认可，同意“勒石谕禁”，乡绅遂将官府的批文和公议章程以《奉各宪谕禁》的名义刻石示众。②

类似这种以“奉宪”名义刻立的民禁碑，从清代中期开始明显增多，

① 李晶明主编《三晋石刻大全·阳泉市盂县卷》，三晋出版社，2010，第386页。

② 吴明哲编《温州历代碑刻二集》（下），上海社会科学院出版社，2006，第771页。

当是流行已久的敕禁碑和制度化的官禁碑潜移默化影响的结果。嘉庆十四年（1809）广东《奉龙门县师准给示永禁碑记》记载了龙门县路溪洞生监10人和乡民8人针对地方情况，共同议定了“禁男妇依烂服毒惫怼以儆刁风”、“禁狡计唆摆以杜讼源”、“禁争端打架以听公论”、“禁挟恨冒捏以存天良”、“禁怀私徇情以归正道”、“禁藉命索诈贻累良民”等条款。由于条款的内容符合国家法令规定，官府对乡绅们议定并呈请的禁约表示大力支持，声称：“乡有约，约有规，所以奉功令而遵宪典，除匪类而卫善良者也。……嗣后倘有违犯后开乡规者，许绅耆等禀赴本县，以凭严拘，按法究治，决不姑宽。”①

同治九年（1870）海南东方县《奉官示禁碑》载生员20余人和村民10余人共同商议的11条禁约，并强调“不许误犯。倘有误犯，即合众联名禀官究治”。对于这份内容颇为详尽的禁约，知县不仅表示认可，还对乡绅们去害除弊的做法予以表彰。“该生等为士民表率，凡官司所不能遍喻者，赖生等劝喻之，督责之，庶几民无梗化，□□挽所呈乡禁数条，系因禁革陋习起见，甚属可嘉，应准给勒碑垂戒。”②

经过乡绅们公议、呈请及官府的批准程序，一些民间社会特有的惩罚形式如罚戏文、罚酒食等，也披上了“合法”的外衣。同治十二年（1873）浙江永嘉县《奉宪谕禁碑》系因耆老呈请禁偷砍竹木等而立，碑文记载了知县对乡禁以及乡禁处罚措施的认可。知县对“居民地保人等”宣称：“尔等须知该处山场栽样竹木，完粮山产诸物，应归业主经管，毋得私自砍斫。严禁以后，如若犯者，会众公罚钱文、酒食、戏文，不依者协保扭送到县，从重究惩，不稍宽贷。”③ 光绪元年（1875）浙江瑞安县《奉宪示禁碑》系耆民为禁纵畜损害田园而呈请，官府为此示禁道：“尔等须知纵畜扰田，大为民害。自示之后，倘有无知愚民，仍行纵放鹅鸭毛猪等畜，践食田禾六种，一被指控到县；并鸡群各户一家共养伍个，如违禁示，立罚戏文，合地禁约。县定即提案究惩，各宜凛遵毋违。”④

---

① 谭棣华、曹腾騑、冼剑民编著《广东碑刻集》，广东高等教育出版社，2001，第59～60页。

② 谭棣华、曹腾騑、冼剑民编著《广东碑刻集》，广东高等教育出版社，2001，第1002～1003页。

③ 吴明哲编《温州历代碑刻二集》（上），上海社会科学院出版社，1970，第202页。

④ 吴明哲编《温州历代碑刻二集》（下），上海社会科学院出版社，1970，第786页。

除了呈报官府获得“奉宪”名义外，有些民间公议禁约也会采用一些变通的方式，如文体模仿、惩罚衔接、移花接木等表达对官府权力的仰仗或依赖。台湾高雄县路竹乡嘉庆十八年（1813）《竹沪元帅爷庙禁约碑记》载竹沪乡耆老庄众在重建元帅爷庙后共同立定的禁约，规定“倘有因犯庄规，决然鸣鼓而攻，小则罚戏示惩，大则送官究治”。[①] 陕西汉中光绪十九年（1893）《谭氏族规碑》规定：“凡有顽梗之徒，乖舛人伦，忤触尊长，悖亲向疏，毁骂祖先，责成族长约束；不遵教者，立即送县，以不孝治罪。”[②] 上述碑文中强调的禀官、送官等，都意在表明公禁的威力及与官府权力的关联性。

也有一些民禁碑采用模仿官府公文的模式。广东仁化县恩村乡光绪十五年（1889）《严禁本村后山树木碑记》载：

> 为严禁本村后山树木事。窃思两间风水，端资树木以扶持，百卉生机，宜戒斧斫之剪伐。我等恩村后山，上至官仓，下至窑前，自开基以来，杂松遍植。迨中叶而后，严禁常申，所以老竿扶疏，固郁郁而深秀，勾萌生发，亦欣欣而向荣。奈近年人心不古，为私灭公者，有等贪利之徒，或假刍而乘间鼠，或托风雪而借影徜偷，甚或窃伐潜移，谓是他之木，盗枝存干致枯，蔽日之村，百弊丛生，十指难屈。睹此情形，深堪痛恨。爰集众商议勒碑严禁，自后内外人等，各宜勉戒，即是一条一枚，亦必勿剪勿伐。如有不遵约束，敢行盗窃者，倘经捉获，或被查知，定必重罚，断不轻饶。如敢持横抗拒，即捆呈官究治，幸各凛遵，毋违。此禁。
>
> 右开众议规条列后：
>
> 一议：盗斫该山树木者，每株罚银二大元正；盗斫杂松光者，每犯罚银一大元正。如违送究，樟树加倍处罚。
>
> 一议：该山树木，有能知盗斫人姓名，即报知。敢证者，赏给花红银一大元正。当场捉获盗砍人送交绅耆者，赏花红银二大元正。[③]

---

① 何培夫主编《台湾地区现存碑碣图志：高雄市·高雄县篇》，台北市“中央图书馆”台湾分馆，1995，第53页。

② 陈显远编著《汉中碑石》，三秦出版社，1996，第350页。

③ 谭棣华、曹腾騑、冼剑民编著《广东碑刻集》，广东高等教育出版社，2001，第112页。

此碑结尾处标明由“族长蒙陈瑞暨合族绅耆仝立”。从行文上看，规条之前的序文当是出自官绅之手。碑文以简短的篇幅、华丽的文风将订立禁约的原因、勒碑严禁的目的交代清楚，同时又不失官府告示的严厉与预警，表现出对公文格式与表达的运用自如。众议条规的内容表述质朴，不事雕琢，当是族众的告白。

四川西昌南海乡同治十三年（1874）《西昌县禁伐树木告示碑》则采用官禁和乡禁合刻形式，将民禁依附官禁的意图表现得更为直截了当。碑前部为四川宁远府西昌县正堂据文生马骥才等具控洪顺泽等欲砍伐风水树株一案所发布的封禁晓谕：“查马氏茔山地名核桃村，山下修庙一座，中山树木有关风水，不许无故砍伐，自应出示封禁，俾众咸知，合行示谕。为此。示仰马姓照界管业，中山树株永远封禁，以培风水而免砍伐。各宜禀遵勿违。”并要求“告示实贴核桃村晓谕勿损”。碑文后半为马姓合族“公议为遵示勒石以杜混争序”，即在官府封禁晓谕基础上形成的族禁规约。表明立碑封禁为官府批准，而非擅自为之。

> 且夫天地之间物各有主，苟非己之所有，虽一毫而莫取，况我马姓茔山树株，可为异姓混争乎？今因洪顺泽等混砍我茔山树株，被我族内具控在案，蒙余县主勘明讯断，赏示封禁，令我马姓照界管业，特将四至界址开列于后……自封禁后，如我族内有无知辈偷砍者，看山人拿获送入宗祠，家法自治；若有异姓偷砍者，看山人拿获，族内禀官究办，勿谓言之不先也。①

从上述乡禁内容看，所禁者多为偷盗、采伐等民间寻常之事。表面事情虽小，但对乡村等社会秩序的稳定却非常重要。而这些内容，却是国家法律禁令无暇顾及的。从清代民禁碑所表现的种种模仿、依附官禁碑的倾向，如：将公议禁约呈请官府以“奉宪”、“奉官”的名义颁刻，刻意模仿官禁格式，或将民禁依附于官禁，以禀官、送官等强调官权力的后盾支撑，等等，其实也均是民间社会为弥补法律不足所作出的积极努力。与民禁碑的“拟官”特征同时存在的，是其明确的自治追求和相对独立务实的

① 北京图书馆金石组编《北京图书馆藏中国历代石刻拓本汇编》第 84 册，中州古籍出版社，1989，第 77 页。

奖罚体系。这种兼具转化性和独立性的民禁碑在清代中后期的流行，使碑禁体系的构成更为丰满，同时也使清代基层社会中官民混治的特征日益鲜明。

五 碑禁体系中的政府公权和民间公权

禁碑是公权力的象征。所谓的公权力，既包括中央国家权力机构如皇权及各级政府所拥有的官权力，也包括非国家权力机构，如士绅、乡耆、商户等民间力量所形成的“民间公权”。无论代表至高权威的敕禁碑、反映“政府公权”的官禁碑，还是体现“民间公权”的民禁碑，均具有一定的共性，即强调公益高于私利，同时也均有明确的禁止性规定和违禁罚则，体现出权威性、公正性、约束性等特征。无疑，“政府公权”更具主导性和权威性，但“民间公权”也以其自治性、独立性和“拟官”性而扩充发展空间，说明国家权力机构与非权力机构对规则与禁令需求的趋同性。

禁碑的形成，由形式不完备到逐渐完备，再到形成碑禁体系，经历了漫长的过程。从元代圣旨禁令的一枝独秀，到明代敕禁碑和官禁碑的并行发展以及清初官禁碑的制度化，至清代中期民禁碑快速成为禁碑族群中的生力军，三类禁碑终于形成均衡发展的格局。

明清三类禁碑的均衡发展，说明各有其存在的价值。敕禁碑以其代表国法和皇权的象征意义，表达出对人才培养及社会秩序的理想追求；官禁碑以“勒石永禁”的务实形式，在地方治理和社会秩序维护中发挥着权力和制度的保证作用；民禁碑以“民间公权”的形式弥补“政府公权”的不足，成为基层社会与行业自治的有效手段。

由于三类禁碑所具的不同个性和功能，使它们之间存在着互补性甚至是关联性。其主要表现为：敕禁碑以对碑石功用的推崇和强化，起到对官禁碑和民禁碑的示范效用；官禁碑通过对敕禁国法的贯彻、落实，通过“勒石永禁”由范例到惯例及重惩严责等的法律实践，通过对乡规行约等民禁的审核与认可，使敕禁国法与民禁乡规和谐相处；民禁碑则以明确具体的赏罚奖惩及对官权威的模仿，表现出对规则、秩序、公权的追逐。

在明清碑禁体系中，应该说三者缺一不可，但在碑禁体系中起承上启下作用的官禁碑，作用似更为重要。这不仅体现在明清尤其是清代官禁碑的数量远远超过敕禁碑和民禁碑，更在于其对碑禁制度的催生作用更直接。浙江温州永嘉县乾隆五十年（1785）《天长岭左右树木告示碑》载明："法以密而弊端方剔，恩以久而宪泽愈深。既蒙批固久，垂为铁案，而顽徒负弊，非祈示谕，曷触目而儆心。"[①] 反映出士民视禁碑为铁案的震慑功效。此外，官禁碑的刻立地点，也隐含着一定的制度追求。

前文述及敕禁碑多立于学宫和寺庙之内，官箴碑也是立于衙署之内。这种内外有别的畛域界限，表明圣旨碑、敕禁碑的特权性，及其与民众的距离。

民禁碑与百姓日常生活关系最密切，但其刻立的地点也反映出自身的局限性。族禁碑多置于宗祠内，行业禁碑多立于会馆内，受众有限；乡约禁碑或立于村庙，或竖于田间地旁、池畔林边，受众分散。

官禁碑的刻立地点以衙署门前最常见，意在禁令的公开和传播周知。万历四十四年（1616）《禁止木铺供给碑》要求"立石县门"，[②] 康熙五十九年（1720）《长吴二县饬禁着犯之弊碑》要求"勒石署前，以昭永禁"，[③] 乾隆五十八年（1793）陕西汉中《州衙告示碑》规定"右示刊刻石碑，竖立四门，永远遵守。竖立署前"。[④] 此外，人员往来频繁的关口要津以及官民经常祭拜的城隍庙、关帝庙等地，也是官禁碑的主要刊刻地点。如康熙三十七年（1698）《娄县为禁踹匠倡聚抄抢告示碑》立于松江府枫泾镇城隍庙，康熙五十四年（1715）嘉定县《禁踹匠齐行勒索告示碑》立石于嘉定县南翔关庙。官禁碑立碑之处所显示的警示、防范和社会监督的用意，较敕禁碑和民禁碑更明显直接。

防范、警示应是各类禁碑的共同目标，但在官禁碑上体现更为突出。此外，将禁令刻于碑石，也承载着社会对规则永恒的心理期冀。正如崇祯五年（1632）《抚院司道府禁约碑》所强调的"永不许佥报铺商"，"勒石遵守，以作永规"，[⑤] 嘉庆十四年（1809）《度量衡碑》所表达的"永远遵

① 吴明哲编《温州历代碑刻二集》（上），上海社会科学院出版社，1970，第139页。
② 江苏省博物馆编《江苏省明清以来碑刻资料选集》，北京三联书店，1959，第558页。
③ 王国平、唐力行主编《明清以来苏州社会史碑刻集》，苏州大学出版社，1998，第567页。
④ 陈显远编著《汉中碑石》，三秦出版社，1996，第46页。
⑤ 章国庆编著《天一阁明州碑林集录》，上海古籍出版社，2008，第159页。

照，不枯不朽"[1] 等，都是这种期望的写照。同时联名呈请刻立的禁碑，还能给民众带来心理满足与安慰。

上述明清禁碑的内容，其实仅仅展现了中国古代法律碑刻实用功能的一个断面。随着地方权力机构和非权力机构颁刻禁碑的常态化及刻立程序的规范化，民禁碑与官禁碑之间互动依存关系的日益明显，各类禁碑内容与形式特征及其刻立地点所包含的制度性用意的明晰，遍存于全国各地、立于显见之处的禁碑，已不再是孤立存在的公示碑文，而是明清碑禁体系的有机组成之一，更是明清碑禁制度形成与完善、实施与推广的见证。

明清碑禁制度的形成，也促使法律碑刻从历史更为悠久、现实中更为常见的功德碑、纪事碑、题名碑中脱颖而出，自成一类。禁碑从唐代以前的微不足道，到明清时期体系完备、特征鲜明，表明明清"刻石纪法"的手段与内容，更有效更丰满。

从宏观的角度看，中国古代"刻石纪事"的史诗序幕确是从"刻石纪功"和"树碑立传"开始的。经过近 2000 年的发展演绎，原本微不足道的禁碑，却成为这部史诗谢幕前的辉煌篇章。明清碑禁体系，也因此成为古代"刻石纪法"发展中的经典片断。

（本文原载《南京大学法律评论》2012 年秋季号，法律出版社，2012。此为修订稿）

---

[1] 谭棣华、曹腾骓、冼剑民编著《广东碑刻集》，广东高等教育出版社，2001，第 996 页。

法律碑刻研究目录索引

一、汉（碑石按时间顺序排列，对同一碑石的研究论著集中排列；同一作者的论文收录同一著述者合并，下同）

1. 黄士斌：《河南偃师县发现汉代买田约束石券》，《文物》1982年第12期。
2. 宁可：《关于〈汉侍廷里父老僤买田约束石券〉》，《文物》1982年第12期；另收入氏著《宁可史学论集》，中国社会科学出版社，1999。
3. 〔日〕籾山明：《汉代结僤习俗考——石刻资料と乡里の秩序（1）》，《岛根大学法文学部纪要文学科编》9－1，1986；中译本收入邢义田、刘增贵主编《古代庶民社会——第四届国际汉学会议论文集》，（台北）中研院历史语言研究所，2013；修订稿收入氏著《秦漢出土文字史料の研究》，东京：创文社，2015。
4. 俞伟超：《中国古代公社组织的考察——论先秦两汉时代的单－僤－弹》，文物出版社，1988。
5. 林甘泉：《"侍廷里父老僤"与古代公社组织残余问题》，《文物》1991年第7期。
6. 杜正胜：《汉"单"结社说》，收入氏著《古代社会与国家》，（台北）允晨文化实业公司，1992。
7. 〔日〕山田胜芳：《"父老僤约束石券"と秦汉时代の父老》，收入氏著《秦汉财政收入の研究》，东京：汲古书院，1993。
8. 〔日〕东晋次：《后汉时代の政治と社会》，名古屋：名古屋大学出版会，1995。
9. 〔日〕渡边义浩：《僤》，收入氏著《后汉国家の支配と儒教》，东京：

雄山阁，1995。
10. 张金光：《有关东汉侍廷里父老僤的几个问题》，《史学月刊》2003年第10期。
11. 王子今：《汉代“客田”及相关问题》，收入《出土文献研究》第7辑，上海古籍出版社，2005。
12. 张金光：《论汉代的乡村社会组织——弹》，《史学月刊》2006年第3期。
13. 林兴龙：《东汉〈汉侍廷里父老僤买田约束石券〉相关问题研究》，《云南师范大学学报》2007年第4期。
14. 邢义田：《汉代的父老、僤与聚族里居——汉侍廷里父老僤买田约束石券读记》；《汉侍廷里父老买田约束石券再议——兼与俞伟超先生商榷》，（台北）中研院《历史语言研究所集刊》1990年第4期。二文均收入氏著《天下一家：皇帝、官僚与社会》，中华书局，2011。
15. 〔日〕渡边信一郎：《汉鲁阳正卫弹碑小考——正卫·更贱をめぐって》，氏著《中国古代の财政と国家》，东京：汲古书院，2010。
16. 张信通：《从石刻文存看汉代基层社会的经济自治》，《中国社会经济史研究》2014年第1期。
17. 胡海帆：《记〈鲁阳都乡正卫弹碑〉》，收入北京大学考古文博学院编《高明先生九秩华诞庆寿论文集》，科学出版社，2016。
18. 劳榦：《孔庙百石卒史碑考》，（台北）中研院编《历史语言研究所集刊》第34本（上册），1962。
19. 丁念先：《汉鲁相乙瑛请置孔庙百石卒史碑考释》，《华冈学报》1969年第5期。
20. 秦公：《谈东汉〈乙瑛碑〉拓本及其它》，《文物》1981年第7期。
21. 侯旭东：《东汉〈乙瑛碑〉增置卒史事所见政务处理——以“请”、“须报”、“可许”与“书到言”为中心》，收入《中国中古史研究：中国中古史青年学者联谊会会刊》第4卷，中华书局，2014。
22. 李祥仁：《苏马湾界域刻石新探》，《中国历史博物馆馆刊》2000年第2期。
23. 孙亮等：《连云港市东连岛东海琅邪郡界域刻石调查报告》，《文物》2001年第8期。

24. 滕昭宗：《连云港始建国界域刻石浅论》，《文物》2001 年第 8 期。
25. 孙继民等：《“赵国易阳南界”石刻的年代及历史地理价值》，《中国历史文物》2004 年第 1 期。
26. 谢雁翔：《四川郫县犀浦出土的东汉残碑》，《文物》1974 年第 4 期。
27. 蒙默：《犀浦出土东汉残碑是泐石“资簿”说》，《文物》1980 年第 4 期。
28. 张勋燎、刘磐石：《四川郫县东汉残碑的性质和年代》，《文物》1980 年第 4 期。
29. 〔日〕好並隆司、郝雁高：《关于四川郫县犀浦出土的东汉残碑》，《四川文物》1984 年第 2 期。

二、魏晋南北朝

30. 顾廷龙：《大晋龙兴皇帝三临辟雍皇太子又再莅之盛德隆熙之颂》，《燕京学报》10 期（1931. 12）。
31. 余嘉锡：《晋辟雍碑考证》，《辅仁学报》第 3 卷第 1 期，1932。
32. 汤淑君：《西晋辟雍碑》，《中原文物》，1993 年第 3 期。
33. 方韬：《从〈晋辟雍碑〉看晋武帝立嗣》，《贵州文史丛刊》2011 年第 4 期。
34. 王东洋：《〈晋辟雍碑·碑阴〉所反映的几个问题》，《重庆社会科学》2007 年第 2 期。
35. 童岭：《晋初礼制与司马氏帝室——〈大晋龙兴皇帝三临辟雍碑〉胜义蠡测》，《学术月刊》2013 年第 10 期。
36. 李艳婷：《从辟雍碑看西晋时期的教育和礼仪制度》，《中原文物》2013 年第 6 期。
37. 李德山：《好太王碑研究综述》，《古籍整理研究学刊》1989 年第 5 期。
38. 耿铁华：《好太王碑新考》，吉林人民出版社，1994。
39. 耿铁华：《好太王碑文烟户、奴客诸词语补释》，《通化师范学院学报》2002 年第 1 期。
40. 耿铁华：《高句丽好太王碑》，吉林大学出版社，2012。
41. 耿铁华：《集安高句丽碑考释》，《通化师范学院学报》2013 年第 2 期。
42. 韩辰飞：《大连图书馆馆藏〈好太王碑〉拓本释读与鉴定》，《图书馆学刊》2013 年第 5 期。

43. 耿黎：《好太王碑发现时间及相关问题研究》，《通化师范学院学报》2014 年第 9 期。

44. 耿铁华、庄鹏：《吉林省通化新发现的好太王碑拓本及其年代（上）》，《博物馆研究》2017 年第 3 期。

45. 靳生禾、谢鸿喜：《北魏〈皇帝南巡之颂碑〉考察清理报告》，《文物季刊》1993 年第 3 期。

46. 张庆捷、李彪：《山西灵丘北魏文成帝〈南巡碑〉》，《文物》1997 年第 12 期。

47. 张庆捷：《北魏文成帝〈南巡碑〉碑文考证》，《考古》1998 年第 4 期。

48. 张庆捷、郭春梅：《北魏文成帝〈南巡碑〉所见拓跋职官初探》，《中国史研究》1999 年第 2 期。

49. 张金龙：《文成帝〈南巡碑〉所见北魏前期禁卫武官制度》，《民族研究》2003 年第 4 期。

50. 张庆捷：《北魏文成帝〈南巡碑〉的发现与意义》，《中国书法》2014 年第 4 期。

51. 罗哲文：《义慈惠石柱》，《文物参考资料》1958 年第 9 期。

52. 唐长孺：《北齐〈标异乡义慈惠石柱颂〉所见的课田与土庄田》，《武汉大学学报（人文科学版）》1980 年第 4 期。

53. 刘淑芬：《北齐标异乡义慈惠石柱——中古佛教救济的个案研究》，台湾《新史学》5 卷 4 期（1994）。

54. 〔日〕佐川英治：《北齐标异乡义慈惠石柱所见的乡义与国家的关系》，收入王振林编著《义慈惠石柱》，河北大学出版社，2011。

55. 马雍：《麹斌造寺碑所反映的高昌土地问题》，《文物》1976 年第 12 期。

56. 黄文弼：《宁朔将军麹斌造寺碑记》，氏著《黄文弼历史考古论集》，文物出版社，1989。

57. 〔日〕池田温：《高昌三碑略考》，谢重光译，《敦煌学辑刊》1988 年第 Z1 期。

三、唐

58. 曹旅宁：《读唐〈弘福寺碑〉论隋唐戒律的成立》，《碑林集刊》，2006。

59. 张总：《初唐阎罗图像及经刻——以齐士员献陵造像碑拓本为中心》，《唐研究》第6卷，北京大学出版社，2000。

60. 杨玉明：《由“阎罗王审断图”及其所附冥律看唐初的佛教政策》，《青海社会科学》2013年第4期。

61. 石璋如：《敦煌千佛洞遗碑及其相关的石窟考》，（台北）中研院《历史语言研究所集刊》34本，1962；陕西省文管会、昭陵文管所《唐临川长公主墓出土的墓志和诏书》，《文物》1977年第10期。

62. 张沛：《唐临川长公主墓出土的两通诏书刻石——兼谈唐代前期的诏书形成过程》，《文博》1994年第5期。

63. 黄流沙：《张九龄〈告身帖〉石刻考略》，《岭南文史》1983年第2期。

64. 韩国磐：《从颜真卿告身谈到唐代行政效率》，《人文杂志》1988年第1期。

65. 张子明：《钟绍京受赠诰文碑》，《南方文物》2001年第4期。

66. 刘安志：《跋江西兴国县所出〈唐钟绍京受赠诰文碑〉》，收入西安碑林博物馆编《纪念西安碑林九百二十周年华诞国际学术研讨会论文集》，文物出版社，2008。

67. 刘安志：《关于唐代钟绍京五通告身的初步研究》，收入严耀中主编《唐代国家与地域社会研究——中国唐史学会第十届年会论文集》，上海古籍出版社，2008。

68. 赵振华：《谈武周苑嘉宾墓志与告身——以新见石刻材料为中心》，《唐史论丛》2013年第2期。

69. 王静、沈睿文：《唐墓埋葬告身的等级问题》，《北京大学学报》（哲学社会科学版）2013年第4期。

70. 荆三林：《〈唐昭成寺僧朗谷果园庄地亩幢〉所表现的晚唐寺院经济情况》，《学术研究》1980年第3期。

71. 孙继民、张重艳：《唐许公墓志铭：晚唐河溯地区的田庄标本》，《陕西师范大学学报》（哲学社会科学版）2011年第6期。

72. 王孙盈政：《唐代“敕牒”考》，《中国史研究》2013年第1期。

73. 李兰珂：《隆尧唐陵、〈光业寺碑〉与李唐祖籍》，《文物》1988年第4期。

74. 宋泪：《〈润德泉复出记〉考》，《碑林集刊》，1998。
75. 高居虎：《中国古代公文探析——从岐山周公庙唐碑〈润德泉记〉谈起》，《寻根》2003 年第 5 期。
76. 许永生：《陕县空相寺出土唐碑刻〈汾阳王置寺表〉》，收入河南省文物考古学会编《河南文物考古论集》第 4 辑，大象出版社，2006。
77. 胡留元、冯卓慧：《唐〈御史台精舍碑〉初探》，《人文杂志》1983 年第 2 期。
78. 王尧：《唐蕃会盟碑疏释》，《历史研究》1980 年第 4 期。

四、宋

（一）公文碑

79. 李国政：《河南禹县发现北宋阳翟县公据刻石》，《文物》1988 年第 3 期。
80. 张忠：《记载我国古代扩林法规的〈遵奉圣旨住庵文据〉碑》，《甘肃林业》2002 年第 2 期。
81. 樊瑞平、郭玲娣：《宋敕赐阁记残碑》，《文物春秋》2003 年第 6 期。
82. 王铭：《〈金石萃编〉录存宋代〈永兴军中书札子〉研究》，《固原师专学报》（社会科学版）2005 年第 2 期。
83. 张祎：《制诏敕札与北宋的政令颁行》，北京大学博士学位论文，2009。
84. 唐云梅、苏珂：《南宋〈褒先寺安公札付碑〉浅析》，《四川文物》2010 年第 2 期。
85. 胡孝忠：《北宋前期京外敕差住持制度研究》，《宗教学研究》2010 年第 4 期。
86. 胡孝忠：《北宋山东〈敕赐十方灵岩寺碑〉研究》，《北京理工大学学报》（社会科学版）2011 年第 2 期。
87. 冯大北：《宋代封神制度考述》，《世界宗教研究》2011 年第 5 期。
88. 李全德：《从堂帖到省札——略论唐宋时期宰相处理政务的文书之演变》，《北京大学学报》（哲学社会科学版）2012 年第 2 期。
89. 陈慧、李静：《涉县娲皇宫藏宋代觉慈寺敕牒碑小议》，《文物春秋》

2012 年第 5 期。
90. 杨倩描：《北宋〈真定府洪济禅院札子碑〉考释》，《河北大学学报》2012 年第 6 期。
91. 〔日〕小林隆道：《宋代中国の統治と文書》，东京：汲古书院，2013。
92. 〔日〕小林隆道：《宋代的赐额敕牒与刻石》，收入郑振满主编《碑铭研究》，社会科学文献出版社，2014。
93. 苏元元：《“南宋尚书省敕赐开化寺牒碑”释读》，《杭州文博》2014 年第 1 期。
94. 李雪梅：《公文中的动态司法：南宋〈给复学田公牒〉和〈给复学田省札〉碑文考释》，收入《中国古代法律文献研究》第 10 辑，社会科学文献出版社，2016。
95. 安洋：《宋代敕牒碑的整理与研究》，中国政法大学硕士学位论文，2016。

（二）其他

96. 黄世希、王洪林：《资阳出土南宋诉讼碑》，《四川文物》1993 年第 3 期。
97. 周宝珠：《千仓渠科条碑记与宋代农田水法》，《历史研究》1995 年第 6 期。
98. 吴漫：《〈千仓渠水利奏立科条碑〉与严格的水管理》，载《历史文献研究》2015 年第 1 期。
99. 李娜：《宋〈大观圣作之碑〉浅析》，《碑林集刊》，陕西人民美术出版社，1996。
100. 李之勤：《天水麦积山石窟的题记、碑刻与宋金利州路、凤翔路间的分界线》，《中国历史地理论丛》1997 年第 1 期。
101. 杨国顺：《古黄河河堤埄堠碑解读与制作年代考》，《黄河史志资料》1998 年第 3 期。
102. 杜文、张宁：《北宋〈劝慎刑文、箴〉碑略考》，《碑林集刊》，2003。
103. 冯卓慧：《中国古代关于慎刑的两篇稀有法律文献——〈劝慎刑文〉（并序）及〈慎刑箴〉碑铭注译》，《法律科学》2005 年第 3 期。
104. 史清君：《平乡大观圣作之碑》，《文物春秋》2008 年第 3 期。

105. 薛华：《古黄河堤防分段管理维修的界标实物——汲县古河堤埄堠碑》，《中原文物》2011 年第 1 期。
106. 李雪梅：《行政授权：宋代法规之公文样态——基于碑刻史料的研究》，《苏州大学学报》（法学版）2017 年第 1 期。

五、辽金

（一）辽

107. 李义：《辽代奚“大王记结亲事”碑》，收入宋德金等编《辽金西夏史研究：纪念陈述先生逝世三周年论文集》，天津古籍出版社，1997。
108. 李义：《内蒙古宁城县发现辽代〈大王记结亲事〉碑》，《考古》2003 年第 4 期。
109. 杨卫东：《与〈契丹藏〉有关的一件石刻——读辽咸雍四年刊〈新赎大藏经建立香幢记〉，《文物春秋》2007 年第 3 期。
110. 郑承燕：《辽代丧葬礼俗举要——以辽代石刻资料为中心》，《内蒙古大学学报》（哲学社会科学版）2010 年第 1 期。
111. 王晔：《辽代幽云地区土地买卖的几个问题——以辽代石刻资料为中心》，《中国经济史研究》2011 年第 3 期。

（二）金

112. 〔日〕今井秀周：《金朝寺观名额的出售》，《东方宗教》第 45 期（1974）。
113. 〔日〕桂华淳祥：《金朝的寺观名额发卖与乡村社会》，刘建译，《世界宗教资料》1992 年第 1 期。
114. 张虹冰：《一份珍贵的历史地名资料——读金〈京兆府提学所帖〉》，《碑林集刊》，1998。白文固：《金代官卖寺观名额和僧道官政策探究》，《中国史研究》2002 年第 1 期。
115. 〔日〕井黑忍：《山西洪洞县水利碑考——金天眷二年〈都总管镇国定两县水碑〉事例》，《史林》第 87 卷第 1 号，2004。
116. 赵振华：《从洛阳发现金代〈敕赐福胜禅院碑〉看官府从卖度牒样式》，《考古与文物》2004 年增刊；氏著《洛阳古代铭刻文献研究》，三秦出版社，2009。

117. 冯大北：《金代官卖寺观名额考》，《史学月刊》2009 年第 10 期。
118. 冯大北：《〈金代官卖寺观名额和僧道官政策探究〉补正》，《宗教学研究》2010 年第 3 期。
119. 王德朋：《金代官卖寺观名额与僧道度牒二题》，收入怡学主编《辽金佛教研究》，金城出版社，2012。
120. 蔡敏、延保全：《金代佛寺赐额敕牒小考》，《山西档案》2015 年第 6 期。
121. 郭笃凌：《泰山谷山寺敕牒碑碑阴文考论》，《泰山学院学报》2016 年第 2 期。
122. 司雅霖：《陕西金代敕赐寺观额牒碑刻整理与研究》，西北大学硕士学位论文，2014。
123. 王浩：《金代敕牒碑的整理与研究》，中国政法大学硕士学位论文，2017。

六、蒙元

（一）中国学者

124. 冯承钧编著《元代白话碑》，上海商务印书馆，1931。
125. 蔡美彪编著《元代白话碑集录》，科学出版社，1955；《元代白话碑集录》（修订版），中国社会科学出版社，2017。
126. 亦邻真：《读 1276 年龙门禹王庙八思巴字令旨碑——兼评尼古拉·鲍培的译注》，《内蒙古大学学报》（社会科学版）1963 年第 1 期。
127. 王尧：《山东长清大灵岩寺大元国师法旨碑考释》，《文物》1981 年第 11 期。
128. 亦邻真：《元代硬译公牍文体》，《元史论丛》第一辑，中华书局，1982。
129. 郝苏民、乔今同：《新发现的兰州庄严寺元代法旨》，《敦煌学辑刊》，1982。
130. 周铮：《跋〈给付碧洞子地土执照〉石刻拓本》，《中原文物》1986 年第 1 期。

131. 王勤金：《元〈江淮营田提举司钱粮碑〉》，《扬州师院学报》（社会科学版）1986 年第 1 期，《考古》1987 年第 7 期。
132. 佟柱臣：《成吉思皇帝赐丘处机圣旨石刻考》，《文物》1986 年第 5 期。
133. 照那斯图：《关于玄中寺八思巴字蒙古语圣旨碑刻》，《民族语文》1986 年第 6 期。
134. 杨益清：《大理发现元初同刻一石的加封孔子圣旨及立碑文告》，《文物》1987 年第 11 期。
135. 刘建华：《河北蔚县玉泉寺至元十七年圣旨碑考略》，《考古》1988 年第 4 期。
136. 蔡美彪：《元氏开化寺碑译释》，《考古》1988 年第 9 期。
137. 方龄贵：《云南王藏经碑新探》，《民族研究》1990 年第 3 期。
138. 道布、照那斯图：《河南少林寺出土的回鹘式蒙古文和八思巴字圣旨碑考释》，《民族语文》1993 年第 5 期。
139. 道布、照那斯图：《河南少林寺出土的回鹘式蒙古文和八思巴字圣旨碑考释》（续一），《民族语文》1993 年第 6 期；另收入《道布文集》，上海辞书出版社，2005。
140. 方龄贵：《云南元代白话碑校证》，《云南民族大学学报》（哲学社会科学版）1994 年第 4 期。
141. 道布、照那斯图：《河南少林寺出土的回鹘式蒙古文和八思巴字圣旨碑考释》（续二），《民族语文》1994 年第 1 期。
142. 蔡美彪：《林州宝严寺八思巴字圣旨碑译释》，《考古》1995 年第 4 期。
143. 王菡：《法源寺圣旨碑及其他》，《文献》1995 年第 2 期。
144. 照那斯图、胡海帆：《林县宝严寺两道八思巴字蒙古语圣旨》，《民族语文》1996 年第 3 期。
145. 蔡美彪：《八思巴字蒙文碑石译存》，《蒙古学信息》1996 年第 3 期。
146. 道布、照那斯图、刘兆鹤：《回鹘式蒙古文只必帖木儿大王令旨释读》，《民族语文》1998 年第 2 期。
147. 照那斯图、道布、刘兆鹤：《阿难答秦王八思巴字蒙古语马年令旨》，《民族语文》1998 年第 3 期。

148. 哈斯巴根、乌力吉：《平遥县清虚观八思巴字蒙古文圣旨碑考释》，《内蒙古师范大学学报》（哲学社会科学版）2000 年第 6 期。
149. 贾成惠：《内丘梵云寺元代圣旨碑》，《文物春秋》2001 年第 2 期。
150. 杨广文等：《金元昌平崔村锣钹邑碑考释》，《中国历史文物》2004 年第 1 期。
151. 卜永坚：《元代的道佛冲突以河北省蔚县浮图村玉泉寺碑为中心》，《华南研究数据中心通讯》第 35 期，2004。
152. 祖生利、〔日〕船田善之：《元代白话碑文的体例初探》，《中国史研究》2006 年第 3 期。
153. 蔡美彪：《平谷元兴隆寺圣旨碑译释》，《考古学报》2006 年第 3 期。
154. 刘明、王铭：《元初崂山太清宫圣旨石刻研究》，《青岛大学师范学院学报》2006 年第 3 期。
155. 陈高华：《杭州慧因寺的元代白话碑》，《浙江社会科学》2007 年第 1 期。
156. 刘晓：《元代公文起首语初探——兼论〈全元文〉所收顺帝诏书等相关问题》，《文史》2007 年第 3 辑。
157. 张国旺：《元代五台山佛教再探——以河北省灵寿县祁林院圣旨碑为中心》，《首都师范大学学报》（社会科学版）2008 年第 1 期。
158. 章国庆：《元庆元儒学洋山砂岸复业公据碑考辨》，《东方博物》2008 年第 3 期。
159. 照那斯图、罗·乌兰：《释“庆元儒学洋山砂岸复业公据”中的八思巴文》，《文物》2008 年第 8 期。
160. 照那斯图、胡鸿雁：《新发现三份八思巴字碑刻资料》，《民族语文》2009 年第 6 期。
161. 汪楷：《从永昌王府白话令旨看巩昌帅府与永昌王之关系》，《丝绸之路》2010 年第 18 期。
162. 李雪梅：《学田碑与宋元学田制度化构建之努力》，韩国《中国史研究》第 69 辑，2010。
163. 蔡美彪：《八思巴字碑刻文物集释》，中国社会科学出版社，2011。
164. 马顺平、孙明鉴：《元〈大都大延洪寺栗园碑〉释证》，《故宫博物院院刊》2011 年第 1 期。

165. 徐庆康、冯培林：《烟台昆嵛山哈鲁罕大王令旨考》，《聊城大学学报》（社会科学版）2011 年第 2 期。

166. 姚美玲：《山西芮城清凉寺现存元代白话碑录释》，《中国文字研究》2011 年第 2 期。

167. 刘晓：《元代道教公文初探——以〈承天观公据〉与〈灵应观甲乙住持札付碑〉为中心》，《东方学报》（京都）第 86 册，2011。

168. 邢富华等：《洛阳发现元代古道观圣旨碑》，《文物》2011 年第 8 期。

169. 王雪枝：《易州龙兴观现存元明两代碑铭镌文传录补正》，《宗教学研究》2012 年第 1 期。

170. 周祥：《元代至元九年〈古道观记〉释文校补》，《语文学刊》2012 年第 2 期。

171. 史冬游：《陕西鄠县草堂寺阔端太子令旨碑相关问题讨论》，《社科纵横》2012 年第 11 期。

172. 周郢：《蒙古汗廷与全真道关系新证——新发现的蒙古国圣旨（懿旨、令旨）摩崖简述》，《中国史研究》2013 年第 1 期。

173. 刘卫东：《〈刑部题名第三记碑〉考》，《北京文博文丛》2014 年第 3 期。

174. 李雪梅：《元潘昂霄〈金石例〉对碑志义例学派之影响》，韩国《中国史研究》第 94 辑，2015。

175. 顾寅森：《代佛教经济研究的珍贵史料——扬州出土元〈江淮营田提举司钱粮碑〉的重新录文与考释》，《中国经济史研究》2016 年第 2 期。

（二）外国学者

176. 〔法〕沙畹：《蒙古时代之石刻及档案》，《通报》1908 年卷。

177. 〔日〕小泽重男：《山西交城县石壁山玄中寺的八思巴文字蒙古语碑文的解读》，《东京外国语大学论集》9 号，1962。

178. 〔美〕鲍培（N. Poppe）：《八思巴字蒙古语碑铭译补》，郝苏民译并补注，内蒙古文化出版社，1986。

179. 〔日〕森田宪司：《曲阜地域的元代石刻群》，《奈良史学》第 19 号，2000。

180. 〔日〕爱宕松男：《关于〈成吉思汗石碑〉的研究》，《爱宕松男东洋史学论集》第3卷，东京，1990。

181. 〔日〕杉山正明：《草堂寺阔端太子令旨碑之译注》，《史窗》47（1990）。

182. 〔日〕杉山正明：《元代蒙汉合璧命令文的研究》，《内陆亚细亚语言研究》5～6号，1990、1991。

183. 〔日〕杉山正明、哈斯巴根：《关于八不沙大王令旨碑的石刻记载和释读》，《蒙古学信息》2002年第2期，译自《东洋史研究》第52卷第3号，1993。

184. 〔日〕松川节、中村淳：《新发现的蒙汉合璧少林寺圣旨碑》，《内陆亚细亚语言研究》8号，1993；中译提要，《蒙古学信息》1995年第1期。

185. 〔日〕高桥文治：《太宗窝阔台癸年皇帝圣旨译注》，《追手门学院大学文学部纪要》25号，1991。

186. 〔日〕高桥文治：《忽必烈的令旨二通：另外一个"道佛论争"》，《亚细亚文化学科年报》2号，1999。

187. 〔日〕高桥文治：《蒙古时代全真教文书的研究》，《追手门学院大学文学部纪要》31～33号，1995～1997。

188. 〔日〕高桥文治：《张留孙的登场前后：从发给文书看的蒙古时代的道教》，《东洋史研究》第56卷第1号，1997。

189. 〔日〕高桥文治：《蒙古王族与道教：武宗海山与苗道一》，《东方宗教》第93号，1999。

190. 〔日〕高桥文治：《承天观公据》，《追手门学院大学文学部纪要》35号，1999。

191. 〔日〕高桥文治：《モンゴル时代道教文书の研究》，东京：汲古书院，2011。

192. 〔日〕船田善之：《蒙元时代公文制度初探——以蒙文直译体的形成与石刻上的公文为中心》，《蒙古史研究》第7辑，内蒙古大学出版社，2003。

193. 〔日〕小林隆道：《苏州玄妙观〈天庆观甲乙部符公据〉考——兼论宋元交替时期的宋代"文书"》，收入邓小南等主编《宋史研究论文集（2010）》，湖北人民出版社，2011。
194. 〔日〕松田孝一：《蒙古国现存蒙古帝国·元朝碑文研究》，日本大阪国际大学，2013。
195. 〔日〕井黑忍：《山西翼城乔泽庙金元水利碑考——以〈大朝断定使水日时记〉为中心》，《山西大学学报》（哲学社会科学版）2011 年第 3 期。
196. 〔日〕井黑忍：《分水与支配：金蒙元时代华北的水利与农业》，早稻田大学出版社，2015。

七、明清

197. 王熙远：《反映清雍、乾以后桂西社会经济和阶级关系的几块碑刻史料》，《民族研究》1994 年第 1 期。
198. 徐耀进：《武当山白庙敕谕碑与武当官山》，《江汉考古》1996 年第 3 期。
199. 段友文：《平水神祠碑刻及其水利习俗考述》，《民俗研究》2001 年第 1 期。
200. 刘小萌：《清代北京旗人舍地现象研究——根据碑刻进行的考察》，《清史研究》2003 年第 1 期。
201. 赵世瑜：《一般的思想及其背后：庙会中的行善积功——以明清京师泰山信仰的碑刻资料为中心》，《北京师范大学学报》2003 年第 2 期。
202. 卞利：《明清时期徽州森林保护碑刻初探》，《中国农史》2003 年第 2 期。
203. 胡英泽：《水井碑刻里的近代山西乡村社会》，《山西大学学报》2004 年第 2 期。
204. 李雪梅：《明清碑刻中的“乡约”》，《法律史论集》第 5 卷，法律出版社，2004。
205. 李雪梅：《明清碑刻中的制定法与习惯法》，《中国古代法律文献研究》第 2 辑，中国政法大学出版社，2004。
206. 赵世瑜：《分水之争：公共资源与乡土社会的权力和象征——以明清山西汾水流域的若干案例为中心》，《中国社会科学》2005 年第 2 期。
207. 行龙：《晋水流域 36 村水利祭祀系统个案研究》，《史林》2005 年第 4 期。

208. 邱澎生：《由苏州经商冲突事件看清代前期的官商关系》，收入梁庚尧、刘淑芬主编《台湾学者中国史研究论丛：城市与乡村》，中国大百科出版社，2005。

209. 孙丽娟：《清代商业社会的规则与秩序——从碑刻资料解读清代中国商事习惯法》，中国社会科学出版社，2005。

210. 邱澎生：《公产与法人——综论会馆、公所与商会的制度变迁》，《商会与近代中国》，华中师范大学出版社，2005。

211. 邱澎生：《由公产到法人——清代苏州、上海商人团体的制度变迁》，台湾《法制史研究》第 10 期，2006。

212. 田东奎：《水利碑刻与中国近代水权纠纷解决》，《宝鸡文理学院学报(社会科学版)》2006 年第 3 期。

213. 张小军：《复合产权：一个实质论和资本体系的视角——山西介休洪山泉的历史水权个案研究》，《社会学研究》2007 年第 4 期。

214. 李雪梅：《清代台湾碑刻法律史料初析》，《出土文献研究》第 8 辑，上海古籍出版社，2007。

215. 张俊峰：《率由旧章：前近代汾河流域若干泉域水权争端中的行事原则》，《史林》2008 年第 2 期。

216. 刘蓬春：《东山客家宗族组织与清朝地方政府的关系——以成都洛带刘氏宗族示谕碑为例》，《西南民族大学学报》2008 年第 12 期。

217. 胡荣明：《宋以来德兴地区的家族、寺观与讼争：读〈隆教寺讼案碑〉》，《南方文物》2009 年第 3 期。

218. 邱澎生：《法学专家、苏州商人团体与清代中国的“习惯法”问题》，《北大法律评论》第 10 卷第 1 辑，北京大学出版社，2009。

219. 唐仕春：《清朝基层社会法秩序的构建：会馆禀请与衙门给示》，《中国社会科学院近代史研究所青年学术论坛》2007 年卷，社会科学文献出版社，2009。

220. 耿惠玲：《禁锢婢女碑中清代台湾妇女地位之研究》，《朝阳学报》第 13 期，2008。

221. 耿惠玲：《台湾碑志中的贞节现象研究》，《朝阳人文社会学刊》第 6 期第 2 卷，2008。

222. 李雪梅：《明末清初工商禁碑与地方法律秩序——以江南地区“禁当行碑”为中心》，台湾《法制史研究》第 15 期，2009。
223. 常建华：《明清山西碑刻里的乡约》，《中国史研究》2010 年第 3 期。
224. 张俊峰：《“泉域社会”的纷争与秩序——基于洪洞广胜寺的个案考察》，《中国古代法律文献研究》第 4 辑，法律出版社，2010。
225. 鲁西奇、林昌丈：《汉中三堰：明清时期汉中地区的堰渠水利与社会变迁》，中华书局，2011。
226. 吴景山：《瞿昙寺中的五方碑刻资料》，《中国藏学》2011 年第 1 期。
227. 王乐庆：《荐福寺明代〈圣旨〉碑考略》，《五台山研究》2011 年第 4 期。
228. 李麒：《民间水规的法文化解读——以明清山西河东地区水利碑刻为中心的讨论》，《比较法研究》2011 年第 4 期。
229. 李雪梅：《明清地方词讼禁令初议——以碑禁体系为中心》，《法律史论丛》第 11 辑，社会科学文献出版社，2011。
230. 邱澎生：《18 世纪苏松棉布业的管理架构与法律文化》，《江海学刊》2012 年第 2 期。
231. 张俊峰：《水利社会的类型——明清以来洪洞水利与乡村社会变迁》，北京大学出版社，2012。
232. 李雪梅：《明清禁碑体系及其特征》，《南京大学法律评论》2012 年秋季号。
233. 杜平：《正定崇因寺明神宗圣旨碑》，《文物春秋》2013 年第 1 期。
234. 姚春敏：《明清碑刻所见山西泽州民间“水官”规制》，《历史档案》2013 年第 2 期。
235. 耿惠玲：《清代台湾港口碑志中的陋规示禁碑初探》，《海洋史研究》2014 年第 2 期。
236. 李雪梅：《定章立制：清代〈永定河志〉中奏议和碑文之功用》，《古籍整理研究学刊》2014 年第 3 期。
237. 韩朝建：《明中叶赋税制度在五台山区的推行——以寺庙碑铭为中心》，收入郑振满主编《碑铭研究》，社会科学文献出版社，2014。
238. 任江、席凯：《入赘、酗酒、早婚——通江县三通明清告示摩崖石刻考》，《碑林集刊》第 19 辑，三秦出版社，2013。

239. 李雪梅：《清代民国北京会馆公产及其争讼——基于碑刻档案的考察》，《法国汉学》第16辑，中华书局，2014。
240. 李雪梅：《明清信仰碑刻中的“禁”与“罚”》，台湾《法制史研究》第27期，2015。
241. 陈华、李荣：《明清晋东南乡村规约与社会治理：以碑刻为中心的考察》，《社会科学论坛》2017年第4期。
242. 王娜：《明清时期晋陕豫水利碑刻法制文献史料考析》，西南政法大学博士论文，2012。

八、综合

243. 李雪梅：《石刻铭文与法律史料》，《中外法学》1999年第4期。
244. 李雪梅：《碑刻法律史料初析》，徐世虹主编《中国古代法律文献研究》第一辑，巴蜀书社，1999。
245. 李雪梅：《碑刻史料中的宗法族规》，《中西法律传统》第3卷，中国政法大学出版社，2003。
246. 刘淑芬：《灭罪与度亡——佛顶尊胜陀罗尼经幢之研究》，上海古籍出版社，2008。
247. 〔美〕韩森：《传统中国日常生活中的协商——中古契约研究》，鲁西奇译，江苏人民出版社，2009。
248. 李雪梅：《碑刻法律史料考》，社会科学文献出版社，2009。
249. 李雪梅：《中国法制“镂之金石”之传统与核心》，《南京大学法律评论》2014年秋季号。
250. 李雪梅：《法制“镂之金石”传统与明清碑禁体系》，中华书局，2015。
251. 李雪梅：《金石义例学中的公文碑例和私约碑例》，《社会科学论坛》2015年第3期。
252. 李雪梅等：《法律碑刻之分类探讨》，《中国古代法律文献研究》第9辑，社会科学文献出版社，2015。

编辑部章程

第一章　总则

第一条 《法律文化研究》是由中国人民大学法律文化研究中心与北京市法学会中国法律文化研究会组织编写、曾宪义法学教育与法律文化基金会资助、社会科学文献出版社出版的学术集刊。

第二条 《法律文化研究》编辑部（以下简称编辑部）负责专题的策划、征稿、审定、编辑、出版等事宜。

第三条 《法律文化研究》为年刊或半年刊，每年出版一或二辑。

第二章　组织结构

第四条　编辑部由编辑部主任一名、副主任两名、编辑若干名组成。编辑部主任负责主持编辑部的日常工作，统筹《法律文化研究》刊物的总体策划与协调。

第五条 《法律文化研究》实行各辑主编责任制，负责专题的拟定、申报（或推荐）和稿件编辑工作。每辑主编采取自荐或者他人推荐的方式，经编辑部讨论后确定。

第六条　编辑部成员须履行下列义务：1. 遵守编辑部章程；2. 积极参加编辑部的各项活动，连续两年不参加活动者视为自动退出。

第七条　编辑部每年召开一次编务会议，审议稿件并讨论第二年的工作计划。

第三章 经费使用

第八条 编辑部经费来源于曾宪义法学教育与法律文化基金会。

第九条 编辑部给予每辑主编一定的编辑费用，由各辑主编负责编辑费用的管理、支配和使用，并按照主办单位的财务要求进行报销。

第十条 本刊不向作者收取任何费用，也不支付稿酬。作品一旦刊发，由编辑部向主编赠送样刊30本，向作者赠送样刊2本。

第四章 附则

第十一条 本章程由《法律文化研究》编辑部负责解释。

第十二条 本章程自2014年4月1日起施行。

征稿启事

《法律文化研究》发刊于2005年，是由曾宪义教授主编，中国人民大学法律文化研究中心、曾宪义法学教育与法律文化基金会组织编写的学术集刊。自创刊以来，承蒙学界同人的支持，至2010年已出版六辑，并获得学界的肯定，在此向支持本刊的各位专家学者致以诚挚的感谢。

自2014年度起，本刊改版续发，每年年底由中国人民大学法律文化研究中心、北京市中国传统法律文化研究会组织，编辑部审议所申报的选题，并决定次年的出版专题。文集由曾宪义法学教育与法律文化基金会资助，社会科学文献出版社出版，每年出版一或二辑。选题来源于各位同人的申报以及编辑部成员的推荐，申报者自任主编，实行主编负责制。

改版后的《法律文化研究》，向海内外学界同人诚恳征稿。

注释体例

一 中文文献

（1）专著

标注格式：责任者及责任方式，文献题名/卷册，出版者，出版时间，页码。

示例：

侯欣一：《从司法为民到人民司法——陕甘宁边区大众化司法制度研究》，中国政法大学出版社，2007，第24～27页。

桑兵主编《各方致孙中山函电》第3卷，社会科学文献出版社，2012，第235页。

（2）析出文献

1）论文集、作品集及其他编辑作品

标注格式：析出文献著者，析出文献篇名，文集责任者与责任方式/文集题名/卷册，出版者，出版时间，页码。

示例：

黄源盛：《民初大理院民事审判法源问题再探》，李贵连主编《近代法研究》第1辑，北京大学出版社，2007，第5页。

2）期刊

标注格式：责任者，文章篇名，期刊名/年期（或卷期、出版年月）。

示例：

林建成：《试论陕甘宁边区的历史地位及其作用》，《民国档案》1997

年第3期。

3）报纸

标注格式：责任者，文章篇名，报纸名/出版年、月、日，版次。

示例：

鲁佛民：《对边区司法工作的几点意见》，《解放日报》1941年11月15日，第3版。

*同名期刊、报纸应注明出版地。

（3）转引文献

无法直接引用的文献，转引自他人著作时，须标明。

标注格式：责任者，文献题名，转引文献责任者与责任方式，转引文献题名/卷册，出版者，出版时间，页码。

示例：

章太炎：《在长沙晨光学校演说》（1925年10月），转引自汤志钧《章太炎年谱长编》下册，中华书局，1979，第823页。

（4）未刊文献

1）学位论文

标注格式：责任者，文献题名，类别，学术机构，时间，页码。

示例：

陈默：《抗战时期国军的战区——集团军体系研究》，博士学位论文，北京大学历史学系，2012年，第134页。

2）会议论文

标注格式：责任者，文献题名，会议名称，会议地点，召开时间。

示例：

马勇：《王爷纷争：观察义和团战争起源的一个视角》，政治精英与近代中国国际学术研究会会议论文，2012年4月，第9页。

3）档案文献

标注格式：文献题名，文献形成时间，藏所，卷宗号或编号。

示例：

《席文治与杜国瑞土地纠纷案》，陕西省档案馆藏，档案号：15/1411。

（5）电子、网上文献

1）光盘（CD-ROM）图书

引证光盘文献除了标示责任者、作品名称、出版信息外，还应标示出该文献的出版媒介（CD - ROM）。

2）网上数据库

标注格式：责任者，书名/题名，出版者/学术机构，时间，页码，数据来源。

示例：

邱巍：《吴兴钱氏家族研究》，浙江大学博士论文，2005 年，第 19 页。据中国优秀博硕士学位论文全文数据库：http：//ckrd. cnki. net/grid20/Navigator. aspxID = 2。

3）网上期刊等

网上期刊出版物包括学术期刊、报纸、新闻专线等，引用时原则上与引用印刷型期刊文章的格式相同，另需加上网址和最后访问日期。

示例：

王巍：《夏鼐先生与中国考古学》，《考古》2010 年第 2 期，http：//mall. cnki. net/magazine/Article/KAGU201002007. htm，最后访问日期：2012 年 6 月 3 日。

（6）古籍

1）刻本

标注格式：责任者与责任方式，文献题名/卷次，版本，页码。

示例：

张金吾编《金文最》卷一一，光绪十七年江苏书局刻本，第 18 页 b。

2）点校本、整理本

标注格式：责任者与责任方式，文献题名/卷次，出版地点，出版者，出版时间，页码。

示例：

苏天爵辑《元朝名臣事略》卷一三《廉访使杨文宪公》，姚景安点校，中华书局，1996，第 257 ~258 页。

3）影印本

标注格式：责任者与责任方式，文献题名/卷次，出版地点，出版者，出版时间，（影印）页码。

示例：

杨钟羲：《雪桥诗话续集》卷五上册，辽沈书社，1991 年影印本，第 461 页下栏。

4）析出文献

标注格式：责任者，析出文献题名，文集责任者与责任方式，文集题名/卷次，版本或出版信息，页码。

示例：

《清史稿》卷二三〇《范文程传》，中华书局点校本，1977，第 31 册，第 9352 页。

5）地方志

唐宋时期的地方志多系私人著作，可标注作者；明清以后的地方志一般不标注作者，书名其前冠以修纂成书时的年代（年号）。

示例：

民国《上海县续志》卷一《疆域》，第 10 页 b。

同治《酃县志》卷四《炎陵》，收入《中国地方志集成·湖南府县志辑》第 18 册，江苏古籍出版社影印本，2002，第 405 页。

6）常用基本典籍，官修大型典籍以及书名中含有作者姓名的文集可不标注作者，如《论语》、二十四史、《资治通鉴》、《全唐文》、《册府元龟》、《清实录》、《四库全书总目提要》、《陶渊明集》等。

7）编年体典籍，可注出文字所属之年月甲子（日）。

示例：

《清太祖高皇帝实录》卷一〇，天命十一年正月己酉，中华书局，1986 年影印本。

*卷次可用阿拉伯数字标示。

二 外文文献

引证外文文献，原则上使用该语种通行的引证标注方式。兹列举英文文献标注方式如下。

（1）专著

标注格式：责任者与责任方式，文献题名（斜体）（出版地点：出版社，出版年代），页码。

示例：

StewartBanner, *How the Indians Lost Their Land: Law and Power on the Frontier* (Cambridge: Harvard University Press, 2005), p. 89.

引用三位以上作者合著作品时，通常只列出第一作者的姓名，其后以 "et al." 省略其他著者姓名。

示例：

Randolph Quirk et al., *A Comprehensive Grammar of the English Language* (New York: Longman Inc., 1985), p. 1143.

（2）译著

标注格式：责任者及责任方式，文献题名，译者（出版地点：出版者，出版时间），页码。

示例：

M. Polo, *The Travels of Marco Polo*, trans. by William Marsden (Hertfordshire: Cumberland House, 1997), pp. 55, 88.

（3）析出文献

1）论文集、作品集

标注格式：责任者，析出文献题名，编者，文集题名（出版地点：出版者，出版时间），页码。

示例：

R. S. Schfield, "The Impact of Scarcity and Plenty on Population Change in England," in R. I. Rotberg and T. K. Rabb, eds., *Hunger and History: The Impact of Changing Food Production and Consumption Pattern on Society* (Cambridge, Mass: Cambridge University Press, 1983), p. 79.

同一页两个相邻引文出处一致时，第二个引文可用 "Ibid." 代替。

2）期刊

标注格式：责任者，析出文献题名，期刊名，卷册（出版时间）：页码。

示例：

Douglas D. Heckathorn, "Collective Sanctions and Compliance Norms: A Formal Theory of Group Mediate Social Control," *American Sociological Review* 55 (1990): 370.

（4）未刊文献

1）学位论文

标注格式：责任者，论文标题（Ph. D. diss. /master's thesis，提交论文的学校，提交时间），页码。

示例：

Adelaide Heyde，The Relationship between Self - esteem and the Oral Production of a Second Language（Ph. D. diss.，University of Michigan，1979），pp. 32 -37.

2）会议论文

标注格式：责任者，论文标题（会议名称，地点，时间），页码。

示例：

C. R. Graham，Beyond Integrative Motivation：The Development and Influence of Assimilative Motivation（paper represented at the TESOL Convention，Houston，TX，March 1984），pp. 17 -19.

3）档案资料

标注格式：文献标题，文献形成时间，卷宗号或其他编号，藏所。

示例：

Borough of Worthing：Plan Showing Consecration of Burial Ground for a Cemetery，1906 -1919，H045/10473/B35137，National Archives.

C. R. Graham，Beyond Integrative Motivation：The Development and Influence of Assimilative Motivation（paper represented at the TESOL Convention，Houston，TX，March 1984），pp. 17 -19.

图书在版编目(CIP)数据

法律文化研究. 第十辑，古代法律碑刻专题 / 李雪梅主编. -- 北京：社会科学文献出版社，2017. 12
ISBN 978-7-5201-1712-8

Ⅰ. ①法… Ⅱ. ①李… Ⅲ. ①法律-文化-研究-丛刊 ②法律-古籍研究-中国 Ⅳ. ①D909-55

中国版本图书馆 CIP 数据核字(2017)第 267854 号

法律文化研究 第十辑:古代法律碑刻专题

主　　编 / 李雪梅

出 版 人 / 谢寿光
项目统筹 / 芮素平
责任编辑 / 郭瑞萍　楼　霏

出　　版 / 社会科学文献出版社 · 社会政法分社 (010) 59367156
地址：北京市北三环中路甲 29 号院华龙大厦　邮编：100029
网址：www. ssap. com. cn
发　　行 / 市场营销中心 (010) 59367081　59367018
印　　装 / 三河市尚艺印装有限公司

规　　格 / 开 本：787mm × 1092mm　1/16
印 张：22.5　字 数：360 千字
版　　次 / 2017 年 12 月第 1 版　2017 年 12 月第 1 次印刷
书　　号 / ISBN 978-7-5201-1712-8
定　　价 / 98.00 元